# 빈손의 영화

# 빈손의 영화

손상된 예술의 장소

김병규

마음산책

# 빈손의 영화

## 손상된 예술의 장소

1판 1쇄 인쇄    2025년 6월 10일
1판 1쇄 발행    2025년 6월 15일

지은이      김병규
펴낸이      정은숙
펴낸곳      마음산책

담당 편집    황서영
담당 디자인   한우리
담당 마케팅   권혁준·최예린
경영지원     박지혜

등록       2000년 7월 28일(제2000-000237호)
주소       (우04043) 서울시 마포구 잔다리로3안길 20
전화       대표 | 362-1452  편집 | 362-1451   팩스 | 362-1455
홈페이지     www.maumsan.com
블로그      blog.naver.com / maumsanchaek
트위터      twitter.com / maumsanchaek
페이스북     facebook.com / maumsan
인스타그램    instagram.com / maumsanchaek
전자우편     maum@maumsan.com

ISBN       978-89-6090-935-9  03680

* 책값은 뒤표지에 있습니다.

만약 이미지에서 행복을 보지 못한다면
검은 화면만이라도 볼 것이다.
Si on n'a pas vu le bonheur dans l'image,
au moins on verra le noir.
—크리스 마커, 〈태양 없이〉

## 영화를 붙잡은 작은 손

빅토르 에리세의 첫 번째 장편영화인 〈벌집의 정령〉 (1973)의 첫 장면은 시골 마을로 향하는 이동식 영화 트럭을 비춘다. 다음 장면에서 트럭은 소란스럽게 반겨주는 어린아이들 사이로 마을의 상영관 앞에 도착한다. 그런데 첫 장면과 두 번째 장면 사이에 달라진 것이 하나 있다. 마을로 들어오는 트럭 뒷문에 한 남자아이가 위태롭게 매달려 있는 것이다. 저 아이는 언제부터 트럭에 매달려 있던 걸까? 매달려 있던 남자아이는 이 장면에만 잠깐 나오고 사라지기 때문에 얼굴도 이름도 확인할 수가 없다. 다만 한 가지 잊을 수 없는 기억을 스크린에 남긴다. 〈벌집의 정령〉은 필름이 가득 실려 있는 영화 트럭을 붙잡은 어린아이의 작은 손과 함께 도착했다는 것이다.

트럭이 싣고 온 영화는 1931년에 만들어진 제임스 웨일의 흑백영화 〈프랑켄슈타인Frankenstein〉이다. 빅토르 에리세는 이 영화에서 프랑켄슈타인의 괴물이 호숫가에서 놀고 있던 한 여자아이와 만나는 장면을 보여준다. 여자아이는 갑작스럽게 나타난 괴물에게 꽃을 건네주고, 함께 꽃을 강물에 던지는 놀이를 한다. 괴물이 마지막 꽃잎을 던지자 그의 손은 빈손이 된다. 여기서 〈벌집의 정령)은 약간의 생략을 삽입한다. 다음 순간, 스크린 위에서 여자아이는 강물에 빠져 죽은 시신으로 되돌아온다. 꽃잎이 다 떨어진 괴물은 두 손을 뻗어 여자아이를 강물에 던져버렸을 것이다(영화가 개봉되었을 당시엔 어린아이를 죽이는 이 장면이 검열로 편집되었다는 것은 잘 알려진 일화다). 조심스럽게 꽃잎을 건네받은 손, 아이를 따라 꽃잎을 강물에 던지던 손, 그 손은 아이를 실수로 죽이는 잔혹한 손으로 순식간에 뒤바뀔 수 있다.

영화는 손을 관측하는 장소다. 카메라를 통해 프레임에 기록된 영화의 손은 사물을 쥐고 쉴 새 없이 움직이며 타인의 세계와 연결된다. 손이 실어 나르는 규칙을 무엇보다 선명하게 설정하고 실행한 것은 영화의 고전기에 태동한 웨스턴이다. 얼마 전 작고한 일본의 영화감독 아오야마 신지의 말에 따르면 웨스턴의 법칙은 행동을 고민할 시간이 없다는 것이다. "서부극에서 적은 언제나 주인공이 가진 것들을 빼앗고 약탈한다. 그 공간에서 살아남기 위해서는 적이 나타나자마자 나를 지키기 위해 쏴야만 한다."◆ 서부극의 주인공은 손이 저지르는 행동의 의미와 당위성을 질문하면서도 그 행동이 발생하는 것을 막지 못한다. 고전기 영화란 총을 쥐고 있는 손의 영화, 누구보다 빠르게 그 도구를 사용해 적을 처치하는 손의 영화다. 그 손이 주인공의 복잡한 내면을 형성하고 그것을 공유하는 영화의 공동체를 구축했다.

고전기 스튜디오시스템의 질서가 붕괴한 이후로 영화가

◆   정지연, 「일본 작가주의의 현재형 아오야마 신지」, 《필름2.0》, 262호, 2005.

잃어버린 것은 손이라는 특별한 장소의 감각일지도 모른다. 제2차 세계대전이 한창이던 1940년에 태어나 1970년대(〈벌집의 정령〉), 1980년대(〈남쪽El sur〉, 1983), 1990년대(〈햇빛 속의 모과나무El sol del membrillo〉, 1992), 그리고 2020년대(〈클로즈 유어 아이즈〉, 2023)에 한 편씩 장편영화를 완성한 빅토르 에리세는 영화를 붙잡은 손의 장력이 희미해지는 과정을 스크린에 새긴다. 영화 트럭에 매달린 어린아이의 손으로 시작된 에리세의 궤적은 죽은 아버지가 남긴 수맥 탐사 도구를 손에 품는 〈남쪽〉의 어린 소녀, 같은 자리에서 붓을 쥐고 그림을 그리는 〈햇빛 속의 모과나무〉의 화가로 이어진다. 손은 주어진 사물을 붙잡아 아직 밝혀지지 않은 세계의 비밀과 접속하는 영화의 단면이다. 하지만 〈남쪽〉의 소녀가 손에 잡고 있던 그림엽서, 메모, 영화 포스터가 서서히 사라지고 불타서 없어지듯이 영화사에서 손의 의미는 흐릿해지고 있다. 그리고, 2023년에 공개된 〈클로즈 유어 아이즈〉에서 영화감독이자 소설가인 미겔(마놀로 솔로)은 두 손에 어떤 도구도 지니고 있지 않다. 빈손의 영화가 도착한다.

빅토르 에리세는 웨스턴의 기억을 간직한 영화감독이다. 에리세는 〈클로즈 유어 아이즈〉에서 주인공 미겔이 휴가를 보내는 장소로 스페인 알메리아 지역을 선택한다. 알메리아는 1960년대 이래로 수많은 서부극의 촬영 장소로 쓰인 타베르나스 사막이 있는 지역으로 세르지오 레오네의 '달러 3부작'과 〈옛날 옛적 서부에서〉(1968)의 촬영지로 유명한 곳이다. 에리세는 그곳에 모인 사람들이 〈리오 브라보Rio Bravo〉(1959)의 사내들이 함께 부르던 노래 〈My Rifle, My Pony and Me〉를 똑같이 연주하고 부르는 장면을 연출한다. 빅토르 에리세는 웨스턴의 기억을 간직한 채로 웨스턴의 규칙이 무너진 장소에 도착한다. 그 공통의 규칙이 부서진 장소에서 영화는 무엇을 실행할 수 있을까? 적어도 무엇도 실행할 수 없다는 것을 자각한 무능한 빈손을 기록할 수는 있지 않을까?

이 책은 유성영화의 도래와 무성영화의 중단, 제2차 세계대전과 아우슈비츠 강제수용소가 일으킨 영화의 죽음, 이 모든 유산과 단절을 이어받은 결과물로서의 모던 시네마('부서진 장소')를 전제로 삼아, 도망칠 곳 없이 위기에 처해 있는 동시대 영화의 곤경과 돌파구('영화는 어디에 있습니까'), 1950년대부터 1970년대까지 영화문화가 폭발하던 시기로 끊임없이 되돌아가는 오늘날의 미국영화가 꿈꾸는 망상적인 증상('아메리칸 언더그라운드'), 1980년대 촬영소 시스템 붕괴 이후 자주적 제작 체계를 확립하기까지 위태롭게 이어진 일본영화의 궤적('유예된 몸짓'), 그리고 지금 우리가 직면하는 한국영화의 영광과 폐허의 시간('망각의 연대기')을 기록한 서술이다. 이는 아무리 작은 비평의 제스처라도 거대한 영화사의 흔적과 톱니바퀴처럼 맞물려 있다는 것을 환기한다. 영화는 가장 작은 행위가 가장 거대한 세계와 접속할 수 있는 장소다. 그 작은 행위는 스크린 위에서 순식간에 나타났다 사라진다. 하지만 무언가 잠깐이라도 나타났다면 스크린은 완벽한 공백으로 돌아가지 않는다.

'빈손의 영화'라는 제목을 붙인 이 책에 실린 원고는 대부분 개봉영화를 다루는 지면에 실린 글이지만, 한 평자의 글을 모은 비평집이라기보다는 영화사의 특별한 위기와 분기점을 서술하는 역사책처럼 읽히길 바란다. 1970년대 이후로 영화의 위기를 말하는 담론이 엄습할 때마다 한 편씩 장편영화를 완성한 빅토르 에리세처럼 영화 역사의 특별한 분기점을 다루며 영화와 우리의 관계를 검토해보고 싶었다. 우리가 스크린으로 영화를 볼 때처럼, 이 책에선 영화가 겉면에 있고 거기 개입한 손은 뒤로 후퇴해 있을 것이다. 그러니 단지 한 사람의 생각을 담은 책이 아니라 영화사에 남겨진 특별한 장소들을 여행할 수 있는 영토 없는 지도로 펼쳐지길 바란다. 부끄러운 글이라고 해도 원래의 지면에 실린 내용과 형태를 그대로 보존해서 출간하는 것이 평자로서 솔직한 일이겠지만, 나는 별로 솔직하지 않고 차라리 꽤 비겁한 편에 속하는 것 같다. 약점을 숨기고 고칠 수 있다면 최대한 그렇게 했다. 많은 부분을 수정했고 기존의 맥락과 전혀 다른 문맥으로 이어 붙인 글도 존재한다. 그 비겁함이 지금의 내가 가진 최선의 솔직함이다.

별로 유명하지 않은 평론가의 비평집 출간을 결정하고 적지 않은 분량을 허락해준 출판사 마음산책에 감사를 전한다. 책날개에 적힌 영화 책 목록을 보면 나도 황당하다. 정성일, 박찬욱, 김혜리, 신형철, 그리고 김병규…… 이게 뭐지? 출간을 제안하고 편집을 맡은 황서영 편집자에게 많은 고마움과 친밀함을 느낀다. 이 책을 만드는 과정에서 내가 한 일이라곤 편집자의 의견을 따르거나 약간 고친 것밖에 없는 것 같다. 책이 완성되기까지 감사를 건네야 할 사람들은 훨씬 더 많을 테지만, 일일이 거론하기보다 그 사람들을 마주치고 헤어진 세 곳의 특별한 장소를 말하고 싶다.

첫 번째 장소는 영화잡지다. 이 책에 수록된 글은 대부분 《씨네21》의 비평 지면 '프런트 라인'에 실린 원고들이다. 코너 제목이 진부하다고 생각할지 모르지만, 속으로 생각해주기 바란다. 내가 지은 제목이기 때문이다. 정확히 말하면 나는 이 지면의 제목을 1990년대의 영화잡지인 《필름 컬처》의 한 코너에서 훔쳐 왔다. 이를 통해 《씨네21》이라는 커다란 장소에 지금은 사라지고 없지만 언젠가 실현됐었던 비평과 시네필리아의 가능성을 마련하고 싶었다. 4주에 한 번, 네 페이지 분량의 비평을 쓰는 작은 지면에 4년 7개월 동안 머물렀고 자유로운 비평 코너라는 변명을 일삼으며 국내에 개봉하지 않은 영화를 조명하고 개별 작품 분석에서 벗어난 잡스러운 상념을 써넣었다. 게으르고 변덕스러운 필자를 묵묵히 견뎌준 세 분의 담당 기자에게 고마운 마음을 전한다.

두 번째 장소는 영화관이다. 영화를 상영하는 장소 전체를 지칭하거나 특별히 한 군데의 극장을 말하는 것은 아니다. 나는 각 지역에 존재하는 시네마테크와 단관 극장을 떠올리고 있다. 누구나 영화관의 위기와 비非영화관의 경험을 말하는 시기지만, 나는 시네마테크와 단관 극장에서 영화를 습득하고 이따금 그곳에서 글을 쓰고 말하는 일에 큰 의미를 느낀다. 서울, 대전, 강릉, 광주, 대구, 전주, 부산, 무주, 제주에 있는 극장과 사람들. 여행을 별로 좋아하지 않는 나로서는 영화가 아니었다면 이 장소들과 만나지 못했을 것 같다. 그곳에서 만나고 함께 영화를 보고 대화를 나누다 헤어진 친구들과 선생님들께, 그리고 여전히 그곳에 모이는 사람들과 이제는 그곳을 찾지 않는 모든 이들에게도 경쾌한 인사를 전한다.

　　세 번째는 영화를 만드는 현장이다. 나는 꽤 오랜 시간 영화학교에 소속되어 있었고 지금도 이따금 촬영 현장이나 촬영을 준비하는 곳에 끼어들어 간다. 이 책에 실린 글을 쓰던 시간과 영화를 만들기 위해 고민하고 노동하던 시간은 대부분 겹쳐 있다. 이를테면 〈존 오브 인터레스트〉(2023)에 관한 원고는 열네 시간 동안 밤을 새워 진행한 촬영을 끝내고 돌아오는 버스에서 첫 문단을 썼다. 다른 상황이었다면 훨씬 더 노골적으로 썼을지도 모른다. 하지만 어쩐지 문장을 적는 손이 쉽게 떨어지지 않았다. 그 글은 새벽의 나른한 피로와 멀미에 허덕이면서 미묘한 불안과 죄책감을 안고 작성됐다. 어쩌면 손에 깃든 영화 촬영의 기억이 씻기지 않았던 것 같다. 영화를 만드는 현장의 규칙과 절차를 이해하기 때문에 내가 더 많은 것을 쓸 수 있다고 주장하는 건 아니다. 그건 거짓말이다. 다만 내가 쓰는 글의 기반 중 하나로 영화를 만드는 환경이 존재한다는 것은 분명하다. 그 장소에서 마주친 동료들에게도 위로와 우정을 전하고 싶다. 그리고 이 책이 세 장소의 유산을 물려받고 공유한 공통의 결과물이라고 말하고 싶다.

2025년 여름

김병규

차례

**2** **영화는 어디에 있습니까**
동시대 영화의 곤경과 돌파구

# 3 아메리칸 언더그라운드
## 20세기, 미국영화의 마지막 꿈

**4**     **유예된 몸짓**
**1980년, 촬영소 시대 이후 일본영화의 도주**

# 5 망각의 연대기

## 2020년대, 한국영화라는 잿더미

일러두기

1. 영화의 우리말 제목은 국내 개봉명을 따랐다. 미개봉작은 원제를 직역하거나 통용되는 제목을 쓰고 원제를 병기했다. 또한 영화가 최초로 상영된 시점의 연도를 표기했다.
2. 인명·지명 및 독음은 외래어표기법을 따르되 관용적인 표기와 동떨어진 경우 절충하여 실용적 표기를 따랐다. 영화 작품 속 인명은 외래어표기법에 어긋나더라도 통용되는 영화 정보에 준하여 표기했다.
3. 영화명·잡지명·곡명은 〈 〉로, 매체명은 《 》로, 책 제목은 『 』로, 기사 제목 및 편명은 「 」로 묶었다.

# 1

## 부서진 장소

**1945년, 강제수용소의 죽음과 부활한 영화**

# 무능한 영화, 두 개의 기적

클로즈 유어 아이즈 Cerrar los ojos | 빅토르 에리세 | 2023

영화 탄생 100주년을 맞이하던 해에 장뤽 고다르는 영화 감독의 자화상 작업을 착수한다. 만들어진 영화엔 〈JLG/JLG: 12월의 자화상JLG/JLG: autoportrait de décembre〉(이하 〈JLG/JLG〉, 1994)이란 제목이 붙는다. 영화잡지 《필름 코멘트》와의 인터뷰에서 고다르는 이 영화의 제목이 '고다르에 의한 고다르(JLG by JLG)'가 아니라 단지 '고다르/고다르(JLG/JLG)'라는 사실을 강조한다. 영화감독의 자화상 작업이란 누군가에 의해 그려진 하나의 초상을 만드는 것이 아니라 둘로 나뉘는 위계 없는 형상을 조직하는 것이다.

〈JLG/JLG〉는 픽션과 현실, 신원 미상의 어린아이 사진과 노년의 영화감독, 눈앞에 보이는 세계와 스크린에 영사된 이미지를 교차시킨다. 고다르의 손은 고다르의 자화상을 스크린에 새긴다. 고다르는 고다르를 이중인화한다. "인간은 포지티브로 태어나 네거티브를 요구받는다"라는 카프카의 말을 인용하는 이 영화는 네거티브와 포지티브 이미지로 이루어진 필름의 물질성에서 매체의 근본적인 원리를 찾는다. 영화는 둘로 분리된 이미지의 외양(빛/어둠, 포지티브/네거티브, 현실의 흔적/허구적 재현)으로 통합된 세계를 형성한다. 그 안에서 둘이자 하나인 모순적 운명에 노출된 자화상이 생겨난다.

고다르보다 10여 년 앞서 또 다른 영화감독의 자화상이 만들어진 바 있다. 하지만 그 자화상은 연출자가 사후 공개를 전제로 제작했기에 뒤늦게 공유될 수밖에 없었다. 마누엘 드 올리베이라의 〈방문, 혹은 기억과 고백Visita ou Memórias e Confissões〉은 1982년에 완성되고 나서 올리베이라가 세상을 떠난 이후인 2015년에 공개되었다. 그림자 같은 형체의 두 방문객은 기나긴 기다림을 끝내고 올리베이라의 저택에 들어선다. 올리베이라는 무명의 방문객들에게 가족의 모습을 담은 오래된 사진과 필름을 보여준다. 그의 기억이 담긴 필름 속의 이미지는 올리베이라가 죽은 뒤에 영사기를 타고 전달된다. 한 번도 드러난 적 없던 내밀한 과거가 뒤늦은 미래의 시간에 도착한다. 우리는 올리베이라의 영화를 마주하며 필름 이미지에 의해 분할된 시제 속에 위치한다.

두 편의 영화는 영화감독의 사적인 자화상이자 영화가 스쳐 지나간 역사의 자화상이며 영화 매체에 새겨진 기억이 꿈꾸는 자화상이다. 이들에게 영화란 조각난 시간을 몽타주하는 장소이고, 과거와 현재의 꿈이 만나는 접촉면이다. 이 말을 빅토르 에리세의 〈클로즈 유어 아이즈〉에 똑같이 전해주고 싶다. 영화감독 미겔이 그의 편집 기사 맥스와 함께 다큐멘터리에 삽입될 과거의 영화를 확인하는 장면에서 에리세는 영사기에서 돌아가는 필름 릴의 네거티브 이미지를 노출한다. 발광하는 이미

1945년, 강제수용소의 죽음과 부활한 영화

지의 반대편에 현실에서 빌린 어둠이 있다. 이 장면에서 영화는 두 이미지 사이에 걸쳐 있는 물질적 기억으로 출현한다.

## 둘로 나뉜 영화

〈클로즈 유어 아이즈〉는 완성되지 못한 영화로 시작한다. 미겔은 오랜 친구인 훌리오(호세 코로나도)를 주인공으로 〈작별의 눈빛〉이라는 영화를 제작하지만 훌리오의 갑작스러운 실종으로 촬영이 중단된다. 미겔의 영화는 만들어지지 않았다. 사라진 훌리오는 돌아오지 않았다. 현실은 한순간에 영화를 둘러싼 모든 관계를 무너뜨린다. 실종의 미스터리 앞에서 기억과 증거는 흩어지고 있다. 〈클로즈 유어 아이즈〉에 적힌 영화의 위상은 빅토르 에리세의 작업에 감도는 미완성의 흔적을 환기한다. 그의 두 번째 영화 〈남쪽〉은 절반의 이야기를 촬영하지 못한 미완성의 영화다. 이후로 에리세는 보르헤스의 단편소설 「죽음과 나침반」을 각색해 세 번째 장편영화를 연출하려 했지만 무산되었다. 후안 마르세의 소설을 원작으로 〈상하이의 약속La promesa de Shanghái〉이라는 영화를 계획했지만 만들어지지 않았다. 그의 영화엔 스크린에 실현된 기록과 실현되지 못한 세계가 나란히 존재한다. 하나의 뒷면에는 둘의 기억이 잠재해 있다. 에리세는 현실의 실패를 만회하는 장소에서 영화가 솟아오르는 것을 기다린다. 그의 새로운 영화는 영화가 손상된 자리에서 모든 것이 사라지기 직전에 다시 시작한다.

미겔이 만든 영화는 도입부에서 야누스 조각상을 비춘

다. 영화에 삽입된 조각은 몇 가지 함의를 지닌다. 견고하게 정지해 있는 조각상은 움직임의 예술인 영화의 특권을 중단하는 불손한 매개다. 침묵하는 조각상의 얼굴은 숏과 리버스숏의 교환으로 성립되는 영화적 시선의 문법을 교란하는 무관심한 세계의 표상이다. 그러나 무엇보다 〈클로즈 유어 아이즈〉에서 앞뒤로 붙은 두 얼굴이 하나의 조각을 구성하는 야누스상의 형태는 영화 곳곳에 편재한 원리를 마주하게 한다. 서로의 눈빛을 바라볼 수 없는 두 개의 얼굴로 만들어진 조각상. 이 조각상은 하나의 몸이 둘로 나뉘는 영화적 육체의 운명을 환기할 것이다.

야누스상의 미장센이 보여주는 것처럼, 빅토르 에리세는 둘로 나뉜 얼굴을 여러 곳에 배치한다. 미겔의 영화 〈작별의 눈빛〉에서 훌리오가 연기한 역할인 프랑크는 유대인 레비의 딸을 데려오라는 의뢰를 받는다. 레비의 딸은 프랑스에서 불리던 이름 '주디스'와 중국에서 불리는 이름 '차오수'로 나뉘어 있다. 실종된 훌리오를 찾는 미겔은 실패한 영화감독이지만 여러 편의 책을 출간한 소설가이다. 그의 이름은 미겔이지만 휴양지의 해변에서는 마이크라고 불린다. 미겔의 오랜 연인인 로라는 미겔과 훌리오를 번갈아 만났다고 말한다. 미겔이 찾는 옛 친구는 해변에서 사라진 배우 훌리오와 요양원에서 기억을 잃고 살아가는 가르델로 찢어져 있다.

그리고 영화의 처음과 끝에 놓인 〈작별의 눈빛〉의 필름이 있다. 처음에 이 필름은 훌리오를 찾는 탐사 다큐멘터리의 한 부분으로 활용되는 도구였지만, 영화의 끝에선 훌리오의 기억

1945년, 강제수용소의 죽음과 부활한 영화

을 되돌리기 위한 증거물이 된다. 이 영화의 피사체들에겐 끝없는 대칭과 불일치가 드리우고 있다. 하나와 다른 하나는 시시각각으로 변모하는 관계에 놓인다. 이 무대에서 에리세가 수행하는 영화의 실천은 서로 마주할 수 없는 얼굴의 교환을 성립시키는 것이고, 얼굴과 얼굴이 마주치는 영화의 소박한 원리로 불가능한 기억에 다가서는 것이다. 〈클로즈 유어 아이즈〉는 서로 다른 '두 개의 얼굴'이 복잡하게 얽힌 채로 유발되는 몽타주의 가능성을 무한히 확산시킨다. 하지만 두 얼굴은 아직 직접 만나지 않는다. 두 얼굴의 시선이 마주하는 몽타주는, 아직 이 영화가 실행할 수 있는 도구가 아니다.

## 무능한 영화

망각과 회고의 감각을 다루는 이 영화의 화면은 기억을 자극하는 다양한 매체로 가득하다. 사라진 훌리오를 취재하는 텔레비전 다큐멘터리, 영화의 리허설 과정이 녹음된 녹음기, 옛 연인 로라에게 선물한 미겔의 첫 번째 소설, 로라가 들려주는 피아노 연주의 선율, 훌리오의 기록이 적힌 신문 기사, 미겔의 죽은 아들이 그린 만화, 훌리오가 간직한 〈작별의 눈빛〉 속 어린 소녀의 사진에 이르기까지. 수많은 종류의 예술과 매체에 남겨진 기록이 과거를 되짚는 미겔의 여정을 채운다. 그런데 이토록 복잡하게 뒤얽힌 기록 사이에서 영화는 무기력하다. 에리세에게 영화는 회고의 매체가 아니다. 영화 속 이야기는 불충분하고 이미지의 빛은 소실되었으며 관객의 기억은 지워져 있다. 영화와 인접한 매체들의 여정이 기억을 되짚고 돌아본다면, 영화의 여정은 기억을 유예하고 지연한다. 영화는 불순한 매체의 흔적 사이를 위태롭게 오가는 프랑켄슈타인의 조각이다.

〈클로즈 유어 아이즈〉에서 영화는 무능한 예술이다. 완성되지 못한 미겔의 영화는 훌리오를 기록한 자료로 제시되지만, 실종자의 실체에 가닿을 수 없는 한계를 드러낸다. 미겔은 영화를 완성하지 못한 무책임한 영화감독이면서 훌리오의 행방을 찾지 못한 무력한 조사관이다. 사라진 훌리오의 궤적을 뒤따르는 〈클로즈 유어 아이즈〉의 서사에서 영화는 추적을 방해하고 실종자의 주변을 무의미하게 배회한다. 영화감독으로서 미겔은 훌리오의 실종을 머릿속으로 상상해볼 뿐이다. 그는 탐문의 역량을 잃어버린 조사관이다.

빅토르 에리세는 무능한 예술인 영화에 두 번째 기회를 건넨다. 영화의 절반 지점에서 〈클로즈 유어 아이즈〉는 잃어버린 것을 되찾는 탐문의 여정을 처음부터 다시 시작한다. 하지만 되찾는 대상과 방법이 달라진다. 미겔은 어느 수녀원에서 노동자로 일하는 가르델이 훌리오인 것 같다는 연락을 받는다. 수녀원에 도착한 미겔은 가르델을 보고 그가 훌리오라고 확신한다. 그러나 가르델은 역행성건망증으로 모든 기억을 잃은 상태다.

에리세는 추적의 형식조차도 둘로 나눈다. 미겔은 두 번의 수동적인 추적을 반복한다. 전반부의 이야기가 남겨진 기록과 흔적을 통해서 실종된 훌리오의 삶을 되돌아보는 형태라면, 후반부는 기억을 잃은 가르델의 삶에 기록과 흔적을 채우는 형식이다. 추적은 미겔에게 은총처럼 주어진다. 이와 결부된 또 다른 변화는 전반부에서 미겔과 훌리오를 둘러싸고 있던 매체의 기록이 후반부의 수녀원에서는 완벽하게 사라진다는 것이다. 이곳에서 다른 매체의 기억은 사라지고 오직 영화와 영화의 물질적 토대인 사진적 이미지만이 존재한다. 무능한 영화의 흔적만이 잔존하는 이 장소에서 에리세는 둘로 나뉜 시선, 가설, 변주로 영화라는 기억 장치의 의미를 재구성한다.

　　미겔과 가르델은 수녀원 숙소 앞 의자에 나란히 앉기를 반복한다. 두 사람은 담배를 나눠 피우고, 함께 노래를 부르고, 같이 찍힌 사진을 꺼내 보고, 둘만 아는 방법으로 매듭을 풀고, 서로의 손을 만지고, 같은 곳을 바라본다. 하지만 가르델의 기억이 돌아오지 않는 것처럼 그들의 시선은 한곳을 향해 던져질 뿐 되돌아오지 않는다. 20세기 영화가 두 사람이 주고받는 사물과 동작으로 영화의 매혹적인 순간을 고안해내고 이를 특별한 기억으로 스크린에 남겨두었다면, 〈클로즈 유어 아이즈〉에서 영화의 특권적인 몸짓은 그 역할을 잃는다. 대화하고 손짓하고 바라보고 재회하는 몸짓으로도 영화는 기억을 되돌리지 못한다. 두 사람이 나란히 앉은 벤치 앞에서, 영화는 또다시 무능력한 예술이 된다.


### 망각의 영화(관)

　　이토록 무능한 영화는 그러나 스크린에 상영되고 있다. 영화가 둘로 나뉜 얼굴을 관측할 수 없다면, 스스로의 무능함을 정직하게 증언하는 장치로 거듭날 수 있다. 스크린은 영화 매체에 깃든 무능력을 자각하는 장소이기도 하다. 〈클로즈 유어 아이즈〉는 비로소 낡고 오래된 영화관에 도착한다. 미겔은 완성하지 못한 영화를 상영하면 훌리오의 기억이 돌아올 것이라고 말한다. 에리세는 마치 영화의 시작점으로 돌아가듯 영화관에 도착한다. 그의 첫 번째 장편영화인 〈벌집의 정령〉의 도입부에서 마을의 관객들에게 도착한 영화는 한 아이에게 잊을 수 없는 허구의 체험을 건넨다. 〈클로즈 유어 아이즈〉의 결말에서 기억을 잃어버린 관객 공동체를 초대한 영화는 한 남자의 시선에서 그 체험의 가능성을 다시 검토한다. 20세기의 아이들이 영화를 통해 현실에서 벗어난 관능적인 몽상에 잠길 수 있었다면, 21세기의 노인들은 영화를 빌려 현실로 되돌아오는 감각의 회복을 탐색한다.

미겔은 〈작별의 눈빛〉을 상영하는 극장에서 사람들이 앉을 자리를 일일이 지정한다. 스크린에서 가장 멀리 떨어진 위치에 두 명의 수녀를, 훌리오에 관한 다큐멘터리를 기획한 방송국 프로듀서 마르타와 가르델을 찾아낸 수녀원의 직원 벨렌을 그 앞에, 훌리오의 딸 아나를 스크린 가장 가까이에 앉힌다. 마지막으로 가르델에게 아나의 옆자리에 앉을 것을 청한다. 그리고 상영 시작을 알린 뒤 객석 맨 앞자리에 앉는다.

관객이 앉을 자리를 정하는 그의 요청은 '영화감독'인 미겔이 마지막으로 시도하는 연출의 일부분이다. 그는 훌리오/가르델을 둘러싸고 있는 미스터리와 탐사의 과정에 더 많이 개입한 순서대로 관객들의 위치를 조정한다. 그러므로 그의 '연출'에서 스크린에 가장 가까이 앉아야 하는 자는 미겔 자신이다. 미겔은 스스로 실패하고 무능한 예술의 한 조각이 되기를 자처한다. 그가 시도하는 무능한 예술은 22년 전의 영화를 재생하는 것이 아니다. 그의 눈앞에 스크린 위의 홀리오가 보이고, 그의 뒤편에 기억을 잃은 가르델이 위치한다. 그는 홀리오와 가르델이라는 공존 불가능한 두 개의 얼굴 사이에 있다. 미겔은 극장에서 결합하는 두 얼굴과 시선을 통해 〈작별의 눈빛〉 속 야누스 조각상과 같은 존재가 된다.

마침내 미겔의 앞뒤로 같지만 다른 두 개의 얼굴(홀리오/가르델)이 나란히 위치한다. 이 극장은 단순히 영화를 상영하는 장소가 아니라 서로 만날 수 없는 두 개의 얼굴을 앞뒤에 나란히 배치한 야누스적 건축의 장소다. 같은 의미에서 〈작별의 눈빛〉이 상영되는 폐관된 극장은 이중적인 영화의 장소이다. 한편으로는 우리가 첫 장면에서 지켜본 완성되지 못한 영화를 관객의 기억에 투영하는 뒤늦은 몽타주의 장소이며, 다른 한편으로는 끝없이 둘로 나뉘던 한 사람의 얼굴을 하나의 평면에 겹쳐두는 재귀적 몽타주를 실현하는 장소이다. 불가능한 얼굴의 결합을 꿈꾸는 바로 이곳에 두 겹으로 겹친 에리세의 영화가 거주한다.

### 우리를 응시했던 영화

〈작별의 눈빛〉이 스크린에서 상영된다. 영화 속에서 프랑크를 연기한 홀리오는 레비의 딸 주디스/차오수를 데리고 의뢰인의 집으로 되돌아온다. 미겔은 비스듬히 시선을 돌려 스크린을 올려다보는 가르델의 얼굴을 바라본다. 돌아오지 않던 실종자, 시선, 영화가 스크린에서 되돌아온다. 뒤돌아보는 미겔의 눈빛에서 우리는 〈클로즈 유어 아이즈〉가 에우리디케를 되찾기 위해 저승의 어둠으로 향한 오르페우스의 여정과 유사하다는 것을 깨닫는다. 20세기의 끄트머리에서 영화의 한 세기를 돌아보는 작업인 〈영화의 역사(들)Histoire(s) du cinéma〉(1989~98) 속 고다르는 "영화는 오르페우스가 에우리디케를 돌아보아도 죽지 않도록 한다"라고 말한다. 오직 극장의 어둠 속에서 우리는 스크린의 얼굴을 쳐다보면서, 시선 뒤에 머무르는 또 다른 얼굴을 만날 수 있다. 미겔은 스크린을 중간에 두고 두 가지 시간과 눈빛과 영화가 교차하는 것을 되돌아본다.

그런데 집에 돌아온 딸과 재회한 레비는 갑작스럽게 쓰러져 죽는다. 〈벌집의 정령〉과 〈남쪽〉을 포함해 빅토르 에리세가 묘사하는 영화 속 영화의 장면에는 언제나 죽음의 위협이 존재한다. 영화의 기원과 죽음은 같은 장소에 있다. 죽음을 마주한 영화 속 영화의 마지막 장면에서 홀리오는 카메라를 정면으로 바라본다. 그의 시선은 스크린 너머로 전달된다. 가르델은 과거를 향한 기억이 제거된 눈빛으로 스크린 속의 프랑크, 혹은 홀리오와 만난다. 둘로 나뉜 얼굴은 이토록 단순하고 고전적인 시선의 결합으로 서로를 마주 볼 수 있었다. 하지만 그것은 관객석에 앉은 모두에게 동등하게 주어진 경험이 아니다. 가르델은 스크

1945년, 강제수용소의 죽음과 부활한 영화

린 위의 홀리오를 모호한 얼굴로 바라본다. 그의 기억 없는 눈빛은 현실과 영화에 덧씌워진 완결된 의미를 지운다. 에리세는 아직 무언가를 명확하게 지시하지도, 분명하게 의미하지도 않는 미완결의 장면으로 두 세계를 만나게 한다.

에리세는 영화의 끝에서 단호하게 선언한다. 되살아난 영화를 기적으로 받아들이는 건 모든 것을 망각한 자의 눈이다. 영화의 기적은, 기억에 잠겨 과거를 회고하는 눈빛이 아니라 스크린에 투사되는 빛을 생경하게 바라보는 기억 없는 시선에 의지하는 경험이다. 영화의 몽타주는 과거의 흔적을 간직한 자들의 시선에 주어지지 않는다. 막스의 말처럼 "드레이어가 죽은 이후에 영화관에 기적은 없어"라는 인식을 공유하는 자들은 망각의 축복을 누리지 못한다. 공교롭게도 드레이어가 사망한 이듬해(1969년)에 첫 단편을 연출한 빅토르 에리세는 그 이력을 잊어버린 듯한 마지막 장면을 조각한다. 〈클로즈 유어 아이즈〉는 기억 없는 남자의 눈빛으로 영화를 다시 마주할 것을 요청한다. 이때 영화는 과거에 매개된 이미지가 아닌 그저 하나의 이미지로 솟아오른다. 스크린에는 오직 '남자' '소녀' '눈물' '시선'이 존재한다. 그 이미지가 우리를 응시한다. 우리가 그것들을 단지 하나의 이미지로 받아들일 수 없다면, 기적은 영화의 것이 아닐 것이다. 〈클로즈 유어 아이즈〉는 기억을 잃고 두 눈을 감는 가르델의 시선을 빌려 무능력한 영화가 묘사하는 기적의 모양을 더듬거린다.

미겔이 뒤를 돌아보고, 가르델은 눈을 감는다. 에리세의 영화관은 두 시선이 만나는 장소이면서 하나의 시선을 잃어버리는 장소이기도 하다. 영화는 돌아보고 눈을 감는 관계 속에 깃든다. 기억의 원죄에 사로잡힌 우리는 이 장면에서 또 다른 영화의 한 장면을 떠올린다. 〈클로즈 유어 아이즈〉처럼 하나의 조각상에서 시작하고 〈클로즈 유어 아이즈〉와는 반대로 누군가 눈을 뜨는 장면으로 끝나는 그 영화는 가난한 떠돌이와 눈먼 소녀의 사랑을 그린다. 영화의 마지막 장면, 시력을 되찾은 소녀는 떠돌이와 재회한다. 떠돌이는 소녀를 보며 말한다. "이제 볼 수 있나요?" 무성영화의 황혼기에 공개된 〈시티 라이트City Lights〉(1931)의 마지막 장면이다. 눈앞의 세계를 다시 바라보게 하는 영화의 기적이, 재회한 두 사람의 얼굴에 스쳐 지나간다. 〈클로즈 유어 아이즈〉는 〈시티 라이트〉의 (눈)빛에 두 눈을 감는 관객의 모습으로 대응한다. 영화는, 다시 볼 수 있을까? 이 질문에 답하는 에리세의 마지막 장면이 아름다운 것은 이것이 아무것도 끝나지 않은 끝이기 때문이다. 〈클로즈 유어 아이즈〉는 영화를 향한 고별사가 아니다. 이 영화는 영화의 무능력으로 아직 실현되지 않은 기적에 가닿으려는 작은 섬광이며 영화의 또 다른 시작점으로 향하는 탄생의 희극이다. 가르델이 눈을 감는다. 검은 화면 위로 영사기에서 돌아가던 필름 소리가 그친다. 이제 불 꺼진 스크린 앞에 앉은 우리가 영화를 마주할 차례다.

아이는 무엇을 아는 것일까? 그 자신을 응시하고 있는 것을 제외하고는 모든 것을 알기를 원했던 세르주 다네라는 이

1945년, 강제수용소의 죽음과 부활한 영화

아이는 무엇을 알았던 것일까? '세계의' 어떤 부재가 '세계의' 이미지들의 현존을 훗날 요청하는 것일까? 나는 장 루이 셰페르가 그의 저서 『영화를 보러 다니는 평범한 남자』에서 '우리의 유년기를 응시했던 영화들'이라고 말한 것보다 더 아름다운 표현을 알지 못한다.◆

◆　세르주 다네, 『영화가 보낸 그림엽서』, 정락길 옮김, 이모션북스, 2013, 29쪽.

# 수용소와 박물관

존 오브 인터레스트 The Zone of Interest | 조너선 글레이저 | 2023

20세기 유럽의 두 가지 질서는 영화와 강제수용소에 있다. 영화가 눈에 보이는 모든 것을 기록하는 특권적인 재현 체계라면, 절멸의 수용소는 눈에 보이는 모든 기록을 은폐하고 소각한 체계적 기관이다. 한쪽에선 이미지를 구현하고, 다른 한쪽에선 이미지를 말살한다. 영화가 역사를 창조한다면, 강제수용소는 역사에 구멍을 낸다. 극단적으로 대립하는 두 체계는 그러나 유사성을 공유하면서 대립한다. 영화와 강제수용소의 이미지는 시야 바깥에 있던 세계를 내부로 가져와 편집하고 분류하는 절차로 형성된다. 공장을 나서는 노동자들의 행렬과 열차의 도착을 상징적 기원으로 삼는 영화와, 수많은 희생자를 열차로 태워 나르며 노역과 학살을 강제한 수용소는 제국주의의 열망이 깃든 발명품이자 세계를 포획하는 두 가지 방식이다. 장뤽 고다르가 지적한 것처럼 영화는 강제수용소의 현장에 존재하지 않았고, 이는 표상과 기록 장치로서 영화의 위기를 가져왔다고 여겨진다. 수용소 내부의 이미지는 영화에 남겨진 공백 지대이다. 하지만 영화는 무엇보다 가까이에서 수용소와 긴밀하게 접속하고 있었을지도 모른다.

1945년, 강제수용소의 죽음과 부활한 영화

통제할 수 없는 세계의 움직임을 포착해 프레임에 각인하는 영화의 매혹은 현존하는 세계의 재현을 전면 중단시킨 강제수용소의 학살과 연결되어 있다. 조너선 글레이저의 〈존 오브 인터레스트〉는 영화를 바로 그 결합의 장소로 옮겨둔다. 이 영화는 학살이 자행되는 아우슈비츠수용소에서 불과 몇 미터 떨어진 담장 건너편에 있는 수용소 소장 루돌프 회스(크리스티안 프리델)의 저택에 카메라를 둔다. 영화의 초반, 회스가 눈을 가린 채 정해진 구역으로 이동해 가족들의 선물을 받는 장면은 수용소에서 수감자를 관리하는 방식과 동선을 떠올리게 한다. 강제수용소의 학살은 부르주아 가정의 익숙한 생활과 '나란히' 놓여 있다. 기나긴 강제 이주, 벌거벗은 몸, 가스실에서의 학살, 딱딱하게 굳은 시체를 태우고 남은 재 가루. 강제수용소가 생산하는 적나라한 이미지들은 〈존 오브 인터레스트〉의 카메라가 놓인 저택으로 진입하지 못한다. 저택을 촬영하는 영화와 강제수용소의 참극은 구조적으로 연결되어 있지만, 이미지의 조건에서 분리되어 있다.

초반부의 한 장면에서 앙각으로 잡힌 루돌프 회스의 얼굴 뒤로 수용소에 도착한 기차의 검은 연기가 솟아오른다. 화면 바깥에선 수많은 사람의 비명이 들린다. 그런데 다음 장면이 되면 우리가 바로 직전에 보고 들은 회스의 무표정한 얼굴과 검은 연기와 끔찍한 비명은 사라지고 아무것도 보이지 않는 백색 화면이 떠오른다. 〈존 오브 인터레스트〉는 바로 이 자리에 있다. 영화는 어떤 식으로든 참극을 가시적으로 드러낸다. 수용소 관리자의 무표정과 불타오르는 연기와 보이지 않는 자들의 비명을. 하지만 강제수용소에 자리 잡은 영화는 모든 것을 순식간에 사라지게 할 수도 있다. 눈앞에 나타난 이미지와 사운드는 너무나 쉽게 소멸한다. 두 장면은 연속적인 시공간 위에 결합해 있는 걸까? 별개의 장면으로 분리된 걸까? 아무것도 없는 백색의 화면은 직전 장면에 보이던 대상이 사라진 상태일까? 아니면 아우슈비츠라는 역사적 장소를 추상화하는 독립된 숏인 걸까? 조너선 글레이저가 홀로코스트의 영화를 만드는 일은 이 질문의 구역으로 진입하는 것이다.

〈존 오브 인터레스트〉는 강제수용소 중심부에서 20세기 영화의 또 다른 전통적 기억을 깨운다. 그건 홈드라마의 기억이다. 설정의 구체성을 소거하고 줄거리만 요약한다면, 이 영화는 한 가족이 아버지의 전출로 인해 흩어졌다가 재회하는 20세기적 홈드라마다. 다만 이 문장에서 아버지는 강제수용소의 기획자이고, 가족이 재회하는 장소는 아우슈비츠다. 조너선 글레이저는 끔찍한 홀로코스트의 장소 옆면에 소부르주아 가정의 일상적 시간을 접속한다. 그들의 일상에는 낯선 구석이 없다. 배급받은 식료품으로 식사하고, 정원을 가꾸고, 수영장에서 일광욕을 즐기고, 정해진 잠자리에 든다. 회스를 포함한 그의 가족들은 카메라 사이를 오가며 이곳에서 저곳으로 이동하는 것 외에 어떤 의미 있는 행위도 보여주지 않는다.

제국주의는 문명의 질서와 아름다움을 내부에 구축하고, 잔혹하고 야만적인 학살을 외부에 위탁한다. 하지만 외부는 되돌아온다. 안쪽과 바깥은 구분되지 않을 것이다. '천국'을 닮은 문명의 정원 바로 옆으로 다가온 강제수용소는 그 질서의 마지막 연장선이자 종언이다. 글레이저는 나란히 놓인 '이웃집'의 구도에서 뫼비우스의 띠를 그린다. 그것은 어딘가 연극적이고 모사적인 회스 가족의 일상과 강제수용소의 믿을 수 없는 현실이 접촉하는 하나의 몽타주를 형성한다. 이런 맥락에서 〈존 오브 인터레스트〉는 놀랍고 충격적인 혁신성을 겨냥한다기보다는 철저한 지루함, 무의미, 따분함의 상태에 종속되어 있다. 이는 영화를 비판하려는 의도가 아니다. 10여 대의 카메라를 촬영장 여기저기에 배치해 동시에 녹화한 뒤 동선에 맞춰 이어 붙인 이 영화의 화면은 의지적인 개입의 결과물이라기보다는 자동적으로 완성된 하나의 기관처럼 영화 전체를 관측하도록 이끈다. 이 자동화된 화면의 조각을 연결하며 〈존 오브 인터레스트〉는 스스로를 철두철미한 감각적 상투성으로 장식한다.

그러니 이 영화의 논점은 지루하고 무의미하고 따분한 화면에 있지 않다. 오히려 역설적으로, 지루하고 무의미하고 따분하기 짝이 없는 상태에 머물 수 없다는 조바심이 영화를 미심쩍게 만든다. 그 조바심은 경이로운 테크닉으로 세공된 화면 바깥의 소리에 있다. 조너선 글레이저는 극화에 반대하고 수용소의 학살을 스펙터클로 수용하는 재현에 저항하는 시각화를 구상하고자 했다고 말한다. 하지만 화면에는 놀라운 기술력으로 극화에 기여하는 강제수용소의 소리와 음향이 존재한다. 이 가공할 만한 소음은 〈존 오브 인터레스트〉가 실천하는 시각적인 재현 양상과 반대로 향한다.

시각은 강제수용소 전체를 재현하려는 열망에서 물러나지만, 청각은 물리적인 거리감을 뛰어넘는 허구적 조정으로 강제수용소 전체를 재구성한다. 이는 물론 이미지와 사운드의 불일치라는 익숙한 형식적 장치다. 그런데 보이는 것과 들리는 것의 격차를 발생시켜 감각을 교란하는 화면이 아우슈비츠수용소에서 구현될 때, 이것은 과연 무엇을 위한 불일치인가? 〈존 오브 인터레스트〉의 시각적 재현은 가까운 것(회스 가족의 일상)을 심리적으로 멀리서 관측하도록 요청하고, 청각적 재현은 멀리 있는 것(강제수용소의 죽음)을 가까이 듣도록 강조한다. 이 불일치는 전자의 의도를 과시하는 연출자의 관점 반대편으로 우리를 이끈다.

화면이 철저한 수준의 지루함에 복무하며 전체에 대한 이해를 거부하는 동안, 소리는 관객의 경험에 계속해서 호기심과 자극과 이해를 제공한다. 이 영화가 자동화된 카메라의 작동과 동시적으로 이어지는 숏 구성을 통해 객관적 관찰을 시도한다면, 날카롭게 세공된 소리의 허구적 효과는 관객을 주관적 감각에 동참하도록 이끈다. 이것은 논쟁적인 감각일 순 있지만, 찬미할 만한 아름다움도 경이로운 혼란도 아니다. 우리가 듣지 못한 소리는 여전히 진원지를 찾지 못한 채 아우슈비츠라는 공백에서 부유한다.

회스는 두 남매를 데리고 주변의 강가에서 낚시를 즐긴다. 물놀이하던 아이들은 서로에게 말한다. "재미없어.""네가 더 재미없어." 스쳐 지나가는 아이들의 말에 이 영화의 형식적 자의식이 새겨진다. 아이들은 지루함을 느낀다. 무의미한 말을 주고받는다. 따분하고 자극 없는 시간을 보낸다. 가족은 지루하고, 〈존 오브 인터레스트〉의 화면엔 그 지루함이 담긴다. 그리고 당혹스럽게도 지루함을 깨뜨리는 건 바깥에서 흘러들어 오는 학살의 잔해다. 회스는 낚시를 하다 강물에 떠내려오는 뼛조각을 발견하고 기겁한 채 집에 돌아와 오염물이 묻은 아이들의 몸을 씻어낸다. 강제수용소에 거주하는 부르주아 가정의 따분한 상태를 부수는 건 아우슈비츠의 뼛조각이다. 불순한 인상이지만 이 충격적인 자극은 회스 가족의 화면에 왠지 모를 활기를 덧대는 것 같다. 그리고 끔찍하게도, 이 문장에서 '회스 가족'의 자리는 〈존 오브 인터레스트〉로 바뀌어도 무방하다.

'재현 불가능'이라는 의제는 영화에서 결코 '재현 불가능'으로 구현되지 않는다. 카메라는 재현을 금지한 어떤 사건조차도 선명한 이미지로 생산해버리고 만다. 조너선 글레이저의 금욕적이고 기계적인 숏은 작가의 의도와 무관하게 바깥의 자극을 요구하고 끌어들이는 매개로 다가온다. 그 매개의 중심에 루돌프 회스의 몸이 존재한다. 바깥에서 홀로코스트의 잔여물이 밀려들어 오자, 회스의 몸에선 자꾸만 무언가 빠져나온다. 그는 세면대에 검은 파편을 뱉고, 의사에게 검진받으며 하루에 대소변을 배출하는 빈도를 말한다. 결말에서 승진과 아우슈비츠 복귀를 약속받은 회스는 계단을 내려오다 헛구역질을 반복한다. 하지만 이제 그의 입에서 빠져나오는 토사물은 없다. 이는 미래를 향한 불안한 암시 따위가 아니다. 학살의 참혹함이나 역겨움을 지시하는 은유도 아니다. 그의 실체 없는 헛구역질은 강제수용소의 자극도, 몸 안에서 흘러나오는 반응도 벌어지지 않는 상태를 가리킨다. 이제 따분한 내부를 건드릴 수 있는 바깥은 존재하지 않는다. 영화는 어떤 변화의 여지도 없이 이 무의미한 자리에 도착한다. 어둠으로 물든 텅 빈 화면에서 루돌프 회스의 텅 빈 몸이 걸어가는 순간. 〈존 오브 인터레스트〉는 이 결말의 '무의미'를 실현하기 위한 영화인지도 모른다. 그는 계단 아래로 내려가고 있지만, 무한히 반복되는 평면에 갇힌 것처럼 보인다. 모든 장면이 언제나 정해진 좌표에 도착하는 이 영화는 지극히 평면적이고 무기력하다. 하지만 이는 강제수용소의 영화 전체에 덧씌워진 혐의일지도 모른다. 이것은 개개인의 악마성에 관한 탐구가 아니라 기계장치의 무심한 작동에 관한 기록이기 때문이다.

이 영화에서 유일하게 정해진 시공간을 이탈하는 인물이 있다. 이름 없는 폴란드 소녀는 한밤에 수감자들이 노역하는 광산의 땅속에 사과를 묻어둔다. 조너선 글레이저는 암흑 속에서 벌어진 이 행위의 아름다움을 포착하기 위해 열화상카메라로 촬영했다고 말한다("열화상카메라에 찍힌 이미지는 그 외의 화면들과 정반대의 아름다움을 지니고 있다. 소녀가 거기 있다는 사실만이 보이고 인물은 마치 반딧불처럼 빛난다"◆). 하지만 이 이미지는 다른

---

◆　김소미, 「〈존 오브 인터레스트〉 조너선 글레이저 감독, 가능한 한 모든 면에서 정확하고 싶었다」, 《씨네21》, 1460호, 2024.

연상을 일으킨다. 몸의 열기를 포착하는 카메라, 흑백으로 노출된 이미지. 소녀의 외형은 타오르는 열과 그을음처럼 보인다. 이는 소멸로 향하는 인간 신체의 마지막 단계를 환기한다. 이 장면이 제시되는 동안 아이들에게 동화를 읽어주는 회스의 목소리가 들린다. 그는 헨젤과 그레텔이 마녀를 화로에 빠뜨리는 대목을 읽는다. 열화상 이미지로 포착된 소녀가 땅속에 열매를 숨길 때, 불태운 시신을 땅에 묻는 절멸의 절차는 여전히 어둠 속에 잠재한다.

　　폐허가 돼버린 강제수용소 현장을 렌즈에 담은 〈밤과 안개Nuit et Brouillard〉(1956)를 완성한 직후 알랭 레네는 프랑스국립도서관을 다룬 〈세상의 모든 기억Toute la Mémoire du monde〉(1956)을 만든다. 두 영화의 공통점은 공동체의 기억과 망각이라는 문제를 다룬다는 것만이 아니다. 그보다 치명적인 유사성은 도서관(혹은 박물관)과 강제수용소가 유사한 원리로 작동된 유럽적 기관이라는 데 있다. 레네는 수집하고 분류하고 처리하는 기계적 과정을 바라본다. 그의 카메라 앞에서 도서관과 강제수용소는 거대한 감금의 장소로 나타난다. "박물관의 아이"를 자처한 고다르는 이 유사성으로 19세기의 박물관과 20세기의 강제수용소를 나란히 병치한다(고다르에겐 그 중간 지대에 영화관이 존재할 것이다).

　　〈존 오브 인터레스트〉 또한 결말에서 두 장소를 교차한다. 하나는 지금껏 지켜본 20세기 아우슈비츠의 강제수용소이고, 다른 하나는 현대의 아우슈비츠 박물관이다. 개장을 준비하는 박물관의 청소 노동자들은 남겨진 강제수용소의 흔적을 보관하는 유리를 꼼꼼히 청소한다. 강제수용소의 잔혹한 노역에서 벗어난 현대의 노동은 이 고통스러운 영화에 작은 희망을 건네주는 것일까? 나는 반대로 생각한다. 회스가 아우슈비츠수용소로 복귀 명령을 받았듯이 해결되지 않은 강제수용소의 원리가 박물관의 투명한 유리창으로 되돌아올 것이다. 현대의 문화와 자본은 아우슈비츠의 질서를 '정상적으로' 연장한다. 우리가 바라보는 이곳은 노동의 장소이고 보관의 장소이며 관리의 장소다. 그런데 이곳은 어디인가? 우리는 아우슈비츠의 수용소 역시 이런 방식으로 작동되었다는 것을 기억하고 있다. 보이지 않는 수용소는 모든 것을 투명하게 관람할 수 있는 박물관으로 교체되었을 뿐이다. 영화관이며 박물관이자 강제수용소인 바로 그 자리. 영화는 그곳에 존재하지 않았던 것이 아니다. 영화는 이 현장의 좌표에서 벗어난 적이 없다.

# 잔해 속의 우화

피닉스 Phoenix | 크리스티안 페촐트 | 2014

〈피닉스〉의 초반부, 아우슈비츠 강제수용소의 생존자인 넬리(니나 호스)는 훼손된 얼굴을 복구하는 성형수술을 받고 붕대를 두른 채로 병실 침대에 잠들어 있다. 집으로 돌아가 남편 조니(로날트 체어펠트)와 재회하는 꿈을 꾸던 넬리가 고개를 돌리면 넬리와 똑같이 얼굴에 붕대를 감고 환자복을 입은 여인이 반쯤 열린 문 앞에서 넬리를 지켜보고 있다. 다음 장면에서 넬리는 그녀를 지켜본 여인의 발걸음을 따라 복도를 걸어간다. 그들이 도착한 곳은 벽면에 여러 장의 사진이 걸려 있는 작은 방이다. 그곳에서 넬리는 자신의 원래 얼굴이 찍힌 흑백사진을 바라본다. 외견상으로 두 사람을 구분하기 어려운 데다, 넬리를 사진이 걸린 방으로 이끄는 여인에 대해 이렇다 할 정보가 주어지는 것도 아니기에 이 장면은 꽤 기묘한 인상을 자아낸다. 별다른 전조나 설명도 없이 기원이 불분명한 영화적 분신double이 각인되기 때문이다. 나와 닮은 누군가가 나를 훔쳐본다는 것. 이 불확실한 분신의 형상은 부서진 거울에 비친 넬리의 분리된 이미지보다도 더욱 부조리한 생김새로 우리를 불안에 빠뜨린다.

얼굴도 이름도 없는 영화적 분신은 어째서 넬리와 단둘

이 병원 공간을 점유하고 있는 걸까? 서사적 개연성으로 이 여인의 신원을 유추하는 건 어렵지 않다. 넬리와 마찬가지로 얼굴 전체에 붕대를 두르고 병원에 머물러 있는 익명의 환자. 그녀 또한 얼굴에 새겨진 상처를 치료하는 수용소의 생존자 가운데 한 명일 것이다. 하지만 구체적으로 그녀가 누구인지, 왜 넬리를 지켜보는지, 잠에서 깬 넬리가 무슨 이유로 그녀를 따라가는지는 설명되지 않는다. 그러므로 이 장면들에서 무엇보다 낯선 것은 정상적인 범주의 개연성과는 무관하게 얼굴에 붕대를 두른 두 사람의 신체 이미지를 프레임에 배치하는 연출자의 시각적 자의식이다.

넬리는 그 여인과 같은 방에 서서 과거에 찍힌 사진들을 들여다본다. 풀숲에 앉은 넬리와 조니가 흑백사진 특유의 분위기를 빌려 소실된 유토피아적 연인의 모습으로 그녀의 눈앞에 주어진다. 영화는 이 순간에 의도적으로 두 개의 초상 이미지를 병치해두고 있다. 하나는 흑백사진에 담긴 넬리의 손상되지 않은 얼굴이고, 다른 하나는 넬리와 무명의 여인이 공유하는, 붕대로 가려진 고통의 초상이다. 후자의 초상 이미지는 넬리의 말처럼 전후의 시공간에서 사라진 자들의 얼굴에 새겨진 역사적 '의상'으로 받아들여진다. 두 사람의 얼굴을 가리는 붕대의 이미지는 사진에 담긴 유일무이한 얼굴과 대비되는 범용한 가면이다. 〈피닉스〉는 전후 베를린이라는 특정한 역사적 분기점에 제기된 영화의 위기를 정체성과 의상의 경합으로 전면화한다. 붕대를 두른 두 여인의 이중적 형상이 보여주는 것처럼, 이미지는 현실과 상상, 가능한 결합과 불가능한 열망 가운데서 분화하기 시작한다.

## 시선과 목소리

크리스티안 페촐트는 제2차 세계대전이 끝난 베를린의 잔해를 탐사하면서 시선과 목소리에 관한 하나의 우화를 조직한다. 얼굴 전체를 가리고 눈과 입을 비스듬히 감추는 흰 붕대는 이 우화의 주요한 표상이자 장치로 쓰인다. 붕대가 감싸고 있기에 생존자들의 시선과 목소리는 가닿지 않고 들리지 않는다. 자기가 자신임을, 혹은 자신이 이곳에 발을 디디고 서 있음을 증명할 수 없는 신체. 〈피닉스〉에서 가려진 시선과 소거된 목소리는 인물들이 머무는 세계의 표면을 불투명하게 세공한다. 클럽에서 조니를 마주친 넬리가 그의 이름을 외치자, 조니는 충분히 넬리를 알아볼 수 있을 만큼 가까이 있음에도 자신을 부르는 목소리가 어디에서 들려온 것인지 인지하지 못한다. 그는 학살에서 돌아온 자의 목소리를 들을 수 없다. 이와 같은 무능력한 지각은 강제수용소의 집단학살을 담아내지 못한 영화 매체의 불가피한 변형을 예증한다. 이 영화에는 두 가지 전제가 동시에 일어난다. 모든 것이 파괴되고 소실되었으므로 세계는 이전과 같은 모습으로 돌아갈 수 없다. 하지만 예전의 자리로 거슬러 돌아가려는 여자의 신체가 세계의 테두리에서 움직이기 시작한다. 페촐트는 그렇게 한 사람의 삶과 그가 거주하는 세계의 질서가 일으키는 불화를 주시한다.

넬리의 유대인 친구 레네는 말한다. 학살로부터 살아남은 자들에게는 의무가 있다. 나치가 갈취한 것들을 전부 돌려받아야 할 의무가. 그녀가 말하는 의무는 넬리에게 남겨진 유산으로 안전한 삶의 공간을 개척해야 한다는 것을 뜻한다. 이 견해에 한 가지 층위를 덧붙인다면, 전후의 시간을 다루는 영화감독으로서 페촐트가 〈피닉스〉에서 짊어진 의무도 있다. 너무 늦게 도착한 자의 의무. 그것은 영화를 이루는 근본적인 두 가지 체계, 이미지와 사운드의 어긋나버린 질서를 재구축하는 것이다. 생존자를 태운 자동차가 다리를 건널 때 강렬한 빛 번짐이 화면 가득 차오르는 도입부가 보여주듯이, 수용소의 경계를 넘어 되돌아오는 자들은 마치 눈이 먼 듯한 상태에 노출된다. 어둠 속에서 넬리는 밝은 빛에 민감하게 반응하거나, 불을 켜지 말아달라고 요청한다. 절멸의 장소에서 돌아온 자들은 시각을 잃어버린다. 영화의 빛은 더 이상 세계를 선명하게 비추는 전능한 스포트라이트가 아니다.

넬리는 폐허가 된 한밤의 도시를 지나다니다 시각장애인 바이올리니스트 앞에서 발걸음을 멈춘다. 그녀는 눈먼 바이올리니스트의 안내로 조니가 근무하는 클럽으로 향한다. 자크 데리다가 말한 것처럼 어둠 속에서 빛과 진실을 증명하는 것은 눈먼 자들이다. 크리스티안 페촐트는 〈피닉스〉의 드라마를 간단하게 정의한다. 이것은 단 한 번도 서로의 눈빛을 바라보지 못하는 죽은 자들의 이야기다. 그러므로 전후의 시간 속에서 상대방의 눈빛을 지각하는 것은 일상적인 응시로 성립되지 않는다. 여

1945년, 강제수용소의 죽음과 부활한 영화

기에는 난반사하는 시선과 목소리를 붙잡기 위한 하나의 도식이 요구된다.

## 의상의 우화

시선과 목소리의 불일치로 조직되는 하나의 우화와 더불어, 〈피닉스〉에는 다른 한 편의 우화가 잠재되어 있다. 조니는 바뀐 얼굴로 나타난 아내 넬리를 알아보지 못하고 그녀에게 한 가지 제안을 건넨다. 자신의 아내를 연기해서 아내가 받는 유산을 나눠 갖자는 것이다. 조니는 그녀에게 '에스더'라는 이름을 붙여주고, 넬리의 외형과 특징을 흉내 내게 한다. 눈앞에 나타난 넬리를 알아보지 못하는 놀랄 만한 시각적 무능력에 사로잡힌 조니는 우화의 규칙 아래서 또 다른 우화를 작성한다. 주지하다시피, 이 우화는 넬리가 갈아입는 의상을 중심으로 치명적인 변형을 거듭한다. 조니와 넬리가 도모하는 거짓된 연극을 '의상의 우화'라고 부르고 싶다. 부연할 것도 없이, 이 우화를 각인하는 대표적인 장면은 넬리가 붉은 원피스와 짙은 화장을 두르고 조니 앞에 서는 순간이다. 그 전까지 넬리를 알아보지 못하던 조니는 그녀의 모습을 보고 일순간 얼어붙는다. 넬리가 말한다. "날 알아보겠어?" 사랑과 배신, 죄의식과 두려움이 한자리에 응축된 넬리의 귀환이 실현된 자리에서 조니는 눈에 비치는 여인의 얼굴과 목소리가 바로 넬리의 것임을 비로소 보고 듣는다.

전쟁 이전의 일상적 시간과 전후의 파괴된 시간, 그리고 그 기점을 관통하는 수용소에서의 절멸의 시간. 〈피닉스〉는 서로 다른 시간에 걸쳐 선 넬리의 신체적 표상을 통해 단절된 세계들을 접속하고 있다. 이로써 카메라에 노출되는 현재형의 이미지는 겹친 시제에 짓눌리게 된다. 넬리가 입은 붉은색 원피스는 단지 그것을 입은 인물의 외형적 변화만을 지시하지 않는다. 그녀가 화장을 고치고 의상을 갈아입은 그 자리에서 소용돌이치듯 모든 시제가 되돌아온다. 이 레드 톤의 원피스는 그녀가 비로소 넬리의 정체성으로 나타나도록 하는 표면적 매개이다. 보이지 않는 과거는 붉은색 의상에 들러붙어 우리를 집요하게 따라붙는다.

플랫폼 안으로 기차가 도착한다. 한 여인이 내리고 친구들이 다가와 그녀에게 재회의 인사를 건넨다. 여인은 그들 뒤편에서 기다리는 남편에게 다가가 말없이 포옹한다. 페촐트는 기차역이라는 상징적 장소에서 서로 다른 우화에 속한 이들의 시간을 매개하는 퍼포먼스를 상연한다. 뤼미에르 열차의 도착으로 시작된 영화의 역사가, 집단학살의 희생자들을 아우슈비츠 수용소로 실어 나른 또 다른 열차의 도착으로 중단되었다면, 페촐트는 일시적으로 멈춰버린 영화사의 시간을 다시 움직이는 허구적 상황을 기차역에 투사한다. 수용소의 생존자가 집으로 되돌아오는 세 번째 열차의 도착을 그려내는 것이다. 역사와 영화사의 시간이 겹쳐진 자리의 틈새로 넬리는 다시 한번 그녀 자신의 존재로 되돌아온다.

레네가 말한 '의무'를 실천하듯 잃어버린 것들을 하나씩 되찾아가던 넬리의 종착지에 노래가 놓여 있다. 그녀가 조니의

1945년, 강제수용소의 죽음과 부활한 영화

피아노 반주에 맞춰 쿠르트 바일의 〈Speak Low〉를 부르는 마지막 장면은 크리스티안 페촐트의 모든 영화를 통틀어 가장 아름다운 순간이다. 넬리가 노래를 시작하자, 조니는 천천히 깨닫는다. 그녀가 바로 그녀임을. 당신의 목소리가 정확히 당신의 입에서 흘러나오고 있다는 사실을. 그 순간에 넬리의 오른쪽 팔에 새겨진 수용소의 수감 번호가 조니의 눈앞에 스쳐 지나간다. 영화는 이 시퀀스의 느릿하게 연쇄되는 숏으로 내러티브의 윤곽을 채색하는 신체의 미적 움직임을 이룬다. 조니는 뒤늦은 사랑과 수치를 자각한다. 상대방을 바라보고 목소리를 듣는, 지극히 단순하지만 그토록 불가능하게 여겨지던 몸의 감각으로.

## 불타고 남겨진 것

노래를 마친 넬리는 마비된 것처럼 말을 잃은 조니를 외면하고 밖으로 퇴장한다. 검은색 겉옷을 손에 쥐고 퇴장하는 넬리의 제스처는 닫힌 내부 공간을 넘어서는 결단이며 또한 의상을 둘러싼 주제론적 체계를 종결짓는 행위다. 그녀가 폐쇄적 세계에서 벗어나기 위해 실행하는 마지막 선택이 의상을 거두는 사소하지만 단호한 손짓으로 표현된다는 점에 주목할 필요가 있다. 이는 의상이라는 물질적 표면을 빌려 수용소에 관한 넬리의 증언을 환기하는 세밀한 장치이기 때문이다. 영화의 결말을 장식하는 이 장면이 놀라운 것은 단지 넬리의 매혹적인 퍼포먼스로 조니에게 뒤늦은 깨달음을 안겨주는 극적인 순간이라서가 아니라, 조니가 설정한 '의상의 우화'를 해체해버리는 제스처를 담고 있기 때문이다.

　중반부의 한 장면을 되돌아본다. 두 사람이 연기演技를 공모하던 지하실에서 조니가 아내의 붉은 원피스와 짙은 화장을 요구하자, 넬리는 수용소에서 돌아오는 사람이 그런 모습을 하는 건 부당하다고 반박한다. 그러면서 그녀는 수용소에서 겪은 체험을 고백한다. 그곳에서 알몸으로 감시원들에게 둘러싸여 막 도착한 사람들의 옷을 조사해 숨겨둔 귀금속과 돈을 찾아내는 작업을 맡았고, 그때 어머니의 옷을 입은 어느 여자아이의 눈을 바라봤다는 경험을. 더듬거리는 말로 간신히 발화되는 넬리의 증언은, 의상이라는 외양으로 정체성을 구분하려는 조니의 계획에 '벌거벗은' 신체의 비가시적 이미지로 항의한다. 조니에 의해 중단되는 넬리의 고백은 한 가지 단서를 폭로한다. 〈피닉스〉는 벌거벗겨진 옷, 상처와 흉터를 흰 붕대로 가리던 비참한 신체가 붉은 원피스의 관능을 되찾아가는 시간에 관한 영화라는 것을.

　하지만 이 관능의 회복은 모든 것을 유토피아적 과거로 되돌리는 회고형의 결론이 아니다. 넬리는 여전히 시간의 경계에 머물러 있다. 검은 외투를 붙잡는 넬리의 손이 의미하는 것은 의상에 깃든 바로 이런 모호한 면모다. 나는 붉은 원피스를 즐겨 입던 그 넬리가 맞아요. 하지만 더는 붉은 원피스만을 입는 넬리일 수 없어요. 우리는 레네가 자살했다는 소식을 뒤늦게 듣는 장면에서 넬리가 입고 있던 검은 상의를 기억하게 된다. 그러므로 넬리의 손에 쥐어진 검은 상의는 죽음과 상흔의 기억이 들러붙어 사라지지 않는 스크린의 텅 빈 구멍이다. 이것이 조니가 구상한 '의상의 우화'에 대항하는 넬리의 마지막 선택을 시각화한다.

붉은 원피스가 넬리의 과거를 상기시키는 것처럼, 넬리는 그 검은 외투에 새겨진 기억을 지우지 않는다. 붉은 원피스와 검은 외투의 결합으로, 결코 동시에 솟구칠 리 없는 수용소 바깥의 시간과 수용소 내부의 기억이 넬리의 신체라는 공통의 장소에서 대면한다. 페촐트에게 영화의 장소는 강제수용소의 수감번호가 새겨진 손으로 검은 외투를 붙잡는 몽타주가 실현되는 곳이다. 이제 넬리는 둘로 나뉜 영화적 분신의 형상을 옆에 두지 않는다. 서로 다른 시간과 기억을 표상하는 의상의 결합으로 한 몸을 이루고 있을 뿐이다. 이는 어느 때보다 통합적으로 분열하는 자기 신체를 자각하는 체험이다.

## 함몰점의 숏

노래가 끝나면 영화는 카메라의 시야에서 천천히 멀어지는 넬리의 뒷모습을 비춘다. 조니와 더불어 움직임을 멈춰버린 채로 실내에 남은 카메라는 통렬한 윤리적 자각을 요청한다. 조니, 혹은 영화는 멀어지는 넬리를 쫓아갈 수 있을까? 아니, 그럴 수 없다. 그곳에 있는 어떤 목격자도 붉은 원피스와 검은 상의의 결합이 갖는 의미를 감지하지 못한다. 이는 수용소의 현장을 포착하지 못한 영화의 역사적 위치이기도 하다. 이 자리에서 '피닉스'라는 영화의 제목은 두 장면으로 찢어진다. 하나는 불타버린 폐허의 흔적을 지우고 새로운 삶을 추진하려는 전후 독일의 방관자들이 머무는 숏이다. 다른 하나는 방관자들이 침묵과 망각의 대상으로 삼은, 그러나 지금 그들 눈앞에 선명하게 되돌아온 넬리가 향하는 마지막 숏이다. 넬리는 노래를 끝내고 모든 것이 타버린 자리에 남은 마지막 숏으로 걸어 나간다. 화면을 연소한 열기와 자국이 남은 것처럼 희미한 일렁임으로 흐릿해진 숏이다. 다른 누구도 이 숏의 표면에 개입할 수 없다. 이것은 단순히 하나의 장면에서 다른 장면으로 바뀌는 간단한 화면전환이 아니라 넬리의 신체를 영화의 나머지 전체와 분리하는 존재론적 도약이다. 퇴장하는 넬리의 뒷모습이 담긴 희미한 화면은 모두의 흔적으로 뒤얽힌 장소이며 〈피닉스〉는 침묵하는 방관자들에게 이 화면을 지켜보라고 요구하기 때문이다. 그러므로 영화의 마지막 숏은 이중적이다. 이것은 간신히 유지되어오던 하나의 세계가 산산이 조각나버리는 함몰점이지만, 동시에 그동안 머물러 있던 세계를 불태우고 떠나간 넬리의 또 다른 세계가 열리는 입구이기도 할 것이다.

# 얼굴의 뒷면

트랜짓 Transit | 크리스티안 페촐트 | 2018

아직 관능의 열기가 남아 있는 무덤 속으로 내려가고 싶다.

_ 앙드레 지드, *Carnets d'Egypte*

크리스티안 페촐트의 〈트랜짓〉에 덧붙이고픈 말은 많지
않다. 이 유연하고 매혹적인 영화 앞에서 무엇을 말할 수 있을
까. 오인과 매혹, 불안과 수치심, 우정과 연대, 고독과 외면, 갑작
스러운 죽음과 지속되는 삶, 떠나는 것과 기다리는 것, 무엇보다
도 파국적인 사랑을 향한 열망……. 어쩌면 그 모든 감정과 선택
에 대해. 이토록 복잡하고 민감한 문제들을 운용하는 영화의 리
듬을 잊기 어렵다. 〈트랜짓〉은 불투명한 시간과 감정의 흐름을
다루면서도―영화 속 게오르그(프란츠 로고스키)가 읽는 바이델
의 원고에 적힌 표현을 빌리면 "모두가 모호하고 끔찍한 일에
연루돼 있"는데도―, 놀랍도록 투명한 아름다움으로 다가온다.
이 영화가 전해주는 아름다움에 견줄 만한 동시대 영화의 다른
사례를 선뜻 떠올리기 어렵다.

하지만 이 영화의 유연한 아름다움이 무엇에서 기인하는
지 밝혀내는 것 또한 까다로운 일이다. 그래서인지 적지 않은 상

찬에도 불구하고 〈트랜짓〉을 향한 비평적 반응은 비교적 단선적이다. 부재하는 대상의 그림자를 따를 수밖에 없는 자들의 멜로드라마라는 식으로 축소되거나 오늘날의 시급한 주제인 전쟁 난민과 불법 이민자 문제를 1940년대 제2차 세계대전의 풍경과 겹쳐두는 초현실적 구성에 관한 손쉬운 결론으로 환원되며, 이 명제들이 구성하는 테두리를 크게 벗어나지 않는다. 아우슈비츠의 누락된 기억을 필름누아르의 틀에 접합한 〈피닉스〉가 '20세기 독일 국가주의에 대한 비판'으로 명쾌하게 환원되지 않는 것처럼, 〈트랜짓〉 또한 '멜로드라마의 외피로 홀로코스트와 난민 문제에 나타나는 파시즘의 그림자를 비판'하는 영화로 일반화되지 않는다. 비스듬히 고개를 돌려 게오르그를 바라보는 마리(폴라 비어)의 매혹적인 자세가 그러하듯, 〈트랜짓〉은 조금 다른 시각에서 접근하기를 요구한다. 〈트랜짓〉이 제기하는 근본적인 질문은 '떠남'과 '기다림'을 왕복하는 인물들의 신체, 그 가운데서도 '얼굴'이라는 특권적인 장소의 복합성을 향해 있기 때문이다.

### 교묘한 착시효과

두 장의 편지가 도착한다. 수신인은 작가 바이델이다. 한 장은 작가의 멕시코 이주를 허락하는 비자 허가서이고, 다른 한 장은 바이델의 아내 마리에게서 온 편지이다. 주인공 게오르그는 편지를 전달하기 위해 향한 호텔방에서 바이델을 만나는 대신 자살한 그의 흔적과 마주한다. 시체는 신원 불명 상태로 화장되었고, 이름 없는 무덤에 묻혔다고 한다. 편지를 전달하기는커녕 도리어 바이델의 원고 더미를 얻게 된 게오르그는 그 안에서 다시 두 장의 편지를 발견한다. 하나는 원고를 출간할 수 없다는 출판사의 서한이고, 다른 하나는 아내 마리가 보낸 것이다. 마리가 보낸 두 장의 편지는 전혀 다른 내용을 담고 있다. 바이델의 수중에 있던 편지에는 결혼 생활이 끝이라는 통보가, 게오르그가 전달하지 못한 두 번째 편지에는 마르세유에서 기다릴 테니 돌아오라는 요청이 적혀 있다.

다소 혼란스럽게 주어지는 몇 장의 편지는 시차를 통해 형성되는 송신인(마리)과 수신인(바이델), 그리고 그 사이에서 편지를 읽는 게오르그의 보이지 않는 관계를 환기한다. 마르세유로 떠나는 열차 안에서 게오르그는 서로 다른 시간에 적힌 네 장의 편지를 읽으며 현재와 떼어낼 수 없는 과거에 사로잡히고, '떠남'과 '기다림'을 오가는 마리의 심리적 궤적에 가까워진다. 편지를 읽는 행위는 이야기를 추동하는 하나의 기호이면서 동시에 시간을 교란하는 작은 신호로 주어진다. 그리고 무엇보다 게오르그는 죽은 바이델의 자리에 가까워진다(그는 마르세유로 돌아오라는 마리의 편지를 읽으며 그곳으로 향하고 있다). 하지만 그것이 전부는 아니다. 게오르그가 편지의 내용에 빠져드는 동안, 다리를 다친 동행인 하인츠가 죽고 만다. 게오르그는 두 장의 편지를 받아들이면서 두 사람의 죽음을 마주한다. 두 개의 빈자리. 신분증과 비자가 없는 게오르그는 자신의 이름이 지워진 자리에 부재하는 이들의 이름을 대입하기 시작한다.

〈트랜짓〉에서 페촐트는 전작들에서 사용한 세부 요소를 적극적으로 흡수한다. 세 사람이 만들어내는 미묘한 감정의 삼각관계, 도피와 탈출을 동력으로 삼는 내러티브 구조, 출국심사장이나 국경 같은 중간 지대, 친밀한 타인의 죽음과 낯선 마주침, 엄습하는 수용소의 흔적, 이해할 수 없는 충동에 사로잡혀 어디론가 떠나야만 하는 인물들……. 페촐트의 영화는 경계면에 거주한다. 그는 인간과 다른 인간, 또는 인물과 공간의 관계에서 설정되는 예민한 경계를 가로지르며 낯선 장소를 배회하는 유령의 이야기를 반복한다. 〈트랜짓〉에서 페촐트는 현대와 제2차 세계대전 시기의 시제를 겹쳐두고, 사방으로 열린 경유지를 배경으로 삼으면서도 감옥에 갇힌 것처럼 도시 외부로부터 격리된 시공간을 연출한다. 과거는 현재에 되살아나고, 현재는 과거에 속한다. 이런 시공간의 뒤틀림은 게오르그가 마리의 편지를 읽는 순간에, 쓰는 쪽과 읽는 쪽의 시차가 현재에 침입하는 순간에 일찍이 예견된 것이기도 하다.

하지만 무엇보다 〈트랜짓〉에서 특별하게 각인되는 페촐트의 영화적 인장이라면 눈으로 식별하기 어려울 정도로 닮았지만 결코 같지 않은, 혹은 쉽게 분간할 만큼 다르지만 실상은 같은 이들의 얼굴과 신체를 마주 볼 때 벌어지는 교묘한 착시효과일 것이다. 잃어버린 딸 마리를 찾기 위해 방문한 베를린에서 마리와 똑같은 위치에 흉터와 점이 있는 니나를 마주하는 〈유령Gespenster〉(2005)의 프랑수아즈, 아우슈비츠에서 살아남은 뒤 얼굴에 입은 상처를 고치고 돌아온 아내 넬리를 알아보지 못한

1945년, 강제수용소의 죽음과 부활한 영화

채 그녀를 이용해 아내의 재산을 가로채려는 〈피닉스〉의 남편 조니, 그리고 게오르그의 뒷모습을 보고 자꾸만 남편 바이델로 착각하는 〈트랜짓〉의 마리는 모두 눈앞의 '얼굴'을 시각적으로 분간하지 못하는 병리적 증상을 호소하며 겹쳐진 복수의 '얼굴들'이 공존하는 기이한 시공간으로 페촐트의 세계를 물들인다.

마리는 몇 번이나 게오르그의 뒷모습을 보고 다가오지만, 게오르그가 뒤를 돌아 얼굴을 드러내면 이내 실망한 표정으로 멀어진다. 가까워지고 멀어지는 서로 다른 방향의 움직임. 이것이 〈트랜짓〉에서 가장 매혹적으로 다가오는 운동의 형상이다. 돌연 가까워지는 마리의 걸음이 끝내 게오르그에게 닿을 때 우리는 무엇을 확인할 수 있는가? 그것은 바이델의 통행 비자를 지니고 있으며, 대다수의 사람이 바이델로 오인하는 게오르그의 얼굴이, 결코 바이델의 것이 될 수 없다는 사실이다. 게오르그가 바이델의 신원을 빌리고 있음에도 불구하고 그의 얼굴은 마리가 바라보는 바이델과 같지 않다. 카메라 앞에 분명히 존재하는 게오르그의 얼굴은 영화에서 단 한 번도 가시적으로 제시되지 않는 바이델의 얼굴에 미치지 못한다.

뒤늦은 사랑이란 이처럼 가혹하게도 상대를 마주 볼 수 없는 것이다. 혹은 서로의 얼굴을 마주 보기 직전까지만 간신히 성립되는 어떤 것이다. 마리가 남자의 어깨를 붙잡는 순간까지 보존되던 사랑의 가능성은, 남자가 뒤를 돌아보고 그가 게오르그임이 밝혀지는 찰나에 홀연히 사라지고 만다. 그래서일까? 〈트랜짓〉에서 고집스럽게 반복되는 형상은 사랑의 가능성을 파기하는 표면으로서의 얼굴이 아니라 그 뒷면이다. 이 영화는 뒷모습으로 유지되는 사랑의 형식을 모색한다. 그러고 보면 게오르그가 거리에서 마리를 마주칠 때마다, 또는 그가 의사를 찾기 위해 리차드의 호텔방에 찾아왔을 때 카메라가 주의 깊게 바라보는 건 마리의 얼굴이 아니라 게오르그에게서 천천히 멀어지는 그녀의 뒷모습이었다. 동시대 연출자 가운데 페촐트만큼 뒷모습의 관능을 매혹적으로 포착하는 이는 없을 것이다.

### 뒷모습, 사랑의 장소

게오르그는 영사관에서 만난 어느 유대인 여성과 우연히 재회하고 담배를 나눠 피운다. 난간에 기댄 그의 얼굴에 드물게 평온함이 감돌고 있다. 이어지는 컷에서 그의 옆에 있던 여성의 모습은 보이지 않는다. 그 자리엔 그녀가 피운 담배만이 남아 있다. 게오르그는 유령과 동행한 걸까. 다음 장면에서 그는 그 여성이 난간에서 추락해 자살한 것을 보게 된다. 마침 게오르그는 하인츠의 아내인 청각장애인 멜리사와 그의 아들 드리스가 흔적도 없이 사라진 것을 확인하고 오는 길이다. 그들은 허기를 호소하고 담배 연기를 내뿜는, 중력에 붙들린 물질적인 유령이다. 이런 장면들에서 카메라는 한순간에 프레임 바깥으로 사라져버리는 이미지의 공백을 직시한다. 게오르그는 이 같은 세계의 부재와 손실, 이미지의 무심한 침묵을 마주한다.

이처럼 눈에 비치는 이미지의 외양은 불확실하기 짝이 없다. 가령, 식당에서 다시 마주친 게오르그와 마리가 열정적으로 껴안는 모습은 얼핏 재회한 연인처럼 보인다. 하지만 두 사람은 포옹을 나누며 각자 다른 열망을 표출하고 있었다. 게오르그는 마리와 함께 떠나기 위해 바이델의 이름으로 두 장의 승선권을 영사관에 요구했고, 마리는 그것을 바이델이 돌아온 증거로 오인했다. 마리는 바이델이 배 위에서 기다릴 것을 꿈꾸며 게오르그에게 말한다. "그의 표정을 상상해봐요. 난간에 서 있을 때, 이름을 속삭이면 뒤돌아보겠죠." 하지만 우리는 알고 있다. 그 뒷모습의 주인이 누구인지, 돌아보는 자세가 무엇을 뜻하는지. 난간에 선 남자는 바이델이 아닐 것이다. 그 남자가 뒤돌아보는 순간, 반복된 실패가 다시 엄습할 것이다. 과거에 적힌 편지의 문장이 아른거리고, 사후적으로 덧붙여진 화자의 목소리가 들려오는 〈트랜짓〉의 틈새에서 눈앞에 보이는 현실의 이미지는 투명한 믿음을 잃어버리고 만다.

　　시간의 구체성을 붕괴시킨 〈트랜짓〉이 우정과 연대를 결론으로 삼거나, 혹은 반성과 성찰로 향하는 것이 아니라 끝내 '사랑'을 붙잡으려는 것은 바로 이런 이유에서다. 대상을 향한 순수한 매혹, 즉 사랑은 영화적 시공의 물리적 조건을 초과하고 인물이 직면한 정체성의 분열을 끌어안는 유일한 원리다. 사랑은 타인을 인용하고 그와 같은 세계에 거주하는 한 가지 형식이다. 하지만 사랑이 지탱하는 세계의 단면은 고개를 돌리는 작은 반응만으로도 무너질 만큼 연약하기 그지없다. 페촐트는 불가능한 사랑의 서사를 빌려온 뒤 뒷모습이라는 유예의 형상을 창안한다. 마리는 마르세유에 바이델이 나타났다는 소문을 듣고 그 장소들을 따라갔다고 한다. 물론 그건 바이델이 아니라 게오르그였다. 밤거리를 홀로 걷는 마리의 뒷모습을 향해 게오르그로 추정되는 목소리가 마리의 이름을 부른다. 영화는 자신을 부르는 목소리를 확인한, 그러나 뒤를 돌아보기까지 잠시 머뭇거리는 마리의 뒷모습에서 화면을 멈춘다. 그들의 뒷모습은 훼손되기 직전인 사랑의 가능성을 보존하면서, 들뢰즈가 언급한 현대 영화의 과업인 "신체를 구상할 것, 그리고 이를 통해 우리에게 세계에 대한 믿음을 다시 부여할 것"◆을 수행한다.

　　게오르그가 그랬던 것처럼, 마르세유에서 길지 않은 도피 생활을 보낸 뒤 피레네산맥을 넘어 망명을 시도한 바 있는 발터 벤야민은 「사진의 작은 역사」에서 다음과 같이 적는다. "사진가의 예술적 기량이 아무리 뛰어나다 해도, 모델의 자세가 아무리 계획대로라고 해도, 보는 사람이 그런 사진 속에서 우연이라는, '지금 여기'라는 빛점 한 개, 현실의 빛으로 사진의 성질을 태우는 그 작은 빛점 한 개를 찾고 싶어지는 것, 눈에 띄지 않는 그 작은 한 곳을 찾아내고 싶어지는 것은 어쩔 수 없다. 지금도 미래의 일들은 예전에 과거가 된 그 1분 속에 뚜렷이 깃들어 있기에 지금 우리는 과거를 되돌아보면서 미래를 발견할 수 있다."◆◆ 〈트랜짓〉의 마지막 순간, 카페에 앉은 게오르그는 가까워졌다 멀어지는 마리의 발걸음을, 순식간에 눈앞에서 사라지는 마리의 뒷

---

◆　　질 들뢰즈, 『시네마2: 시간-이미지』, 이정하 옮김, 시각과언어, 2005, 396쪽.

◆◆　　발터 벤야민, 『발터 벤야민, 사진에 대하여』, 김정아 옮김, 위즈덤하우스, 2018, 98쪽.

모습을 다시 목격한다. 마리가 전날 배에 탑승했고, 그 배는 기뢰에 맞아 침몰해 단 한 명의 생존자도 남지 않았다는 사실을 알게 되는 건 얼마 뒤의 일이다. 그렇다면 게오르그의 눈에 비친 마리는 단지 환상인 걸까? 혹은 과거의 기억과 열망이 다시 현재에 깃들어 떠오른 것일까?

　　게오르그는 돌아갈 곳이 없는 사람처럼 보인다. 낯선 시간의 밀실에서 그는 지나간 환상을 붙잡을 수 없다. 환상은 얼굴과 뒷모습의 경계면에서 찰나의 순간에 출현하기 때문이다. 그는 목적지 없이 매번 앉았던 식당 한자리에 머무르며 기다린다. 무엇도 아닌 단지 뒷모습으로. 마리가 나타나 그의 뒷모습을 보고 다가올 때까지. 영화 속 화자는 게오르그를 이렇게 묘사한다. "그는 문을 등지고 앉아 문이 열릴 때마다 쳐다보았다. 고개를 돌리지 않으려고 애쓰고 있지만 잘 안 되는 것 같았다. 매번 그는 고개를 돌렸다. (…) 난 그에게 은신처를 마련하겠다고 했다. 그러나 그는 계속 앉아 그녀를 기다렸다." 뒷모습에서 고개를 돌린 얼굴로, 다시 뒷모습에서 고개를 돌린 얼굴로……. 그의 뒷모습이 소리 없이 부식되고 있다. 또 한 번 문이 열리는 종소리가 들린다. 카메라는 뒤를 돌아보는 게오르그의 얼굴을 클로즈업으로 포착한다. 누가 온 것인지는 알 수 없다. 다만 더 이상 뒷모습이기를 중단하고 마침내 작은 미소를 보이는 남자의 얼굴에서 페촐트는 영화를 끝낼 뿐이다.


　　모델들이 사진에 찍힌 순간에서 벗어나는 삶이 아닌 사진에 찍힌 순간으로 들어서는 삶을 살게 되는 것은 그런 촬영방식 때문이었다. 오래 지속되는 촬영 시간 동안 모델들은 말하자면 사진 속 존재로 서서히 완성되어갔다.◆

◆  발터 벤야민, 『발터 벤야민, 사진에 대하여』, 김정아 옮김, 위즈덤하우스, 2018, 98쪽.

1945년, 강제수용소의 죽음과 부활한 영화

# 몽타주의 이면

세계의 이미지와 전쟁의 각인 Bilder der Welt und Inschrift des Krieges | 하룬 파로키 | 1989
태양 없이 Sans soleil | 크리스 마커 | 1983

　　'홀로코스트'와 '아름다움'을 결합할 수 있을까? 부당하기 짝이 없는 질문 같지만 바보처럼 답변의 과정을 일일이 캐묻기로 하자. 두 단어를 함께 거론하는 것은 (불)가능한가? 그것이 가능하다면 그 정당성은 어떻게 입증될 것이며, 불가능하다면 그 금기는 무엇을 근거로 주장할 수 있을까? 후자의 견해를 따른다면 우리는 상식적이고 단호한 결론에 도달한다. 아우슈비츠의 참극은 반인륜적인 집단학살로, 인류 역사의 깊은 블랙홀이다. 수용소의 재앙이 사고와 언어, 표상의 일대 위기를 가져왔다는 줄리아 크리스테바의 언급은 전후의 서구 예술 체계가 직면한 문제의식을 집약한다. 이를 '아름다움'이라는 공허한 미적 언어와 연관 짓는 것은 비열한 상상이자 포르노그래피적 극화라는 것이다.

　　일반적인 교양과 의식을 갖춘 사람이라면 이런 견해에 동의하지 않기는 어렵다. 차마 반론을 제기할 수나 있을까? 타인의 죽음을 미학으로 다루려는 작업이 얼마나 끔찍한지 짚어낸 명제에 대해서? 그러나 이미지의 재현과 표상에 제한을 두는 관점을 영화에 관한 실천적 명제로 설정하는 것은 무리가 따른다. 우리는 끔찍한 순간을 떠올리고 마주하는 데 언제나 곤혹스러움을 느끼지만, 영상은 결코 금지를 수용하지 않기 때문이다. 끔찍한 이미지는 언제든지 출현한다. 지금이 아니라면 다음에 되돌아올 것이다. "증명할 수 없지만 아우슈비츠는 필름 카메라에 담겼다"라고 말하는 장뤽 고다르의 확증 없는 확신은 이런 맥락에서 주의 깊게 받아들여야 한다. 그것은 언젠가 나타날 수밖에 없는 '추한' 표상과의 잠정적인 대면을 준비하는 저항의 언어이기 때문이다.

이 지점에서 아우슈비츠와 영화를 둘러싼 역설이 발생한다. 아우슈비츠 강제수용소는 모든 표상과 기록을 말소하고 금지하려던 기획이지만, 카메라는 대상이 무엇이든 그것을 가시적으로 드러내는 매체이다. 그러므로 표상의 금기라는 맹목적 진단에 균열을 일으키는 영화 작가들이 출현한다. 고다르의 〈영화의 역사(들)〉 1A 파트에는 조지 스티븐슨의 〈젊은이의 양지A Place in the Sun〉(1951)에 나오는 두 남녀가 호수에서 애정을 나누는 장면을 홀로코스트 학살 이미지와 결합하는 대목이 있다. 고다르는 제2차 세계대전 시기에 미군 종군 사진사였던 조지 스티븐슨이 강제수용소에서 16밀리 천연색 필름을 사용하지 않았다면 엘리자베스 테일러의 행복을 촬영할 수 없었을 것이라고 말한다. 아우슈비츠의 끔찍한 학살은 할리우드 멜로드라마가 표현하는 행복과 연결된다. 또 다른 작가는 하룬 파로키다. 〈세계의 이미지와 전쟁의 각인〉의 한 장면에서 그는 강제수용소에서 촬영된 한 장의 사진에 담긴 유대인 여성의 표정을 포착하면서 당혹스럽게도 이것이 남성의 시선에 대응하는 매력적인 여인의 반응이라고 말한다.

파로키는 카메라를 향해 돌아보는 사진 속 여인의 시선을 이렇게 규정한다. "이 시선을 통해 그녀는 자신을 다른 장소에 옮겨 놓는다. 가로수, 신사, 상점의 쇼윈도가 있는, 이곳으로부터 멀리 떨어진 곳으로 말이다." 죽음의 수용소에서 찍힌 희생자의 기록을 거리에서 눈짓을 교환하는 평범한 남녀의 상황과 연결하는 파로키의 논리를 선뜻 이해하기는 힘들다. 여인의 시선을 촬영한 주체는 나치친위대일 것이다. 이 사진은 수용소에 끌려온 사람들을 체계적으로 학살하는 과정에서 남긴 피사체의 마지막 기록이다. 그런 이미지를 평온한 일상과 연결 짓는 상상의 근거가 무엇인지, 둘의 결합이 어떤 의미를 산출하는지 즉각적으로 판단하기 어렵다. 또한 사진 속 여성이 짓는 잠깐의 표정이 특정한 의미로 작용하는지도 분명치 않다. 필름 사진에 우연히 나타난 얼굴에서 남성적 시선에 대응하는 여성의 매혹적인 면모를 읽어내는 것은 지나치게 자의적인 해석처럼 느껴진다. 표상 장치인 영화의 역량을 과장스럽게 역설하기 위함이라 해도, 학살의 현장과 일상의 광경을 같은 이미지에 투영하는 논리는 깊은 의문을 안겨준다.

주목할 것은 영화가 선택한 이미지의 이중적인 면모다. 파로키는 시선을 훔치면서 보존하는 카메라의 속성에 주목한다. 촬영된 여인의 사진은 그녀의 생명을 파괴하는 과정의 한 부분이면서 대상의 표상을 보존해낸 순간의 기록이다. 파괴와 보존이라는 모순적 효과가 일정한 시차를 두고 이미지의 표면에 새겨진다. "이미지는 두 개의 관점이 세 번째 관점의 시선과 마주할 때 전제되는 최소치의 복합성에 따라 펼쳐진다"◆라고 지적한 조르주 디디-위베르만의 문장을 빌리자면 이 장면에는 서로를 마주하는 두 개의 시선과 그들을 교차하는 세 번째 시선이 발생한다. 유대인 여성을 담아낸 카메라의 시선과 카메라를 향해 돌아보는 여성의 시선, 그 사이에 걸친 파로키의 시선이 이미지의 표면 위에서 접속하는 것이다. 이로 인해 한 장의 사진 이미지는 찍는 자와 찍히는 자의 관계 바깥으로 탈출해 원래의 맥락에서 벗어난 해석에 노출된다.

　　이미지에 붙들린 의미의 불확실함은 이 장면에만 귀속된 것은 아니다. 〈세계의 이미지와 전쟁의 각인〉에서 강제수용소 여성의 사진은 몇 차례 반복되는데, 이와 유사한 빈도로 다뤄지는 이미지가 1944년 연합군의 항공사진 속 아우슈비츠의 기록이다. 파로키에 따르면 누구도 이 범상한 사진에 주목하지 않았지만, 촬영된 지 수십 년이 지난 뒤 CIA의 연구를 통해 사진에 찍힌 대상이 강제수용소였다는 사실이 밝혀졌다고 한다. 고다르의 주장은 예시적이었다. 아우슈비츠는 필름에 담겨 있었다. 우리가 발견하지 않았고, 영화적 표상 체계로 정립하지 않는 이중의 실패를 겪었을 뿐이다. 하룬 파로키는 카메라가 관측했

---

◆　　조르주 디디-위베르만, 『반딧불의 잔존: 이미지의 정치학』, 김홍기 옮김, 길, 2012, 170쪽.

지만 발견하지 못한 대상, 공간 내부에 잠재해 있었지만 인식하지 못한 기록을 영화 내부로 침투시킨다. 그러므로 그가 반복해서 실행하는 이미지의 변주는 지워진 기억을 되살리기 위함이 아니라, 이미지에 고착되어 있는 고정된 맥락을 수정하기 위해서, 그리하여 표상을 둘러싸고 있는 의미작용이 중단되는 사태에 저항하기 위함이다.

특정한 의미로 환원되지 않는 이미지는 상이한 몽타주의 회로를 통과한다. 파로키는 수용소에서 촬영된 사진을 일상의 상황과 연결하면서, 또 한편으로는 이곳이 아닌 다른 장소에 위치한 여성들의 초상과 결합한다. 그 대상은 알제리 여성의 얼굴이다. 영화는 알제리 여성들의 얼굴이 사진으로 기록된 맥락을 설명하고(프랑스는 식민지 시기 신분 등록을 위해 베일을 벗은 맨얼굴의 여성들을 카메라 앞에 세웠다고 한다) 파로키의 손을 빌려 그들의 사진 일부를 가린다. 촬영하는 자의 손은 사진 속 여성들의 입을 가리고 눈을 보여주는데, 이때 다음과 같은 목소리가 들려온다. "그들의 입은 시선에 익숙하지 않지만, 그들의 눈은 낯선 시선을 마주하는 데 익숙할 것이다."

손으로 사진 속 여성의 입을 가리는 파로키의 행위는 이름이 없고 표상으로 가시화되지 않는 주변적인 존재들에게 '정당한' 얼굴을 되돌려주는 시도가 아니다. 촬영한 자에게 배타적으로 권리가 주어지는 이미지의 법과 규범에 맞서 촬영된 이들에게 이미지의 기억을 건네주려는 제스처도 아니다. 파로키의 손짓은 오히려 지금껏 영화가 구성한 몽타주의 논리를 갱신하려 드는 해체적 몸짓이다. 아우슈비츠에서 찍힌 여성의 표정과 알제리 여성들의 얼굴을 병치하고, 그들의 얼굴을 다시 눈과 입으로 나누어, 몽타주가 산출하는 의미를 재발명하는 것이다. 이처럼 파로키가 창안하는 몽타주는 확정적인 의미에 안착하지 않고 친밀함과 낯섦, 가시성과 잠정적인 비가시성의 영역이 혼합된 형태를 이룬다. 파로키에게 두 이미지의 몽타주란 연결과 절단을 종합하는 역설적인 원리로 연출된다.

〈세계의 이미지와 전쟁의 각인〉은 서로 연관 없이 멀리 떨어진 '여기'와 '저기'의 장면들이 마주치고 흩어지는 구조적 과정으로 전개된다. 영화에서 특별히 반복되는 몇 가지 시퀀스에 공통된 요소들이 있다. 모델의 얼굴에 화장을 덧칠하고 지우기를 반복하는 손, 피사체를 앞에 두고 그림을 그리는 손, 현미경으로 대상을 관측하는 연구원들의 눈, 사진 이미지를 관측하는 파로키의 눈이 그 요소들이다. '저기' 카메라 렌즈에 무심코 노출된 타인의 얼굴과 몸이 있다면, '여기' 그것들을 관찰하고 분리하고 조정하는 자들의 눈과 손이 있다. 두 영역의 간극과 변형과 변주 사이에서 하룬 파로키는 인간 신체와 기계장치가 반복하는 운동으로 영화적 세계를 재구축한다.

서로 다른 층위에 놓인 이미지의 흔적과 관찰자의 몸짓을 통합적이고 충돌적인 관계로 엮어낸다는 점에서 하룬 파로키의 몽타주는 지극히 역사적인 몽타주에 속한다. 파로키는 화면 내부에 존재하지만 시각적으로 각인되지 않는 대상을 지시하면서 동시에 외화면에 존재하는 몽타주의 가능성을 인식 내부로 끌어들인다. 이때 프레임 내부를 탐구하는 시선과 프레임 바깥 세계의 이미지를 관측하는 두 방향의 시선이 함께 발생한다. 〈세계의 이미지와 전쟁의 각인〉이 진정 '두 눈'의 사려 깊은 관찰을 요구한다면 이런 이유에서다.

조각난 숏의 형태는 분리된 시각 조건을 상기시킨다. 손이 개입한 얼굴은 눈과 입의 형태로 나뉘고, 가장 멀리서 본 것(항공촬영으로 본 아우슈비츠수용소)과 가장 가까이서 본 것(자신의 손을 뷰파인더 삼아 촬영된 여성의 표정을 확대해서 보는 파로키의 시선)이 접속한다. 이 영화가 서구의 시각 역사를 상세하게 되짚으면서 "응시의 맹점을 고찰"◆하려는 것은 이 때문이다. 초점이 나간 흐릿한 형체로 먼저 제시되지만, 후반부의 같은 장면에 도달했을 때 비로소 선명한 윤곽으로 관측되는 흑인 모델의 몸을 비추는 장면처럼, 분할된 시야의 체계는 이미 우리가 머무는 세계 내부에 잠재해 있다. 복수형으로 분리되는 시각은 영화 매체의 근본적인 조건, 수평과 수직이라는 프레임의 규격에 대한 질문으로 확대된다. 〈세계의 이미지와 전쟁의 각인〉은 영화의 수평선(인간의 시각이 바라보는 '땅land'으로서의 지리적 조건)과 수직선(항공촬영의 시각이 관측하는 '플라이 비전fly vision'으로서의 광학적 조건)을 가로지르며 시공간의 연속성으로 수렴되지 않는 잠재적 몽타주의 논리를 발명한다.

◆ 크리스타 블뤼링거, 〈하룬 파로키: 우리는 무엇으로 사는가?〉 전시 소책자, 국립현대미술관, 2018.

서치라이트의 빛이 너무 강렬하다면, 온갖 기계장치들의 소음이 너무 과도하다면 리얼리티는 잠식되어버린다. 이것이 아우슈비츠에서 탈출한 두 명의 생존자가 가스실의 존재를 고발했음에도 수용소의 이미지가 우리의 인식에 포착되지 않은 이유이다. 그러므로 리얼리티를 초과하는 결합과 상상이 필요하다. 이는 표상에 덧입혀지는 두 가지 삶의 형태, 현실의 삶과 이미지의 삶이 존재한다는 것을 환기한다. 아우슈비츠를 촬영한 항공사진과 유대인 여성의 스틸 숏은 현실의 조건에서 삭제되었지만, 이미지의 조건에선 몇 번이고 우리를 재구성할 것이다. 파로키가 배치하는 이미지의 계열에는 미적인 추체험과 정치적 저항이 한 몸으로 격돌하고 있다. 들뢰즈가 앙드레 말로를 인용해 말하는 것처럼 이미지를 창조하는 일은 커뮤니케이션의 수단이 아니라 죽음에 저항하는 유일한 행위다. 이것이 파로키의 영화가 수행하는 작업이다.

하룬 파로키가 조직한 미결정적인 이미지는 연속된 장면의 논리 안에서 시차를 발생시키며 시각적 성찰을 제공한다. 1944년에 촬영되었지만 그동안 우리가 전혀 인지하지 못하던 수용소 이미지의 각인은 얼마나 선행적이었는가. 혹은 반대로 우리가 뒤늦게 확인한 이미지의 현전은 얼마나 회고적인가. 시차를 통해 그동안 드러나지 않던 이미지의 뒷면이 표상의 체계에 진입한다. 그러니 우리는 아우슈비츠에서 촬영된 여성의 표정을 일상의 광경과 연결 짓는 몽타주가 끔찍한 상상이거나 주관적인 해석이 아니라는 것을 깨닫게 된다. 그것은 이미지 바깥으로 탈출할 수 있는 시차적 현존의 가능성이 이미지 안에 성립하고 있(었)음을 노출하는 영상의 긁힌 자국이다.

　카메라는 눈앞에 놓인 대상을 약탈하면서 보존하고, 비가시적인 형태로 사라진 이미지는 뒤늦게 되돌아온다. 〈세계의 이미지와 전쟁의 각인〉의 궤적은 단지 고정된 시각과 의미에서 벗어날 뿐 아니라 영상의 근본적인 조건으로부터 탈출하는 경로를 꿈꾼다. 극장에서 상영되는 영화는 스크린을 바라보는 주체의 부동성을 조건으로 삼는다. 레프 마노비치가 영사 장치에 대해 논의한 대로 "알베르티의 창, 뒤러의 원근법 기계, 카메라 옵스큐라, 사진, 영화와 같은 스크린 기반 장치에서 주체는 움직일 수 없다".◆ 영화는 움직이는 세계를 고정하면서 그것을 바라보는 관찰자를 감금한다.

　파로키가 구성한 이미지의 동선은 감금된 조건을 넘어선다. 〈세계의 이미지와 전쟁의 각인〉은 아우슈비츠에서 탈출한 두 포로의 행적을 언급하면서, 그들을 수용소의 사진을 뒤늦게 확인한 두 명의 CIA 연구원과 결합하고, 로베르 브레송의 〈사형수 탈옥하다Un condamné à mort s'est échappé〉(1956)에서 탈출에 성공하는 두 명의 탈옥수 이미지를 상상케 한다. 〈교도소 이미지Gefängnisbilder〉(2001)에서 하룬 파로키는 〈사형수 탈옥하다〉를 장 주네의 〈사랑의 노래Un chant d'amour〉(1950)와 함께 인용하며 말한다. "시네마는 언제나 교도소의 매력에 빠져 있었다. (…) 주

---

◆　레프 마노비치, 『뉴미디어의 언어』, 서정신 옮김, 커뮤니케이션북스, 2014, 146쪽.

네와 브레송의 영화에서 발췌한 장면에서는 교도소가 성적 위반의 장소, 또는 인간이 자신을 사람이자 노동자로 만들어야 하는 곳으로 그려진다. 〈사형수 탈옥하다〉의 주인공은 구금의 장치를 탈옥의 도구로 바꾼다." 영화의 뒤늦은 지각에도 불구하고, 이미지는 언제나 출구를 모색해왔다. 파로키는 영화와 역사와 표상이 비어 있는 자리를 서로 다른 시간대에 놓인 이미지들의 교환으로 채운다. 그들은 프레임의 닫힌 어둠에서 벗어난다.

영화의 마지막에 카메라는 도입부에 나온 인공 수로에 돌아온다. 도입부에서 파로키는 이런 내레이션을 들려준 바 있다. "불규칙하지만 분명한 규칙이 존재하는 수로의 움직임은 우리의 눈을 가두면서 시선을 속박하지 않고 사고를 자유롭게 한다." 불규칙하면서도 규칙이 관측되고, 관찰자의 시선을 가두면서도 그들을 속박에서 해방하는 모순적 조건의 틈새에서, 모든 것을 무릅쓰고 영화는 되돌아올 것이다. 감금된 공간에서 탈출하는 영화의 역량은 파괴되지 않고 돌아올 것이다. 이미지라는 무한정한 (불)가능성의 몸을 빌려서.

■□■

이미지는 다른 곳에서 되돌아온다. 〈태양 없이〉의 도입부에서 크리스 마커는 1965년 아이슬란드 길가에서 촬영한 세 아이의 모습이 담긴 장면을 보여준다. 촬영자가 보낸 편지를 낭독하는 여성 화자의 목소리는 이것이 "행복의 이미지"라고 말한

1945년, 강제수용소의 죽음과 부활한 영화

다. 그런데 그 이미지는 특이하게도 다른 이미지와 연결되지 않는다. 마커는 이 장면을 다른 장면과 연결하려고 여러 차례 시도했지만 불가능했다고 고백하며 차라리 긴 어둠으로 암전된 검은 화면과 결합하겠다고 말한다("만약 이미지에서 행복을 보지 못한다면 검은 화면만이라도 볼 것이다"). 카메라를 쳐다보는 세 자매의 이미지는 숏과 숏을 이어 붙이는 단순한 편집의 체계로 붙잡히지 않는다.

　　행복의 이미지에 포착된 세 아이에 대응하듯 이 영화에서 크리스 마커는 세 명의 분신으로 영화적 정체성을 분리한다. 여러 국가의 이미지를 촬영하고 이를 편지에 담아 보내는 여행자(산드로 카스토나), 현실에서 촬영한 이미지를 '구역Zone'의 이미지로 뒤바꾸는 엔지니어(하야오 야마네코), 그리고 현실에서 채집한 영상과 매체를 통해 재구성되는 이미지를 한 편의 영화에 통합하는 영화감독(크리스 마커)이 스크린 안팎에 평행하게 존재한다. 이 중에서 "현재를 바꿀 수 없다면 과거의 이미지를 바꿔야 한다"라는 엔지니어의 말과 함께 출현하는 '구역'은 안드레이 타르콥스키의 〈잠입자Stalker〉(1979)에서 빌려온 가상의 공간이자 촬영된 이미지의 색채를 변형하고 형체를 훼손하는 전자이미지의 세계로 영화의 표면에 침입한다. 〈태양 없이〉는 카메라가 포착한 현실을 기록하고 송신하면서 동시에 눈에 보이는 현실의 윤곽을 무너뜨리고 재구성한다. 이는 제1차 세계대전이 끝난 뒤에 태어나 제2차 세계대전에 레지스탕스로 참전한 크리스 마커의 영화가 전쟁의 흔적이 지워진 장소를 여행하면서 눈에 보이지 않는 기억과 상흔을 강박적으로 뒷면에 두고 있다는 것을 상기시킨다—그의 유일한 픽션 작업으로 여겨지는 〈환송대La Jetée〉(1962)는 제3차 세계대전이라는 절멸의 시간을 탈출하려는 시도를 다루고 있다.

'구역'은 현실의 조건에서 파괴되고 지워진 이미지의 단면을 연출자의 손으로 다시 파괴하는 대항의 장소다. 크리스 마커가 기록한 여행기엔 일본과 기니비사우공화국에서 발생한 투쟁과 혁명이 실패로 끝나버린 결과가 담겨 있다. 나리타공항 투쟁의 당사자들은 기득권이 되었고 기니비사우의 혁명을 이끈 군인들은 부패하고 몰락했다. 이로써 현실은 한 가지 결말을 맞이했다. 하지만 이미지에 잠재된 가능성으로서의 역사는 구역에서 부활한다. 마커는 이름과 얼굴이 존재하는 이미지를 현실에서 포착한 뒤에, 선명한 분류를 지우는 구역으로 향한다. 형태가 훼손된 이미지는 그것의 물질적 근간이 되는 시공간의 맥락을 망각하고 과거에 존재했던 기억과 아직 실현되지 않은 미래를 동시에 불러들인다. 이미지를 훼손하는 행위는 거기 달라붙은 역사의 흔적을 재구성하려는 적극적인 개입의 손짓이다.

아이슬란드의 세 자매를 담아낸 장면은 구역이 활성화된 뒤에 다시 나타난다. 하지만 마커는 되돌아온 행복의 이미지를 검은 화면과 연결하는 대신 누락된 다른 장면과 결합한다. 검은 화면의 자리를 대체하는 것은 행복의 장면에 앞뒤로 덧붙어 있던 시간의 단면들이다. 마커는 세 아이를 촬영하던 순간 때마침 불어닥친 강풍으로 인해 화면이 흔들려 잘라낸 장면을 보여주

1945년, 강제수용소의 죽음과 부활한 영화

고, 아이들을 만나고 난 뒤 여름의 아이슬란드에서 화산이 폭발한 순간을 이어 붙인다. 이미지가 흔들린다. 행복의 이미지는 그 의미를 선명하게 전달하기 위해 삭제된 부분과 연결되면서, 마을이 검은 화산재로 뒤덮이는 미래의 재난과 접속한다. 행복은 도착하지 않은 흐릿한 과거와 이미 출현해버린 검은색의 미래 사이에 걸쳐 있다. 그 사이에서 비로소 행복의 이미지를 다른 시간의 이미지와 연결하는 몽타주가 생겨난다.

세 아이의 시선이 마커의 카메라를 향하는 것처럼, 〈태양 없이〉에는 카메라 앞의 피사체가 카메라 뒤의 촬영자를 바라보는 또 다른 장면이 있다. 기니비사우의 시장에서 한 여성이 카메라를 든 마커의 시선에 응답하는 순간이다. 시장에서 사람들을 촬영하는 순간에 마커는 그들에게 카메라를 쳐다보지 말라고 말하는 것조차 부끄러웠다고 밝힌다. 그는 카메라를 바라보는 여성의 이미지에 대응하는 방법을 찾지 못한다. 영화의 마지막 장면에서 마커는 기니비사우의 시장에서 촬영한 여인의 얼굴을 형체가 무너진 '구역'의 한 단면으로 다시 비춘다. 그는 이것을 통해 비로소 시장에서 바라본 여성의 표정을 프레임에 담을 수 있다고 말한다. 하나의 이미지는 그 시선에 응답하는 가능성과 불가능성을 안고 둘로 찢어진다. 그 장소에서 영화의 숏은 미결정의 이미지가 된다. 이미지가 우리를 돌아볼 때, 그것은 현재 시점에 존재하지 않지만 과거에 존재했고 미래에 나타날 영화의 가능성으로 스크린에 적힌다. 끝없이 되돌아오는 이미지의 여정을 빌려, 영화는 역사의 표면에 미결정의 여백을 덧대는 몽타주의 역사가 된다.

두 영화가 조직하는 몽타주는 특출난 영화적 형식의 창안이 아니다. 이는 영화사의 관습에 숨겨져 있던 몽타주의 한 가능성을 떠올리게 할 뿐이다. 1920년대 소비에트 영화산업에는 두 가지 관습이 존재했다. 하나는 수입된 영화를 검열하는 과정에서 장면을 잘라내고 순서를 바꾸는 재편집의 관습이고, 다른 하나는 혁명 이후로 필름 물자가 부족한 환경에서 기존에 확보한 기록 필름의 푸티지를 극영화의 한 부분으로 삽입하는 재구축의 관습이다. 이 관습들은 역사의 이해관계가 영화의 형식을 오염한 예시이지만, 같은 의미에서 소비에트 영화를 감싸고 있는 몽타주의 가능성을 폭발시킨 계기이기도 하다. 소비에트의 연출자들은 촬영만큼이나 큰 비중으로 재편집에 참여했고(세르게이 예이젠시테인은 첫 장편을 만들기 전에 프리츠 랑의 '마부제 박사 연작'을 재편집하는 업무를 맡았다), 비슷한 시기에 공개된 〈10월Oktyabr〉(1927)과 〈로마노프 왕족의 몰락Padenie Dinastii Romanovykh〉(1927)과 같은 영화들에서 이야기가 진행되는 중간에 뉴스릴과 푸티지를 삽입하는 형식을 체계적으로 구축했다. 세계를 부분적인 파편으로 조각내고 접합하는 소비에트 영화의 '혁신'은 눈앞에 주어진 이미지에 강제된 '관습'을 전제로 생겨난 것이다. 소비에트 영화는 장면을 원본과 다르게 배치하고 자막을 새롭게 작성해 원래의 영화에서 실현되지 못한 잠재적 세계를 창조한다.

이 몽타주의 실천이 하룬 파로키와 크리스 마커의 손을

통해 1980년대에 돌아온다. 우연한 시기는 아니다. 1980년대에 진입하면서 영화사의 시간은 과거형이 되어버리기 때문이다. 1973년에 존 포드가 죽은 뒤로 1976년에 프리츠 랑이, 1977년에 로베르토 로셀리니와 찰리 채플린과 하워드 호크스가, 1979년에 니컬러스 레이와 장 르누아르가, 1980년에 앨프리드 히치콕과 라울 월시가 사망한다. 영화는 규칙을 설정하고 시행하던 선구자들이 존재하지 않는 장소가 된다. 영화의 죽음이 담론으로 제기되고 영화를 배회하던 이들이 다가올 미래를 근심하고 지나간 시간을 돌아보는 것은 이때부터다. 영화의 위기 앞에서 들뢰즈가 두 권의 『시네마』의 지도를 편성하고 고다르가 〈영화의 역사(들)〉 작업을 시작한 것도 이 시기다. 파로키와 마커의 몽타주는 영화의 시간이 과거형으로 역행하던 순간에 나타난 역사적 시간 여행이다. 두 사람의 영화에서 카메라를 바라보는 눈과 그것을 조정하는 손의 결합으로 이미지는 한 편의 영화가 부여하는 질서에서 벗어나 몽타주의 이면에서 다시 나타난다. 감춰진 몽타주는 눈에 보이는 몽타주만큼 선명하고 확고하다. 두 종류의 몽타주는 좌표와 의미가 고정되지 않은 미결정의 이미지를 통해 끝없이 새로 시작하는 영화의 힘을 돌려준다. 영화는 이두 가지 몽타주를 평등하게 조직하는 기술일 것이다.

# 감금된 세계

영화적 고정장치에 관한 노트


구로사와 기요시의 〈은판 위의 여인〉(2016)에는 19세기 사진 촬영술을 고집하는 사진작가 스테판(올리비에 구르메)이 나온다. 실물 크기의 은판을 사용해 인물의 초상 사진을 찍는 그는 모델인 딸 마리를 기구에 묶어두고 오랜 시간 같은 자세를 취하게 한 뒤 촬영을 지속한다. 한 장면을 찍는 데 짧게는 20분에서 길게는 몇 시간이 소요되는 촬영을 통해 스테판은 원하는 이미지를 은판에 박제하지만, 오랫동안 움직이지 않고 한 자세를 유지한 마리는 몸을 제대로 가눌 수도 없을 만큼 쇠약해진다. 이 강박적이고 병적인 촬영술의 절차가 보여주는 것은 명백하다. 이미지를 제작한다는 건 단순히 카메라와 피사체의 결합을 의미하는 것이 아니라, 피사체의 신체를 붙잡아 두고 카메라와 조명기를 지지하는 기구가 필요하다는 것을 의미한다. 이 장면은 우리가 스크린에서 마주하는 이미지를 제작하는 배경에 피사체의 움직임을 한정 짓는 장치의 구조가 설정되어 있음을 보여준다.

정신병동을 주요 배경으로 삼는 〈큐어〉(1997)와 〈절규 ㎖〉(2006)에서 불특정 다수에게 이미지가 전파되는 방식을 질병이 전이되는 양상에 겹쳐두던 구로사와 기요시답게 〈은판 위의

1945년, 강제수용소의 죽음과 부활한 영화

여인〉에서 사진 촬영에 동원되는 기구들은 병원에서 쓰이는 장치와 흡사하다. 사람의 몸을 지탱하고 카메라와 조명기의 각도를 조정하는 기기를 활용하는 장소는 영화를 찍는 현장과 병원이 아니라면 선뜻 상상하기 어렵다. 장시간 촬영으로 피사체의 힘을 완전히 소진시키는 〈은판 위의 여인〉의 사진 촬영술에 필요한 장비는 근육과 관절을 다루는 정형외과 도구를 떠올리게 하는 측면이 있다. 그렇다면 신체의 움직임을 통제하는 스테판의 작업은 똑바로 움직이지 않는 몸의 증상을 관찰하고 교정하는 치료cure의 과정과 닮은 걸까? 하지만 구로사와의 영화는 피사체의 이미지를 프레임에 이식하는 사진과 영화란 환자를 치료하는 병원의 업무와 달리 카메라 앞에 놓인 대상의 체력과 의식, 끝내는 생명까지도 빼앗아가는 과정이라는 것을 보여준다. 이 영화에서 묘사되는 마리의 죽음은 서사적 차원이 아니라 카메라를 비롯한 기계장치가 발산하는 역학적 차원에서 일찌감치 예견된다. 구로사와가 은밀하게 삽입한 마리의 반복된 눈떨림은 고정장치와 접속한 신체의 병적인 반응이자 영화의 해결되지 않는 진폭이다. 이미지를 눈앞에 나타나게 하기 위해선 고정된 장치에 피사체를 결박하고 멈춰두는 과정을 통과해야만 한다. 영화 이미지는 인간의 의식과 시간, 그리고 무엇보다 자유로운 몸짓을 강탈하는 매개다.

　　구로사와 기요시는 장치에 속박된 인물의 신체를 통해 사진적 이미지가 생산되는 구조를 드러낸다. 영화 이미지를 만드는 데 필수 불가결한 조건을 노출하는 이런 순간이 특별하다고 말할 수 있다면, 세계를 영화적 이미지로 구성하는 과정에서 요구되는 노동의 흔적을 되비추기 때문이다. 이미지를 촬영하고 편집해 스크린에 투사하는 데는 힘겨운 기다림과 노동이 수반된다. 〈은판 위의 여인〉에서 카메라를 조작하고 피사체를 통제하는 스테판의 손에는 오랜 노동의 시간이 새겨져 있다. 중요한 것은, 영화적 노동은 현실에 놓인 대상을 착취하거나 훼손하는 가학적인 면모와 함께한다는 점이다. 결과물로서의 이미지를 보기 위해선 누군가의 죽음이 불가피하다. 이미지의 표면은 대상을 보존하면서 훼손하는 이중적 속성으로 채워진다. 이미지에 매혹되는 것은 강탈된 대상의 흔적에 사로잡히는 일이다.

20세기 모던 시네마의 성취는 픽션의 이미지가 자율적인 가상 세계에 온전히 속한 것이 아니라 어떤 식으로든 현실의 흔적과 접속하고 있다는 측면을 드러낸 것이다. 눈앞에 보이는 이미지와 더불어 그것을 산출하는 장치의 구조를 고려한다면, 특별히 로베르 브레송의 '모델'을 조금 다른 각도에서 생각하게 된다. 흔히 알려진 것처럼 브레송이 추구한 배우의 연기는 자연스럽고 유려한 표정과 동작, 감정을 전달하는 풍부한 표현력, 목표와 의지를 명확하게 관철하는 행위에서 멀리 떨어져 있다. 반대로 브레송의 모델은 내면의 감정 표현을 차단하고, 의식적으로 계산된 표정과 동작을 허용하지 않는 독창적인 방법론이다. 그는 훈련되지 않은 비전문 배우의 뻣뻣하고 어색한 연기를 추구했고 그들의 습관과 자동적인 제스처에 관심을 기울였다("자기를 통제하지 않고 행하는 것, 이것이 네 모델들의 (화학적) 활동 원리

1945년, 강제수용소의 죽음과 부활한 영화

다"◆). 하지만 그것이 전부는 아니다. 브레송이 주의 깊게 반복한 이미지는 이 방법에 기초해 연출된 모델의 피사체를 고정장치에 묶어두는 장면들이다. 목줄에 묶인 당나귀 발타자르, 화형대에 묶인 잔 다르크, 브레이크가 고장 난 자동차를 몰고 가다 사고를 내는 〈돈L'Argent〉(1983)의 이본, 그리고 무엇보다도 브레송의 인물들을 끊임없이 가두는 감옥이라는 장소. 브레송의 모델을 관측하는 일은 그 신체를 구성하는 독특한 원리에 주목하는 것만이 아니라 신체를 고정하고 속박하는 장치를 함께 말하는 작업이어야 한다.

〈당나귀 발타자르Au hasard Balthazar〉(1966)는 발타자르의 이미지를 주시하면서, 동시에 한 마리 당나귀의 신체를 얽어매는 재갈과 고삐, 발굽과 목줄을 배치한다. 〈무셰트Mouchette〉(1967)의 처음과 마지막 장면은 덫을 설치하는 사냥꾼을 보여준 뒤 함정에 붙잡힌 새와 토끼의 발작적인 몸짓을 비춘다. 함정에 걸리는 것은 그러나 동물뿐만이 아니다. 기름에 미끄러지는 자동차가, 덫에 걸린 소녀의 죽음이, 우연히 찾아온 살인자의 범행이 브레송이 창안한 미장센에 가득하다. 그러니 브레송의 모델이 산출하는 독창적인 신호는 정상적으로 움직이려는 몸, 그리고 인간 신체의 움직임을 한정하고 결박하는 세계의 공간구조 사이의 긴장에서 발생하는 특수한 영화적 몸짓이라고 말해야 할 것이

---

◆    로베르 브레송, 『시네마토그라프에 대한 노트』, 이윤영 옮김, 문학과지성사, 2021, 69쪽.

다. 브레송의 모델은 프레임 안에서 인간 신체가 독립적으로 발을 디디고 섰을 때 노출되는 형태의 불안정성을 전면에 드러내는 자들이기 때문이다. 모델을 통제하는 고정장치의 구조가 사라진다면 그들은 〈호수의 란슬러트Lancelot du lac〉(1974)의 기사들처럼 단단한 갑옷 속에 숨긴 신체 일부분이 순식간에 잘려 나가는 취약함에 노출될 수밖에 없다. 브레송의 '시네마토그래프'가 겨냥한 것은 영화 속 인간의 몸이 고정된 장치에 속박되어 있을 수밖에 없으며 관객이 믿는 영화의 리얼리티는 그 장치가 강제하는 구조에서 인위적으로 생겨난다는 영화의 한 가지 진실이다.

영화 이미지는 자유로운 움직임을 통제하고 고정하는 장치들과 분리된 적이 없다. 특별히 인간의 이미지를 포착하는 영역에서는 더욱 그러하다. 영화가 비추는 '인물'은 결코 독립적인 피사체로 존립하지 않는다. 널리 알려진 최초의 영화에서도 마찬가지다. 공장 문을 열고 퇴근하는 노동자들의 행렬을 포착하는 단편에서 영화적 사건을 출현케 하는 것은 그들의 신체를 숨기고 드러내는 문과 열린 문에서 사람들을 태우고 나오는 자전거와 마차의 모습이다. 플랫폼으로 돌아오는 기차를 담은 짧은 기록에서도 마찬가지다. 사람들을 태우고 내리는 기차의 출현이 아니었다면, 우리는 그것을 최초의 영화적 사건으로 고려하지 않았을 것이다(연극무대를 답습한 초기 영화들을 최초의 사건으로 간주하지 않는 것처럼 말이다). 영화는 카메라, 숏 사이즈, 프레임과 화면 내부의 또 다른 프레임을 포함한 수많은 장치로 특정

1945년, 강제수용소의 죽음과 부활한 영화

한 신체를 조직하는 기술이다. 존 포드의 역마차, F. W. 무르나우의 노면전차, 칼 드레이어의 관, 장 르누아르의 나룻배, 니컬러스 레이의 계단, 장뤽 고다르의 자동차는 인간을 가두고 움직임을 제한하는 장소이면서 피사체를 포착할 수 있도록 화면을 지탱하는 고정장치들이다. 영화는, 지극히 자유롭고 광활한 무대에서조차 감금된 이미지의 세계에 속해 있다.

　　거의 같은 시기에 만들어진 두 편의 무성영화는 장치에 고정된 몸이 재현하는 상반된 가능성을 비춘다. 〈서커스The Circus〉(1928)에서 떠돌이 찰리 채플린은 우연히 서커스단의 일원이 된다. 하지만 채플린의 슬랩스틱은 서커스의 기계적 규칙을 제어하지 못한다. 줄과 실에 매달린 채플린은 외줄 위에서 위태롭게 기울어지고, 상자에서 탈출한 원숭이들의 방해를 받고, 고정되어 있던 자전거를 탈선시켜 결국 무대에서 퇴장한다. 채플린의 몸은 서커스장의 고정장치와 맞물리며 어긋나고 흔들리고 이탈하다 끝내 사라진다. 영화의 마지막 장면은 서커스단의 기계장치가 사라지고 텅 빈 자리에 혼자 남은 채플린의 뒷모습을 비춘다. 영화라는 기계장치는 인간 신체와 불화할 것이다. 채플린의 아슬아슬한 슬랩스틱은 분열하는 영화와 신체의 운명을 가까스로 유지하는 유일한 형식이다(브레송의 뻣뻣한 몸짓이 폭로하는 것은 슬랩스틱이 불가능해진 영화 장치의 운명이다. 모던 시네마의 실천은 영화사 초기의 양식에 이미 잠복해 있던 가능성을 드러내는 것이다). 〈서커스〉의 마지막 장면에서 무성영화를 지탱하는 고정장치의 규칙은 한계에 다다른다.

하지만 영화는 또 다른 가능성을 간직하고 있다. 〈선라이즈Sunrise: A Song of Two Humans〉(1927)의 한 장면에서, 관계의 위기에 놓인 부부는 노면전차를 타고 도시로 향한다. 아내는 창밖을 향해 고개를 돌리고 있다. 아내를 죽이려던 남편은 뒤늦게 위로를 건넨다. 그들의 뒤편으로 창밖 풍경이 스쳐 지나간다. 인간의 시간과 풍경의 시간이, 두 인물의 내면과 이동 수단의 속도가 결합하는 순간이다. 전차가 도시에 도착하고 아내는 망설임 끝에 전차에서 내린다. 차도로 나선 두 사람은 위협적으로 달려드는 자동차를 피해 서로의 몸을 끌어안는다. 물론 여기서 완벽한 화해가 이루어지는 것은 아니다. 그러나 노면전차에 올라타 세계를 지나치는 수동적 체험 속에서 기적 같은 화해의 전조가 마련된다. 위기 속에서 그들은 신체를 고정하는 장치에 몸을 맡겨 또 다른 삶의 단면으로 향한다. 그들의 작은 몸짓과 그 몸짓을 규정하는 장치의 결합으로부터, 기적을 일으키는 영화적 회복의 순간이 찾아온다.

1945년, 강제수용소의 죽음과 부활한 영화

# 과거는 아직 지나가지 않았다

고다르의 죽음과 영화의 100년

　　장뤽 고다르의 죽음은 녹화되었을까? 생각하는 것만으로 부도덕한 기분에 사로잡히는 공상이지만, 그가 조력자살을 선택했다는 소식을 듣고 가장 먼저 떠올린 것은 그 마지막 무대의 시각적 형식이었다. 스스로 최후를 선택하는 한 사람을 둘러싸고 의료진과 가족들이 지켜보는 현장에 과연 카메라는 입회하고 있었을까? 종종 그 자신을 픽션의 등장인물로 삼아왔고, 거주하는 집 내부와 아틀리에, 근처의 호수를 영화적 무대로 끌어들이는 데 거리낌이 없던 영상 작가라면, 모든 기록을 말살한 나치의 강제수용소에서 벌어진 학살조차 분명 촬영되었을 것이며 "그것을 촬영한 아카이브 영상이 어딘가에 존재"한다고 확신하는 영화감독이라면, 그리고 조력자살을 통해 개인의 죽음에 덧대진 합법과 위법의 범위를 캐묻는 인간이라면―이는 〈필름 소셜리즘〉(2010)에서 제시한 대로 '법이 올바르지 못할 때, 정의가 법에 우선한다'는 저항의 언어에 기초한다―삶의 마지막에 하나의 이미지를 남기는 '연출'을 시도했을지 모른다는 불순한 생각을 품게 된다.

　　만약 그 현장이 촬영되었다면 언젠가 어떤 방식으로든

공개될지도 모르지만, 역설적이게도 이런 사변적 공상이 환기하는 것은 우리가 아직 그의 죽음을 보지 못했다는 것이다. 우리는 오직 "그는 아프지 않았다. 단지 소진되었을 뿐이다. 그는 삶을 끝내기로 했고 이 사실이 알려지는 것이 중요했다"라는 공식적인 문자를 통해 고다르의 죽음이라는 사건에 접속할 뿐이다. 이미지의 부재와 문자의 잔존. 다른 이라면 특별히 여기지 않았을 이 부고의 조건이 고다르에게는 남다른 문제로 남겨진다. 고다르 자신에게는 아무런 문제가 되지 않는 결정과 선택이 우리에겐 지극히 논쟁적인 '고다르 현상'으로 받아들여진다는 저명한 주장은 이 순간에 다시 도발적으로 솟아오른다.

동시에 정반대의 공상을 떠올려볼 수 있다. 죽음을 앞둔 시점의 인간을 카메라로 기록하는 것은 고다르에겐 결코 어울리지 않는 범용한 형식의 유서라고 반박하는 것이다. 죽기 직전에 작성된 유언은 고다르에게 적합하지 않다. 세르주 다네가 말한 대로 고다르는 "얼마 전의 과거와 가까운 미래 사이에 붙들려 있는" 시간의 패러독스에 노출된 자이고 "더 이상 할 수 없는 것과 아직 할 수 없는 것 사이"에 위치한 영화감독이기 때문이다. 이를 증명하듯, 그는 〈JLG/JLG〉의 도입부에서 특유의 낮은 목소리로 "대개 죽음이 찾아오고 애도에 잠기지만, 나는 먼저 애도에 잠기는 것으로부터 삶을 시작"했다고 읊조리고 있었다 (이 영화에서 고다르는 100년 전 뤼미에르의 영화가 상영된 12월과 자신이 태어난 12월을 겹쳐둔다). 이 말에 따르면 고다르는 찾아오지 않은 미래의 죽음을 과거에 두고, 과거에 작성된 애도를 아직 보이지 않는 미래에 던지는 눈먼 송신인이다. 〈언어와의 작별Adieu au langage〉(2014)에서 릴케를 인용해 말한 것처럼, 고다르에게 있어 인간은 무엇보다 시간 앞에 두 눈이 멀어버린 존재다.

## 눈먼 자화상

누군가에겐 갑작스럽게, 누군가에겐 비로소 도착한 고다르의 죽음이라는 사건 앞에서 섣불리 애도의 문장을 들먹일 순 없다. 그건 불가능한 일이다(언젠가 고다르는 시인만이 작가의 부고를 제대로 추도할 수 있다고 말한 바 있다). 보르헤스의 지도처럼 그의 방법과 경력을 요약하다 보면 영화의 역사 전체에 개입하게 될 것이다. 지금으로선 고다르에게 던져진 죽음이라는 사건과 그가 마지막으로 제기한 이미지의 조건을 간신히 가늠해볼 뿐이다. 〈JLG/JLG〉에서 이야기하듯 고다르는 죽음을 마주하기 전에 일찌감치 애도에 잠겼고, 우리는 현실에 도래한 죽음을 목격하지 못한 채 그의 최후를 받아들였다. 이런 비대칭의 상태는 〈포에버 모차르트For Ever Mozart〉(1996)에서 하녀 자밀라가 꺼내는 알쏭달쏭한 기억을 떠올리게 한다. "한번은 차에 치여 넘어진 적이 있어요. 저는 도로에 떨어졌고 생사의 갈림길에 있었죠. 하지만 죽는다는 생각은 들지 않았어요. 죽음은 없어요. 거기엔 단지 제가 있을 뿐이죠. 곧 죽게 될 제가요." 그 자리에 죽음 일반은 없지만, 곧 죽음에 이르게 될 한 사람이 있다. 이를 다시 고다르에 대입한다면, 찾아오지 않은 죽음을 기다리며 애도에 붙들린 삶을 유지하는 작가가 존재하는 것이다.

    20세기 영화의 역사를 되짚으면서 현실의 잔혹한 역사를 겹쳐두는 장대한 결산인 〈영화의 역사(들)〉의 작업을 착수한 1988년 이래로 고다르의 영화에는 죽음과 소멸, 영화의 불가능성이라는 근본적인 위기가 함께하고 있다. 필름의 유실과 마모, 두 차례의 세계대전, 텔레비전의 등장은 영화 이미지의 위상과 물질성을 일그러뜨렸다. 고다르는 20세기의 끝자락을 통과하면서 이 시기를 영화예술이 역사와 산업의 이중적 위기에 처한 시대로 간주한다. 역사의 의무를 다하고 군중을 통합하는 매체로서의 영화는 이제 성립하지 않는다. 영화는 타락한 매체가 되었다. 1980년 앨프리드 히치콕이 사망했을 때 고다르는 "그의 죽음은 영화의 한 시대에서 다른 시대로의 이행을 표시한다"라고 말했다. 이는 과거가 존재하지 않던 고다르의 영화에 역사의 흔적이 침범한 분기점이기도 하다. 1980년대부터 1990년대에 이르는 동안 고다르는 영화를 만들지 못하는 창작자들을 픽션에 옮기면서 그들의 반대편에 파괴된 역사를 기록한다. 미완의 영화와 손상된 역사는 그의 스크린에서 이질적으로 접속한다. 고다르에겐 영화와 세계의 패러독스를 조정할 필요가 있었다.

    영화를 "19세기의 열망이 실현된 20세기의 사물"이라 정의하는 고다르는 박물관과 서재에서 지켜본 19세기의 유산을 훔치는 말과 이미지의 도굴꾼이면서 20세기에 벌어진 전쟁과 학살의 현장(아우슈비츠와 베를린장벽, 알제리 독립전쟁, 베트남 전쟁, 보스니아 내전, 팔레스타인 전쟁)을 찾는 역사의 탐사자다. 그의 이중적인 역량은 두 세기에 걸쳐 있는 영화의 '뒤늦은' 운명

1945년, 강제수용소의 죽음과 부활한 영화

을 자각하게 한다. 고다르는 과거에 만들어진 영화들을 너무 늦게 보았고, 중대한 역사적 사건들이 이미 벌어진 뒤에 그 현장을 찾았다. 그러므로 영화(예술)와 현실을 감싸는 이중의 책무가 그의 영화에는 드리워져 있다. 그는 어둠 속의 극장을 밝히는 영화의 가시적인 빛을 응시하면서, 현실에서 이미 사라지고 없는 장소를 되돌아본다. 파괴된 베를린장벽(〈신 독일 영년Allemagne année 90 neuf zéro〉, 1991), 사라예보의 잔해(〈포에버 모차르트〉), 팔레스타인의 평화로운 풍경(〈아워 뮤직〉, 2004)에는 영화가 참혹한 현실을 제시간에 기록하지 못했으며 그 무거운 현실의 조각들을 다시 합당한 픽션으로 조직하지 않았다는 자각이 새겨져 있다.

〈JLG/JLG〉의 한 장면은 노트에 적힌 메모를 보여준다. 고다르의 목소리가 그 메모를 읽는다. "과거는 죽지 않았다. 아직 지나가지도 않았다." 〈영화의 역사(들)〉을 포함한 1990년대 고다르의 영화에서 여러 차례 반복해서 나오는 문장이다. 그런데 곧바로 이어지는 장면에서 영화는 테니스를 치고 있는 고다르를 비춘다. 상대방의 리시브가 너무 빠르게 돌아오자 다급하게 팔을 뻗지만 받아치지 못한다. 어설픈 슬랩스틱을 보여준 고다르는 떨어진 공을 보며 중얼거린다. "지나갔군." 영화의 시간은 노트에 적힌 문자처럼 사라지지 않은 과거에 붙잡혀 있지만, 되돌아온 테니스공처럼 너무나 빠르게 지나가버린다. 영화는 남겨진 역사의 흔적에 짓눌리면서, 모든 것이 순식간에 뒤바뀌는 현재를 통과하고 있다. 그 중간에 공을 놓쳐 허둥거리는 고다르의 신체가 있다. 그의 슬랩스틱은 영화의 운명이다. 카메라와 피사체는 언제나 타이밍을 놓치고 어긋날 것이다.

### 보이지 않는 영화

하지만 영화는 패러독스를 통합하는 한 가지 역량을 간직하고 있다. 그것은 투사와 상영의 역량이다. 고다르는 영화의 역사가 기념하는 최초의 기억이 카메라를 발명한 시점도, 영상을 처음 촬영한 시점도 아닌 이미 발명된 장치로 촬영한 영상을 스크린에 투사하는 시점이라고 지적한다. 영화는 피사체를 바라보지도, 정확한 타이밍에 만나지도 못한다 하더라도 그것들을 투사하고 상영할 수 있다. 〈JLG/JLG〉에는 시각장애인 여성 편집자가 등장하는 에피소드가 나온다. 영화의 초반부, 드니디드로의 『맹인에 관한 서한』에 두 손을 얹으며 손과 눈의 관계를 낭독하던 것과 비슷하게 고다르는 디드로의 문답을 다시 인용한다. "당신은 그것을 어디에서 보고 있죠?" "내 머릿속에서요, 당신과 같이." 고다르는 편집자에게 편집 중인 영화를 보여준다. 하지만 이런 표현은 우리의 오랜 습관일 뿐이다. 그는 편집자에게 영화를 들려준다. 그녀는 필름을 손으로 만지면서 영화를 듣는다. 여기서 영화는 시각적 체험이 아닌 귀에 들리는 소리, 손과 접촉하는 질감으로 펼쳐진다.

편집자는 고다르가 들려준 영화를 두고 "만들지 못한 영화"라고 말한다. 고다르는 그 말에 "아무도 본 적 없는 영화"라고 답한다. 만들어지지 않은, 누구도 목격한 적 없는 무명의 영화가 시각장애인 편집자의 손과 귀를 타고 스크린에 전해진다. 우리

1945년, 강제수용소의 죽음과 부활한 영화

는 한 번도 나타난 적 없는 이미지와 사운드를 담은 필름이 편집기에 감겨 돌아가는 소리를 듣게 될 뿐이다. 이 장면에서 한 가지 역설이 벌어진다. 상영은 영상의 규범적 체계에서 누락된 표상을 불러들이는 행위지만, 그 절차는 눈먼 편집자를 통해 이루어진다. 누구에게도 보인 적 없는 영화가 비로소 상영되지만 그것은 여전히 보이지 않는 영화다. 고다르는 자본과 합법적 절차가 승인하는 과정에서 말소돼버린 영화의 가능성을 재생한다. 일차적으로 이는 필름 속에 묻힌 영화를 되비추고 불가능한 조건 속에서 되살아나게 하는 실천이지만, 다른 한편으로 이 장면에서 고다르는 추방된 영상을 가시적으로 드러내는 대신 오히려 눈먼 자의 시각을 빌려 보이지 않는 영화의 권리를 주장한다.

시각장애인 편집자의 목소리를 타고 카메라는 실내 공간에서 벗어나 바깥의 풍경으로 향한다. 〈JLG/JLG〉의 마지막 장면은 눈이 뒤덮인 겨울의 고독한 풍경이 사라지고 녹색의 풀밭 위로 바람이 불고 그림자가 지나가는 봄의 풍경이 도착했음을 보여준다. 시각장애인 여성 클레르 바르톨리는 고다르의 〈누벨바그Nouvelle Vague〉(1990)에 관한 글에서 "눈이 외부를 지향한다는 사실을 내가 깨달은 것은 시력을 잃으면서부터이다. 귀는 오히려 우리를 내면의 세계로 데려간다"라고 적는다. 그러므로 눈이 보이지 않는 편집자의 목소리가 안내한 자연의 공간에는 가시적인 풍경과 비가시적인 내면이 뒤얽혀 있다. 영화제작의 중대한 목표를 움직이는 숏에서 시작해 정지된 숏으로 이행하는 것이라 말한 바 있는 고다르의 한 가지 결론이 이 숏에 있다. 그가 포착한 범용한 풍경 숏은 내부 공간의 어둠에서 자연의 빛으로, 감금된 실내에서 광활한 바깥으로, 비디오 모니터로 상영되던 영화에서 아직 실현되지 않은 영화의 가능성으로 향하는 자화상의 궤적을 포함하고 있다. 하나의 표면은 둘의 기억을 매개한다. 고다르는 정지된 풍경 위에 복잡하게 매개된 몽타주의 작용을 상상한다.

자화상은 무수한 파편으로 부서지지만 고다르가 〈이미지 북 Le Livre d'image〉(2018)에서 브레히트를 인용해 말하는 것처럼 "현실에서는 오직 파편들만이 진정성의 흔적을 전달"할 것이다. 자크 랑시에르는 1980년대 이후 고다르의 영화들에서 이미지의 충돌은 융합을 향하고 있으며 영화로부터 현실을 돌려주려는 가능성을 타진하고 있다고 말한다. 〈JLG/JLG〉의 마지막 장면은 영화의 흔적이 제거된 무심한 자연의 공간으로 이행한다. 1990년대의 고다르에게 자연은 현실에서 훼손된 영화가 향하는 유토피아적 투사의 장소다. 하지만 이 영화에서 마지막 장면의 자연에 진입하는 인간은 존재하지 않는다. 그곳은 하나의 문화, 국가, 개인에게 한정된 이미지가 아니라 서로 다른 역사와 집단과 영화가 뒤섞이며 충돌하는 복수화된 세계의 단면이기 때문이다. 고다르는 역사적 상흔을 간직한 현실의 풍경을 포착하는 데서 시작하지만, 스크린에 되돌아오는 것은 인간의 흔적을 초과하는 거대한 상상의 세계다. 그 상상의 단면에서 고다르는 서로 다른 역사의 시간을 평등하게 투사한다.

〈JLG/JLG〉는 빈 벽에서 출발한다. 벽에 비치는 그림자

1945년, 강제수용소의 죽음과 부활한 영화

와 신원을 알 수 없는 소년의 초상 사진을 같은 화면에 보여주는 첫 장면으로 영화가 시작된다. 화면이 열리면 카메라가 움직이면서 서서히 빛이 들어오지만, 그림자의 정체와 초상화의 소년이 누구인지 명확히 드러나지 않는다(고다르는 이 구도를 두고 화가가 팔레트와 붓을 들고 자기를 그리는 모습과 같다고 말한다). 네거티브 이미지로 인화된 사진 속 소년이 유년기의 고다르이고, 마치 마부제 박사처럼 실루엣으로 모습을 드러낸 그림자 역시 노년의 고다르라는 것을 알게 되는 것은 나중의 일이다. 이 영화의 주된 피사체인 고다르는 비어 있는 벽 위에서 모호하고 분열적인 형상으로 존재한다. 그와 동시에 모호해지는 것은 스크린을 응시하는 관객의 시선이기도 하다. 관객은 고다르의 움직이는 그림자와 유년기의 사진을 바라보고 있음에도 알아보지 못한다. 그들은 고다르의 영화 속 인물들처럼 눈먼 존재로 스크린 앞에 선다.

### 부채의 기록

〈JLG/JLG〉의 마지막 장면에서 목소리가 들려온다. "나는 살아 있을 것이다. 세계에 사랑이 존재할 수 있도록, 사랑함으로써 나를 희생해야 한다." 21세기 들어 또다시 사라예보를 방문하는 〈아워 뮤직〉에서 고다르는 이미지에 관한 강연을 진행하며 '보는 것'과 '상상하는 것'의 차이를 언급한다. 바라보기 위해서 우리는 눈을 뜨고 시선을 맞춰야 하지만, 상상하기 위해선 눈을 감아야 한다고 말한다. 객석을 비추는 부드러운 트래블

링의 끝에 강연을 듣는 청중 가운데 유일하게 눈을 감고 있는 팔레스타인 학생 올가의 모습이 나온다. 강의가 끝나고 그녀는 극장에서 폭탄으로 자살하지만, 영화의 마지막 무대인 '천국'에 진입해 눈을 감고 상상을 이어간다. 그녀는 천국으로 설정된 자연의 공간 속에서 다시 눈을 감는다. 보이지 않는 영화는 그렇게 도래할 영화를 기다린다.

　　F. W. 무르나우의 〈선라이즈〉를 느슨하게 빌려온 〈누벨바그〉에서 고다르는 작은 배를 타고 강으로 향하는 연인들의 모습을 두 차례 반복한다. 한 번은 살인의 위협이, 다른 한 번은 구제의 손짓이 그 작은 무대에서 벌어진다. 고다르가 선택한 강물은 픽션을 연출하는 배경이면서 무르나우의 기억을 반사하는 몽타주의 무대다. 고다르는 랑글루아의 시네마테크에서 뒤늦게 보았던 무르나우의 영화에 한 가지 이미지를 되갚는다. 수십 년 전에 보았던 연인들의 기록을 변주해 스크린에 드리우는 것이다. 말하자면, 영화는 시차를 두고 주어지는 두 번째 기회를 건네는 장치다. 고다르에게 영화는 죽음과 부활을 오가며 나타나고 사라지는 형상들의 결합으로 성립한다. 〈경멸Le Mépris〉(1963)에서 프리츠 랑을 불러들인 것처럼, 〈비브르 사 비〉(1962)에서 칼 드레이어를 대면하던 것처럼, 〈미치광이 피에로Pierrot le fou〉(1965)에서 새뮤얼 풀러에게 질문하던 것처럼, 고다르는 영화의 역사에 진 부채를 스크린 위에 갚음으로써 영화사의 마지막 증언자로 남는다.

　　그림자로서의 노년 '고다르'와 사진적 이미지로서의 유

년기 '고다르'가 여전히 〈JLG/JLG〉의 첫 장면에 남아 있지만, 현실의 고다르는 그럴 수 없었다. 이미지 없이 문자로 전달된 고다르의 죽음 앞에서, 우리가 다시 한번 눈을 감을 수밖에 없는 이유다.

2

# 영화는 어디에 있습니까

동시대 영화의 곤경과 돌파구

# 극장 앞의 평범한 연인들

사랑은 낙엽을 타고 Kuolleet lehdet | 아키 카우리스마키 | 2023

식탁에 놓인 아날로그 라디오에서 러시아의 우크라이나 침공을 알리는 뉴스가 흘러나온다. 아키 카우리스마키의 〈사랑은 낙엽을 타고〉의 한 장면. 단순한 사물과 소리의 결합이지만 기묘하게도 과거와 현재가 뒤섞인 듯한 인상을 건넨다. 여전히 20세기에 남겨진 것처럼 보이는 시대착오적 연인들의 멜로드라마 위로 동시대 전쟁과 폭격을 알리는 소식이 겹칠 때, 이 평범한 장면으로부터 생경한 질문이 생겨난다. 그들은 지금 어디에 있는 걸까? 그들은 라디오 뉴스가 전하는 현재의 시간에 정착할 수 있을까? 카우리스마키의 카메라가 포착하는 평범한 연인들. 그들은 어디에서 와서 어느 시간에 머물다 어디로 향하는 것일까?

카우리스마키는 은퇴를 번복하고 완성한 이 영화가 필모그래피 초기에 만들어진 '프롤레타리아 3부작'의 연장선에 있는 네 번째 연작이라고 밝혔다. 그의 말처럼 〈사랑은 낙엽을 타고〉의 두 연인에게 드리운 시선은 일자리를 잃어버린 빈곤한 노동자들을 비추던 지난 세기 카우리스마키 영화의 면모를 연상케한다. 하지만 줄거리나 설정의 표면적 유사성보다 더 주목하고 싶은 부분이 있다. 하나는 온몸에 붕대를 두르고 죽은 남자가 별다른 이유 없이 되살아나는 〈과거가 없는 남자〉(2002)의 황당한 도입부처럼 이 작품이 죽음에 저항하는 영화의 방법을 모색한다는 점이다. 죽음에 대항하는 영화의 믿음은 지금도 받아들여질 수 있을까? 이 질문과 연관된 다른 하나는 그의 연인들이 다시 영화관으로 향한다는 것이다. 카우리스마키의 연인들이 차가운 현실을 피해 영화관으로 향할 때마다 극장은 그들에게 삶의 특별한 단면을 제공해왔다. 일자리를 잃고 갈 곳이 없어진 안사(알마 퓌위스티)와 홀라파(주시 바타넨)는 극장에 간다. 그리고 카우리스마키의 인물들에게 죽음이라는 위기에 저항하는 일과 영화관에 가는 일은 분리된 사건이 아니다.

**죽음에 저항하기**

　　연인들의 사랑과 재회를 담아낸 무심하고 소박한 소품처럼 보이지만, 〈사랑은 낙엽을 타고〉에는 유독 죽음에 관한 언급이 깊게 배어 있다. 라디오에서 들리는 전쟁과 폭격뿐만이 아니다. 알코올의존자인 홀라파에게 술꾼이 싫다고 말하는 안사는 부모님과 오빠가 모두 술 때문에 죽었다는 이야기를 전해준다. 안사가 마트에서 해고되고 나서 새로 찾은 술집의 일자리는 전임자의 죽음으로 비어 있던 자리다. 금연 구역에서 담배를 피우며 화재 사고가 나기 전에 폐암으로 먼저 죽을 것이라던 홀라파는 기차에 치여 혼수상태에 빠진다. 더군다나 죽음은 빈곤한 노동자들에겐 너무 값비싼 것이다. 건설 현장에서 일하는 홀라파의 동료가 말하듯, 부고는 돈이 드는 일이기 때문이다. 카우리스마키는 언제나 삶의 이중적인 속성(절망과 유머, 희망과 비관, 망각과 새로운 삶)이 자아내는 불화와 공존을 한 화면에 나란히 배치하는 작가였지만, 이 영화에서 죽음은 일상의 평온한 시간을 잠재울 만큼 강력하게 환기된다. 과거의 실책을 딛고, 망각을 기반으로 새로운 관계를 구축하던 카우리스마키의 다른 연인들과 달리 안사는 가족의 죽음이라는 기억에 붙잡혀 홀라파를 거부한다.

죽음은 과거의 기억이자 프레임 바깥에서 벌어진 사태다. 하지만 그것은 계속해서 카우리스마키가 창안한 화면 안으로 틈입해 들어온다. 비참한 과거는 우리의 현재로 이어질 것이다. 주어진 환경을 그대로 건네받는다면 미래는 과거의 답습이된다. 견고한 현실의 규칙 아래서라면, 안사와 홀라파가 사라진 뒤에도 전쟁과 해고는 계속될 것이다. 빈칸으로 괄호 쳐진 익명의 자리에 누군가가 들어오고 사라질 것이다. 그러니 영화는 현실의 질서에 대항해 다른 규칙의 장소를 구축할 의무가 있다. 안사와 홀라파는 영화관에 간다. 카우리스마키의 영화에서 극장에 가는 연인들의 모습은 익숙하지만, 〈사랑은 낙엽을 타고〉에서 그 장소의 물질성은 더욱 큰 의미를 갖는다—카우리스마키가 이민자와 난민을 다룬 최근 두 편의 영화, 〈르 아브르〉(2011)와 〈희망의 건너편〉(2017)에서 영화관은 등장하지 않았거나 긍정적인 전환의 장소로 활용되지 않았다. 공교롭게도 극장에서 상영되는 것은 짐 자무시의 〈데드 돈 다이〉(2019), 죽음에도 불구하고 죽지 않는 자들이 나오는 영화다. 영화는 죽음으로 얼룩진 현실의 시간에 저항하는 픽션의 시간을 건넨다.

영화관에 가는 평범한 사람들은 현실이 제공하지 않는 새로운 기억과 조우한다. 이 영화에서 현실 속의 과거는 대면할 수 없는 죽음과 설명되지 않는 비애감으로 가득하다. 그런 과거를 대체하고 다른 미래의 가능성을 만들어내는 것, 그 임무를 수행하는 자리에 영화관이라는 장소와 스크린에서 상영되는 픽션의 역량이 있다. 극장이 제공하는 것은 죽음에 노출되지 않은 기억의 시간이다. 관객은 영화관에 들어가면서 다른 시간에 들어서고, 새로운 삶의 형식을 발견하게 된다. 그리하여 영화를 보고 나온 안사는 홀라파에게 "이렇게 많이 웃은 건 처음"이라고 말하며 서투르지만 친밀한 입맞춤을 나눈다. 영화관은 과거에 붙잡히지 않는 감정과 행동을 제공하는 장소다.

오즈 야스지로와 로베르 브레송, 비토리오 데시카와 프랭크 카프라, 더글러스 서크와 라이너 베르너 파스빈더에 이르기까지 위대한 영화사의 기억을 불러들이는 데 거리낌이 없는 카우리스마키의 영화는 그러나 시네필적 수집이나 창조적 모방의 작업과는 거리가 멀다. 그의 영화는 영화의 고전주의가 제공할 수 있는 감정과 아름다움을 차가운 동시대의 현실에 틈입시킨다. 20세기 영화라는 시대착오적 외부를 동시대 현실로 끌어들이는 것이다. 카우리스마키는 오래된 극장에서 영화를 보며 기쁨을 느끼고 사랑을 확인하는 행위를 하나의 의무처럼 다룬다. 그것은 권리가 아니라 우리들의 의무다. 〈사랑은 낙엽을 타

동시대 영화의 곤경과 돌파구

고〉는 영화가 간직한 고전주의적 믿음이 진행 중인 전쟁과 죽음으로 넘쳐나는 환경에서조차 유효한지 자문하는 긴밀한 긴장을 도입한다. 이런 의미에서 오늘날의 영화관은, 영화 속 라디오 뉴스가 중계하는 우크라이나 전쟁의 상황처럼 수많은 사람을 위기에서 벗어나게 하는 대피소로 기능한다.

### 버려진 것들

〈사랑은 낙엽을 타고〉는 버려진 물건을 바라보는 데서 시작한다. 대형마트에서 일하는 안사는 유통기한이 지나 버려지는 식품을 집에 가져가거나 돈 없는 부랑자에게 나눠 준다. 정해진 시간을 넘겨 폐기되는 것들. 시간이 지난 음식이 버려지듯이, 영화의 도입부에서 '오래된 노동자'인 안사와 동료들은 버려지는 식품을 빼돌렸다는 이유로 마트에서 해고된다. 마트를 나온 안사는 함께 일자리를 잃은 동료와 손을 잡은 뒤 깊은 어둠 속으로 걸어간다. 주어진 장소를 잃어버린 그들은 밤의 어둠을 걷는다. 윤곽을 흐트러뜨리는 어둠은 프롤레타리아의 것이고, 또한 영화관의 것이다. 우리는 그곳에 있다.

평면적인 구도로 이어지는 카우리스마키의 화면은 몇 가지 유형의 단면으로 구성된다. 화면 맨 위에 구름이 무심하게 떠다니는 하늘이 있고, 그 아래 인물들이 앉거나 멈춰 서 있는 배경이 되는 딱딱한 벽이 있으며, 마지막으로 그들이 발을 디디고 선 바닥이 있다. 카우리스마키의 영화는 하늘과 벽과 바닥이라는 단면으로 채워지곤 한다. 이 원리는 〈과거가 없는 남자〉의 구세군 여인 이루마(카티 오우티넨)가 말하는 것처럼 "신의 은총은 하늘에 있고 인간은 지상에서 서로 돕고 살아야죠"라는 명제로 나타난다. 이 영화에서도 구름은 인물들의 일상에서 너무 멀리 떨어져 있다. 하늘이 어둠으로 채워진 밤이 돼서야 안사와 홀라파는 영화를 보고 나와 극장의 벽 앞에 선다. 안사는 다시 만나자는 약속과 함께 종이에 연락처를 적어 홀라파에게 건넨다. 하지만 담배를 피우기 위해 주머니를 더듬던 홀라파는 연락처가 적힌 종이를 바닥에 떨어뜨리고 만다.

안사가 건네준 종이와 홀라파가 버린 담배는 바닥에 남겨진다. 카우리스마키의 영화에서 바닥은 위태롭게 유지되는 삶의 증거를 보존하는 장소다. 종이와 담배가 버려지는 것처럼, 바닥엔 기다림의 시간이 새겨진다. 카우리스마키는 인물들이 머물고 사라지는 이 단면을 단순한 원리로 설명한다. 하나의 벽이 있고, 벽 앞에 두 사람이 머무른다. 그 위로 미약한 빛과 깊은 어둠을 드리우고, 한 사람을 사라지게 한다. 그러면 남은 한 사람과 벽 위에 드리운 빛과 어둠이 있다. 벽에 선 나머지 한 사람을 마저 사라지게 하면 벽과 빛과 어둠이 남는다. 벽을 사라지게 하면 빛과 어둠이 남겨지고 마지막으로 빛을 제거하면 어둠과 바닥이 남는다. 카우리스마키는 그 과정에 영화가 있다고 말한다. 〈사랑은 낙엽을 타고〉에서 가장 매혹적인 장면도 이 원리를 따른다. 연락처가 적힌 종이를 잃어버린 홀라파는 극장 앞에서 담배를 피우며 안사를 기다린다. 극장의 불이 꺼지고 홀라파가 자리를 떠나면 바닥에 버려진 담배만이 남는다. 버려진 담배

동시대 영화의 곤경과 돌파구

꽁초가 담긴 하나의 숏에 기적적인 재회를 예고하는 막연한 기다림이 보존되어 있다.

이처럼 카우리스마키의 화면은 이따금 인물의 시선보다 낮은 곳으로 향한다. 그 자리엔 고단한 노동의 흔적이 담긴 신발이 있고, 무심한 연인들의 헤어짐과 막연한 기다림을 증명하는 쪽지와 담배가 남아 있다. 〈사랑은 낙엽을 타고〉는 떨어지는 낙엽을 바라보듯이 지상에 남겨지는 오래된 시간 앞에 멈춰 선다. 밤거리의 어둠에 잠긴 그들은 바닥의 어둠에 흰색 종이와 담배꽁초를 버려두는 것으로 대응한다. 예기치 않은 희망과 약속이 나타나는 것도 그 위치에서다. 안사가 주인 없이 버려진 떠돌이 개를 발견하는 사건도 아래를 내려다보는 시선으로부터 발생한다. 이 영화에서 카우리스마키가 주시하는 것은 지상의 중력에 속한 노동자이자 연인들이며 동물이다.

### 수평적 상속의 장소

일반적으로 영화가 노동자를 묘사하는 규칙은 그가 사는 집과 일하는 일터를 오가며 관측하는 것이다. 집이 없다면 그 인물은 노숙인이 되고, 일터가 사라진다면 실업자가 된다. 〈사랑은 낙엽을 타고〉는 일반적 규칙을 이탈한다. 홀라파에겐 집이 없고, 안사는 일자리를 잃어버린다. 그들이 머물 수 있는 공간으로 주어지는 건 술집과 영화관과 병원이라는 임시적 거주의 장소들이다. 그런데 어째서인지 이 영화에서 이러한 임시 거주의 장소들은 돈을 주고받지 않아도 되는 자본 바깥의 장소처럼 다뤄진다. 영화의 초반부 안사가 구직을 위해 들른 인터넷 카페에서 30분에 10유로를 지불하던 것과 달리, 어느 순간 카우리스마키는 돈을 주고받는 자본의 절차를 화면 바깥으로 밀어낸다.

안사는 대모에게 상속받은 집과 임시적인 일터에 있다. 상속은 위에서 아래로 전해지고, 자본주의는 인간과 물건을 바닥에 떨어뜨린다. 카우리스마키의 연인들은 자본의 수직적 규칙 바깥으로 탈출하는 대신 자본과 공존하는 장소를 빌려, 수평적 상속의 이미지를 꿈꾸는 것 같다. 안사와 홀라파는 돈을 내지 않고 버스를 타고, 꽃 가게에서 꽃을 들고나온다. 홀라파는 마치 극장의 스크린을 훔쳐보듯, 술집 창문 너머로 밴드의 연주를 바라보며 안사에게로 돌아갈 것을 결심한다. 하지만 이는 이미지와 사운드를 도둑질하는 행위가 아니다. 그들은 수평적 약속으로 실행되는 상속을 주고받는다. 홀라파가 만나는 모텔의 옆방 남자와 병원 간호사는 그에게 아무런 대가 없이 외투를 건네준다. 그들은 임시적으로 머무는 장소의 한 부분을 빌려, 과거의 기억과 단절하고 새로운 현실의 단면을 받아들인다. 영화관, 술집, 병원, 그리고 다시 밤거리……. 영화와 음악과 회복과 재회는 〈사랑은 낙엽을 타고〉에서 같은 계열에 속한다.

### 남자와 여자와 개

카우리스마키 영화의 결말은 크게 두 가지 선택으로 나뉜다. 하나는 내부의 질서로부터 이탈해 바깥으로 떠나는 도피의 결말이다. 마르크스를 인용해 "노동자에게 조국은 없어요"

라고 말하는 〈나는 살인청부업자를 고용했다 I Hired a Contract Killer〉 (1990)의 대사처럼 국가의 규율을 벗어나 미지의 유토피아로 항해하는 것이다. 다른 하나는 누추하고 비루할지라도 끝내 지상에 남는 자들의 결정이다. 〈어둠은 걷히고 Kauas pilvet karkaavat〉(1996)에서 새로 연 식당 문 앞에 서서 하늘을 올려다보는 부부, 〈황혼의 빛〉(2006)에서 상처 입은 몸을 바닥에 눕히고 손을 붙잡는 남녀의 모습은 이 선택에 속한다. 그들은 더 내려갈 곳 없는 지면에서 최소한으로 남은 삶의 존엄을 지킨다. 카우리스마키는 하늘과 해양과 지상을 오가며 고유한 영화적 여정을 변주하고 각각의 인물들이 자리 잡을 수 있는 장소를 건넨다.

하지만 그것이 전부는 아니다. 〈사랑은 낙엽을 타고〉의 재회한 연인들은 카우리스마키의 다른 인물들처럼 완전한 도피로 향하지 않고, 정해진 장소에 머무는 것을 선택하지도 않는다. 영화는 낙엽이 날리는 거리를 걸어가는 두 사람의 모습으로 끝난다. 그리고 그들 사이에 한 마리의 개가 있다. 안사는 버려진 개의 이름을 '채플린'으로 지었다고 말해준다. 버려진 개는 과거가 없기에 새로운 이름으로 다시 태어날 수 있다. 그들은 찰리 채플린 영화의 연인들처럼 뒷모습으로 화면에서 멀어진다. 하지만 채플린 영화의 떠돌이처럼 영원한 방랑에 돌입하지 않을 것이다. 반복하지만, 두 사람 사이에 개가 함께하기 때문이다. 개는 사람과 사람 사이에서 관계를 매개한다. '채플린'이라는 개는 그들의 관계를 지속하기 위한 책임으로 존재한다. 연인 사이에 놓인 떠돌이 개. 그것으로 그들은 결합하게 되고 주어진 삶의 형태를 지속할 것이다. 혹은 지속해야만 할 것이다. 우리의 삶을 한정 짓는 조건이 우리의 현실을 연장하는 필연적 근거로 거듭 난다. 아름다운 순간이다. 이 장면에 카우리스마키가 응시하는 '현재'의 시간이 있다. 과거에 붙잡히지 않고, 완료되지 않은 미래로 향하는 그들의 뒷모습에서 그 특별한 시제가 솟아오른다. 이것이 우리가 영화에게서 상속받은 자리, 영화의 시간이 속한 자리다.

영화는 간단하다. 계절이 지나고 남자와 여자는 재회한다. 그들 사이에 개가 있다. 하나는 다른 하나 속에, 다른 하나는 하나 속에. 그리고 그들은 셋이다.

◆ "이야기는 간단하다. (…) 계절이 지나고 남자와 여자는 재회한다. 그들 사이에 개가 있다. 하나는 다른 하나 속에, 다른 하나는 하나 속에. 그리고 그들은 셋이다." 장뤽 고다르, 〈언어와의 작별〉에 관한 개요, 2014.

동시대 영화의 곤경과 돌파구

# 영화의 추방자들

노 베어스 Khers Nist | 자파르 파나히 | 2022

튀르키예를 벗어나 유럽으로 망명하려는 자라(미나 카바니)는 자동차에 타기 직전에 걸음을 멈추고 가발을 벗는다. 그녀는 남편 박티아르(박티아르 판제이)에게 전달받은 여권을 들고 멈춰 선다. 그리고 카메라를 정면으로 바라보며 모니터 스크린 너머로 그들을 지켜보는 연출자 자파르 파나히에게 외친다. "우리 삶을 영화로 만든다고 했죠?" 파나히의 대답. "맞아요." 자라의 질문. "그런데 이건 뭐죠? 어느 것도 진짜가 아니잖아요." 그녀는 박티아르의 여권이 유효하지 않은 위조 여권이라고 밝힌다. "모두 가짜잖아요. 우리가 가짜가 됐다고요." 자라는 지금 해피 엔딩을 위해 연출자가 자신들의 삶을 가짜로 조작했다고 항의한다. 이 장면은 과연 '어디에' 존재하는 걸까? 〈노 베어스〉의 후반부에 나오는 한 장면, 혹은 자파르 파나히가 원격으로 연출하는 영화 속 영화의 장면, 동시에 박티아르와 자라가 처한 현실을 소재로 삼은 허구적 영화의 일부분, 그러나 그들의 현실을 있는 그대로 담아내지 않은 '가짜' 장면.

명확한 결론으로 수렴되지 않는 가설들이 이 장면의 주변을 맴돈다. 어디까지가 계획된 연출이고, 어디까지가 현실인 걸까? 현장을 이끄는 조감독 레자(레자 헤이다리)는 위조 여권을 받으러 간 박티아르와 밀수업자가 만나는 순간을 촬영하지 못했다고 전한다. 카메라가 촬영하지 못한 시간 동안 무슨 일이 벌어진 걸까? 어쩌면 자라의 항의와 파나히의 대답이 모두 촬영 중인 영화의 일부분인 것은 아닐까? 이 장면의 표면적 형식과 정보만으로는 어떤 진실도 식별할 수 없다. 연출자의 눈과 동일시된 카메라의 시선은 화면 바깥을 증언하지 못한다. 픽션의 복합적 가능성이 아슬아슬하게 공존하는 자리에서 자라는 걸음을 멈추고 카메라를 돌아본다. 그가 멈춰 선 자리는 화면 안팎의 세계가 간직한 이중성을 보존하는 좌표다.

자파르 파나히의 의도와 무관하게 이 장면은 두 편의 영화, 혹은 한 편의 영화와 하나의 논쟁을 떠올리게 한다. 두 영화 모두 아바스 키아로스타미의 영화(와 관련된 논쟁이)다. 물론 파나히에게서 키아로스타미의 흔적을 발견하는 것은 손쉬운 연상이다. 파나히는 키아로스타미의 조감독으로 활동했으며, 키아로스타미가 그랬던 것처럼 이란의 아동 청소년 지능 개발 기관인 카눈 스튜디오에서 아이들을 위한 교육영화로 연출 경력을 시작했다. 두 작가는 카메라와 피사체의 복잡한 존재론적 지위를 전제로 극영화와 다큐멘터리, 픽션과 현실의 모호한 경계면에서 교란되는 영화의 가능성을 공유한다. 특히 2003년 이후로 이란 정부에 의해 구속과 가택연금 처분을 받고 끊임없이 영화제작을 제재받아온 파나히에게 현실에 개입하고 현실과 상호작용하는 영화의 문제는 무엇보다 강력한 시의성을 호소한다.

동시대 영화의 곤경과 돌파구

하지만 〈노 베어스〉의 한 장면에서 키아로스타미의 영화를 떠올리게 된 것은 그들이 공유하는 주제와 문제의식 때문만은 아니다.

### 비밀과 거짓말

첫 번째 참조 대상은 〈클로즈업Nema-ye Nazdik〉(1990)이다. 구체적으로 말하면 〈클로즈업〉에서 몇 개의 단락으로 나누어진 법정 장면이다. 키아로스타미는 유명 영화감독 모센 마흐말바프를 사칭한 혐의로 재판받는 후세인 사브지안이라는 남자를 향해 카메라를 세워둔다. 연출자의 시선이 카메라에 담긴 사브지안을 포착하면서, 거짓말이 금지되는 증언의 공간에 영화라는 픽션이 틈입한다. 〈클로즈업〉에서 사브지안은 유명 감독을 사칭하던 자신의 거짓말을 재연하는 동시에 진실만을 말해야 하는 법정에 선다. 그는 픽션을 되풀이하면서 다큐멘터리의 한 부분이 된다. 거짓 없는 증언이자 모호한 재연으로서의 영화. 법정에서 사브지안은 카메라 뒤에 있는 키아로스타미를 향해 말한다. "감독님이 내 관객이에요." 그 순간에 키아로스타미의 카메라는 사브지안이 마련한 허구적 진실에 참여하는 공모자의 자리에 선다.

〈노 베어스〉에서도 연출자의 카메라는 법정을 닮은 '맹세의 방'에 선다. 마을 사람들은 파나히에게 묻는다. 호두나무 아래서 고잘(다르야 알레이)과 솔두즈(아미르 다바리)라는 젊은 남녀가 함께 있는 사진을 찍지 않았느냐고. 마을 청년 야곱(자바드 시야히)은 태어날 때부터 고잘과 결혼을 약속했지만, 솔두즈가 약속을 위반해 고잘과 만나고 있고 파나히가 촬영한 두 사람의 사진이 그 증거가 될 것이라 말한다. '맹세의 방'에 들어선 파나히는 명확한 증거가 될 것이라며 카메라를 세워두고 증언을 시작한다. 그러나 야곱은 화를 내며 카메라로 기록하는 행위가 무의미하다고 항의한 뒤 밖으로 나가버린다. 〈클로즈업〉에서 법과 증언과 거짓말의 테두리 안팎에서 울려 퍼지던 픽션의 가능성은 〈노 베어스〉에서 무너진다.

　　다른 하나는 〈텐Dah〉(2002)이다. 움직이는 자동차의 시동을 멈추면서 끝나는 〈노 베어스〉는, 운전석과 조수석 앞에 두 대의 카메라를 두고 촬영한 〈텐〉을 상기시킨다. 〈텐〉은 오직 자동차에 앉은 사람들의 비밀스럽고 내밀한 대화로 채워져 있다. 제도권 안에서의 영화제작이 불가능해진 파나히는 '자동차 안의 영화'라는 단순하고도 급진적인 원칙을 받아들여 〈택시〉(2015)를 만들기도 했지만, 〈노 베어스〉는 조금 다른 각도에서 〈텐〉의 형식 바깥에 있는 문제를 가리킨다. 실제 삶에서 가져온 상황을 연기하는 인물이자 배우로서 카메라에 담긴 여성이 남성 연출자에게 항의하는 순간을 담은 〈노 베어스〉의 한 장면은 불가피하게 〈텐〉을 둘러싼 논쟁적 사건을 환기한다. 이란의 영화감독이자 〈텐〉의 주연배우인 마니아 아크바리는 〈텐〉에 사용된 장면 대부분이 자신의 사적인 프로젝트를 위해 촬영된 러시 필름rush film이었다고 주장한다. 아크바리는 키아로스타미가 교묘한 거짓말과 조작으로 자신의 영화를 훔쳤다는 성명을 발표했으며, 이란 내부에서도 그녀의 폭로에 여러 의견이 제기되고 있다.

〈클로즈업〉이 거짓말의 공모라면, 〈텐〉은 진실의 도둑질이다. 그러나 이 표현이 키아로스타미와 〈텐〉을 비난하는 의미는 아니다. 도덕적 논쟁과 별개로, 마니아 아크바리의 폭로는 영화가 성립하는 최종적인 위치를 질문케 한다. 영화는 언제 만들어지는가, 〈텐〉은 어느 시점에 완성된 영화인가. 여기서 〈텐〉을 둘러싸고 있는 정확한 사실관계를 규명할 순 없을 것이다. 그 대신 키아로스타미와 파나히의 영화가 불가피하게 직면하는 의제를 말하고 싶다.

## 영화는 어디에 있는가

그들의 영화는 '영화감독이 장면을 촬영한다'라는 간단한 명제에서 '영화'는, '감독'은, '장면'은, '촬영'은 어디에 있는가, 라는 까다로운 반문을 발췌한다. 카메라 뒤에 있는 연출자는 화면을 매개로 피사체를 바라보고 조정하며 결과물을 빼앗는다. 그렇다면 영화는 거짓말과 도둑질이라는 죄와 공모하는 것인가? 영화는 무엇보다 촬영과 편집의 단계를 거친다. 이 당연한 문장은 완성된 영화가 촬영되지 않았거나 편집 과정에서 버려진 장면들과 총합을 이룬다는 뜻을 함의한다. 〈노 베어스〉에서 파나히는 한 편의 영화와 한 장의 사진을 촬영하면서 영화를 만드는 견고한 구조를 받아들이는 대신 영화의 표면에 남겨지는 미완성의 기록과 불완전한 절차에 다가선다. 그것들은 영화의 질서를 위태롭게 흔든다. 이란과 튀르키예 국경지대의 시골 마을에 머무는 파나히는 집주인 간바르에게 카메라를 빌려주고 마을의 약혼식 행사를 기록해달라고 부탁한다. 하지만 카메라 조작에 서투른 간바르가 녹화와 정지 버튼을 반대로 누른 탓에 촬영되었어야 할 영상과 버려졌어야 할 영상이 뒤바뀐다. 〈노 베어스〉에는 파나히의 영화와 간바르의 영화가, 채택된 장면들과 버려졌어야 할 장면이 뒤얽혀 있다. 그 뒤얽힘의 상태는 연출자가 원하는 장면을 선택하고 원치 않는 장면을 삭제하는 영화 제작의 특권적 절차에 의문을 제기한다.

박티아르와 자라의 영화를 촬영하는 〈노 베어스〉의 첫 장면에서 화면이 서서히 넓어지면 노트북 모니터의 테두리가 보이고 배우와 조연출을 바라보는 자파르 파나히의 뒷모습이 보인다. 출국 금지로 인해 이란 바깥으로 나갈 수 없는 자파르 파나히는 노트북 화상 중계로 박티아르와 자라의 영화를 지켜본다. 영화의 화면은 독립적인 세계로 존재할 수 없다. 스크린은 멀리 떨어진 곳에서 그것을 바라보는 주관적 시점과 결합해 있다. 〈노 베어스〉에서 스크린 속 장면과 보는 자의 시선은 긴밀히 결합된 사건이 된다.

### 주관적 증인의 화면

영화의 중반부, 길거리에서 박티아르가 자동차와 부딪치고 시비가 붙는 장면이 나온다. 갑작스럽고 뜬금없는 이 장면 뒤로 노트북 모니터를 바라보는 자파르 파나히의 모습이 연결된다. 이 편집은 미묘한 트릭으로 관객을 헷갈리게 한다. 영화의 첫 장면에서 지켜본 논리대로라면, 박티아르가 길거리에서 시비가 붙는 장면 역시 연출된 허구에 속한다. 여러 사람의 액션이 과도하게 연출된 이 장면을 영화 속의 또 다른 영화로 받아들이기도 쉽다. 이어지는 장면에서 모니터를 바라보는 파나히의 시선은 그 생각에 확신을 더한다. 두 장면은 영화제작이라는 일관된 맥락으로 연결되어 있다. 하지만 그 믿음은 확증할 수 없다. 영화는 시공간적으로 멀리 떨어진 두 장면을 이어 붙였을 뿐이다. 파나히가 바라본 모니터에 무엇이 있는지 영화는 증명할 수 없다. 모니터를 바라보던 파나히에게 찾아온 마을 사람들의 질문도 이와 같다. 당신은 호두나무 아래 있는 두 사람의 사진을 찍었습니까? 영화는 그 사진의 존재 유무를 증명할 수 없다.

전통적인 맥락의 몽타주는 장면과 장면 사이에 발생하는 의미의 충돌과 연결을 가리킨다. 하나의 장면 뒤에 다른 장면이 붙고, 그 장면들의 결합이 의미를 만들어낸다. 〈노 베어스〉에서 자파르 파나히는 '발산의 몽타주'라고 이름 붙일 만한 또 다른 의미작용을 시도한다. 파나히의 몽타주는 장면과 다음 장면의 결합이라는 수평적 체계를 받아들이면서, 동시에 하나의 장면과 그 장면을 바라보는 시선을 연결하는 수직적 관념으로 나타나기 때문이다. 〈노 베어스〉의 화면은 주관적 증인을 요구한다. 우리는 카메라가 바라본 대상이 무엇인지 증언하는 증인의 자리에, 그러나 영화가 무엇을 바라보았는지 분명히 파악할 수 없는 무능력한 증인의 자리에 도착해 있다.

### 자동차가 멈출 때

증인을 요구하는 화면은 보는 이들을 스크린 내부로 끌어들인다. 우리는 사건을 바라보았고 거기에 연루되었다. 영화의 마지막 장면, 마을을 떠나는 자파르 파나히의 자동차 창문 너머로 마을 사람들이 모여 있다. 간바르는 고잘과 솔두즈가 국경을 넘다 살해당했다고 말한다. 파나히는 시동을 멈춘다. 자동차가 움직임을 멈추면 영화의 화면도 암전된다. 이것이 영화의 끝이다.

⟨노 베어스⟩에는 자동차가 움직임을 멈추는 세 번의 중단이 있다. 첫 번째 중단. 한밤중에 마을로 돌아오는 파나히의 자동차를 고잘이 멈춰 세운다. 고잘은 파나히에게 호두나무 아래에 있던 자신과 솔두즈의 사진을 찍었느냐고 물어본다. 영화를 통틀어 오직 이 장면에만 나오는 고잘은 살해당한 시체로 마지막 장면에 되돌아온다. 두 번째 중단. 파나히가 연출하는 영화 속 부부가 튀르키예를 떠나는 장면을 찍을 때 자라는 걸음을 멈추고 자동차에 탑승하지 않는다. 자라는 거짓된 '해피 엔딩'을 만들려는 연출자의 의도 바깥으로 나서고 바다에 빠져 죽은 시신으로 돌아온다. ⟨노 베어스⟩에서 반복되는 자동차의 중단은 영화적 운동의 운명과 겹친다. 자동차를 멈추는 행위는 영화를 위협적으로 중단시키는 현실의 개입이다. 그리고 마지막 중단이 기다린다. 이제 우리가 거리를 두고 지켜볼 허구적 피사체는 남아 있지 않다. 마지막으로 우리가 보는 화면에 남겨진 것은 자파르 파나히, 카메라 프레임을 통해 무언가를 바라본 영화감독

동시대 영화의 곤경과 돌파구

이기 때문이다.

파나히는 카메라로 촬영한다. 호두나무 아래서 고잘과 솔두즈가 함께 있는 모습을 사진으로 찍는다. 직접 카메라를 들고 촬영하는 일이 불가능하다면 원격 통화로 박티아르와 자라의 영화를 연출한다. 그러나 그들은 이제 그 자리에 있을 수 없다. 주검으로 되돌아온 자들 앞에서 파나히는 '컷'을 외친다. 그는 기계장치를 매개로 촬영되는 세계를 말없이 지켜보는 관조적 연출자의 자리에 있을 수 없다. 〈노 베어스〉는 구조적 대칭을 이루는 한 장의 사진(고잘과 솔두즈의 사진)과 한 편의 영화(박티아르와 자라의 영화)를 매개로 어느 쪽에도 완벽히 속할 수 없는 영화에 책임을 묻는다. 마지막 장면에서 카메라 앞에 있는 피사체는 고잘도, 자라도 아닌 자파르 파나히다. 이 숏에서 그는 화면을 관찰하는 증인일 수도, 촬영 현장을 통제하는 감독일 수도 없다. 〈노 베어스〉의 연출자인 자파르 파나히가 이 영화에 출연하는 자파르 파나히에게 요구한 자리를 되돌아본다. 국경지대를 넘을 수 없기에 촬영이 이루어지는 현장에 직접 서 있을 수 없는 자리, 인터넷 연결이 원활하지 않아 연출자의 위치에 있을 수 없는 자리. 그리고 그 자리에서 영화는 실패한다. 카메라에 비친 피사체들은 시신으로 되돌아온다. 카메라를 든 시선은 그들의 죽음에 유죄다. 남은 것은 책임의 자리다. 왜 영화는 유죄일 수밖에 없는가? 왜 영화는 실패할 수밖에 없는가? 자동차를 멈추고 죽어버린 앞선 두 사람처럼, 자파르 파나히는 자동차의 시동을 끈다.

반복건대 〈노 베어스〉에서 영화는, 시선의 개입 없이도 성립하는 객관적 세계가 아니다. 이 영화의 화면은 증인을 요구한다. 우리는 어두운 극장에서 모습을 숨기며 파나히의 영화를 훔쳐볼 수 없다. 자파르 파나히의 마지막 장면은 스크린을 쳐다보는 우리에게 질문을 되돌린다. 영화가 유죄라면, 당신은 '누구로서' 이 자리에 앉아 있는가? 그러므로 영화가 끝나고 스크린이 어두워진 뒤에도 질문은 기각되지 않는다. 영화는 어디에 있는가? 이 자리에 있었지만, 지금은 사라지고 없다.

동시대 영화의 곤경과 돌파구

# 형식이라는 강박관념

애프터썬 Aftersun | 샬럿 웰스 | 2022

샬럿 웰스의 〈애프터썬〉은 폭넓은 지지를 얻고 있다. 칸 영화제를 비롯해 여러 영화제에서 소개되어 호평받았고 영화잡지 《사이트 앤드 사운드》와 《인디와이어》가 선정한 2022년 최고의 영화 1위에 뽑혔다. 《씨네21》에서도 다수의 평자가 극찬을 아끼지 않았다. 캠코더에 보존된 유년기의 기록을 매개로 아버지와 동행한 오래된 휴가의 기억을 불러내는 이 영화에 쏟아진 전 세계의 찬사는 보편적 합의를 이룬 것처럼 보인다. "이 영화를 보기 전까지 작은 비디오카메라 렌즈 앞에 놓인 대상에 이토록 몰입하게 만드는 시선의 힘을 느껴본 적이 없다"◆라는 소감을 남긴 클레르 드니의 말처럼, 〈애프터썬〉은 내밀한 기억을 통해 뒤늦게 체감되는 감정과 그것에 접속하게 하는 영화적 회상의 매혹을 짚는 환대 섞인 감상으로 가득하다.

나는 이런 평가에 동의하지 않는다. 동의하지 않을뿐더러 어떤 종류의 불만을 품고 있는 편이다. 〈애프터썬〉이 형편없

---

◆ Claire Denis, "Directors on Directors: Filmmakers Praise 2022 Favorites Including 'Elvis,' 'White Noise' and 'Tár'", *Variety*, Dec 19, 2022.

는 영화는 아닐 테지만 동시대 예술영화의 고착된 문제를 드러내는 한 예라고 생각하기 때문이다. 이 영화에 몇몇 인상적인 장면들이 있긴 하지만, 그보다 많은 장면에서 표준화된 예술영화가 의존하는 진부한 전략이 대안적 형식이라는 미명하에 돌출되어 있다. 적잖은 평론에서 그것을 탁월한 영화적 효과로 받아들이고 찬사를 보내지만, 정말 그렇다고 말할 수 있을까? 이 글은 〈애프터썬〉이 전하는 내용에는 별다른 관심이 없다. 대신 이 영화가 구사하는 형식적 전략과 효과가 과연 흔쾌히 호평할 만한 것인지 의심스럽게 되묻고 싶다.

### 돌출된 미적 전략

〈애프터썬〉에는 두 차례 반복되는 상황이 있다. 영화의 첫 장면에 나온 뒤 중반부에서 다시 반복되는 그 장면은 캠코더를 든 소피(프랭키 코리오)가 아버지 캘럼(폴 메스칼)에게 장난스럽게 질문을 건네는 순간이다. 영화의 시작은 소피가 촬영하는 캠코더 화면을 묘사하지만, 뒤에서는 탁자를 향해 고정된 앵글로 텔레비전에 비친 소피와 캘럼의 이미지가 나타난다. 주의 깊게 강조되는 이 장면의 구도는 〈애프터썬〉이 설정한 미적 전략을 단적으로 드러낸다.

여기엔 여러 장치가 복잡하게 얽혀 있다. 아이의 손에 쥐어진 캠코더, 느닷없이 던져지고 나서 뒤늦게 밝혀지는 상황의 의미, 텔레비전에 반영된 이미지로 이어지는 롱테이크. 이런 효과에 그 자체로 문제 삼을 부분은 없다. 하지만 〈애프터썬〉은 많

　　　　　동시대 영화의 곤경과 돌파구

은 장면에서 지적인 인식을 유도하기 위한 구도와 배치가 언제나 인물들이 직면한 상황에 앞선다. 이 장면의 생김새는 언뜻 심오한 연출의 결과물로 받아들여지기 쉽지만, 그렇지 않다. 이는 고전적 데쿠파주$^{découpage}$를 강박적으로 회피하는 연출자의 자의식을 드러낼 뿐이며 화면 내에서 충분히 활용되었어야 할 인물의 시선과 동작을 무시한 결과와 더불어 생겨나는 것이다. 소수의 관객과 비평가가 알아보도록 노골적으로 조율된 장면에서, 무엇보다 중요하게 다뤄지는 것은 장면에 설계된 장치를 인지하고 해독하는 절차다. 이 순간, 인물의 심리적 상태와 숏의 활동을 억제하고 의미를 설계하려는 감독의 흔적이 스크린 위로 불필요하게 묻어 나온다.

이처럼 장면을 형성하는 구조적 장치들이 숏의 표면을 장악하는 가운데 지워지는 것은 샬럿 웰스가 수행했어야 하는 '연출'이라는 문제다. 〈애프터썬〉이 기록 장치를 매개로 아버지와 딸이 공유한 기억을 돌아보는 영화라는 것은 어렵지 않게 이해할 수 있다. 이를 위해 캠코더와 꺼진 텔레비전에 비친 인물의 형체와 플래시백이라는 전제가 동원되는 것도 분명히 파악할 수 있다. 이는 장면을 구상하고 준비하는 단계에서 완료되는 부분이다. 그렇다면 그것을 구체적인 숏의 세부로 만들어내기 위해 영화가 마련하는 연출로 어떤 것들이 실천되고 있는가?

〈애프터썬〉이 취한 미적 형식에는 바로 그 구체적인 연출의 방법이 희미하다. 속되게 말한다면 〈애프터썬〉은 장면을 구상하는 개념적 도식이 큰 비중으로 존재감을 발휘하는 데 비해, 연출자가 어떻게 연기를 지도하고 동선을 짜고 배우들의 시선과 동작을 조정하는지 전혀 궁금하지 않은 영화다. 〈애프터썬〉에서 장면의 쓸모와 의미는 특정 위치에 사물이 놓이고 인물이 자리 잡을 때 일찌감치 결정되기 때문이다. 어떤 의미에서 이는 영화에서의 연출이라기보다 낡은 사진적 배치에 가까울 것이다. 샬럿 웰스는 캠코더 화면의 물질성, 주체와 시점이 모호한 플래시백, 반영된reflection 이미지라는 숏의 미적 디자인에 의존하면서 화면 내부를 밀도 있게 운용해야 하는 연출을 방치한다.

연출자의 역할이 현장에서 연기를 지휘하고 장면의 길이를 조절하는 업무에 있다는 고전적 문제의식을 고집하려는 것이 아니다. 앤디 워홀의 〈잠Sleep〉(1964)과 〈키스Kiss〉(1964), 또는 아바스 키아로스타미의 〈파이브Five Dedicated to Ozu〉(2003)처럼 장면의 긴 지속시간을 받아들여 개념적으로 설계된 형식과 현장에서 일어나는 우연적 사건을 결합한 사례를 떠올릴 수 있다. 그들의 작업은 연출자가 촬영 과정에 적극적으로 개입하지 않더라도 탁월한 '연출'을 구현할 수 있다는 명제를 급진적으로 증명한다(워홀은 종종 자신의 촬영 현장을 벗어났으며, 키아로스타미는 〈파이브〉를 찍는 동안 잠을 자고 있었다고 말한다).

하지만 〈애프터썬〉이 의존하는 숏의 개념적 전략은 설정된 장면의 목적에 가닿는 것도, 예기치 않은 우연을 수용하는 것도 아니다. 샬럿 웰스는 어렴풋하게 뭉뚱그려진 미적 조합으로 완결된 의미를 방사할 뿐이다. 두 차례 반복되는 소피와 캘럼의 대화 장면에 연출자가 개입할 수 있는 공간은 희박하기 짝이 없

동시대 영화의 곤경과 돌파구

다. 정확히 같은 의미에서 나는 이 장면을 포함해 〈애프터썬〉의 많은 장면에서 '연출'을 발견하지 못했다. 숏이 겨냥하는 바는 결정되어 있고 그 자리에 불확실한 면모가 개입할 여지는 현저히 적다. 대신 심미적 프레이밍을 위해 인물의 움직임을 철저히 억제하고, 장면에 담기는 정보나 변화에 비해 숏의 지속시간을 길게 늘어뜨리는 관성적인 호흡이 있을 뿐이다. 이 영화에서 구체적 감각은 언제나 보편적 수준의 일반화로 휘발된다.

## 무균실로서의 시공간

잘 거론되지 않는 부분이지만, 〈애프터썬〉에서 적극적으로 환기되는 정서 가운데 하나는 유년기의 성적 긴장감이다. 소피는 화장실 열쇠 구멍 사이로 전날 있었던 성행위에 대해 떠드는 목소리를 듣고, 수영장에서 밀접하게 서로를 만지는 사람들을 유심히 바라보며, 밤중에 게이 커플이 키스하는 모습을 목격하기도 한다. 이렇다 할 사건 없이 전개되는 이 영화에서 낯선 성적 체험이 소피의 시야에 침입하는 순간들은 영화 전체를 감싸는 긴장을 충전하는 과정이기도 해서, 소피는 우연히 마주친 또래 남자아이 마이클과 밤의 수영장에서 키스하기에 이른다. 도발적인 독해를 즐기는 이들이라면 소피의 시선에 포착되는 성적 긴장이 소피와 캘럼이 함께 있는 장면에도 침범하고 있으며, 두 사람이 서로의 얼굴을 매만지고 손을 붙잡는 장면의 질감에 근친상간적 긴장을 부여한다고 말할 수도 있을 것이다. 어쩌면 〈애프터썬〉의 기록엔 레즈비언 커플로 부모의 입장에 선 소피가 실현되지 않은 유년기의 불온한 에로스를 되돌아보는 시선이 결부된 것인지도 모른다. 하지만 이 영화에서 진정으로 문제적인 면모는 편재하는 성적 긴장이 아니라 그것을 미심적은 방식으로 억제하는 데서 드러난다.

이는 외부의 오염으로부터 완벽하게 차단된 무균적 시공간을 내세우는 것이다. 소피와 캘럼이 머무는 호텔과 그 주변은 문자 그대로 청결하게 세공된 무대다. 이곳에선 소피와 조금이라도 관련되지 않은 사람의 얼굴과 목소리는 카메라에 보이지 않고, 마이크에 채집되지 않는다. 심지어 공사 중인 호텔을 배경으로 삼고 있는데도 노동자의 모습은 보이지 않고 귀에 거슬리는 소음조차 들리지 않는다. 이 무대에 진입하기 위해선 어떤 방식으로든 소피와 캘럼의 근처를 맴돌아야 한다. 두 사람의 눈과 귀를 자극하지 않는다면, 없는 존재나 마찬가지다. 한 사람의 어린 시절 기억을 빌려 펼쳐지는 시공간이라는 절대적 전제로 모든 현상을 회피할 순 없다. 〈애프터썬〉이 소피의 기억을 통해 재구성하는 영화적 시공간은 낯선 타인의 얼굴과 목소리가 존재하지 않는, 보편적인 풍경이 되어버린 세계다.

더 나아가 영화는 소피가 다른 사람과 만나며 겪는 (성적 긴장과 결부된) 불안과 위협마저도 철저히 차단한다. 캘럼과 다투고 나서 한밤중에 길을 잃은 소피가 마이클과 마주치는 장면이 있다. 마이클은 함께 있는 남자아이 무리를 가리키며 소피에게 "우리랑 놀래?"라고 제안한다. 혼자 밤거리를 배회하는 여자아이와 그에게 접근하는 여러 남자아이의 모습은 불안감을 촉

동시대 영화의 곤경과 돌파구

발한다. 더군다나 소피는 지금 캘럼과 떨어져 있다. 소피를 지켜 줄 유일한 보호막이 사라진 듯한 위태로움이 더해진다. 그러나 이어지는 장면에서 영화가 보여주는 것은 수영장에서 키스하는 소피와 마이클의 모습이다. 이 경험은 불안하지도, 특별한 인상 으로 남지도 않는다. 유년의 소피는 아무런 굴곡 없이 서른한 살 의 레즈비언 소피가 될 것이다. 이곳은 일탈적인 사건이 허용되 지 않는 공간이라는 듯 불길한 예감은 회피되고 소피는 침대에 잠들어 있는 캘럼에게로 돌아간다. 성적인 유혹과 불안정한 일 탈의 가능성에도 불구하고, 소피는 정신적 위기를 겪고 있는 아 버지가 느끼는 위태로운 감정에(만) 정확히 접속할 것이다. 그 것이 이 영화가 설정한 서사적 기획이므로 다른 가능성은 차단 된다. 의도적이든 아니든 샬럿 웰스는 타인의 불순한 흔적이 지 워진 도착적인 무대를 그려낸 것이다.

이 과정에서 세공된 영화적 무대의 기능이 노출된다. 주 관적 기억에서 출발해 보고 들은 적 없는 순간까지도 플래시백 의 한 부분으로 끌어들이는 〈애프터썬〉의 기록은, 개인이 간직 한 기억의 부피를 초과해 타인에게 접속하고 아버지라는 거대 한 수수께끼를 이해하는 여정이다. 하지만 정작 영화가 비추는 공간에서 도드라지는 것은 오직 소피와 캘럼, 두 사람의 감각으 로만 수렴되는 영화적 지각의 수축성이다. 그들 바깥에는 위협 적인 기억도, 세상의 잡스러운 소음도 존재하지 않는다. 〈애프 터썬〉이 과거에 발견하지 못했던 인식을 넓히려는 시도라면, 현 실의 공간을 주변화하면서 세공된 무대 바깥의 얼굴과 목소리를 철저히 차단하는 형식은 기만적이다. 웰스가 세운 미적 전략은 여기서 다시 한번 화면을 심미적으로 자족하는 장치일 뿐, '연출'의 효과를 발휘하지 못한다는 것을 증명한다. 아니, 더 나아가 영화가 시도하는 '연출'을 훼손하는 독립적인 장치로 실행되고 있다는 것을 노출한다.

장면의 미적 전략이 영화 내에 잠재하며 서로 다른 숏들과 일관된, 또는 의도적으로 불화하는 구성을 이루는 대신 그 자체로 영화를 규정하는 실체적인 조건으로 나타날 때, 그것을 조정하는 감독의 터치는 작품 속 세계를 부자연스럽게 왜곡하는 덧칠이 된다. 나는 〈애프터썬〉을 보면서 스크린에 떠오른 장면을 지켜보고 있음에도 여전히 장면들이 개념에 머물러 있다는 인상을 거듭해서 받았다. 자율적 활동이 억제된 숏은 빈곤한 개념에 붙잡힐 수밖에 없다.

### 전신마비에 걸린 영화

존 부어먼은 언젠가 장뤽 고다르가 전해준 말을 인용하면서 이렇게 말했다. "고다르가 내게 이런 말을 한 적이 있다. '영화를 만들려면 젊고 무식해야 한다. 우리만큼 많이 알면 영화 만들기는 불가능해진다.' 고다르의 말은 연출자가 모든 문제를 예견할 수 있으면 결국 전신마비만 일으킬 뿐이라는 뜻이었다." 〈애프터썬〉을 보고 나오면서 즉각적으로 떠올린 것은 부어먼이 언급한 영화의 전신마비라는 비유적 상태였다. 〈애프터썬〉의 정적인 장면들은 시적이고 아름답다기보다는 마비된 것처럼 제

동시대 영화의 곤경과 돌파구

대로 움직이지 못하고 있다. 그것이 영화가 해결해야 할 특수한 주제나 역학을 구현하는 데서 발생한 사태가 아니라 연출의 방기에서 오는 무성의한 화면의 결과물이라는 것은 부연할 필요도 없다. 샬럿 웰스라는 이 젊은 감독은 그럴듯한 외형으로 치장된, 그러나 지나치게 유식한 영화를 만들었다. 그녀의 유식함이란 동시대 예술영화가 어떤 형태로 만들어지고 어떤 유형으로 옹호받는지 직관적으로 이해하고 있다는 뜻과 다르지 않다.

〈애프터썬〉은 주류영화에 어울리는 전형적인 주제와 정서를 서툴게 감추면서 가장된 저항의 형식을 취해, 보는 이들을 지적으로 호객하는 예술영화의 욕망을 드러낸다. 보편적 정서에 호소하면서도 작가로서의 역량을 과시하기 위해 짐짓 대안적인 형식을 구현하는 것처럼 구는 이중의 열망이 이 영화의 설계도에는 선명하게 노출되어 있다(과거였다면 선댄스영화제에 초청되어 화제를 모으는 영화들에서 쉽게 보이는 욕망과 감수성이라 치부할 만한 이런 경향은, 이제는 칸에서도 베를린에서도 로카르노에서도 토론토에서도 무사히 환대받을 것이다). 영화의 정해진 규칙에 의문을 제기하고 종합적인 체계를 이탈해 다른 형식을 제안하던 지난 세기의 시도를 통속적으로 '예술영화'라 불렀다면, 오늘날 그 명칭은 부지런하게 정해진 규칙을 따르고 호평받는 영화적 표현의 범위를 벗어나지 않는 패턴화된 규범으로 의미를 옮기고 있다. 그런 맥락에서 동시대의 '작가'와 '예술영화'라는 표현의 쓰임새는 '마블 시네마틱 유니버스의 신작'이 유통되는 방식과 크게 다르지 않다. 바로 이런 의미에서 〈애프터썬〉은 동시

대적 예술영화의 양식에 철저하리만큼 충실한 작업이다. 이는
첫 장편영화를 만든 감독에겐 깊은 오명과도 같다.

## '예술영화'라는 오명

'예술영화'라는 공허한 이념. 가장 예술이 없는 예술영화.

_로베르 브레송, 『시네마토그라프에 대한 노트』

그런데 도대체 '예술영화'란 무엇을 가리키는 용어일까? 이 글을 쓰는 나도, 읽고 있는 당신도 예술영화가 무슨 뜻으로 쓰이는지 안다. 우리는 극장에서 상영 중인 예술영화의 의미와 규격을 파악하고 있다. 우리는 예술영화라는 범주에 익숙하고 예술영화의 외양을 구분하고 평가할 수 있다. 그런데 과연 무엇을 알고 있는 것일까? 우리가 간단히 안다고 말하는 '예술영화'는 어떤 영화를 지목하는가? 관습적으로 공유되는 이 단어의 실체를 까다롭게 따져 묻지 않고 예술영화의 현재를 진단하는 것은 어색한 일이다. 나는 이 단어가 유통되는 맥락을 알고 있지만, 구체적으로 어떤 영화들을 말하는지 분간할 수 없다. 예술영화는 일정한 스타일이나 형식을 가리키는 말인가? 창작자의 특별한 태도나 방법론을 지시하는 표현인가? 혹은 특정한 시기에 나타난 사조를 범주화하는 용어인가? 나는 어떤 영화가 '예술'이라는 수식에 적합하고 어떤 영화가 그렇지 않은지 판단하지 못한다. 특정한 영화의 속성이 무엇과 견주어서 '예술적'이라는 건지 설득력 있는 의견을 들어본 적이 없다.

실체가 불분명하다 하더라도 '예술영화'는 분명 거리낌 없이 공유되는 표현이다. 게다가 언급한 대로 우린 예술영화의 전형적인 형태를 이해한다. 예술영화는 일관성 있는 내러티브

전개에서 벗어나 비선형적이고 불완전한 서사를 추구하고, 선명한 목표와 욕망을 안고 행동하는 주인공이 아닌 침묵하고 배회하는 사람들을 보여준다. 이 영화 속의 인물들은 주어진 장소를 천천히 걷고 풍경을 바라보고 불쑥 이해할 수 없는 감정에 사로잡혀 충동적인 행위에 몸을 던진다. 카메라는 눈에 보이는 대상을 비추는 대신 내면적이고 추상적인 영역에 접근한다. 숏은 길고 불안정하고 모호하다. 관객인 우리는 스크린 속의 세계가 작동하는 방식을 완벽하게 알아차릴 수 없다. 현실을 명료한 인과율의 법칙으로 관측하는 대신 우연적이고 불확정적인 시청각적 신호를 배치하고 운반하는 것이야말로 영화의 자율성을 증명하는 새로운 규칙이다. 로베르토 로셀리니의 〈이탈리아 여행Viaggio in Italia〉(1954), 알랭 레네의 〈히로시마 내 사랑〉(1959), 장뤽 고다르의 〈경멸〉에서 볼 수 있듯이, 1960년대 전후로 영화가 전통적이고 선형적인 질서와 결별하고 모던 시네마라 불리는 특별한 충동에 사로잡혔다는 것은 주지의 사실이다. 하지만 이는 영화적 시공간을 지각하는 방법이 변한 것이지, 영화적 표현이 고도로 예술화된 것은 아니다. 모던 시네마의 역사적 혁신이 '예술영화'라는, 탈역사적 단어의 문맥으로 받아들여져야 하는 근거는 존재하지 않는다. 그러므로 여전히 질문은 반복된다. 이와 같은 영화적 변형은 왜 우리에게 익숙한 '예술영화'라는 총체로 수용되고 말았는가?

미켈란젤로 안토니오니는 예술영화의 외양을 익숙한 규격으로 받아들이는 이들에게 친숙하고도 매혹적인 이름이다.

동시대 영화의 곤경과 돌파구

그는 네오리얼리즘 이후 출현한 모던 시네마의 형식과 서사를 가장 급진적으로 실현한 연출자로 받아들여진다. 〈일식 L'eclisse〉 (1962)의 결말에서 영화는 다시 만나기로 약속한 연인들의 서사를 중단하고 건축물과 공간의 기하학적 이미지를 연쇄적으로 배치한다. 〈확대 Blow-up〉(1966)에서 주인공 사진작가는 우연히 찍힌 살인사건 현장을 거듭 확대해서 관찰하지만 실체는 사라지고 조각난 이미지만이 남는다. 안토니오니의 혁신은 당대의 가장 예민한 예술의 한 부분으로 받아들여졌으며, 오늘날에도 유효한 예술영화의 형틀을 제공한다. 그는 위대한 모더니즘의 영화감독이고, 교양적 예술영화의 모범이다. 그런데 영화의 무교양적이고 비예술적인 규칙을 옹호하며 안토니오니의 모던 시네마를 비판적으로 바라보는 두 명의 비평가가 있다. V. F. 퍼킨스와 마니 파버는 영화가 '미학적으로' 타락한 증거로 안토니오니의 영화를 제시한다.

퍼킨스는 그의 저서 『영화로서의 영화』에서 다음과 같이 주장한다. "카메라와 편집 기법에 중점을 두고 판단하는 경향이 있는 비평가나 영화이론가에 의하여 지속적으로 무시당하는 것이 바로 연기(행위)에 대한 지휘자로서의 감독의 역할이다. 스크린 위에서 벌어지는 것이 드라마적인 측면과는 동떨어져서 감독의 '터치'로 여겨져서는 안 된다."◆ 퍼킨스에게 있어 영화감독은 시청각적 형식에 집착하거나 의미심장한 날인을 부자연스럽

---

◆　　V. F. 퍼킨스, 『영화로서의 영화』, 임재철 옮김, 이모션북스, 2015, 125쪽.

게 숨겨두는 작가가 아니라 일관된 상황 속에서 배우들의 연기를 관장하는 지휘자다. 그런데 몇몇 모던 시네마의 사례는 이론의 기틀을 최전방에 배치하면서 영화에 불행한 변화를 가져온다. 장면은 과격하게 변형되고, 영화를 평가하는 기준은 화면 바깥에 놓이게 된다. 퍼킨스는 안토니오니의 〈붉은 사막〉(1964)을 예시로 들어 비판을 제기한다. 이 영화의 붉은색은 영화적 세계에 자연스럽게 녹아들어 있는 요소가 아니다. 붉은색은 정신이 불안정한 주인공의 내면적 붕괴를 지시하기 위한 용도를 심층에 '숨기고 있다'. 붉은색이 숨겨둔 심층에는 연출자의 자의식과 돌출된 의미작용이 있다. 안토니오니의 손끝에서 영화는 화면 한 부분에 창작자의 지적인 기능을 배치하고, 그 지적인 기능의 효과를 두고 관객과 바쁘게 숨바꼭질을 벌이는 양식화된 '예술'로 타락했다는 것이다. 퍼킨스의 말을 빌리면 이는 "일체의 규칙과 규정으로 이루어진 단조로운 영화를 형성"하는 기반이다.

마니 파버는 1962년에 발표한 기념비적인 비평 「흰 코끼리 예술 vs 흰개미 예술」에서 안토니오니의 〈밤La notte〉(1961)을 두고 "연속성의 죄악이 무엇인지를 일러주는 훌륭한 예시"라고 비판한다. 파버가 지적하는 〈밤〉의 한 시퀀스에는 수많은 요소가 불연속적인 흐름으로 펼쳐진다. 파버는 이 장면에 깃든 예술적이고 의미심장한 요소들의 총합이 죄악의 예시라고 지적한다. 체스 말처럼 부자연스럽게 움직이는 인물, 대화 사이에 삽입된 헬리콥터 장면, 예술에 관한 불연속적인 대화는 하나의 시퀀스가 스스로 움직일 수 있는 힘과 방향성을 박탈하는 독재적인

동시대 영화의 곤경과 돌파구

연출의 전형이다. 안토니오니의 이 건조한 영화는 장면을 이루는 요소들이 상호 교감을 이루지 않고, 영화에 잠재된 강렬한 생명력에 두려움을 느낀다. 〈밤〉의 특징을 서술하고 몇 줄 뒤에 파버는 예술적 취향을 가진 부르주아 후원자들의 총애를 받는 영국의 작가주의 영화감독 로이 안데르손을 거론하며 "고상한 척하는 관념 그리고 순수예술로부터 빌려온 카메라 효과 안에 인물의 행동을 욱여넣는 죄악의 탁월한 예시"라고 덧붙인다.

1930년대부터 1960년대까지 할리우드에서 수많은 장르를 오가며 활동한 스튜디오시스템의 위대한 영화감독 오토 프레민저는 지극히 퍼킨스적인 관점에서 말한다. "이상적인 영화에서 감독의 존재는 부각되지 않는다. 감독이 의도적으로 설치한 장치조차 감지할 수 없어야 한다." 그러나 모던 시네마 시기를 통과한 영화 문화는 안토니오니가 새겨 넣은 특수한 양식을 예술적 표현의 전형으로 오해했다. 이 오해에서 생산된 '예술영화' 양식은 프레민저가 언급한 이상적인 영화와 정반대로 향한다. 장면의 세부는 지성과 의미에 붙잡혀 있고, 압도적으로 부각된 감독의 존재감은 영화를 보는 경험에까지 영향을 미치며, 연출자가 매설한 장치를 감지하는 것이 영화를 판단하는 기준이 된다. 실용적인 분류의 지식이 영화를 구분 짓는 독점적인 근거가 되는 것이다.

하지만 모던 시네마의 실천은 고전기 영화의 규칙을 옹호하는 자들의 비판에서도, 이를 지극히 예술적인 양식으로 받아들이는 자들의 옹호에서도 비켜나 있다. 모던 시네마는 그 바깥에 있다. 그것은 다큐멘터리의 연장선에서 영화의 현황을 성찰하는 역사적 실천이기 때문이다. 모던 시네마의 연출자들은 철저히 픽션을 구성하려고 해도 불가피하게 현실과 접촉할 수밖에 없는 영화의 속성을 자각한 자들이다. 그들은 영화가 완벽하게 조율된 픽션에 속할 수 없는 다큐멘터리적 지평에 있다는 것을 노출한다. 제2차 세계대전을 통과한 영화는 통합적이고 자율적인 장면의 질서를 설정할 수 없었다. 모던 시네마에 나타나는 불규칙한 개입, 붕괴, 침묵, 그리고 연속성의 중단은 그것이 픽션이 아니라 다큐멘터리의 자국이기 때문에 벌어진다.

알랭 레네의 〈히로시마 내 사랑〉의 도입부는 다큐멘터리의 화면에 픽션의 목소리가 덧입혀지는 구성을 취하고 있다. 잉마르 베리만의 〈페르소나〉(1966)에서 병실에 입원한 배우는 텔레비전으로 티베트 승려가 분신자살하는 뉴스 화면을 지켜본다. 장뤽 고다르의 〈네 멋대로 해라À bout de souffle〉(1960)에 나타난 점프컷과 롱테이크는 바로 전해에 나온 장 루슈의 급진적 다큐멘터리의 〈나, 흑인Moi, un noir〉(1958)의 형식에서 빌려온 결과물이다. 로셀리니, 고다르, 안토니오니와 같은 모던 시네마의 대표적 작가들은 모두 다큐멘터리의 연출자이기도 하다. 다큐멘터리가 보존하는 리얼리티의 흔적은 본격적으로 픽션의 인물에 가닿기 시작한다. 영화의 세부는 연출자의 지휘 아래 작동하는 픽션적 영역에서만 생겨나는 것이 아니다. 모던 시네마는 이 명제에 대한 불가피한 수긍이다. 영화는 픽션을 다루면서도 현실의 단면과 접촉할 수밖에 없다. 고다르는 다큐멘터리 이미지를

동시대 영화의 곤경과 돌파구

옹호하며 전후 영화의 위대한 성취가 궁핍한 다큐멘터리 이미지에 있었다면 그것은 뉴스릴 필름이 '거기에 존재하는 것' 외에 아무것도 바라지 않기 때문이라고 말한다. 이는 결코 영화의 역사가 고전영화에서 모던 시네마로 이행했다는 서술이 아니다. 영화는 필연적으로 다큐멘터리로 관측된 부분과 픽션으로 연출된 부분이 뒤얽혀 있으며 모던 시네마는 완벽한 픽션도 다큐멘터리도 될 수 없는 영화의 한계를 드러낸 형식에 지나지 않는다는 것이다.

　　루트비히 비트겐슈타인은 자신의 일기에서 영화의 한 가지 기능에 관해 짧게 언급한다. "미국의 어리석고 소박한 영화는 그 모든 어리석음에도 불구하고, 그리고 그 어리석음을 통해서, 가르침을 줄 수 있다. 나는 종종 어리석은 미국영화로부터 교훈을 끌어내었다." 20세기의 영화는 가장 어리석고 소박한 관점에서 가장 아름답고 도덕적인 가르침을 건네주었다. 오늘날 우리에게 익숙한 '예술영화'는 고전영화의 어리석음에도, 모던 시네마의 무력함에도 속하지 않고 아름다움과 도덕성의 자리를 선점하려 든다. 그러니 어쩌면 '예술영화'라는 용어는 어리석고 무력한 행위에서 인간의 도덕적 계율을 발견하던 영화의 아름다움을 두려워하는 이들의 심약한 방어막인 것은 아닐까? 그러므로 나는 이 글의 첫 문장으로 되돌아갈 수밖에 없다.

# 애프터 선라이즈, 혹은 영화붕괴전야前夜

아네트 Annette | 레오스 카락스 | 2021

아네트는 두 발로 걷지 못한다. 침대에 혼자 남은 앤(마리옹 코티아르)의 방문을 열고 몇 걸음 걸어 들어오다가 쓰러지고 만다. 앤이 격려의 노래("그대로 계속 걸으렴, 한 발 한 발씩")를 부르지만 결국 넘어진다. 걷지 못하는 아네트는 대부분 침대에 눕거나 바닥에 앉아 있고, 불가피하게 이동하는 상황에선 누군가에게 안겨 있곤 한다. 눕거나 앉을 수 없는 무대 위에선 중력을 거슬러 공중에 떠오른다. 레오스 카락스는 〈아네트〉에서 앤과 헨리(애덤 드라이버) 사이에 태어난 어린아이 아네트를 마리오네트 인형으로 표현했다. 단순히 실제 어린아이 배우가 노래하고 연기하는 것보다 촬영에 수월하다는 이유로 결정된 선택은 아닐 것이다. 인형이라는 소품의 의미를 짚어볼 수도 있을 테지만, 그것보다 물리적인 차원에서 아네트가 영화에 부여하는 조건을 말해보고 싶다. 흥미로운 것은, 인간처럼 두 발로 걷지 않는 마리오네트 인형이 필연적으로 불러오는 화면의 부자유이기 때문이다.

말과 걸음이 금지된 마리오네트 인형이 이야기의 중심에 배치되면서 영화는 불가피하게 숏의 형식을 전환한다. 설계

동시대 영화의 곤경과 돌파구

된 동선을 교정하고, 서로 다른 공간을 비약적으로 결합하게 된다. 이제 〈아네트〉의 인물들은 장면 안에서 자유롭게 말하고 움직일 수 없다. 멈춰 서서 아네트 인형을 품에 안거나, 그가 노래하는 모습을 지켜봐야만 한다. 아네트가 닫힌 입을 열고 노래할 때까지 막연히 기다리는 마지막 공연에서처럼 영화는 어쩔 수 없는 부자유에 노출된다. 녹음실에서 시작해 한밤의 거리로 이어지는 첫 장면의 롱테이크는 허용되지 않는다. 앤과 헨리가 바이크를 타고 이동하는 매혹적인 움직임도 사라진다. 앤을 살해한 혐의로 경찰조사를 받던 헨리는 아네트를 두고 다른 곳으로 갈 수 없었다고 변명하는데, 그의 말은 의미심장하게도 영화 전체에 드리워진 속박처럼 들린다. 영화는 아네트가 머무는 자리에서 벗어날 수 없다. 화면 한 부분을 차지하는 마리오네트 인형을 주시하면서, 〈아네트〉에 새겨진 영화의 규칙은 위태롭게 흔들린다. 아네트라는 인형극의 기호와 실사영화의 환경이 아무렇지도 않다는 듯이 한 몸을 이루며, 두 인물이 대화하고 움직이고 행동을 주고받는 화면의 규범을 벗어나기 시작하는 것이다.

　　아네트가 처음 무대에 오르는 장면을 떠올려본다. 마리오네트 인형은 고정된 기반grund 위에 발을 디디고 서는 대신 바닥없는 심연abgrund을 날아다니며 노래를 부른다. 좌표를 가늠할 수 없는 암흑 속에서 빛을 밝히며 부유하는 아네트의 움직임은 영화적 공간을 추상적으로 뒤튼다. 아네트는 그 어두운 평면 위를 끊임없이 움직이고 또 움직인다. 한 치 앞도 보이지 않는 텅 빈 어둠을 무대 공간으로 재편하는 것은 이 광학적 인형optical toy

이 만들어내는 한없이 가벼운 움직임이다. 오토바이, 자동차, 비행기, 유람선과 같은 이동 수단으로 장면을 오가던 영화는 공중에 떠오른 아네트의 신체를 빌려 가상의 스크린에 펼쳐지는 모든 곳으로 움직인다. 아네트의 변형된 움직임이 곧 영화의 변형된 형태가 된다.

〈아네트〉가 구축하는 영화적 세계의 이미지는 혼종적이다. 그 가운데에는 영화의 순수한 외형을 위협하는 서로 다른 무대의 표상이 있다. 관객들을 웃음으로 '죽여주는' 헨리의 스탠드업 코미디 공연과 사람들을 '구원하는' 앤의 오페라 무대, 그리고 앤의 목소리를 이어받아 노래를 부르는 아네트의 무대는 각각의 상이한 속성과 외형을 드러내며 한 영화의 내부에 이질적으로 접합해 있다. 카락스는 객석을 가득 메운 극장의 관객들을 묘사한 킹 비더의 〈군중The Crowd〉(1928)의 한 장면과 헨리와 앤의 공연을 지켜보는 무대의 관객을 수평적으로 배치하고, 실시간으로 이어지는 라이브 공연의 롱테이크와 스마트폰으로 촬영되어 유튜브에 업로드되는 조각난 영상을 위계 없이 받아들이고 있다. 〈아네트〉는 영화의 옆자리에 무대와 객석을, 텔레비전과 스마트폰의 이미지를 끌어들인다. 이 혼종적인 결과물은 일반적인 의미에서의 '영화적'인 걸작이 아니다. 〈아네트〉는 놀라우리만큼 다면적인 영화 바깥의 장치들로 편재한 비순수 영화의 한 사례다.

영화적인 것들과 비영화적인 것들이 분열적으로 경합을

동시대 영화의 곤경과 돌파구

벌이는 〈아네트〉에서 '영화적인 것'의 주요한 참조물 가운데 하나는 F. W. 무르나우의 〈선라이즈〉다. 두 손으로 얼굴을 가리는 앤의 양식적인 제스처, 침대에 앉은 헨리의 불안한 신체 위로 유령이 된 앤의 형체가 겹쳐지는 이중인화 표현은 무르나우의 영화에 담긴 세부를 직접적으로 상기시킨다. 하지만 무엇보다 두 영화가 강렬하게 공유하는 것은 물에 빠진 여인의 이미지일 터이다. 〈선라이즈〉의 남자와 〈아네트〉의 헨리는 모두 배 위에서 아내를 물에 빠트려 죽이려는 충동에 사로잡힌다. 카락스는 "해가 뜨고 지는 곳이라면 어디에서든 있을 법한 범용한 이야기"◆를 기묘한 방식으로 반복한다.

　　〈선라이즈〉에서 주인공을 움직이게 하는 것은 소리의 유혹이었다. 도시에서 온 여자의 휘파람에 이끌려 남자는 집 밖으로 나가고, 소리가 도달하는 곳에서 아내를 죽이려는 계획을 세운다. 다만 〈선라이즈〉는 무성영화다. 음악이 있고 대사가 있지만 목소리는 없다. 부부를 파멸로 인도하는 음성은 영화에 들려오지 않는다―〈아네트〉가 참조하는 두 편의 무성영화 〈군중〉과 〈선라이즈〉는 최초의 토키영화인 〈재즈 싱어〉(1927)와 거의 동시에 만들어진 무성영화의 끝자락에 있는 작품들이다. 이와 달리 〈아네트〉는 유성영화이자 뮤지컬영화다. 음악과 노래, 목소리의 표현이 모든 순간에 있다. 폭풍우에 휩쓸리지만 끝내 구제되어 살아나는 〈선라이즈〉의 아내와 다르게 〈아네트〉의 앤은

◆　　〈선라이즈〉의 도입부에 나오는 자막.

비바람이 치는 바다 위에서 헨리의 손에 의해 물에 빠져 죽는다. 이것으로 연인들의 이야기는 끝나지만 앤의 목소리가 화면에 되돌아온다. 두 발로 서서 걷는 것조차 어려운 아네트의 뻣뻣한 신체에 죽은 앤의 목소리가 깃들면서 영화는 다른 목적지로 이동한다.

〈선라이즈〉의 부부는 죽음의 위협을 벗어나 삶의 두 번째 기회를 안고 구제와 재회의 빛으로 향한다. 카락스의 〈아네트〉는 오늘날의 영화가 놓인 조건에서 그런 결말이 불가능함을 역설한다. 고전기의 무성영화가 음성의 유혹을 넘어서는 회복의 몸짓으로 연인의 재회를 완성하는 반면, 동시대의 뮤지컬영화에서 관계의 순수한 회복은 이루어지지 않는다(이는 수많은 여성이 헨리의 학대를 고발하는 앤의 악몽에서 확인할 수 있듯이, 헨리의 근원적인 폭력성과도 연관 지어볼 수 있을 것이다). 〈선라이즈〉가 위협적인 폭력의 기억을 뒤로하고 재회하는 망각의 동화라면 〈아네트〉는 지워지지 않는 죽음의 기억이 거듭 되돌아오는 회고의 비극이다.

헨리의 손에 오염된 영상과 소리는 불균질하게 뒤섞여 모든 곳에 비치된다. 빛을 발산할 때마다 아네트의 목소리를 일깨우는 환등 기구는 영화의 혼잡스러운 상태를 지시하면서 폭력적 기억의 원점으로 장면을 되돌리는 과거형의 장치다. 반복해서 말하지만, 카락스는 영화의 주변을 맴도는 서로 다른 매체와 영상의 신호를 산포하고 있을 뿐이다. 그에 조응하듯 앤의 목소리를 이탈한 음성은 아네트에게 깃들어 끊임없이 다른 곳으

로 영화를 움직이게 한다. 그런 의미에서 다시 한번, 아네트의
신체는 영화의 형상을 전환하는 근거로 스크린에 떠오른다.

그렇게 카락스는 영화를 둘러싼 모순과 변형의 기억을
간직한 마리오네트 인형과 더불어 〈아네트〉의 마지막 무대로
진입한다. 헨리가 갇힌 교도소의 면회실에 들어선 마리오네트
는 어느 순간 인간의 형상으로 뒤바뀐다. 조르주 멜리에스가 발
견한 영화의 근원적인 트릭처럼, 컷이 바뀌면 마리오네트-아네
트가 사라지고 인간-아네트가 벽에 기대어 있는 식이다. 영화
의 이미지란 언제든지 인형과 인간의 외형을 바꿔치기하고, 아
무것도 없는 벽 앞에 피사체를 나타나게 한다. 인형극에는 영화
만큼이나 마술적인 속성이 있다고 말한 카락스의 언급은 영화
와 인형극을 무람없이 오가는 이 장면에서 매혹적으로 도래한
다. 인간-아네트는 헨리를 향해 너무나 당연하다는 듯이 두 발
로 걸어온다. 앤의 노랫말처럼 "그대로 계속 걸으렴, 한 발 한 발
씩" 헨리에게 다가온다. 영화의 카메라 또한 공중으로 떠오르는
대신 지면에 멈춰 선다. 무대 위의 공연을 포착한 기나긴 롱테
이크 화면과 빠른 속도의 몽타주로 펼쳐지던 영화는 마지막 시
퀀스에 이르러서야 마주 앉은 두 사람의 시선을 오가는 숏-리
버스숏의 데쿠파주를 선보인다. 이 자리에서 영화에 남겨진 것
은 서로의 얼굴과 시선을 주고받는 영화적 방법의 해체일까, 그
것의 갱생일까? 맞부딪힌 두 얼굴이 잠시나마 한 장면에 포개진
뒤 하나의 얼굴(아네트)은 화면 바깥으로 사라지고, 하나의 얼굴
(헨리)은 등을 돌린다. 그러고 나면 바닥에 떨어진 마리오네트-

아네트의 모습이 보인다. 그리고 그 인형이 움직이지 않는 지점에서 영화도 화면을 멈춘다. 카락스가 당도한 영화의 심연이 거기에 있다.

동시대 영화의 곤경과 돌파구

# 빈손의 영화

## 김병규

"한국영화는 위기라기보다 이미 폐허다." 김병규 평론가가 첫 평론집 『빈손의 영화』에 써넣은 문장을 보며 생각했습니다. '한국영화'를 '영화비평'으로 바꾸어도 어색하지 않다고요. '비평의 위기'라는 말조차 너무 오랜 시간 반복되어 시뜻하게 느껴지는 지금, 영화비평은 이미 폐허에 놓여 있는지도 모릅니다.

김병규 평론가는 그럼에도 여전히 비평의 역량을 믿게 하는 드문 필자입니다. 2018년《필로》신인 영화평론가로 선정되고《씨네21》영화평론상을 받으며 본격적인 활동을 시작한 저자는 이 책에서 '위기'라고 불릴 만한 "영화 역사의 특별한 분기점"을 기준으로 삼아 동시대 영화 작품들을 일별합니다. 이로써 "아무리 작은 비평의 제스처라도 거대한 영화사의 흔적과 톱니바퀴처럼 맞물려 있다는 것"을 보여주지요. 영화잡지, 시네마테크와 단관 극장, 영화를 만드는 현장에 특별한 애착을 드러내는 저자는 점점 희박해지고 있는 이 세 장소로부터 물려받은 풍부한 문화적 유산을 자신의 비평적 자양분으로 삼습니다. 무수한 '위기'를 겪은 이후, 저자가 '빈손의 영화'라고 명명하는 지금의 영화는 어떤 모습일까요. 이 책에서 영화라는 드넓은 영토를 발견하시길 바랍니다.

마음산책 드림

## 불순한 영화를 향하여

〈아네트〉에서는 영화와 영화 바깥의 인접 매체가 불순하게 뒤섞인다. 뮤지컬과 스탠드 업 코미디, 연극과 무성영화를 기반에 두고 시작한 영화는 텔레비전 뉴스와 소셜미디어, 스마트폰에서 재생되는 유튜브 영상과 스타디움 스크린에 떠오른 중계 이미지에 이르기까지 영화에 무분별하게 개입하는 미디어의 풍경을 적극적으로 받아들인다. 12년 만에 복귀한 전작 〈홀리 모터스〉(2012)에서 거대한 필름 카메라와 배우가 머무는 영화의 장소를 끊임없이 이동하는 리무진에 빗댄 바 있는 카락스는 영화를 영사기, 스크린, 극장과 불특정 다수의 관객이라는 전통적 결합으로 상상하는 대신, 에드워드 머이브리지의 연속 사진에서 크로마키와 그래픽이미지에 이르기까지 불규칙하게 모습을 뒤바꾸는 동사의 형태로 간주한다. 쇠락해가는 '시네마'의 전통을 지키려는 이들이 영화를 둘러싼 보편적 조건을 옹호하곤 하지만, 영화는 원칙적으로 그것들이 없더라도 성립할 수 있는 임의적 사건이다.

21세기에 내놓은 두 편의 연출작에서 레오스 카락스는 순혈주의적 영화사의 계보 아래 단일한 영화의 본질을 수호하는 영화 작가가 아니라 새로운 기술을 끌어들여 영화의 개념을 다각도로 재규정하는 이미지의 탐색자로 거듭난다. 두 발로 걷지 못해 무대 위를 비행하는 아네트 인형의 몸짓처럼 위태롭고 불안정하기 짝이 없는 〈아네트〉의 형식은 영화가 다양한 동시대 미디어와 충돌하고 상호작용하는 현황을 제시한다. 카락스가 연극, 뮤지컬, 텔레비전, 소셜미디어, 실황중계를 혼란스럽게 가져오는 것처럼 영화는 주변에 있는 미디어의 외형을 탐욕스럽게 훔치고 그것들의 조각난 단면을 자기 신체 일부로 삼는 프랑켄슈타인의 발명품이다. 영화의 본질은 카메라와 마이크로 수집한 시청각적 표현에 있다고 말하기 쉽지만, 그것은 언제나 다른 매체의 흔적과 불순하게 뒤얽혀 있다. 앙드레 바쟁이 '비순수 영화'라는 개념을 제기한 것처럼 영화의 역사는 영화가 독립적 매체로 존립하는 것을 방해하는 외부의 오염 요소와 결부된 시간이라 해도 과언이 아니다. 오랫동안 영화 역사상 최고 영화로 평가된 오슨 웰스의 〈시민 케인〉(1941)이 탐정소설과 연극, 라디오드라마와 뉴스 보도의 관습을 뒤섞은 불순한 영화인 것은 우연이 아닐 것이다.

틱톡, 인스타그램 릴스, 유튜브 쇼츠로 대표되는 쇼트폼 플랫폼과 콘텐츠(이 끔찍한 자본의 용어들……)는 오늘날 영화적 경험의 순수성을 위협한다고 여겨지는 대표적인 인접 매체다. 비좁은 스마트폰 화면 위에서 1분 이내의 짧은 영상이 끝없이 스크롤되며 즉각적 자극을 발사하는 쇼트폼은 말할 것도 없이 산만하고 분산적이고 무의미한 결과물의 연속이다. 이러한 콘텐츠 수용의 경험은 일정한 시간 동안 거대한 스크린을 집중해서 바라보는 영화 감상의 경험과 대립적이며 후자의 고유한 가치를 훼손하는 타락한 양식으로 받아들여지기 쉽다. 하지만 앞서 〈아네트〉의 형식을 가리키며 말한 것처럼 영화는 그 산만하

동시대 영화의 곤경과 돌파구

고 분산적이고 무의미한 영상과 불가피하게 결탁하고 있다. 영화는 그것이 우아하든 천박하든 근처에 존재하는 대상을 일단 집어삼킨다. 영화사가 언제나 붕괴 전야에 놓여 있다는 인식은 이 맥락에서 나온다. 무성영화의 위대한 전통은 유성영화의 도래로 끝난다. 1.33 대 1의 정교한 화면비가 건네는 아름다움은 시네마스코프의 등장으로 훼손된다. 쇼트폼도 다르지 않다. 틱톡 단편영화 부문을 창설한 칸영화제를 비롯해 적지 않은 영화제와 영화제작사는 쇼트폼 플랫폼의 자본과 공식적으로 협력하고 있으며, 이 같은 맥락으로 세로 비율의 짧은 영화가 제작되기 시작했다.

〈아바타〉(2009)를 둘러싼 헛된 열광으로 한동안 영화의 미래로 주목받기도 했던 3D 효과는 사실 영사 시스템이 구현되기 이전인 19세기 중반부터 상용화된 기술이다. 마찬가지로 1분 내외 짧은 영상의 연쇄 역시 새로운 문화양식이 아니라 영화사의 오래된 기억 가운데 하나다. 서사에 단단히 묶여 있지 않고 특정한 음악과 몸짓을 결합해 제시하는 짧은 길이의 영상을 한 명의 수용자가 감상하는 형식은 토머스 에디슨의 키네토스코프에서부터 구현된 영화 경험의 모델이다. 무작위의 짧은 영상과 관람자가 일대일로 만나는 형식은 한 세기 전부터 영화의 한 부분을 차지하고 있었다.

이는 어두운 극장에 앉아 두 시간 안팎의 영화를 집중해서 보는 행위가 영화의 본질에 속한다는 믿음에 필연적 근거가 없다는 사실을 환기한다. 프랜차이즈 시리즈물, OTT플랫폼에 대항해 극장 관람의 가치를 수호하는 마틴 스코세이지의 믿음은 '시네마틱한 것'과는 거리가 멀다. 물론 우리는 영화가 쇼트폼과 스트리밍, 웹 영상과 OTT 시리즈와는 다르다고 주장할 것이다. 그런데 그것들을 제외하고 남겨진 영화가 다른 영상매체의 실천과 어떻게 다른지 우리는 확신할 수 없다. 영화는 컴퓨터, 스마트폰, AI 프로그램의 일부로 빨려 들어갔다. 영상과 만나는 고정된 장소도, 감상의 최종 목적지도 마련하지 않는 무한한 장소로서의 쇼트 플랫폼은 영화적 경험의 범주를 흩뜨리도록 부추기는 비천한 자극이다. 영화의 관습을 지키려는 이들이라면 틱톡, 릴스, 쇼츠 같은 쇼트폼 영상이 현대 관객의 집중력을 앗아가고 주의 산만과 충동성을 불러온다고 지적할 것이다. 그러나 관람자의 집중력을 앗아가고 주의 산만과 충동성을 자아내는 것은 영화가 발명되면서 이뤄낸 경험의 충격이기도 했다.

하지만 외면할 수 없는 차이가 있다. 쇼트 플랫폼에는 영화가 발산한 충격이 소실되어 있다. 이것이 쇼트폼 콘텐츠의 중핵을 이루는 밈과 챌린지 영상의 속성이다. 2016년에 출시된 틱톡은 이듬해 리믹스 음악과 립싱크 비디오를 공유하는 애플리케이션 뮤지컬리Musical.ly를 인수하면서 세계적 현상으로 확장됐다. 무한히 반복 재생되는 음악을 기반으로 누구나 흉내 내기 쉬운 노래와 춤과 놀이는 전 세계 이용자들에게 영상에 참여하고 그것을 제작할 수 있는 서식을 제공했다. 쇼트폼은 사용자들에게 새로운 경험을 안기기보다 경험의 불확정성이 지워진 특정

동시대 영화의 곤경과 돌파구

한 경험의 모방을 제공한다. 이는 언젠가 영화를 만드는 권리를 점유하던 이들이 낭만적으로 상상한 영상 제작의 민주주의와 무관하다. 쇼트폼의 무대에서 세계는 공식과 절차에 따라 배열된다. 쇼트폼 콘텐츠를 장악한 밈과 챌린지 영상은 개개인의 표현과 자율성을 드러내는 매개라기보다는 알고리즘의 명령어처럼 아카이브 영상과 수용자의 반응을 예측할 수 있는 함숫값으로 접합하는 장치다. 무엇을 봐야 할지 헷갈리고, 무엇을 경험해야 할지 모르는 이들에게 밈과 챌린지 영상은 속삭인다. 이것만 보면 된다, 이것만 경험하면 충분하다. 스쳐 지나가듯 웃은 뒤 스크롤을 넘기면 문제될 것이 없다. 이 절차를 통과하며 세계는 행동과 반응이 정해진 템플릿이 되었다.

영상이 아카이브로 축적되고, 경험은 레디메이드로 정립되는 플랫폼에서 영상과 수용자는 감정을 나누는 방식을 잃어버린다. 스탠리 카벨이 고전기 할리우드 영화의 기능으로 관객의 감정을 교육하는 역할을 강조하고, 〈미치광이 피에로〉에 출연한 새뮤얼 풀러가 "영화는 감정의 전장"이라 말했던 것과 반대로 쇼트폼 영상은 관람자와 감정을 나누지 않는다. 거기 담긴 것은 밈의 몸짓이고, 챌린지의 제스처이기 때문이다. 끝없이 이어지는 연쇄적 유희는 모든 것을 웃음거리로 소화한다. 그리고 그것은 다시 끔찍한 (비)웃음으로 돌아온다. 이스라엘-하마스 전쟁이 일어난 이후로 틱톡엔 물과 전기 공급이 끊긴 가자지구의 현황을 조롱하는 이스라엘 크리에이터들의 챌린지 영상들이 업로드되고 적극적으로 퍼져나갔다. 이스라엘 정부는 수많은 팔로워를 확보한 인플루언서들에게 선전용 영상과 포스팅 제작을 요청했으며 해당 플랫폼은 가자지구 내부의 참상과 구조 요청 영상을 삭제하는 것과 다르게 이를 제재하지 않았다.

　　이스라엘은 픽션의 소재가 됐고, 팔레스타인은 다큐멘터리의 피사체가 되었다는 고다르의 표현을 변형한다면 이스라엘은 밈과 챌린지 영상의 참여자가 됐고, 팔레스타인은 해시태그의 대상이 되었다. 익숙한 웃음의 형식을 모방하는 쇼트폼 콘텐츠 전략이 물과 전기가 끊긴 팔레스타인 난민의 생활을 모방하는 이스라엘 틱토커들의 웃음으로 되돌아오기까지 긴 시간이 걸리지 않았다. 그들의 '영향력'은 해맑고 명랑한 웃음의 유희적 프로세스를 타고 소리 없이 번져 학살 현장에 남겨진 생존자들의 비명을 지운다. 20세기의 영화가 수용소와 학살을 외면했다면, 21세기의 영상은 수용소와 학살마저도 비웃는다. 팔레스타인의 표상이 주어지지 않는 지형에서 이미지의 평등과 민주주의는 여전히 우리의 것이 아니다.

동시대 영화의 곤경과 돌파구

# 평등한 만남의 장소

토리와 로키타 Tori et Lokita | 장 피에르 다르덴 · 뤽 다르덴 | 2022

 

 

 

카메라가 한 소녀의 얼굴을 정면에서 바라본다. 〈토리와 로키타〉의 첫 장면은 역설적이다. 난민 체류증 발급 심사를 받는 로키타(음분두 조엘리)의 얼굴이 화면 가운데 있지만, 그녀는 프레임의 중심부에 머무를 수 없는 존재다. 로키타는 환대받지 못하는 난민으로 도착해 있고, 이곳에 그녀를 위한 장소는 마련되지 않았다. "기억이 안 나니?" 이민국 직원이 건네는 질문은 로키타의 얼굴에 불투명한 가장을 덧댄다. 로키타는 체류증을 발급받기 위해 거짓말로 능숙하게 답변해야 한다. 질문은 계속된다. "학교 근처 호수 이름은 생각나니?" "중학교 교장은 남자였니 여자였니?" 로키타는 난처한 표정을 짓더니 공황발작을 일으킨다. 그제야 흔들리던 카메라가 움직여 그녀의 얼굴을 외면하고 발급 심사가 중단된다. 로키타는 주어진 서사적 상황에서뿐만 아니라 숏의 표면에서도 임시적인 체류와 감금의 상태에 놓여 있다.

감독인 다르덴 형제는 단호하게 말한다. 〈토리와 로키타〉는 이민자를 환대하지 않는 유럽 사회에 관한 고발과 분노를 보여주는 영화이자 현실에서 벼랑 끝에 내몰린 난민들의 헌신과 우정에 관한 영화다. 전달하려는 의도가 분명하고 그것을 담아내는 이야기에는 모호함이 없다. 다르덴이 소묘하는 인물들은 잔혹한 현실에도 불구하고 여전히 강인하고 이따금 아름답지만, 이 영화에서는 사건과 주제의 강도가 그들이 직면하는 삶의 질감을 앞서는 것처럼 보인다. 특히 한 인물의 죽음과 남은 사람들의 장례식으로 마무리되는 영화의 결말은 현실의 복잡하고 입체적인 단면을 환기하는 대신 극적이고 감정적인 효과에 사로잡힌 상투형의 결론으로 받아들여지기 쉽다. 이 영화가 시급한 동시대의 문제를 다루지만 그에 걸맞은 영화적 성취를 획득하지 못한 작업으로 이해된다면, 아마도 이런 직접적인 현실로의 개입 의지와 비극적 멜로드라마의 관습에 의존하는 선명한 서사에서 원인을 찾을 수 있을 것이다. 다르덴 형제는 언제나 공동체와 타자라는 사회적 문제를 근심했지만, 이번처럼 의제에 대한 확신과 분노를 품었던 적은 드물었다.

조금 더 근본적인 입장에서 〈토리와 로키타〉의 분노가 주제를 강조하기 위해 인물을 도구적 장치로 희생시키는 선택이라고 비판하는 관점도 있다. 하지만 이런 관점이야말로 구체적인 영화에 우선해서 세워진 도덕적 판단의 기준을 무분별하게 적용한다는 혐의를 지우지 못한다. 〈토리와 로키타〉는 서사를 다듬고 주제를 전하는 맥락과는 다른 지점에서 특별한 감각을 건네는 영화다. 이 영화에서 다르덴 형제가 집요하게 보여주는 것은 서사와 주제에 봉사하기 위해 카메라 앞에 멈춰 선 인간의 모습이 아니라 거주할 곳을 얻지 못해 특정한 장소를 오가

동시대 영화의 곤경과 돌파구

며 잠입과 탈출을 시도하는 인간의 몸짓이기 때문이다. 그러므로 영화의 첫 장면이 주의 깊게 전해주는 것은 카메라가 비추는 피사체의 얼굴이 아니라 그 얼굴이 화면을 이탈하는 순간의 감각이다. 그들은 다른 곳으로 움직일 것이다. 이 과정에서 서사나 주제로 환원되지 않는 영화의 불순한 시선과 움직임이 발생한다.

### 춥고 배고픈

이 영화의 무대는 마약과 돈의 유통으로 연결되는 도시 공간과 그 질서를 배양하는 마약 제조 공장의 닫힌 공간으로 나뉜다. 토리(파블로 실스)와 로키타는 레스토랑에서 마약을 전달받고 거리로 나가 고객들에게 물건을 배달한다. 그들은 법의 절차가 포획하지 못하는 불법유통의 경로에 던져져 있다. 두 사람은 약속된 위치에서 정해진 사람들과 거래를 나눈다(이 대목에서 이야기의 진행과는 무관한 한 명의 단역이 깊은 정감을 불러일으킨다. 돈이 부족해 가장 적은 유통 단위의 마약조차 구매하지 못하는 빈곤한 마약중독자 노인은 로키타에게 더 적은 양을 구매할 수는 없냐고 묻는다. 뜻밖의 질문에 로키타는 전화를 걸어 불가능하다는 대답을 듣는다. 로키타의 말에 돈을 빌려오겠다고 말하며 자리를 뜨는 노인의 모습에는 서사의 맥락으로 수습되지 않는 피로의 정동이 새겨져 있다. 무척 사적인 감상이지만, 그 노인이 전하는 피로는 로키타가 수행하는 노동의 피로와 비슷한 느낌을 준다. 하지만 자본과 노동은 빈곤한 자들의 우연한 교류를 가로막는다). 그들의 동선과 행위는 철저히 수동적으로 조정되고 있다. 그리고 로키타가 난민 신청 심사에서 탈락하면서, 정해진 위치로 이동할 수 있는 희박한 자유마저 박탈당한다. 로키타는 위조 체류증을 얻는 대가로 마약을 재배하는 공장에 갇혀 일하게 된다.

다르덴 형제는 영화의 주된 배경인 벨기에의 도심, 두 인물의 고향으로 암시되는 카메룬과 베냉, 그리고 그들이 유럽에서 체류하기 위해 남매 행세를 시작한 밀항선이 형성하는 지정학적 관계에 별다른 설명을 덧붙이지 않는다. 벨기에에 도착한 두 인물은 쉼터에서 잠을 자고 레스토랑에서 마약을 전달받은 뒤 거리의 고객들에게 판매한다. 쉼터에서 레스토랑으로, 그리고 특정한 장소라고 말하기 어려운 도로와 거리로 이어지는 장면의 연쇄는 거주할 장소를 얻지 못한 그들의 환경을 화면에 노출한다. 그들은 계속해서 공간을 오가는 노동의 조건 아래서 피로와 배고픔에 노출되어 있다. 이 영화가 공간에 부여하는 성질은 그래서 특별하게 다가온다. 앞서 말했듯, 유럽 안의 국외자인 토리와 로키타에겐 삶의 환경을 결정할 수 있는 권한이 없다. 잠을 자는 곳도 노동하는 곳도 직접 선택할 수 없다. 그들에게 주어진 수동적인 조건에서 모든 것들이 결정되어 있다. 그러므로 두 사람이 생활하는 벨기에는 지리적인 장소라기보다는 샹탈 아케르만의 단편영화 제목처럼 '춥고 배고픈' 환경으로 다가온다. 그들은 도시의 밤거리를 돌아다니면서 허기를 호소하고, 도로를 위태롭게 횡단하며, 벽에 몸을 부딪친다. 일상에서 무심코 지나치는 공간이 몸의 감각을 자극하는 촉감의 장소로 재편되

동시대 영화의 곤경과 돌파구

는 것이다.

이는 로키타가 마약 제조 공장의 열기로 인해 땀을 흘리고 약을 먹지 않아 발작을 일으키는 것처럼 환경이 조직하는 신체의 반응을 불러낸다. 로키타는 정규적인 직업과 거주할 수 있는 실내 공간을 원하지만, 역설적으로 밀실의 노동환경 안으로 들어오게 된다. 공장 내부는 마치 난민들이 타고 온 선박처럼 여러 개의 방과 복도로 이루어져 있다. 〈토리와 로키타〉에서 세계는 거대한 밀실이자 공장이다. 그들은 끊임없이 주어진 노동을 수행하는데도, 배제와 폭력의 구조에서 벗어날 수 없이 갇혀 있는 수인(囚人)이자 공장의 기계적 부품이다. 〈토리와 로키타〉에서 다르덴의 인물들은 어느 때보다 강력하게 작용하는 운명의 강도 앞에서 자동인형처럼 다뤄진다.

### 두 얼굴이 다시 만나기까지

하지만 픽션의 역량은 그런 운명에 놓인 이들을 다른 곳으로 움직이게 하는 데 있다. 말하자면, 시스템의 질서가 강제하는 동선에서 이탈해 다른 방향과 공간을 창조하는 데 있다. 토리는 로키타를 구출하기 위해 자동차에 숨어들어 마약 제조 공장에 잠입한다. 토리는 환기구 틈새로 벌어진 구멍을 통해 공장 안으로 들어간다. 다르덴 형제는 어린아이가 몸을 숨기고 실내 공간으로 몰래 들어가는 절차를 긴 시간 동안 생략 없이 관찰한다. 다르덴은 이 과정을 촬영하기 위해 촬영 장소인 공장 내부의 환풍구와 통로를 정교하게 파악했다고 말한다. 토리의 동선을 관측하는 것은 불필요한 시간이 아니다. 다르덴 형제의 카메라는 서로 동떨어진 두 개의 얼굴이 다시 마주하는 순간에 이르기까지 영화를 지속하는 것을 하나의 과업으로 삼는다.

〈토리와 로키타〉가 출구 없는 시공간을 전제한다면, 이 영화의 한 장면은 닫힌 문에 구멍을 내는 시도를 보여줄 것이다. 영화의 첫 장면이 제도가 강제하는 난처한 얼굴을 보여준다면, 이 영화의 또 다른 장면은 미세한 빛이 새어드는 구멍 사이로 나타난 로키타의 얼굴을 보여줄 것이다. 토리는 로키타와 만나기 위해 틈을 만들어낸다. 그는 달리고, 문을 열고, 닫힌 공간에 다가간다. 작은 틈새로 빛이 들어오고 만남은 그 자리에서 이루어진다. 이 영화는 토리와 로키타라는 두 인물이 합법적 체류 절차와 불법 노동의 간극에서 착취당하는 존재만이 아니라 그 사이를 잇는 다른 경로를 만들어내는 자들이라는 것을 잊지 않는다. 다르덴 형제의 말을 빌리면, 이 영화는 그들을 "피해자의 입장에서만 보여주지 않"◆는다. 미세한 빛이 새어드는 자리에서 로키타의 얼굴이 화면에 드러난다. 그때의 만남은 첫 장면에서 우리가 지켜본 얼굴과는 다른 표정을 마주하게 한다. 그들의 얼굴이 어둠에서 벗어나는 순간이다.

두 사람이 공장을 벗어나는 과정에서 한 가지 잊기 힘든 모습이 묘사된다. 다리를 다친 로키타를 부축하던 토리가 주변

---

◆ 임수연, 「『토리와 로키타』, 영화와 현실의 조우, 장 피에르 다르덴, 뤽 다르덴 감독 인터뷰」, 《씨네21》, 1405호, 2023.

을 둘러보다 바닥에 포대를 깔고 높은 경사면에서 미끄러져 내려가는 장면이다. 목숨이 걸린 긴박한 도주가 어린아이들의 놀이 같은 외형으로 전환되는 이 순간에는 잠깐의 독특한 활력과 해방감이 감돈다. 그들은 어린 시절을 함께 보낸 실제 남매가 아니기에 이 장면에서 두 사람의 유년기를 떠올리는 것은 불가능한 상상이지만, 이 순간이 전하는 갑작스러운 감각의 전환은 어쩌면 가능했을지도 모르는 다른 운명을 환기한다. 벨기에에 도착하지 않을 수 있었고, 두 사람이 모두 난민으로 인정받을 수 있었고, 로키타가 꿈꾸던 가사도우미가 될 수도 있었던 다른 운명을 말이다. 두 사람이 통과하는 물리적인 동선 위로 픽션이 산출하는 다른 삶의 가능성이 적히는 것이다.

덧붙여 이는 다르덴 형제의 최근 작업에서 발견할 수 있는 '추락'이라는 운동에 관한 한 가지 상념을 마주하게 한다. 로베르토 로셀리니의 〈독일 영년Germania anno zero〉(1948)과 〈유로파 51Europa '51〉(1952)에서 어린 소년은 높은 곳에서 추락한다. 추락을 선택한 아이의 결정은 의도를 알 수 없는 불가해한 사태로 남겨진다. 명쾌한 인과율로 설명되지 않는 추락은 네오리얼리즘이라는 현대적 픽션이 창출한 하나의 질문이다. 추락한 시신 앞에서 영화는 원인을 찾을 수 없는 무능에 직면한다. 네오리얼리즘의 추락과 완전히 포개지는 것은 아니지만, 다르덴 형제의 근작에서도 추락은 명확히 해명되지 않는 타인의 위기와 연결되어 있다. 적잖은 이들이 지적한 대로 누군가가 던진 돌에 의해 나무에서 추락하는 〈자전거 탄 소년〉(2011)의 시릴, 한밤중에 추락해 두개골 파열로 죽은 〈언노운 걸〉(2016)의 흑인 소녀, 사다리에서 추락해 마비 증세를 보이는 〈소년 아메드〉(2019)의 아메드가 일으키는 몸짓은 유사한 계열에 속한다. 그들은 타인과 연결될 수 없는 관계의 공백을 바라보면서 불가피한 추락에 직면한다. 그들은 보이지 않는 절벽에서 추락하는 자들이다. 〈토리와 로키타〉는 다른 결과로 향한다. 두 사람은 높은 모래 경사면에서 추락하지만, 그것은 부축과 조력으로 이어지는 모험이 된다. 이 영화에서 추락은 죽음이나 고통으로 향하는 사태가 아니라 서로를 살피는 우정의 증거가 된다.

### 추락에도 불구하고

토리는 다친 로키타의 몸을 살핀다. 승인받지 못한 몸, 공식적인 절차를 통과하지 않은 몸, 성매매와 마약 제조업에 종사하는 노동자의 몸이다. 다르덴은 피로와 고통이 누적된 로키타의 신체가 머무는 옆자리에 토리의 몸을 배치한다. 쉴 틈 없이 뛰어다니고, 거리를 가로지르고, 될 수만 있다면 경사면에서 떨어지는 추락조차도 상쾌한 해방감으로 소화하는 강인한 소년의 몸을. 그러므로 두 사람의 몸이 결탁하는 잠깐의 순간은 그들에게 가해지는 현실의 고통과 연약함을 드러내지만, 정확히 같은 이유로 현실에서 얻을 수 없던 생동감을 돌려주기도 한다.

〈토리와 로키타〉는 사건의 영화라기보다는 신체를 동작하는 방법에 관한 영화이다. 정해진 서사의 결론에 도착하는 영화라기보다 차단된 만남을 가능케 하는 동선을 만들어내는 영화이며, 사회구조가 강제하는 제도적 질서와 그로부터 이탈하려는 몸의 반응이 일으키는 분쟁의 영화다. 그러므로 이 영화가 멈추는 자리는 멜로드라마적 운명에 로키타를 희생시키는 순간이 아니다. 주제를 전하기 위해 인물을 체스 말처럼 활용하는 손쉬운 결말도 아니다. 그것은 영화를 지탱하던 인물의 움직임이 멈추는 자리다.

다르덴 형제는 소외된 자들의 운명을 주시하는 관찰자일 뿐만 아니라 강렬한 신체적 반응의 창조자다. 다르덴의 영화에서 견고한 질서에 저항하는 감정은 단 한 번의 행동이 남기는 세부적 이미지에 깊이 새겨진다. 카메라에 담기는 신체는 영화의 두 주인공을 참혹한 현실로 내모는 현실의 질서가 훼손할 수 없는 고유한 영역일 것이다. 이 영화의 마지막에서 토리와 로키타가 함께 부르던 노래가 들려오는 것은 그런 이유에서다. 멜로드라마적 서사의 결말답지 않게 건조하게 마무리되는 장례식 장면에서 이 영화는 감상적인 애도에 시간을 할애하지 않는다. 그 대신 추도문을 읽고 노래를 부르는 시선과 목소리를 빌려, 다시 한번 물리적으로 만날 수 없는 자들의 기억과 감성을 결합한다. 영화는 그런 불가능한 만남을 몽타주하는 평등의 장치라는 것을 다르덴 형제는 보여준다.

# 기계는 벌레를 포획할 수 있는가

미래의 범죄들 Crimes of the Future | 데이비드 크로넌버그 | 2022

데이비드 크로넌버그의 영화는 형체를 유지하지 못하고 절단되는 신체와 부서지는 살덩어리, 쏟아지는 분비물과 짓이겨진 얼굴을 스크린에 전시하며 정상적인 인간 규격에 야유를 보내는 혐오스러운 비체abject의 영화다. 크로넌버그는 신체의 일관된 질서에서 추방된 부위들의 조각과 점액을 건조한 기계장치들과 병치하며 스크린의 매혹으로 교정한다. 그의 영화는 고정된 몸을 변형하는 급진적인 유혹과 역겨운 형태로 변형된 몸이 건네는 두려움의 모순적 체험으로 이루어져 있다. 하지만 이는 표면의 진실만을 가리키는 진술이다. 크로넌버그 영화의 중핵은 인간 신체를 그로테스크한 형상으로 훼손하는 변형의 공포가 아니다. 그가 묘사하는 과격한 신체의 변형은 한 가지 특수한 절차를 전제하고 있다. 크로넌버그 영화의 유혹은 이 절차에서 비롯되는 긴장에 있다.

### 가시적 무대와 비가시적 신호의 침입

많이 거론되지 않는 부분이지만, 크로넌버그의 영화에서 주의 깊게 지켜봐야 하는 것은 새로운 발명품이나 현상을 발

동시대 영화의 곤경과 돌파구

표하고 전시하는 장면들이다. 그의 카메라는 물체를 순간 이동시키는 전송기를 발명한 과학자의 프레젠테이션(〈더 플라이〉, 1986), 현실과 구분되지 않는 가상현실게임을 테스트하는 리허설 현장(〈엑시스텐즈〉, 1999)에 입회한다. 대형 리무진을 타고 뉴욕의 도심을 가로지르는 억만장자에게 전달되는 것은 창밖에 펼쳐진 세계의 실체가 아니라 리무진에 탑승한 각기 다른 영역의 전문가들이 설명하는 세계의 현황이다(〈코스모폴리스〉, 2012). 크로넌버그의 영화에서 인물이 경험하지 못한 원리를 공개하고 전달하는 장면은 그들의 신체가 파괴되는 장면만큼이나 특별한 비중으로 묘사된다. 이 맥락에서 그의 영화를 두고 끊임없이 언급되는 '미디어'라는 단어의 의미는 단순히 텔레비전이나 게임과 같은 특정한 매개를 일컫는다기보다 더 근본적인 차원에서 서로 다른 대상을 연결하고 접속하는 형식에 관한 진술이 된다.

일상적 공간과 바깥의 세계, 혹은 인물의 몸과 기계장치를 접속하는 과정에서 크로넌버그 영화는 일종의 교육학적인 기능을 제공한다. 위험하고 범죄적인 그의 세계에 전혀 어울리지 않는 표현 같지만, 신체를 새로운 규칙에 접합하기 위해선 그 규칙을 몸에 인지시키고 교육하는 절차가 필요하다. 교육을 뜻하는 단어의 라틴어 어원인 'educere'에 '밖으로 이끌다'라는 의미가 담겨 있다는 점을 고려한다면 크로넌버그는 인간 신체에 잠재하는 가능한 형상을 바깥으로 배출한다는 교육의 기능을 문자 그대로 실천하는 작가일 것이다. 〈코스모폴리스〉에서 리무진이라는 닫힌 장소에 머무르는 억만장자이자 정신적 미숙아인 에릭 패커(로버트 패틴슨)는 세계의 혼란스러운 상황을 전달받고 마침내 리무진 밖으로 나선다. 그가 목적지로 삼는 곳은 유년기의 기억이 깃든 이발소다. 〈폭력의 역사〉(2005)에서 중서부의 평화로운 동네에 정착해 살던 톰(비고 모텐슨)은 그의 과거를 알고 있는 자들에 의해 집 밖으로 나와 잠복해 있던 킬러의 정체성을 드러내고 동부로 향한다. 크로넌버그에게 교육은 비유적 표현이 아니다. 몸에 담겨 있던 부속물을 바깥으로 내보내는 것, 익숙한 환경에 머무는 신체를 외계로 방출하는 것. 이는 크로넌버그가 구축한 교육적 무대의 근간에 있는 원칙에 따르는 현상이다.

한쪽에 공개적이고 가시적인 교육의 무대가 있다면, 다른 한쪽에는 그 무대의 형식으로 포착할 수 없는 비가시적인 신호가 있다. 크로넌버그의 영화에 나타나는 비가시적 신호란 대부분 벌레의 외형과 소리다. 기계장치에 침입한 파리의 움직임을 통제하지 못해 신체가 변형되고 마는 〈더 플라이〉의 비극은 크로넌버그적 픽션의 긴장을 예시하는 대표적인 사례다. 보이지 않는 파리의 침입에 기계장치는 패배한다. 기계장치를 발명한 인간의 몸은 일관된 질서를 유지하지 못하고 벌레와 결합한다. 기계를 작동하던 인간의 손은 점액이 되어 떨어져 나간다. 〈더 플라이〉는 가시적인 기계장치의 작동과 보이지 않는 벌레의 움직임이 일으킨 오류의 압력으로 포화 상태에 도달하는 신체의 비극이다.

〈폭력의 역사〉의 한 장면은 크로넌버그의 모든 영화를

동시대 영화의 곤경과 돌파구

통틀어 가장 이상한 신호를 들려주고 있다. 선한 아버지처럼 보이던 톰이 그를 찾아온 갱들과 마당에서 대치하는 장면이다. 톰은 갱들에게 붙잡힌 아들에게 집 안으로 들어가라고 말한다. 이때 마당에서 대치 중인 톰을 보여주던 카메라가 갑자기 실내로 위치를 옮겨 2층 창문 너머로 마당을 지켜보는 무인의 시점숏으로 화면을 전환한다. 집 안의 안락함과 안정적인 구도는 존재하지 않는 시선의 숏으로 무너진다. 그런데 정말 이상한 것은 실내를 비추는 장면에서 난데없이 출현하는 벌레의 모습과 파닥거리는 소리다. 누구의 시선도 아닌 이 시점숏은 두 차례 반복해서 나오고 그때마다 화면에는 벌레 소리가 들려온다. 크로넌버그는 의식적으로 집 안의 장면에 벌레를 끼워 넣고 있다.

느닷없는 벌레의 침입은 서사 바깥에서 한 가지 단서를 제공한다. 지극히 평화롭고 단조로워 보이던 톰의 집 안에는 아직 우리가 보지 못하고 만나지 못한 세계가 잠들어 있다. 카메라는 그 세계를 완벽하게 포획할 수 없다. 달리 말해, 우리는 〈폭력의 역사〉가 묘사하는 톰의 집 안에서 가시적인 표면을 지켜봤을 뿐이다. 벌레의 침입으로 이 사실이 밝혀지던 순간에 선량한 이웃이자 다정한 아버지였던 톰은 잔혹한 킬러인 조이의 정체성을 드러내고 갱들을 모조리 처단한다. 벌레는 하나의 유혹이다. 영화에 담기지 않은 은폐된 세계가 존재하고, 그것이 언제든 스크린에 침입해 이질적인 시청각 신호로 분출할지 모른다는 두려움 섞인 유혹이다. 크로넌버그는 그 유혹을 연주한다. 그는 독창적인 신체 훼손과 기계장치의 미장센으로 영상을 설계하는 위대한 건축가이지만, 동시에 영화가 완벽하게 포착할 수 없는 기호를 삽입하고 그 떠도는 기호의 근원을 관측하지 못하는 영화의 한계를 폭로하는 테러리스트이다.

### 몸은 현실이다, 하지만 몸은 변형된다

2022년에 만들어진 〈미래의 범죄들〉은 문제적인 영화다. 〈맵 투 더 스타〉(2014)를 완성한 뒤 8년 만에 복귀한 크로넌버그의 신작이자 그가 〈엑시스텐즈〉 이후 20여 년 만에 다시 만든 보디 호러 장르물이라는 측면에서 주목받고 있지만, 이 영화의 핵심은 신체 훼손의 시각 효과가 아니다. 크로넌버그는 〈미래의 범죄들〉에서 영화에 새겨진 가시적인 무대와 비가시적인 신호의 불화를 집요하게 붙잡는다. 이야기나 주제가 요구하는 논리를 넘어 통합할 수 없는 두 요소를 삽입하고 끝내 해결되지 않는 세부로 남겨두는 이 영화는 크로넌버그적 말년의 양식에 해당하는 사례일 것이다.

〈미래의 범죄들〉은 통증을 느끼지 못하는 인간의 몸에 새로운 장기가 생겨나는 과도기적 진화의 시대를 배경으로 한다. 주인공인 사울 텐서(비고 모텐슨)와 카프리스(레아 세두)는 예술가들이다. 그들은 사울의 몸을 해부하고 그 안에서 자라나는 새로운 장기를 제거하는 퍼포먼스로 예술을 실천한다. 두 사람의 행위예술은 크로넌버그적 교육학의 최종적인 무대이다. 한편 플라스틱을 소화하는 인간 브레켄은 어머니에 의해 살해당하고, 아버지인 랭 도트리스는 사울과 카프리스에게 브레켄의

동시대 영화의 곤경과 돌파구

시신으로 공개 해부 공연을 요청한다. 랭은 죽은 브레켄의 장기를 세상에 공개해 인류의 진화를 선보이려고 하지만, 정작 해부된 브레켄의 몸에는 평범하게 오염된 장기들만이 남아 있다. 이것이 사울에게 접근하던 국립장기등록소 직원인 팀린이 손써둔 일이었다는 사실이 뒤늦게 드러난다. 영화의 줄거리는 복잡하고 모호하지만 핵심은 다른 곳에 있다. 사울과 랭이 합작한 시각적 무대의 기획은 결국 실패하기 때문이다. 〈미래의 범죄들〉에서 시각적인 기획은 필연적으로 실패하는 성질을 지닌다.

몸속을 해부하고 새로 자란 장기를 제거하는 사울과 카프리스의 공연이 진행되는 동안 무대에 놓인 텔레비전에 "Body is Reality"라는 문구가 떠오른다. 몸은 현실이다. 그런데 이는 몸이 현실의 선명한 근간이라는 표어가 아니다. 〈미래의 범죄들〉에서 몸은 한 가지 고정된 현실을 제공하지 않기 때문이다. 인간 신체는 끊임없이 진화하는 중이고 크로넌버그가 설정한 인류는 과도기에 존재한다. 크로넌버그의 영화에선 복수형의 현실이 펼쳐지고, 그 안에 거주하는 서로 다른 몸이 제시되곤 한다. 〈데드 링거Dead Ringers〉(1988)의 쌍둥이가 공유하는 몸, 〈엑시스텐즈〉속에서 분리되는 현실의 몸과 게임 속의 몸, 〈폭력의 역사〉에서 '톰'의 세계와 그 안에 숨겨진 '조이'의 세계로 나뉘는 1인 2역의 몸. 하지만 크로넌버그는 복수형으로 나뉜 현실감각에 위계를 설정하거나 명료한 구분을 제공하지 않는다. 그의 영화에서 우리가 목격하는 건 언제나 경계의 교란이다. 몸은 현실reality이고, 현실은 모든 곳에 미완성적이고 과도기적인 형태로 존재한다.

〈미래의 범죄들〉에서 인류 전체가 공유할 수 있는 확신할 만한 현실은 존재하지 않는다.

그 중심에 사울의 몸이 있다. 〈미래의 범죄들〉에서 그의 몸은 크로넌버그적인 픽션의 긴장이 긴밀하게 충돌하고 매개하는 장소다. 〈폭력의 역사〉의 한 장면이 그랬듯이, 크로넌버그가 묘사하는 사울의 몸에는 가시적인 증상과 비가시적인 신호가 뒤엉켜 있다. 가시적인 축은 그의 몸 안에 새로운 장기가 자라나고 그것을 해부하고 제거하는 예술적 퍼포먼스의 측면이다. 〈미래의 범죄들〉에서 영화의 카메라는 벤야민의 말처럼 외과의사의 손과 같은 기능을 나타내고(사울을 만나 예술가가 되기 전 카프리스의 직업은 외과의사였다) 장기를 제거하는 무대엔 수많은 종류의 내시경, 현미경, 카메라와 모니터가 입회하고 있다. 드러나지 않는 신체 내부를 관측하려는 해부학적 욕망은 영화의 기원적 충동으로 되돌아간다. "영화는 몸짓의 꿈"◆이며 신체를 마비시키는 구속을 해방하는 이미지의 충동이다. 〈미래의 범죄들〉이 제시하는 표어처럼 몸이 하나의 현실이라면, 사울의 몸을 해부하는 카프리스의 퍼포먼스는 모든 현실의 단면을 시각적으로 소유하려는 영화의 열망일 것이다.

하지만 그것만으로 해결되지 않는 신호들이 사울의 몸 주변을 둘러싸고 있다. 검은 옷으로 전신을 둘러싼 그의 의상은 모든 것을 가시적으로 포착하려는 시각적 충동을 차단하는 가

◆　조르조 아감벤, 『목적없는 수단』, 양창렬 옮김, 난장, 2009, 67쪽.

림막으로 기능한다. 하나의 신호는 그의 목소리다. 사울을 연기한 비고 모텐슨은 거의 발음조차 되지 않는 거친 목소리로 힘겹게 대사를 내뱉는다. 장기가 자라나고 식도가 막혀 정상적으로 소리를 내지 못하는 그의 신체는 카메라가 재현하는 가시적인 미장센으로 포착할 수 없는 '교육적' 문제가 된다. 또 다른 단서는 사울의 주변에 윙윙거리는 크로넌버그 특유의 벌레 소리다. 바깥으로 나온 그의 근처엔 언제나 벌레 소리가 들려온다. 하지만 〈미래의 범죄들〉에서 벌레는 화면에 보이지 않는다. 카메라는 인간 진화를 폭로하고 미래의 인류를 가늠하려 들지만, 사울의 주변에 맴도는 벌레를 관측하지 못한다. 영화라는 기계장치는 벌레 소리의 난입에 다시 패배한다. 이런 맥락에서 〈미래의 범죄들〉은 결코 공존할 수 없을 것 같던 크로넌버그의 가시적인 축과 비가시적인 축이 충돌을 일으키는 영화이며 그 대결에서 패배하는 시각 장치의 운명을 직시하는 영화다.

### 패배하는 시각 장치

수술대를 조종하던 사울은 카프리스의 몸을 메스로 베어버린다. 예상하지 못한 상황에 당황한 사울이 말한다. "기계가 한 거야." 카프리스는 대답한다. "아니, 당신이 한 거야." 수술이 곧 섹스인 〈미래의 범죄들〉의 세계에서 영화는 메스로 타인의 몸을 베는 충동이 사울의 욕망인지 기계장치의 욕망인지 불분명하게 남겨둘 수밖에 없다. 시각적인 현상을 기록하는 영화는 보이지 않는 신체적 욕망을 관측할 수 없다. 아무도 모르는 사이

브레켄의 장기를 바꿔치기한 팀린의 행동처럼, 가시적인 관측은 그 어떤 현실감각reality도 보장하지 않는다. 〈미래의 범죄들〉에서 카메라와 텔레비전으로 매개되는 모든 현상은 그 비가시성에 무력하다. 그러므로 화면에 벌레 소리가 들려올 때마다 우리는 자각한다. 영화는 보이지 않는 세계의 부산물에 패배하는 시각 장치다.

〈미래의 범죄들〉의 도입부에서 크로넌버그는 브레켄이 죽음을 맞이하는 장면 뒤로 고통스럽게 꿈에서 깨어나는 사울의 모습을 병치한다. 영화의 마지막에서 카프리스는 통증을 느끼며 꿈을 꾸고 있는 사울을 깨운다. 고통을 느끼며 꿈에서 깬 사울은 말한다. "꿈의 일부분이 되는 것 같아." 신체는 통증을 지각하고 꿈의 한 부분으로 변해간다. 어쩌면 이 영화는 죽은 브레켄의 고통을 공유하려는 사울의 악몽 같은 열망일지도 모른다. 잉태와 출산이 삭제된 크로넌버그의 세계에서 인간은 악몽 속에서 태어나고 죽는다. 그러나 역설적으로 꿈은 시각 장치인 영화의 화면 바깥에 있다. 사울은 마침내 유독성 플라스틱 바를 섭취한다. 하지만 〈미래의 범죄들〉의 마지막 장면은 영화가 내내 보여주던, 신체를 적나라하게 드러내는 노골적이고 포르노그래픽한 이미지가 아니다. 흑백으로 전환된 화면 위에 플라스틱을 섭취한 사울이 환희에 찬 표정으로 한 방울의 건조한 눈물을 흘린다. 그의 몸은 플라스틱을 소화할 수 있도록 변형되고, 미래의 인류로 거듭난 것 같다. 하지만 미래의 신체는 영화적 미장센에 포획되지 않는다. 카메라는 신체의 겉면을 지켜볼 뿐이고, 변형된 조직은 감춰진다. 이곳엔 우리가 보지 못한 세계가 여전히 남겨져 있다. '몸이 현실이다Body is reality'라는 명제를 되돌아본다면, 이 순간 〈미래의 범죄들〉은 잠재된 현실의 변형에 마지막으로 패배한다. 말년의 크로넌버그는 이 장면에서 패배하는 영화의 운명에 관한 가장 날카로운 심문을 제기한다.

# 관광객의 영화

그랜드 투어 Grand Tour | 미겔 고메스 | 2024

　　19세기 후반 유럽에선 카이저파노라마Kaiser-panorama라는 기계장치가 발명되었다. 이 새로운 시각 매체는 스무 명 남짓한 사람들이 원통 주변에 둘러앉아 자기 앞에 뚫려 있는 투명한 유리 입체경을 통해 사진 이미지를 관람하는 장치다. 관람자들은 각자의 관람 기기에 동전을 넣고 정해진 시간마다 연속적으로 전환되는 이미지의 연쇄를 들여다볼 수 있었다. 예술비평가인 조너선 크레리의 관측에 따르면 카이저파노라마는 "로마에 있는 교황의 아파트 실내에서 중국의 만리장성으로, 다시 이탈리아의 알프스로 120초 간격을 두고 이동"◆하는 체험을 제공한다.

　　이국의 낯선 풍경을 볼거리로 삼는 카이저파노라마의 시각 체험은 시공간적인 연속성과 계열의 논리를 파괴한다. 관람자는 나이아가라폭포, 기모노를 입은 일본 여성들, 런던 거리의 일상 사진을 연달아 보며 파편화된 이미지를 수용한다. 연속된 사진 이미지는 하나의 일관된 세계를 파괴하면서 서로 다른 시

---

◆　　조너선 크레리, 『지각의 정지: 주의·스펙터클·근대문화』, 유운성 옮김, 문학과지성사, 2023, 231쪽.

공간의 단면으로 채워진 일시적이고 복합적인 세계를 구획한다. 영화를 보는 관객의 지각을 닮은 이 경험 위에서 카메라가 포착한 사진적 이미지, 근대의 식민주의, 그리고 여러 종류의 볼거리를 연속적으로 조망하는 관광객의 시선이 혼합된다. 일본의 비평가인 아즈마 히로키는 철학적 개념으로서의 관광객을 제시하면서 "관광객이 된다는 것은 '근대'를 몸에 걸치는 행위의 일환"◆이라는 말을 인용한다. 그의 말을 풀어 쓴다면 관광객이 된다는 것은 근대의 시각과 구조를 흡수하는 행위다. 다시 말해 영화적 지각을 체화하는 행위다. 그것은 우리의 통합적인 시각을 해체하고 원래의 지표에서 이탈한 현실을 정립한다.

### 근대, 영화, 관광객

미겔 고메스의 〈그랜드 투어〉는 영화가 발명되기 전부터 특별히 결부되어 있던 근대의 식민주의, 영화적 이미지, 그리고 연속적인 파노라마를 관측하는 관람자의 시선을 결합한 21세기의 '관광객의 영화'이다. 이 영화엔 두 가지 여행이 있다. 하나는 미얀마에 파견된 영국의 공무원 에드워드(곤살로 와딩톤)가 약혼녀인 몰리(크리스타 알파이아테)를 피해 도망치는 여행이고, 다른 하나는 결혼을 성사시키기 위해 에드워드를 뒤쫓는 몰리의 여행이다. 물론 이것은 표면적 서사에 한정된 진술이다. 다르게 말할 수도 있다. 이 영화가 가리키는 한 가지 여행은 20세기 초

◆　아즈마 히로키, 『관광객의 철학』, 안천 옮김, 리시올, 2025, 23쪽.

입을 배경으로 커플의 발자취를 뒤쫓는 픽션의 여행이고, 다른 하나의 여행은 현재 시점에서 여러 아시아 국가의 풍속을 촬영한 다큐멘터리의 여행이다. 하나는 화면의 빈칸을 채우고 내부를 구성하는 시각적 요소들의 여행이고, 다른 하나는 화면에서 끝없이 흩어지는 목소리의 여행이다. 하나는 내러티브의 질서 안에서 벌어지는 도망과 추적의 여행이고, 다른 하나는 어떤 맥락에서 삽입된 것인지 선뜻 이해할 수 없는 불규칙한 단면들의 여행이다. 그 단면들에는 인형극과 오페라 무대, 유람선과 기차와 오토바이, 이름 없는 엑스트라들이 부르는 노래와 에드워드가 그리는 자화상, 자꾸만 달아나는 동물과 반복해서 잠드는 인간들이 적혀 있다.

고메스는 "내게 픽션의 기본적인 원칙은 서로 다른 언어와 규칙을 결합하는 것"이라고 말한다. 그는 한 편의 영화에 담긴 다층적인 관광의 지도를 그리기 위해 스튜디오 촬영과 로케이션 촬영, 그리고 코로나19 팬데믹으로 인해 불가피하게 진행된 원거리 화상 촬영을 뒤섞는다. 〈그랜드 투어〉는 각자 다른 환경에서 생겨난 이미지와 사운드를 교차해, 화면의 위상을 구분짓는 근거를 흐트러뜨린다. 이것은 영화를 역동적이고 잠정적인 변수들의 집합으로 다루는 표류 중인 그림엽서다. 미겔 고메스는 자신의 모든 영화가 〈오즈의 마법사〉(1939)의 리메이크라고 후렴구처럼 언급한다. 하지만 고메스가 꿈꾸는 도로시는 집으로 돌아가지 않는다. 그는 관광객의 동선을 따라 흩어지는 장면들의 관계를 새롭게 규정한다.

동시대 영화의 곤경과 돌파구

영화 속의 관광객은 고메스가 설정한 특수한 좌표에 놓여 있다. 에드워드와 몰리는 어린아이들처럼 도망치고 뒤쫓는 충동으로 움직이지만, 그들의 여행이 도망과 추적이라는 목적에만 충실한 것은 아니다. 두 사람의 동선은 관광객의 시각이 전제하는 산만한 눈짓과 일탈적인 움직임에 노출되어 있다. 〈그랜드 투어〉의 장면들은 도망과 추격이라는 여정의 목적과 관광객적인 여행의 형식 사이에서 경합하는 것처럼 보인다. 영화의 한 장면에서 에드워드는 가면을 쓰고 이동하는 일본 승려들의 행렬을 따라간다. 그는 누가 누구인지 분간할 수 없고 어디로 가는지도 모르는 낯선 행렬에서 평온한 안식을 느낀다. 그가 탑승한 열차가 느닷없이 전복되는 것처럼, 관광객은 하나뿐인 규칙에 맞춰 정해진 시간에 목적지에 도착하는 종족이 아니다. 관광객들은 길을 잃어버리고 주변을 곁눈질하다 다른 곳으로 향한다. 다른 장소로 침입해 다른 규칙을 수행하고 다른 것들을 바라본다.

### 관광객traveller의 숏

20세기 영화의 두 가지 운동은 한발 앞선 도망과 한발 늦은 도착에 있다. 앨프리드 히치콕의 주인공들은 누구보다 먼저 도망쳤다. 그들은 추격자들보다 앞서 베이츠 모텔(〈싸이코Psycho〉, 1960), 수녀원의 종탑(〈현기증Vertigo〉, 1958)에 도착한다. 하지만 그곳에는 이미 사건이 준비되어 있다. 그들은 자신이 사건(살인, 혹은 위장된 살인)을 실행하기 위한 마지막 수단으로 도착했다는 것을 깨닫는다. 히치콕의 인물들이 그 사실을 깨닫고 붕괴하는 순간에 영화는 한발 늦게 도착하는 매체의 운명을 자각한다. 알랭 레네의 〈밤과 안개〉가 강제수용소였던 장소에 늦게 도착하던 것처럼, 크리스 마커의 〈태양 없이〉가 전쟁과 혁명이 끝난 국가에 뒤늦게 도착하던 것처럼, 호세 루이스 게린의 〈이니스프리Innisfree〉(1990)가 존 포드 영화의 촬영지에 뒤늦게 도착하는 것처럼, 〈그랜드 투어〉의 몰리는 에드워드가 도망친 곳에 뒤늦게 도착한다. 그리고 도망과 도착 사이의 모호한 간극이 이 영화의 관광객적 형식을 가능케 한다.

"트래블링은 도덕의 문제"라는 고다르의 저명한 주장을 전유하자면, 트래블링은 관광의 문제다. 〈밤과 안개〉가 폐허가 된 수용소의 흔적에 뒤늦게 도착했을 때부터 관광객의 숏은 대상과의 거리를 유지한 채로 끝없이 이어진다. 그것은 바라보는 대상에 깊이 관여하거나 심층에 도달하지 않는다. 대신 유람선과 기차에 탑승해 수평적으로 지나가는 풍경을 지켜보고 소형 택시나 오토바이에 올라타 시작과 끝이 보이지 않는 거리의 전경을 바라본다. 무한한 공간으로 이어진 파노라마의 한 단면에 있는 관광객은 특정한 장소에 정박하지 않는다. 그들은 눈앞에 주어진 세계의 외양에 집중하면서 그 전까지 인식하던 세계의 단면을 잊어버린다. 에드워드와 몰리는 순간마다 다가오는 관광지의 생경한 자극에 반응하는데, 직전 장면에서 주어진 자극은 다음 장면으로 이어지지 않는다. 유람선에서 우연히 만난 남자와 춤을 추던 몰리는 문득 주변을 돌아보며 말한다. "다들 어디로 갔죠?" 영화는 관광객들의 주변에 잠시 나타나고 순식간에 다음 장소로 향한다. 미얀마에서 출발해 싱가포르, 방콕, 사이공, 일본과 중국을 가로지르는 〈그랜드 투어〉의 여정은 내러티브의 인과율에 의존하지 않는다. 하지만 그렇다고 내러티브를 완전히 해체하는 것도 아니다. 단지 관광의 논리를 따른다. 두 연인은 이동할 수 있는 탈출구를 찾을 뿐이다.

몰리를 피해 양쯔강 상류행 배에 탑승한 에드워드를 비추는 대목에서 영화의 내레이션은 난데없이 마작을 즐기는 중국인 가족을 묘사한다. "배에서 중국인 가족이 마작을 즐기고 있었다. 에드워드는 규칙을 알 듯해서 노인의 자리에서 엉망으로 게임을 했다. 노인은 웃었다." 이 내레이션이 장면에 입혀지는 동안 카메라는 어느 노인이 담배를 피우며 무표정으로 마작을 하는 모습을 비춘다. 화면에는 에드워드가 없고, 노인은 웃지도 않는다. 노인과 함께 마작을 즐기는 사람들이 그의 가족인지도, 그들이 중국인인지도 확증할 수 없다. 화면의 노인이 에드워드와 같은 허구적 세계에 속하는 존재인지, 연출자의 통제 바깥에서 카메라가 포착한 현실 속 피사체인지도 알 수 없다. 다만 화면과 내레이션 모두 노인과 마작이라는 요소를 공유하고 지시한다. 그것으로 인해 장면은 해결되지 않는 모호함으로 흔들린다.

이 장면은 〈그랜드 투어〉의 이미지와 목소리가 놓인 구역을 미묘하게 연결 지으면서 동시에 떨어뜨려 놓는다. 내레이션의 목소리가 설명하는 상황과 화면 속의 상황은 언뜻 유사한 요소를 공유하는 것처럼 보이지만 결코 명확하게 맞아떨어지지 않는다. 이것은 〈그랜드 투어〉라는 영화 전체에 걸쳐 있는 불확정적인 증상이다. 픽션으로 촬영된 장면과 다큐멘터리로 포착된 장면, 20세기 초입의 배경과 코로나19 팬데믹이라는 두 가지 시제, 인물의 정념을 설명하는 내레이션과 불투명한 화면 속 인물의 행위, 그리고 에드워드의 여정과 몰리의 여정 사이에는 과연 얼마만큼의 물리적 격차가 존재하는 것일까? 두 세계는 서로 부딪칠 만큼 가까이 있으면서도 끝내 만날 수 없을 정도로 멀리 떨어져 있다.

### 전염의 몽타주

〈그랜드 투어〉에서 미겔 고메스의 관광객들이 수행하는 것은 이처럼 일정한 간격을 두고 서로 무관해 보이는 세계의 단면들을 연속적으로 지나치는 것이다. 조르주 디디-위베르만이 파솔리니의 영화를 두고 사용한 표현을 빌리자면, 그들은 영화 속의 모든 요소가 멀리 떨어져 있으면서도 분리할 수 없는 관계로 존재한다는 "전염의 몽타주"를 증언하는 자들이다. 디디 위베르만은 파솔리니의 영화에서 함께 존재할 수 없는 것들이 동시에 존재하는 양상을 전염의 몽타주라 부른다. 〈그랜드 투어〉에서 중국 숲속에서 잠든 에드워드의 머리맡엔 뜬금없이 불상이 놓여 있다. 그것은 중국에 도착한 몰리가 목격하는 거대한 불상으로 뒤늦게 되돌아온다. 이 순간에 두 인물이 거주하는 평행한 장면은 서로의 영역에 무심코 침식되고 만다.

동시대 영화의 곤경과 돌파구

미겔 고메스는 〈그랜드 투어〉의 토대를 이루는 참조 대상으로 고전기 할리우드의 스크루볼코미디를 제시한다. 영화평론가 데니스 림은 아다치 마사오의 〈약칭: 연쇄살인마略称連続射殺魔〉(1975)로 대표되는 일본의 풍경 영화에 대한 이론을 언급하기도 한다. 이 영화는 무성영화 시기의 아시아 국가를 배경에 두면서 생각지 못한 문화와 양식에 전염되어 있다. 고메스는 스크루볼코미디의 소란스러운 활력과 유머, 풍경 영화의 이완된 공백과 침묵을 혼란스럽게 배열한다. 이 배열은 장면들을 접속하고 연결하는 논리에 혼선을 일으킨다. 〈그랜드 투어〉는 연인들의 재회로 완결되는 스크루볼코미디에 속하지 못하고, 우리가 인식하지 못한 풍경의 잠재력을 침묵하는 이미지로 환기하는 풍경 영화가 되지도 못한다. 거듭 말하지만 이 영화는 관광객의 영화이기 때문이다. 관광객들은 인물들이 주고받는 스크루볼코미디의 활력에, 인물의 궤적과 정적인 풍경을 느슨하게 접속하는 풍경 영화의 감각에 잠시 매혹되고 그저 지나칠 뿐이다. 〈그랜드 투어〉는 만날 수 없는 커플의 스크루볼코미디이며 인물과 풍경의 느슨한 접촉면조차 희박해진 풍경 영화다. 연인의 결합과 풍경과의 결속은 20세기 영화의 것이다.

몰리는 에드워드가 보낸 편지를 읽거나 그의 이야기가 나올 때마다 참을 수 없다는 듯이 발작적으로 웃음을 터뜨린다. 고메스의 말에 따르면 이는 1940년대 캐서린 헵번이 출연한 스크루볼코미디에서 빌려온 특유의 제스처이지만, 〈그랜드 투어〉에선 조금 더 특별한 습관이 된다. 몰리는 멀리 떨어진 에드워드

의 세계가 가까이 다가와 관광을 중단시키고 연인의 결합이라
는 목적을 환기하려고 할 때마다 발작적인 웃음을 터뜨린다. 장
면이 찢어질 듯 몰리가 웃고 나면 에드워드는 화제에서 사라진
다. 그런데 이 웃음은 1부의 에드워드가 일본에 밀입국한 사정
을 설명하면서 먼저 터뜨린 웃음이기도 하다. 웃음은 커플의 만
남을 영원히 유예하는 장치이자 관광객의 산만한 여행을 가속
하는 전염의 제스처로 활성화된다.

### 이동 수단과 탑승객

장뤽 고다르는 조너선 로젠봄과의 대화에서 독특한 비유
로 자신을 설명한다. "사람들은 자기 자신을 역이나 터미널이라
고 즐겨 생각한다. 기차나 공항들 사이를 오가는 비행기로 생각
하지는 않는다. 나는 나 자신을 공항이 아니라 비행기로 생각하
는 것을 좋아한다." 고다르가 사망한 이후 로젠봄은 이 말을 인
용해 영화는 관객을 다른 곳으로 데려가는 이동 수단이며 영화
를 만드는 사람의 경로와 이동 수단을 이용하는 사람의 경로는
일치할 필요가 없다는 뜻이었다고 적는다. 언젠가 우리는 고유
한 얼굴과 이름을 가지고 출발지와 목적지를 구분할 수 있는 영
화의 탑승객이었다. 〈그랜드 투어〉는 어디에서 어디로 향하는
지 모르는 영화의 관광객 가운데 한 명으로 우리를 초대한다. 첫
장면에서 카메라는 놀이공원에 세워진 자그마한 원형 관람차를
비춘다. 관광객인 우리는 정해진 이동 수단을 타고 목적지에 도
착하는 대신 원으로 천천히 움직이면서 영원히 변하고 있는 세

계의 속도를 겪는다. 우리는 모습을 감추고 잠시 머물러 주변을 둘러본 뒤 사라진다. 미겔 고메스는 19세기와 20세기, 그리고 지극히 동시대적인 픽션의 기억을 조합해 관광객의 지각을 구체화한다. 우리는 멀리 떨어져 있는 세계의 조각들을 지나치는 관광객의 눈으로 영화와 접속한다. 〈그랜드 투어〉의 마지막 장면은 숲속에서 죽은 몰리를 스튜디오의 커다란 빛으로 되살린다. 19세기 기계장치의 지각과 이를 흡수한 20세기의 관광객이 죽음을 맞이할 때 영화는 또 다른 무언가를 부활시킨다. 영화는 언제나 그 부활의 시간에 도래하는 사건이다.

# 재구성의 장소

리허설, 워크숍, 촬영장의 영화

〈물안에서〉(2023)의 성모(신석호)는 단편영화를 만들기 위해 촬영감독인 성국(하성국), 배우로 출연하는 후배 남희(김승윤)와 함께 여러 장소를 돌아다닌다. 만들려는 영화의 배우이자 연출자이기도 한 성모는 어느 골목에 남희를 세우고 몇 발짝 걸어보게 한다. 그는 남희가 골목을 걷는 모습을 보면서 "장소와 인물이 어울리는지" 관찰하고 이곳을 촬영 장소로 결정한다. 다른 장면에서 세 사람은 이미 비슷한 골목 몇 개를 지나쳐 왔지만, 성모는 그곳이 아니라 이 골목을 선택한다. 아직 무엇을 찍어야 할지 결정하지 못한 성모는 구체적인 장소를 찾고 그 자리에 인물을 배치하는 것부터 구상한다. 영화의 윤곽을 떠올리기 위해 지역과 장소와 배우가 필요하다는 전제는 물론 홍상수의 변함없는 원칙이다.

홍상수의 영화에 영화감독과 배우가 나오는 것은 익숙하지만, 아마추어 연출자와 배우들의 촬영 현장을 일일이 보여주는 것에는 특별한 면모가 있다. 굳이 분류해 말한다면 홍상수의 최근작에는 초심자의 영화를 향한 환대가 있다. 〈당신얼굴 앞에서〉(2021)에서 여러 편의 영화를 만든 감독(권해효)이 활동을 중

동시대 영화의 곤경과 돌파구

단한 배우 상옥(이혜영)에게 제안하는 촬영 계획은 허무하게 무산되지만, 〈소설가의 영화〉(2022)에서 소설가 준희(이혜영)가 처음 만드는 단편영화는 일정한 단계를 거쳐 완성된다. 첫 영화를 연출하는 〈물안에서〉의 성모 역시 해변에서 쓰레기를 줍는 한 여성에게 영감을 얻고 옛 연인에게 선물한 노래를 사용해 촬영을 시작한다. 준희와 성모는 장소를 구하고 배우를 고르는 조건 속에서 우리가 발견하지 못한 방식으로 영화를 상상하는 '무지한 스승'이다. 초심자들이 공모하는 제도 바깥의 촬영장은 홍상수가 발견한 이례적인 돌파구의 장소다.

성모가 선택한 촬영 장소는 어디서나 볼 수 있고 이렇다 할 특징이 없어 무심코 지나치기 쉬운 평범한 곳이다. 게다가 거의 모든 장면에 초점이 맞지 않는 〈물안에서〉의 화면은 촬영 장소로 선택된 곳과 선택되지 않은 곳의 차이를 분간하지 못한다. 영화 속의 인물이 보는 차이를 관객의 눈은 느끼지 못한다. 우리가 볼 수 있는 것은 오직 장소를 발견하고 배우를 배치하는 연출자의 원칙이 실행되고 있다는 것뿐이다. 〈물안에서〉는 시각이 희미해진 무대에서 산출되는 특수한 영화의 규범을 바라본다.

### 재구성의 장소

하마구치 류스케의 〈해피 아워〉(2021)에서 네 명의 친구는 중심 잡기 워크숍에 참여한다. 〈천국은 아직 멀어天国はまだ遠い〉(2016)에서 죽은 언니에 관한 다큐멘터리를 만드는 여동생은 언

니의 동창이자 그녀의 유령이 빙의된 남자에게 인터뷰를 요청한다. 영화 촬영장과 더불어 동시대 영화의 주요한 실천이 일회적이고 임의적인 워크숍과 리허설의 현장에서 발생하는 것은 낯선 일이 아니다. 마티아스 피녜이로의 영화는 공연을 올리기 위해 대본 연습에 몰두하는 아마추어 배우들의 모습과 그들의 일상적인 삶을 교차해서 기록한다. 구체적인 시나리오 없이 비전문 배우들과 협업하는 페드로 코스타의 영화는 사전에 진행되는 긴 연극에 가까운 오랜 리허설 과정을 통과한다. 실제 대학 교수와 학생들을 선발해서 촬영한 호세 루이스 게린의 〈뮤즈의 아카데미La academia de las musas〉(2015)는 '영화'가 아니라 '교육'이라고 이름 붙인 낯선 오프닝으로 시작해 뮤즈와 시의 의미를 토론하는 대학교 강의실로 향한다. 스와 노부히로의 〈오늘밤 사자는 잠든다Le lion est mort ce soir〉(2017)는 노배우 장이 어린아이들과 놀이처럼 만드는 영화제작 과정을 그린다. 그들의 작업은 최소한의 장비와 단순한 구성으로 채워지고 오랜 시간 제작 방식을 공유해온 소수의 동료와의 협업을 통해 만들어진다. 어떤 의미에서 이 영화들이 제작되는 시간은 그 자체로 작은 공동체를 형성하는 과정에 가까워진다.

일련의 영화들이 구축하는 촬영장, 리허설, 워크숍의 현장에서는 픽션 안에 픽션이 생겨나고, 카메라 안에 카메라가 위치하며, 연기 안에서 또 다른 연기가 발생한다. 이 장소에선 영화 속에 활동하는 모든 요소가 변형의 가능성에 노출된다. 피녜이로의 〈로잘린Rosalinda〉(2011)과 〈비올라Viola〉(2012)에서 인물들은 셰익스피어의 대본을 읽으면서 옷을 갈아입고 악기를 연주하고 나무에 오르고 물속에 뛰어든다. 그들은 하나의 행동에 몰두하다가 산만하게 동작을 바꾸고 그 과정에서 일어나는 모든 변화를 수용한다. 하마구치의 〈천국은 아직 멀어〉에서 카메라를 켜고 남자를 인터뷰하던 여동생은 촬영 중에 죽은 언니의 유령이 남자의 몸에 빙의되는 현상을 목격한다. 촬영장, 리허설, 워크숍의 현장은 불가피하게 현실을 변형한다. 이는 카메라에 포착되는 영화 이미지의 표면에 또 다른 세계의 불투명한 가능성을 드리우기 때문이다. 이 영화들은 눈앞의 세계를 직면하면서, 카메라의 논리로 확증할 수 없는 또 다른 세계의 문제와 마주한다. 영화 속에 겹쳐진 픽션은 화면에 비치는 세계의 존재론적 위상을 재배치한다.

이를 두고 현실과 픽션의 경계를 탐색하는 영화적 전통을 되새기며 존 카사베츠나 자크 리베트, 장 루슈의 작업에서 기원을 찾을 수도 있을 것이다. 하지만 현장에 몰두하는 동시대 영화의 실천은 영화 매체의 반영성을 탐구한 20세기 모던 시네마의 유산과 온전히 포개지지 않는다. 오히려 이 영화들의 현대적 성취는 '영화'라는 사물에 부여된 익숙한 규칙을 조정하고 그 규칙이 얼마나 연약하고 불안정한 토대에서 작동하던 것인지 드러내는 데 있다. 영화 매체의 물질성과 작동 원리를 반영하는 시도로 수렴되는 모던 시네마의 방법론과 달리 이 영화들은 영화 바깥에 있는 규칙을 화면 내부에 이식하고 상호 교환함으로써 어떤 식으로든 영화 내부의 물질을 이질적인 바깥과 접촉하도록 유혹한다.

〈물안에서〉의 남희가 새벽에 들었다고 말하는 큰 소리("정신 차려!")는 영화 속 다른 인물과 관객에게는 들리지 않는다. 이는 하나의 소리가 같은 공간에 머무는 이들에게 균질한 음량으로 전달되어야 한다는 상식적인 영화의 원리를 흔드는 고함으로 소리 없이 전달된다. 이 영화에서 관객은 흐릿한 영상으로 인해 구체적인 시각 정보를 분간하지 못하는 것처럼 소리또한 듣지 못한다. 마티아스 피녜이로는 〈강변호텔〉(2018)에서〈탑〉(2022)에 이르는 홍상수의 최근 작업을 거론하면서 그의 영화를 볼 때마다 "영화를 처음 발견하는 기분"을 느끼게 된다고고백한다. 어린아이가 처음 영상을 보고 음향을 들을 때처럼 생경한 지각에 휩싸인다는 것이다. 그의 표현을 빌린다면 홍상수의 영화를 보는 것은 "낯선 집에 들어갈 때 느끼는 즐거운 불확실성으로 가득 찬 이야기를 기꺼이 보고 듣는"◆경험과 같다. 우리는 비밀스러운 건축물에 진입한다. 벽과 문으로 분리된 여러개의 방이 있고, 각각의 방은 매번 다른 형태의 시청각적 신호로보이고 들린다. 우리는 그곳을 배회하며 조각난 파편으로 도래하는 영화의 단면과 접촉한다. 이는 "(영화 속의) 우연은 두 사람이 서로 다른 세계와 가능성을 상상하게 하는 요소"◆◆라고 말한

---

◆　마티아스 피녜이로, 『마티아스 피녜이로: 방랑하는 영화, 모험하는 영화』, 강탄우 엮고 옮김, 코프키노, 2025, 184쪽.

◆◆　Rory O'Connor, "Ryūsuke Hamaguchi on Cassavetes, Sci-Fi, Coincidence, and Wheel of Fortune and Fantasy", *The Film Stage*, Mar 3, 2021.

　동시대 영화의 곤경과 돌파구

하마구치 류스케의 언급과 공명하고 갈라선다. 그 자리에서 영화는 모양이 결정되지 않은 불확실함을 안고 모험적으로 산출되고 있다.

### 영화의 한계점

영화가 만들어지는 현장은 불안하기 짝이 없는 장소다. 카메라는 피사체로부터 일정한 거리를 유지한 뒤 정교하게 초점을 맞춰야 하고, 마이크는 위태롭게 무게중심을 잡으며 소리가 들리는 지점을 향해 기울어져 있어야 한다. 그 가운데 주어진 지시를 수행하는 배우들의 행위가 있고, 카메라 뒤에서 분주하게 신호를 주고받으며 진행되는 상황을 주시하는 사람들이 있다. 제도권의 영화작업이 지향하는 영화의 외형은 이 장소에 새겨진 불안을 숨기는 것이다. 카메라 렌즈와 붐마이크는 오류 없이 이미지와 사운드를 담아내고, 연출자는 명확하게 지시하며 배우는 틀리지 않고 연기한다. 이 과정을 통해 영화는 완결성과 자율적인 질서를 획득한다고 여겨진다.

하지만 영화는 정반대의 실천에 가닿을 수도 있다. 영화평론가 에이드리언 마틴은 〈비밀의 아이L'Enfant secret〉(1979)에서 필립 가렐이 일반적인 극영화에서 금기시되는 기법을 보여주는 방식에 주목한다. 터무니없이 적은 예산과 열악한 장비들로 촬영된 이 영화에는 과다한 노출로 인한 백색 화면, 선명하게 들리지 않는 대사, 초점이 맞지 않는 장면, 음악과 소음이 무분별하게 혼재된 순간이 빈번하게 나타난다. 마틴은 가렐이 수용한 기술적 오류를 영화제작 과정의 실패한 결과물로 간주하지 않는다. 오히려 그는 〈비밀의 아이〉가 매체의 예민한 물질성을 매개로 '영화의 무의식'에 근접해 있다고 말한다. 영화를 구성하는 사물의 물질적 한계를 받아들이고, 조악한 필름과 마이크가 화면에 가하는 제약을 도구로 삼아 이미지와 사운드의 독립적인 형상을 탐색한다는 것이다.

아마추어 영화제작이나 워크숍이라는 서사적 상황을 빌려 형성되는 '영화 속 픽션'이 전하는 것은 최소한의 조건만 갖추고 있다면 누구나 창작의 주체로 참여할 수 있다는 어설프고 안정된 실천적 옹호가 아니다. 오히려 그들의 비제도적 작업을 통해 산출된 결과물은, '영화의 무의식'을 흔들어 깨워 영화와 피사체가 맺고 있던 고정된 관계를 흐트러뜨린다. 현실의 질서가 개입하고, 연기와 연출이 오류를 일으키고, 불안정한 화면의 질감이 장면에 덧입혀지면서 영화 촬영과 워크숍의 현장은 영화를 둘러싸고 있는 지각의 위계를 조정한다. 한 편의 영화 속에 자리 잡은 또 다른 영화는 영상에 씌워진 안정된 질서를 흔들면서 영화를 보고 듣는 경험에 근본적인 불안감을 덧씌운다. 〈물 안에서〉의 흐릿한 화면을 지켜보면서, 〈해피 아워〉의 기나긴 워크숍 현장을 관찰하면서 영화는 불안정한 외형으로 다시 태어난다. 이 영화들은 관측된 현실과 조정된 픽션 사이에 불안정하게 거주하며 서로 다른 두 면에 접촉하는 일시적인 공간을 연다.

촬영장, 리허설, 워크숍의 일회적인 현장에 들어선 영화는 의식적이든 아니든 한 가지 의제를 공유한다. 오늘날의 영화

동시대 영화의 곤경과 돌파구

는 독립적인 픽션을 견고하게 구축하지 못했고, 영화 형식을 탄력적으로 변형할 만한 경험을 발견하지 못했다. 이제 연출자의 지시에 맞춰 배우가 연기하고 그 말과 움직임이 카메라에 담기는 체계로는 유효한 영화적 형식을 갖출 수 없다. 픽션의 세계는 자율적으로 유지될 수 없고, 현실로 열린 구멍은 사방에 뚫려 있다. 이 조건으로 인해 허구적 현장의 영화는 한정된 시공간을 벗어나기 위해 출구를 찾는 과정이 된다. 영화는 촬영장, 리허설, 워크숍 현장에 입회하면서 어설프고 어색한 몸짓을 주시한다. 대본을 읽거나 텍스트를 낭독하거나 특정한 규칙에 맞춰 몸을 움직이는 그들의 몸짓은 주어진 규칙이 요구하는 목적지에 도달하기 위한 잠정적인 상태에 있다. 이 동작이 아니다, 이 말투가 아니다, 이 표현이 아니다. 그러므로 신체는 다른 자세와 움직임을 시도해야 한다. 보이지 않고 아직 화면에 도래하지 않은 목적지로 향하면서 영화는 몸짓이 인도하는 출구를 발견한다. 영화적 사건의 가능성이 소진된 무대에서, 영화는 중단되고 지연되고 실패하고 오류가 발생하는 순간들을 끌어들이며 잔존한다.

## 영화와 처음 만나는 기분

촬영장, 워크숍, 리허설의 영화는 기존의 원리를 파괴하는 실천이 아니다. 이 글에서 언급한 영화들은 대부분 극영화에 필요한 요소들을 포함하고 있으며, 서사의 표면적인 질서가 제공하는 궤적을 따른다. 하지만 그 위로 또 다른 카메라, 픽션, 극중극의 질서가 덧입혀지면서 영화의 표면적 질서와 별개로 기능하는 두 번째 질서가 형성된다. 그 두 번째 질서가 영상의 규칙을 조정한다. 첫 번째 질서가 인물의 자연스러운 움직임과 소리를 가리킨다면, 두 번째 질서는 부자연스러운 영상과 사운드를 가져올 것이다. 첫 번째 질서가 관객의 눈과 귀에 보이고 들리는 영화를 제공한다면, 두 번째 질서는 기계장치의 한계점을 돌파하는 영상과 소리를 불러올 것이다. 초점이 나간 이미지, 스크린에 보이지 않는 흐릿한 형상, 너무 어설프고 범상한 영상의 조각들은 그렇게 영화의 표면에 진입해 다른 장면들과 동등한 권리를 갖는다. 다시 피네이로의 말을 빌린다면, 두 질서의 충돌은 무언가를 보여주고 들려주는 영화의 기본적인 단위에 의문을 제기함으로써 마치 영화라는 물질과 처음 만나는 듯한 경험을 마주하게 한다. 이 실천들은 '영화'의 물질성을 두 장소에 퍼뜨리고 불투명하게 세공한다.

그 경험의 물질성이 보존된 가장 작은 단위의 장소가 바로 인물의 몸짓이다. 마티아스 피네이로의 영화에서 인물들은 상대를 바꿔가면서 키스를 나눈다. 홍상수와 하마구치 류스케의 영화에서는 이따금 두 사람이 느닷없이 포옹하는 장면이 나온다. 그들은 한 가지 픽션의 질서에 온전하게 정박할 수 없는 서로의 신체를 끌어안고 붙잡는다. 겹쳐진 세계가 사라진다면 그들의 모호한 존재성도 사라질 것이다. 영화 촬영이, 무대를 위한 리허설이, 임의적인 워크숍이 끝났을 때 영화가 멈춰버리는 것을 막기 위해, 그 중단으로 인해 하나의 세계가 사라지는 것을 막기 위해 그들은 포옹과 입맞춤으로 주어진 시간을 보존한다. 픽션의 '처음'과 '끝'을 설정하는 그들의 일회적인 몸짓은 탄생하고 소멸하는 영화의 운명에 관한 증언이 된다. 〈물안에서〉의 마지막 장면에서 성모는 촬영하는 영화의 결말을 위해 바다로 걸어간다. 휴대폰으로 재생된 노래와 파도 소리가 같이 들려온다. 화면에는 카메라도, 배우도, 촬영 현장을 가리키는 어떤 단서도 보이지 않는다. 성모는 바다를 향해 멈추지 않고 걸어간다. 초점이 엇나간 화면에서 그는 하나의 점처럼 보일 때까지 걸음을 멈추지 않는다. 이것이 〈물안에서〉의 마지막이다. 한 편의 영화가 끝나고, 그 안에 겹쳐 있던 또 다른 영화가 끝난다. 이중적인 의미에서, 이것은 '영화'가 끝나는 시간을 향해 가는 절실한 걸음이다.

# 3

# 아메리칸 언더그라운드

### 20세기, 미국영화의 마지막 꿈

# 언더그라운드 U.S.A.

웨스트 사이드 스토리 West Side Story ｜ 스티븐 스필버그 ｜ 2021

도심 곳곳의 격자형 도로와 건물들을 정적인 부감으로 보여주는 1961년 원작 영화의 도입부와 달리 스티븐 스필버그의 〈웨스트 사이드 스토리〉는 잔해로 가득한 공사장의 바닥을 비추면서 스크린을 연다. 지면에서 출발한 카메라는 공중에 떠올라 링컨센터를 짓고 있는 뉴욕의 건설 현장으로 진입한다. 유려한 원테이크로 공간의 전경을 담아내던 화면은 천천히 하강하며 또 다른 바닥에 도달하고, 바닥의 철문이 열리자 어느 앳된 노동자가 지하에서 걸어 나온다. 뮤지컬영화 특유의 춤추고 노래하는 장면이 시작되기도 전에 당도한 이 매혹적인 오프닝은 스필버그가 설정한 한 가지 전제를 환기한다. 여기에는 춤과 음악이 펼쳐지기 이전에 인물들의 신체가 발을 디디고 선 지반, 그리고 그 밑바닥의 지하underground가 있다. 스필버그가 선택한 첫 번째 뮤지컬영화의 무대인 그곳은 서로 다른 혈통과 인종과 집단이 뒤섞여 공통의 구역을 점유하는, 미국이라는 물질적이고 구체적인 이름의 영화적 시공간이다.

## 지하로부터

공사장 바닥의 철문을 열고 걸어 나오는 소년공의 모습에서 시작한 〈웨스트 사이드 스토리〉가 지면과 지하공간의 모티브를 집요하게 주시하는 것은 이 영화가 집을 잃은 추방자들을 다루고 있다는 점과 깊이 관련을 맺는다. 〈웨스트 사이드 스토리〉는 운명적인 사랑과 집단 간의 적대라는 격렬한 감정에 사로잡힌 개별 인물들의 사연 아래서 그들을 공통적으로 붙드는 퇴거의 불안을 심어둔다. 재개발과 철거로 인해 머물 수 있는 구역이 사라질 위기에 처해 있다. 거리에는 강제 이주와 추방에 반대하는 이민자들의 시위가 벌어지고 있다. 백인 집단 제트파와 푸에르토리코인 집단 샤크파를 막론하고 이러한 불안은 그들이 서 있는 지반을 잠식한다. 퇴거의 불안은 물리적인 구분을 넘어서서 전이되기에 표면적인 드라마의 갈등과 더불어 눈에 보이지 않는 세계의 규칙으로 화면에 공존하고 있다.

스필버그의 영화가 호기심과 불안을 동반한 채로 집을 나서는 주인공의 여정으로 펼쳐지곤 한다면, 〈웨스트 사이드 스토리〉는 그 출발점에서부터 여정을 가능케 하는 집이 부재한 상태에 놓여 있다. 제트파의 리더인 리프(마이크 파이스트)는 가석방으로 감옥에서 출소한 토니(안셀 엘고트)가 머무는 발렌티나의 가게 지하실을 두고 "여전히 감옥에 있는 것 같다"라고 비아냥거리는데, 그가 들먹이는 조롱 섞인 비유는 틀린 말이 아닐 것이다. 그런데 이 비유는 토니에게만 해당되는 사항이 아니다. 첫 장면에서처럼, 거주할 장소를 잃고 개발 지구에서 쫓겨난 자들은 모두 지하에 임시적으로 갇혀 있다. 일상적 공간을 춤과 노래의 무대로 전환하는 고전기 뮤지컬영화의 형식은 그런 추방된 자들을 거리로 불러들이고 무차별적인 자유를 허용하는 영화적 형식으로 기능한다. 거주지가 사라진 이들을 스크린에 전시하는 한낮의 무대로서 뮤지컬이 이곳에 있다. 이는 춤과 노래, 집단적 공동체의 얼굴과 몸짓을 환대하는 미국영화의 오랜 이상과 또한 연결된다.

　　스필버그는 지면에 결부된 도시의 역사를 환기한다. 영화의 초반부, 인종주의자인 슈랭크 경관은 샤크파와 분쟁을 일으키는 제트파 일원들을 세워놓고 다음과 같이 말한다. "이곳에서 자란 백인들은 모두 여길 떠났어. 너희 아버지와 할아버지는 여길 못 떠나고 너흴 낳았지. 너흰 삼류 인생을 사는 마지막 세대일 거다." 그런가 하면 샤크파와의 패싸움을 앞두고 권총을 사는 리프에게 총기 판매상 사내는 의미심장한 말을 건넨다. "널 보면 네 아버지가 떠올라." 변형 중인 국가의 풍경에는 상속되는 가족의 기록이 숨겨져 있다. 그들은 무너진 세계의 끝자락에 서 있다. 이 영화에선 토니와 리프는 물론 다른 제트파 일원들의 가족관계가 직접 묘사되는 법이 없으므로(경찰서 내부를 소란스러운 유희의 난장판으로 전환하는 넘버인 〈Gee, Officer Krupke〉의 가사에서 일부 암시적으로 들려올 뿐이다) 이런 대사들은 서사에 개입하지 않는 불확정적인 얼룩으로 남는다. 그러나 한편으로 드라마와 무관한 말의 지위로 인해 그 얼룩은 서사의 한 부분으로 활용되거나 기각되지 않고 영화의 표면에 끝까지 잔존한다. 인물들이 밟고 서는 도시의 바닥은 역사적 기억의 단면이 된다. 이러한 대사들이 가리키는 함의는 유년기에 매혹된 영화를 60년 뒤에 리메이크하기로 결심하고 그 작품의 엔딩크레디트에 '아버지에게 바친다For Dad'는 문구를 새겨 넣은 스필버그 자신이 무엇보다 의식한 각색의 결과일 것이다.

영화에 드러나는 아이들의 욕망과 시선은 그들의 것만이 아니다. 이 땅에서 자라고 도시의 건물들을 짓고 월세방에서 아이를 기르며 살아온 그들의 아버지와 할아버지로부터, 일일이 이름을 거론할 수 없는 수많은 앞선 세대로부터 유래한 공조의 결과물이다. 여전히 스필버그의 영화에서 가족은 벗어날 수 없는 강박적인 구속으로 암시된다. 뮤지컬 형식 아래서 제트파 일원들은 도시를 무대로 누구보다도 자유롭게 거리를 횡단하고 노래를 부르며 춤을 추지만, 역설적으로 그들은 보이지 않는 아버지들의 자장에 묶여 있다. 이를 통해 단순한 뮤지컬 시퀀스의 무대로 기능하던 뉴욕의 시가지와 빈민가는 두 가지 구체적인 맥락을 획득한다. 하나는 언급한 것처럼 그곳이 앞선 이들의 흔적이 새겨진 땅이라는 것이고, 다른 하나는 그들의 흔적이 지금 우리의 폭력으로 분출되고 있다는 것이다. 토니는 마리아(레이첼 지글러)에게 고백한다. 한 사람을 죽일 뻔했고, 그것 때문에 감옥에 갇혀 있었다고. 춤과 음악의 역동적인 표현에 가려져 있지만, 그는 언제든 폭력에 가담하고 지하로 되돌아갈 수 있다. 이것이 〈웨스트 사이드 스토리〉의 지면 위에서 벌어지는 지하와 무대 사이의 형식적 긴장이다. 뮤지컬영화의 장치들이 눈과 귀를 가리지 않는다면, 폭력을 발산하는 기제가 그곳에 틈입하게 될 것이다.

### 미국영화라는 추醜

스필버그의 〈웨스트 사이드 스토리〉는 할리우드의 위대한 신화를 빌려오면서 그 신화의 배면에 감도는 공동체의 위기와 도덕적 타락을 부인하지 않는다. 부인하지 않을 뿐만 아니라 그것들이 오늘날의 미국을 건축한 동력의 일부라는 명제를 받아들여 신화를 재구성한다. 감탄스러울 만큼 아름다운 몸짓의 기록 한편에는 추한 행적들이 있다. 흥미롭게도, 아름다운 몸짓의 주체와 저열하고 추한 행위의 주체는 다르지 않다. 마리아의 뺨을 매만지던 토니의 애틋한 손은 베르나르도를 살해하는 살인자의 피 묻은 손으로 언제든 교환될 수 있다. 영화의 후반부에 아니타(아리아나 드보즈)가 던지는 힐난의 표현을 빌리자면 스필버그는 미국, 그중에서도 뉴욕이라는 이 매혹적인 영화의 장소가 "짐승들이 득실대는 추악한 도시"임을 자각한다. 그러한 자각이 놀라운 각성은 아니다. 주목할 것은 스필버그가 필름누아르나 갱스터영화처럼 도시를 장악한 어둠을 영화 자체의 모호한 어둠으로 수용하는 대신, 정반대로 어느 장르보다 체계화된 양식으로 빛나는 뮤지컬영화의 영토에서 그 어둠을 바라본다는 것이다. 그들의 더러운 손과 발에서 뮤지컬영화의 아름다운 몸짓이 산출된다. 스필버그는 로버트 와이즈의 원작 영화는 물론이고 그 자신이 21세기에 만든 어느 영화와 비교하더라도 손에 꼽을 만한 역동적인 리듬과 움직임의 활력으로 스크린을 밝게 물들이면서, 그 이야기에 내재된 그림자를 응시한다. 더 구체적으로 말한다면, 그토록 선명한 밝음으로 인해 우리는 비로소 지하에 새겨진 어둠을 마주할 수 있는 걸지도 모른다.

영화의 후반부, 두 집단의 리더인 리프와 베르나르도가 예기치 않게 죽는 사고가 발생하고 발렌티나의 가게에 제트파가 모인다. 스필버그는 살인사건이 벌어진 직후에 제트파 일원들이 불안한 마음을 다잡고 공동체성을 재확인하는 원작의 군무 장면을 삭제하고 가게에 모인 이들의 표정을, 절망적으로 가라앉은 공기를 포착한다.

그들의 무표정이 품고 있는 의미를 반사하는 것은 스필버그의 〈웨스트 사이드 스토리〉에서 트랜스젠더 남성 캐릭터로 각색된 애니바디스의 얼굴이다. 제트파 내부의 외부자처럼 여겨지던 그는 여느 때처럼 알 수 없는 곳에서 불쑥 나타나 절망에 빠진 제트파 일원들에게 토니를 찾아보자고 독려한 뒤, 제트파의 한 멤버에게 처음으로 "친구"라는 말을 듣고 미소를 짓는다. 하지만 상황은 거기서 끝나지 않는다. 문을 열고 나가는 애니바디스의 눈앞에 아니타가 나타나자 그는 미소를 거두고 굳어진 표정으로 멈춰 서서 이곳을 떠나라고 속삭인다. 옅은 미소에서 굳은 무표정으로 이행하는 순간적인 표정 변화는 애니바디스 자신이 속해 있는 제트파라는 공동체의 성질을 관류한다. 트랜스젠더 동료를 우애로 승인하는 집단은, 그러나 유색인종 여성을 거리낌 없이 적대할 만큼의 천진한 폭력성을 분출하리라는 것을 애니바디스는 간파하고 있다. 스필버그는 문 앞에 멈춰 선 애니바디스가 마주하는 잠깐의 망설임과 혼란을 놓치지 않는다. 그 딜레마는 어쩌면 자신이 사랑한 60년 전의 이야기를 다시 만들면서 연출자 스스로 느낀 감정과 닮았기 때문일 것이다.

이 영화에서 가장 감탄스러운 대목은 제트파와 샤크파가 체육관에 한데 모여 춤을 추는 무도회 시퀀스이다. 완벽하게 조율된 동선과 절묘하게 어우러지는 시점 전환, 그리고 마리아와 토니가 서로를 마주 보고 무대 뒤편으로 걸어가기까지 감정의 진폭과 걸음의 속도가 놀라운 시청각적 합주로 그려지는 구간이다. 이 시퀀스와 유사한 요소를 공유하지만, 정반대의 결과를 만드는 장면이 아니타가 가게에 들어서는 대목이다. 제트파의 남자들은 노래를 틀고 춤을 추면서 아니타를 추행하기 시작한다. 아름다운 합주의 순간이 추악한 집단강간으로, 춤과 노래의 유혹이 폭력과 공포로 전환되는 순간이다. 소란을 듣고 지하실에서 나온 발렌티나가 상황을 제지하면서 말한다. "나는 너희들을 어릴 때부터 봐왔어. 너희의 이름과 얼굴을 모두 알고 있지. 그런 놈들이 이제는 강간범이 되었구나." 카메라는 고개를 숙이고 침묵하는 제트파 일원들의 얼굴에 하나씩 숏을 할당해 지켜본다. 스필버그는 그들의 수치를 빼놓지 않고 비추면서, 강간범이 되어버린 이들의 얼굴이 곧 〈웨스트 사이드 스토리〉를 지탱해온 얼굴임을 외면하지 않는다.

**Underworld U.S.A.**

스필버그가 선택한 〈웨스트 사이드 스토리〉의 결말은 원작 영화의 장면 구성과 미묘한 차이를 보인다. 토니가 마리아를 품에 안은 채로 총에 맞는 원작의 화면이 멜로드라마적 정서를 심화한다면, 리메이크의 엔딩에서 총은 거리를 두고 있는 두 사람이 서로에게 다가가는 순간에 발사된다. 토니는 총에 맞은 채로 비틀거리며 밤거리를 걷는다. 이 최후의 몸짓은 원작 〈웨스트 사이드 스토리〉보다는 그와 같은 해에 만들어진 새뮤얼 풀러의 〈미국의 암흑가Underworld U.S.A.〉(1961)의 마지막을 떠올리게 한다. 아버지의 복수를 위해 범죄로 얼룩진 암흑가에 뛰어든 남자는 결국 총알에 맞고 비틀거리다 거리의 쓰레기통 앞에 쓰러진다. 폭력적인 과거를 청산하고 새로운 삶을 다짐하던 토니는 끝내 총에 맞고 거리에서 쓰러진다. 총알이 박힌 몸으로 더러운 거리를 비틀거리는 그들은 미국이라는 지하 세계underworld, 미국이라는 오염된 땅을 배회하는 자들이다. 당연하게도, 비틀거리는 토니의 몸짓은 뮤지컬영화가 표현하는 가볍고 역동적인 몸짓이 아니다. 중력을 벗어나 하늘을 날 것만 같은 몸 그리고 총에 맞아 힘겹게 걸음을 내딛는 몸. 전자는 사라지고 후자가 남는다. 이제 무대는 끝났고, 지면에 깔린 어둠은 뮤지컬의 밝은 속성을 집어삼킨다.

제트파 일원들이 숨을 거둔 토니의 시체를 들어 올린다. 남겨진 자들의 제스처로 숭고한 종교적 이미지를 구성하는 이 장면은 미국의 원리를 관통하려는 열망에 가닿는다. 스필버그는 그 이미지에서 분열된 미국(인)의 이중적 표상을 발견한다. 리프의 말을 빌리면 토니는 "웨스트 사이드의 전설"이다. 전설 의 죽음이 숭고한 이미지로 그려지는 이 순간은 하지만 폭력과 강간을 일삼던 자들의 더러운 손이 살인자의 몸을 들어 올리는 오욕의 순간이기도 하다. 표면적으로는 사랑의 열망이 전설로 추어올려지는 영원불멸의 결말이 그려지는 것이지만, 이미지의 층위에서 본다면 이는 폭력에 잠식된 자들이 지하의 어둠으로 되돌아가는 수순에 다름 아니다. 전설을 완수하는 저 손은 우리 를 붕괴시키는 또 다른 손이다.

공중에 떠오른 시선이 바닥으로 하강하던 첫 장면의 카 메라워크에 조응하듯 마지막 장면에서 카메라는 지면에서 천천 히 멀어지면서 한밤의 거리를 내려다본다. 토니와 마리아가 사 랑의 노래를 부르던 발코니를 연상케 하는 계단의 격자형 틀이 프레임에 나타나고 거리의 남겨진 이들을 시각적으로 가둔다. 뮤지컬의 무대가 사라진다면, 거리에 남은 자들의 몸이 아름다 운 신체로 자리 잡을 수 있는 공간의 형식도 사라지는 것이다. 그러므로 모든 것이 프레임 바깥으로 사라지는 마지막 장면에 서 그들은 도입부 바닥의 철문이 열리기 직전에서처럼, 혹은 리 프가 토니에게 "감옥에 있는 것 같다"라고 말했던 것처럼 또다 시 철창의 틀에 갇혀 있다.

고전기 뮤지컬영화의 마술적인 동작과 감정의 활력을 동 시대의 스크린에 재현하려는 열망으로 가득한 〈웨스트 사이드 스토리〉를 스필버그의 걸작이라고 말할 순 없을 것이다. 하지만 이 영화는 스필버그가 2010년대에 이르러 만든 영화 가운데 가장 순수하고 근원적인 영화의 매혹에 몰두하는 작업이면서, 동시에 영화가 구축해온 '순수한' 매혹이 얼마나 미심쩍고 추한 것들로 이루어졌는지 되돌아보는 성찰의 영화이기도 하다. 스필버그의 〈웨스트 사이드 스토리〉에는 영화에 담기지 않은 것, 눈에 보이지 않은 것들과의 긴장이 덧붙어 있다. 과도한 해석일지 모르나, 이런 역설적인 몰두와 성찰의 이중주는 영화가 사라진 세계에서 영화가 아닌 것들과의 결합을 통해 영화적 몰입의 방법을 검토하던 〈레디 플레이어 원〉(2018)과 더불어 스필버그가 영화 내부와 바깥의 경계면에서 영화의 윤곽을 다시 모색하려는, 의식적인 영화 만들기의 한 사례라고 가정하고 싶다.

# 카메라 너머의 불온한 것들

파벨만스 The Fabelmans | 스티븐 스필버그 | 2022

　　필름 카메라는 한 방향을 바라볼 수밖에 없기에, 시선의 반대편에는 언제나 누락된 것들이 남겨진다. 영화를 보는 체험도 비슷할 것이다. 어느 한 장면에 깊게 몰입한 관객은 영화에 담긴 다른 것들을 놓치곤 한다. 스티븐 스필버그의 〈파벨만스〉 도입부에서 어린 시절의 새미(가브리엘 라벨)는 부모의 손에 이끌려 처음으로 극장에서 영화를 본다. 그들이 함께 보는 〈지상 최대의 쇼The Greatest Show on Earth〉(1952)에서 선로 위를 달리는 기차는 장애물과 부딪히고 탈선해 다른 객차를 모두 부순다. 어린 소년을 한순간에 사로잡고 잊지 못할 경험으로 각인되는 것은, 새미의 부모가 장담한 서커스와 광대와 곡예사가 나오는 아름다운 꿈이 아니라 경로를 벗어나 폭주하는 기차가 주변에 있는 것들을 파괴하는 장면이다.

　　이 순간은 역설적이다. 영화가 전하는 강렬하고 원초적인 체험은 어린아이 새미를 순식간에 스크린에 몰입하게 만들고 그를 위대한 영화감독으로 거듭나게 하는 단초가 된다. 하지만 영화를 만들겠다는 열망에 사로잡히면서 새미는 두 번 다시 영화를 보는 일에 이만큼 몰두하지 못한다. 〈파벨만스〉에는 새미가 연출한 작품을 상영하는 장면이 몇 차례 묘사되는데, 어느 순간부터 새미는 스크린을 집중해서 바라보지 못한다. 영화에 몰입해서 관람하는 관객의 경험과는 다르게 필름을 자르고 붙이며 이미지를 만들어내는 영화제작의 과정은 필연적으로 그의 시선 바깥에 있는 것들을 끌어들인다.

### 스필버그가 시도하지 않았던 것들

스티븐 스필버그가 자신을 투영한 자전적 인물인 새미는 모형 기차 세트가 충돌하는 모습을 8밀리 홈 비디오로 촬영한 이래로 수많은 영상을 필름에 담아내고 그것을 영화로 완성한다. 집 안에서 조악한 공포물을 만들던 유년기를 지나 고등학생이 되면 〈리버티 밸런스를 쏜 사나이The Man Who Shot Liberty Valance〉(1962)를 흉내 낸 서부영화와 제2차 세계대전을 모티브로 삼은 전쟁영화를 놀라운 완성도로 만들어내기도 한다. 하지만 무엇보다 〈파벨만스〉에서 가장 중요하게 묘사되는 새미의 작업은 두 편의 기록 필름이다. 하나는 모든 가족과 아버지의 친구인 베니(세스 로건)가 동행한 캠프장에서의 홈 비디오이고, 다른 하나는 졸업생들이 해변으로 놀러 간 '땡땡이의 날'을 담아낸 기록 필름이다. 기록 필름, 홈 비디오, 혹은 다큐멘터리. 스필버그가 필모그래피에서 한 번도 시도하지 않았던 영화의 방법.

새미는 아버지 버트(폴 다노)의 요청을 받고, 할머니의 죽음으로 우울해하는 어머니 미치(미셸 윌리엄스)를 위해 캠프장에서 촬영한 홈 비디오를 편집한다. 문이 닫힌 벽장에서 필름 릴을 돌리던 새미는 필름에 기록된 뜻밖의 모습을 발견한다. 그는 필름 안에서 베니를 바라보는 미치의 눈빛을 목격한다. 미치와 베니가 다정하게 손을 잡고 서로를 바라보는 것을 마주한다. 피아니스트인 미치가 다른 방에서 연주하는 피아노 선율은 방문을 타고 틈입해 새미가 바라본 장면의 고통스러운 배음이 된다. 필름을 이어 붙이는 손과 피아노를 연주하는 손짓은 그렇게 불균형한 위치에서 서로를 만난다.

현장에선 누구도 목격하지 못했지만, 카메라에는 감춰진 진실이 찍혀버린다. 진실은 찍는 자의 의도를 초과해 필름의 한 단면에 담긴다. 미치의 불륜을 알아챈 새미는 그 장면이 찍혀 있는 필름을 삭제한다. 역설적이게도 편집된 영화를 보고 나서 감동한 미치는 새미에게 "넌 정말로 나를 바라보는구나"라고 말해준다. 새미는 미치를 바라보았고, 그의 아름다움을 담아낼 수 있었다. 춤을 추는 미치의 신체를 빛으로 위무하고 슬로모션으로 찬미할 수 있었다. 그리고 정확히 같은 이유에서 새미의 카메라는 미치의 비밀을 포착하고 가족의 비극을 가속하는 불화의 원인이 된다. 영사기의 빛은 새미의 순수한 어린 시절을 파괴한다. 스필버그가 마련한 영화의 장소엔 아름다움과 고통이 혼재된 경험이 깊게 그려져 있다. 새미를 둘러싼 현실의 공동체는 그가 만들어낸 필름 속의 낙원으로부터 멀리 떨어지고 있다.

스필버그는 겉면에 드러난 이미지의 아름다움에 매혹되면서, 표면 아래 잠복한 외설스러운 비밀, 잔혹한 기록, 불안과 두려움을 동반하며 다가오는 불화의 시간을 받아들인다. 아름다운 것을 담아내기 위해선 바라보아야 한다. 그러나 카메라로 바라본 시선에는 언제나 불온한 것들이 함께 찍힌다. 이 단순한 역설은 새미를 감싸고 있는 세계를 무너뜨릴 것이다. 미치와 버트가 이혼을 고백하고 다른 가족들이 소리치며 격정적으로 반응할 때 새미는 무표정한 얼굴로 그들을 바라본다. 그 순간, 거울 속에서 이 상황을 카메라로 촬영하는 자신의 환상이 떠오른다. 호기심과 흥분을 간직한 소년은 카메라를 들고 내밀한 감정을 착취해 필름에 담아낸다. 철로를 이탈한 기차가 주변에 있는 것들을 파괴하던 영화의 장면처럼 새미는 비극적인 순간에서 영화적 흥분을 발견하고, 그 반대도 마찬가지다.

　　여인이 눈물을 흘린다. 이뤄지지 못한 사랑에 고통스러워하는 진심을 털어놓는다. 미치는 가족이 모인 자리에서 이혼을 선언하며 남편이 아닌 베니를 사랑한다고 말한다. 스필버그의 영화에서 사랑에 눈물 흘리는 여인을 전면에 내세운 적이 있었던가? 그것도 남편이 아닌 다른 사람을 사랑한다고 말하는 아내의 눈물을? 엇비슷한 장면을 거론할 순 있어도, 이 영화의 미치처럼 강력한 감정적 파고를 드러내는 사례는 선뜻 떠오르지 않는다. 〈파벨만스〉에서 새미, 혹은 스필버그가 미치를 위해 마련한 장면들은 그가 유일하게 만든 여성 멜로드라마처럼 보인다. 스필버그는 자전적 기억을 극영화에 도입하면서, 역설적이게도 그의 영화에 드러나지 않았던 표현을 하나씩 가져온다.

## 숨겨진 진실, 가장된 거짓

〈파벨만스〉에서 스필버그가 시도하지 않았던 양식은 금지된 사랑에 눈물짓는 여성 멜로드라마와 기록영화의 외양이라는 두 축으로 존재한다. 필름에 적힌 어머니의 진실과 대면한 새미의 눈과 손은 다른 한편으로 최선을 다해 거짓에 임한다. 캠프장에서 찍은 홈 비디오에 그가 감당할 수 없는 크기의 진실이 담겨 있기에, 새미는 '땡땡이의 날'의 필름을 거짓의 힘으로 완성한다. 졸업 무도회 중간에 '땡땡이의 날' 영화를 학교 친구들에게 상영하는 장면에서, 새미는 영화에 몰입하는 관객으로부터 철저히 분리된다. 그는 영화를 제작해 관객 집단에게 환호와 놀라움을 안겨주는 특별한 재능의 연출자로 거듭나지만, 또한 현실에서 잃어버린 것들을 떠올린다. 그는 슬픔에 사로잡힌 채 환호하는 로건을 묘사하고, 닫힌 벽장의 그늘 속에서 태양 빛의 영광을 마주 보며, 불화 속에서 위대한 영웅을 그려낸다. 새미는 우울한 표정으로 주위를 둘러보며 거짓된 터치로 만들어진 영화가 사람들에게 환대받고 있다는 사실을 조용히 확인한다.

반대로 로건은 새미가 연출한 영화에서 영웅처럼 묘사된 화면 속 자신의 모습에 당혹스러움을 느낀다. 새미보다 덩치가 훨씬 크고 근육질에 폭력적인 성향을 보이는 그는 영화에서 압도적이고 역동적인 신체 능력을 발휘해 영광스러운 승리를 쟁취한다. 그는 필름에 묘사된 영웅적 면모를 통해 학급 친구들의 환호를 얻는다. 하지만 로건은 아무도 없는 복도에 좌절한 모습으로 앉아 있는 새미에게 다가와 분노하며 속마음을 털어놓는다. 새미가 묘사한 영화 속 영웅은 자신이 아니다. 자신은 아무리 노력해도 영화 속 로건처럼 될 수 없다. 그는 영웅적 이미지와 그것을 생산하는 거짓된 조건에 굴복한다.

　　새미가 제작한 두 편의 기록 필름에서 영화는 숨겨진 진실이자 가장된 거짓을 가리킨다. 영화는 미치와 베니의 불륜을 포착하는 시선이면서, 로건을 '그리스 영웅'처럼 보이도록 강조하는 인위적 연출이다. 그것은 현실과 너무 가깝거나 너무 멀리 떨어져 있다. 캠프장의 기록처럼 실제의 삶이 간직한 비밀과 너무 가까워서 현실에 파열을 일으키거나, '땡땡이의 날'의 필름처럼 실제의 모습과 너무 멀기에 현실과의 간극을 가져온다. 미치와 로건은 새미가 제작한 영화의 모순적인 표면에 붙잡힌다. 의미심장하게도 그들은 이 영화에서 새미에게 물리적인 폭력을 가하는 공통점을 공유한다.

　　무성영화 시대의 촬영감독이자 새미의 외할아버지인 보리스(저드 허쉬)는 영화감독이 되고 싶다는 고등학생 새미에게 단호하게 말한다. 가족과 예술은 너를 둘로 찢어놓을 것이다. 일견 뻔하게 들리는 이 말은 〈파벨만스〉에 새겨진 모순적 기록을 통해 한층 공교로운 언급이 된다. 영화를 이루는 세계는 둘로 찢길 것이다. 현실의 잔혹한 기록과 필름 속의 아름다운 매혹으로, 일상에서 새미가 바라보는 시선과 카메라를 든 새미의 시선으로, 그리고 영화와 현실로 나뉜 새미의 두 가지 삶의 표상으로 분리될 것이다. 〈파벨만스〉에서 순수한 매혹과 불순한 시선은 영화가 생산하는 결과물에 동반되는 것들이다. 카메라를 들고 필름을 이어 붙이며 매혹적인 영화를 만들어낸 손짓은 가족을 분열시키고 친밀한 관계를 해체하는 힘을 발휘한다.

　　새미의 영화 상영과 미치의 피아노 연주는 가족의 집에 모인 이들에게 같은 것을 보고 듣게 하는 시청각적 무대의 형식이었다. 그러나 그 경험은 희미해지고 있다. 미치가 이혼을 고백하는 순간에 가족은 마지막으로 같은 자리에 모여 하나의 이야기를 듣는다. 그것은 더는 가족이 함께 있을 수 없다는 통보다. 이것이 〈파벨만스〉에서 이들이 모여 있는 마지막 장면이다. 가족을 한곳에 머물게 하는 공통의 기반은 사라질 것이다. 그들은 찢어질 것이고 이 시간은 다시 돌아오지 않을 것이다.

　　이 상황에서 새미의 영화는 모순적인 가치를 성취한다. 그것은 가족을 분열시킨 원인이지만, 또한 흩어진 가족의 기록을 돌아보게 만드는 유일한 단서이기 때문이다. 미치와 버트가 네 남매에게 이혼 사실을 통보하던 날 밤, 여동생 레지는 '땡땡이의 날' 영화를 편집하고 있는 새미에게 "조각난 가족 중에서 엄마와 가장 닮은 사람은 너"라고 말한다. 레지는 가족이 해체되는 비참한 순간에도 영화를 편집하는 데 몰두하는 새미를 이기적이라 비난한다. 그러나 그것으로 끝이 아니다. 새미는 문밖으로 나가는 레지를 멈춰 세우고 편집하던 영화를 보여준다. 그들은 같은 영화를 본다. 이 순간, 미치의 비밀을 폭로하고 가족의 균열을 일으킨 영화는, 조각나서 흩어지게 될 가족구성원이 일시적으로 같은 곳을 바라보도록 하는 장치로 되돌아온다. 영화가 전달하는 삶의 회의주의적 중단과 부정은 그러므로 우리

의 관계가 깨졌다는 것을 인정하고 새로운 가능성을 타진하게
하는 기제이기도 하다.

## 존 포드의 구도와 스필버그의 실천

〈파벨만스〉가 스필버그 필모그래피의 최상단에 속하는
영화라고 단언하기는 어렵다. 평생을 영화산업의 상징적인 이
름이자 능수능란한 시스템의 장인으로 살아온 스필버그의 사적
인 고백이 담긴 걸작이라고 말하기에도 조금은 망설여진다. 이
영화에서 무엇보다 스필버그 자신이 여전히 머뭇거리는 것처
럼 보이기 때문이다. 많은 이가 유머러스하고 감동적인 마무리
라고 언급한 이 영화의 마지막 장면은 스필버그가 현실과 영화
의 경계면에서 결말을 확신하지 못하고 있다는 인상을 남긴다.
방송국 면접을 보러 간 새미는 우연히 '가장 위대한 영화감독'인
존 포드를 만나 짧은 조언을 듣는다. "지평선이 바닥에 있으면
흥미롭고, 지평선이 맨 위에 있으면 흥미롭고, 지평선이 중앙에
있다면 지랄맞게 지루해." 〈파벨만스〉의 마지막 장면은 걸어가
는 새미의 뒷모습을 보여주던 카메라가 슬쩍 움직여 지평선을
바닥에 맞추는 스필버그식 '실천'으로 끝난다. 분명 뭉클하고 귀
여운 엔딩이다. 그런데 그것이 전부는 아니다.

〈수색자The Searchers〉(1956)에 출연한 배우 헨리 브랜든은
회고한다. "촬영을 마쳤을 때 우리는 거의 존 포드를 교수형에
처하고 싶었다. 그런데 시사회에서 영화를 보았더니 그가 우리
를 실제보다 더 대단하게 만들었다는 것을 알았다." 어쩐지 로

20세기, 미국영화의 마지막 꿈

건이 새미에게 건네는 말을 닮은 브랜든의 회고는 투박하지만 분명하게, 포드의 구도가 연출하는 효과를 증언한다. 바닥에 있거나 맨 위에 있는 지평선은 인물을 거대하거나 위태롭게 보여줄 것이다. 포드의 구도 속에서 인물들은 현실에서보다 고귀하거나 야만적으로 보이며 '흥미롭게' 대단해진다. 물론 이는 스필버그에게도 중요한 전언으로 받아들여진다. 이 말은 〈파벨만스〉에서 여성의 멜로드라마, 기록영화와 더불어 스필버그가 아직 시도하지 않은 세 번째 장르의 양식을 떠올리게 한다. 그것은 서부극이다. 그는 웨스턴의 지평선을 카메라에 담아내는 문제 앞에서 영원히 머뭇거리는 연출자이기 때문이다. 그리고 이 영화의 마지막 장면에서 화면을 장식하는 '흥미로운' 지평선의 구도보다 흥미로운 것은 포드가 말한 구도의 효과를 〈파벨만스〉가 온전히 받아들일 수는 없다는 데 있다.

포드가 말하는 구도는 인물을 "실제보다 더 대단하게" 만드는 왜곡된 효과이다. 그런데 반복해서 말하지만, 〈파벨만스〉에서 실제보다 아름답고 위대하게 묘사되는 필름의 기록은 현실 속 인물들의 환부와 연결되어 있다. 포드에게는 단지 흥미로운 조건으로 여겨지는 구도의 법칙이 스필버그에게는 영화를 만드는 과정에서 생겨나는 불가피한 상처와 결부된다. 이 절차를 통과한 〈파벨만스〉는 존 포드의 조언을 아무런 불편함 없이 수용할 수 있는 영화가 아니다. 미치와 로건이 그랬듯이, 지평선을 조정하는 흥미로운 구도 속에서 누군가는 현실의 상처를 대면할 것이다. 〈파벨만스〉는 포드의 지평선을 따르는 대신 그 왜

곡된 지평선 속에서 들려오는 나약한 인간들의 목소리를 듣는 영화다.

그러므로 우리가 마지막으로 목격하는 것은 포드의 조언을 귀담은 스필버그의 '실천'이 다른 누구도 아닌 새미의 뒷모습을 비추는 순간이다. 〈파벨만스〉는 새미가 다른 이들을 만나 지평선의 위치를 조정하며 영화를 만들거나, 혹은 가족이나 친구와 재회하며 성장을 이뤄낸 모습을 보여주는 대신 혼자 걸어가는 그의 뒷모습에서 끝난다. 새미는 누구도 개입하지 않은 화면 안에서 고립된 채로 멀리 떠날 뿐이다. 그렇게 〈파벨만스〉는 프레임 속의 새미를 왜곡하면서 영화를 마친다. 이 장면은 상쾌한 깨달음이나 완성된 결론이 아니라 여전히 현실과 영화의 윤리적 관계를 탐색하고 있는 스필버그의 미세한 변주로 다가온다. 스필버그는 포드의 서부극적인 구도에 끝내 안착하지 않는다. 〈파벨만스〉에서도 스필버그의 인물은 불안과 위험에 노출되어 있고, 서로에게 기대고 있는 작은 인간들이다. 마지막 장면에서 새미는 영화의 모든 순간을 통틀어 가장 작게 보인다.

# 출구 없는 사막

애스터로이드 시티 Asteroid City | 웨스 앤더슨 | 2023

사막이 흔들린다. 종군 사진작가인 오기(제이슨 슈워츠먼)와 그의 아이들이 작은 카페에 찾아올 때, 원자폭탄 실험의 여파로 실내 공간이 크게 진동한다. 카페에 앉은 사람들은 바깥의 굉음과 폭발이 무슨 전모로 벌어진 것인지 알지 못한다. 오기는 눈앞의 연기 구름을 카메라에 담을 뿐이다. 웨스 앤더슨의 〈애스터로이드 시티〉에서 제목에 명시된 '애스터로이드 시티'는 미국 서부의 사막에 세워진 모형 도시이자 1950년대 브로드웨이 연극의 무대배경이다. 앤더슨은 1970년대 세르지오 레오네의 서부극과 할리우드 장르영화의 촬영 장소로 잘 알려진 스페인 알메리아 근교의 타베르나스 사막을 로케이션 삼아, 1950년대 미국의 기호적 요소들을 덧씌운다. 몇 겹의 허구로 겹쳐진 사막이 그곳에 있다. 흩날리는 모래 먼지와 탁한 공기가 없는 가상 무대로서의 사막. 이 영화에서 수많은 외부인이 방문하는 곳은 바로 그 사막이다.

하지만 사막은 무엇에도 반응하지 않는다. 사막은 침묵한다. 〈애스터로이드 시티〉에서는 1950년대 미국의 영화 문화를 둘러싼 수많은 단면이 그 공간을 침입한다. 열차와 자동차,

원자폭탄과 운석을 포함해 종군 사진기자, 영화배우, 카우보이, 천문학 영재, 군대와 정부, 그리고 외계인이 차례로 들어선다. 단 한 컷의 수평 트래킹숏으로 모든 외관을 관측할 수 있는 인구수 여든일곱 명의 한정된 마을은 외계의 침입을 받아들이고 표면 위에 혼란스러운 계열을 형성한다. 사막에 세워진 평면은 서부극과 SF, 연극무대와 전쟁영화, 4 대 3 비율의 흑백영화와 시네마스코프 화면, 외계인 침입의 공포와 가족 멜로드라마의 파편으로 산만하게 뒤섞인다.

폴 토머스 앤더슨의 〈마스터〉(2012)가 종교적 믿음에 사로잡힌 두 남자의 육체적 관계를 매개로 제2차 세계대전 이후 미국의 풍경을 관찰하고, 토드 헤인즈의 〈캐롤〉(2015)이 더글러스 서크를 참조 삼아 레즈비언 커플의 관계에 1950년대 멜로드라마의 규범과 억압을 이식해 재구성한다면, 웨스 앤더슨이 향한 1950년대 미국은 무작위적인 기호의 교란과 충돌로 혼란스럽다. 욕조에 누운 배우 밋지 캠벨(스칼릿 조핸슨)과 오기의 죽은 아내가 남긴 사진이 유사하고, 오기가 촬영한 밋지의 소행성을 훔치는 스톱모션 외계인의 자세가 닮은 것처럼, 〈애스터로이드 시티〉에는 그 자체로 의미를 규정할 수 없는 미스터리와 수수께끼가 교차하고 반복된다. 웨스 앤더슨은 1950년대 미국의 사막을 중심부가 비어 있어 영화사의 기억이 무작위로 혼재되는 비정형의 무대로 간주한다.

## 1950년대 사막이라는 장소

〈애스터로이드 시티〉의 이야기는 다층적으로 설계되어 있다. 도입부에 나오는 화자는 '애스터로이드 시티'라는 마을에서 벌어지는 터무니없는 소동극이 극작가 콘래드와 배우들이 제작하는 연극무대라는 것을 설명한다. 〈애스터로이드 시티〉는 영화가 담아내는 불투명한 물질적 대상이 과거에 속해 있다는 전제를 공유한다. 〈그랜드 부다페스트 호텔〉(2014), 〈프렌치 디스패치〉(2021)를 통해 20세기의 자취를 더듬던 앤더슨은 시계를 맞춰 1950년대라는 명시적 과거로 향한다. 그의 렌즈에서 미국의 1950년대는 장르영화의 배경과 연극무대의 관습이 뒤얽힌 형태로 굴절된다. 이 시기의 증상에 관해 엉뚱한 곳에서 한 가지 단서를 찾고 싶다. 미국의 비평가인 마니 파버의 독특한 분석에 따르면, 1950년대는 스튜디오시스템 시절의 미국영화가 간직하던 자유로운 공간 배열과 무심한 동작의 기예를 잃고 공간의 전경에 평행으로, 그리고 정적으로 나열된 배우들을 보여주는 회화적 평면성을 성취하면서 타락하기 시작한 시기다.

파버는 스튜디오시스템의 마지막 황금기로 여겨지는 1950년대 미국영화가 과장된 연기와 구도, 공격적인 스타일을 수용하면서 어색한 현대 예술처럼 변해갔다고 지적한다. 일반적인 영화사의 관점에 역행하는 파버의 평가에는 이견의 여지가 있을 테지만, 공교롭게도 그의 분석은 1950년대 미국영화에 나타난 작은 전조에서 시작해 오늘날의 웨스 앤더슨이 창조한 화면에 불시착하는 것처럼 보인다. 정적으로 나열된 인물,

회화적 평면성의 구도, 공격적으로 도드라지는 작가의 스타일.
1950년대에 발견된 '타락'의 징조들은 웨스 앤더슨을 지시하는
작가적 요인들과 맞물린다. 마치 외계인의 우주선처럼 파버의
지적은 〈애스터로이드 시티〉의 장면에 떨어진다.

　　웨스 앤더슨은 사막과 브로드웨이 연극을 배경으로 삼으
면서 1950년대에 시작된 미국영화의 '타락'이 〈애스터로이드 시
티〉에 도착해 극단적으로 폭발하고 있다는 것을 가감 없이 보여
준다. 자연스러운 배열과 동작은 앤더슨 영화의 요소가 아니다.
그는 사소한 장식과 제스처까지 철저히 통제하는 연출자다. 그
리고 그의 작가적 특징은 과장되고 부풀려진 영화들의 원점과
도 같은 1950년대 미국의 사막에서 연극과 영화, 인간과 외계인
을 넘나들며 과시적으로 실천되고 있다. 〈애스터로이드 시티〉
는 방향감각이 존재하지 않는 무대를 설정한다. 원자폭탄은 전
조 없이 폭발하고, 우주선은 알 수 없는 곳에서 찾아온다. 이곳
은 과거의 유산을 갉아먹는 미국영화라는 형식의 한계점이자
웨스 앤더슨이 창안한 작가적 형식의 특이점을 동시에 가리키
는 좌표인지도 모른다. 웨스 앤더슨의 사막에서 영화가 접속할
수 있는 바깥은 존재하지 않고, 화면은 기호들의 중첩과 변주만
으로 채워진다.

　　장면에 비치는 대상의 위계를 분류하고 지배적인 의미와
주변적인 활동을 구분하는 데서 영화의 구조가 생산된다고 한
다면, 이 영화는 어떤 사건에도 일관된 맥락을 부여하지 않는다.
〈애스터로이드 시티〉는 난데없는 출현과 사라짐으로 가득하다.

외계인은 왜 소행성을 가져가고 되돌려주는지, 연극의 연출자는 배우들에게 무엇을 원하는지, 극작가는 이 이야기에서 무슨 의미를 말하는지 명쾌하게 밝혀지지 않는다. 세밀한 요소들은 더 높은 맥락에서 화해하거나 결합하지 않고 혼잡스러운 수평의 표면 위에 남겨진다. 〈애스터로이드 시티〉에서 영화는 정해진 시간에 선로를 달리는 기차의 운행처럼 해결되지 않는 문제를 안고 지속되는 불가피한 활동이다.

왜 앤더슨이 창조한 '애스터로이드 시티'는 의미를 해결할 수도, 이야기를 종결할 수도 없을까? 영화의 결말을 앞두고, 무대에서 잠드는 연기를 주문하는 콘래드 앞에서 배우들은 "잠들지 않으면 깨어날 수 없다"라고 외친다. 꼬리를 물고 반복되는 잠과 각성의 분리 불가능한 관계를 역설하는 이 명제는 영화가 잊어버린 한 가지 경험을 환기한다. 영화의 특권은 관객을 잠들게 하는 역량에 있었다. 잠드는 경험을 통해 우리는 눈앞에 펼쳐진 세계를 멈추거나 꿈으로 진입할 수 있었다. 더 넓은 맥락에서 말한다면, 영화를 보는 경험 자체가 잠자는 시간과 맞닿아 있다. 21세기에 여전히 영화를 보는 자들은 밝은 세계를 외면하고 어둠에 파묻혀 비생산적이고 비활동적인 시간을 수용하는 종족이다. 시종일관 밝은 바깥이 있다면 그에 대비되는 어두컴컴한 내부가 있다. 그렇게 활동과 비활동을 오가는 주기를 간직하면서 영화라는 경험은 성립할 수 있었다.

그런데 〈애스터로이드 시티〉에서는 누구도 잠들지 않는다. 이 영화의 도입부에서 연극무대를 소개하는 화자는 조명 기사에게 당부한다. 사막의 태양은 뜨겁지도 차갑지도 않아야 한다. 다만 늘 투명하고 무자비하게 내리쬐고 있어야 한다. 사막엔 어둠이 드리우지 않는다. 모두가 굴절 상자camera obscura를 뒤집어 쓰고 어두운 밤하늘을 올려다본다면, 우주선의 녹색 빛이 그들을 비출 것이다. 뜨고 지는 주기의 리듬을 잊어버린 빛에 상시 노출된 이들은 늙지 않는다. 마모되거나 변형되지 않는다. 외계 전파가 보내는 날짜가 언제나 '오늘'에 맞춰진 것처럼, 그들에게 내일은 없다. 〈애스터로이드 시티〉는 완벽하게 닫힌 세계다. 앤더슨은 격자형의 창틀과 문을 강박적으로 여닫고 있지만, 아이러니하게도 이 영화에서 프레임의 외부는 극단적으로 불투명하다. 그곳을 영화의 활동이 멈춰버린 세계라고 말할 수 있다.

격리된 내부는 멈춰 있고 바깥의 정체는 모호하다. 앤더슨은 연극의 장치를 매개로 건축적 세트장과 오래된 문화의 기호를 묘기 부리듯 넘나들지만, 그 어디에도 영화의 해답을 구할 수 있는 출구나 목적지를 찾을 수 없다. 도대체 여기서 나가는 문은 어디에 있을까? 도저히 이해할 수 없는 상황이 지배하는 내부를 벗어나 바깥으로 향하는 길은 어디인가? 외계인이 소행성을 돌려주기 위해 지구에 돌아오면서 '애스터로이드 시티'에 내려진 격리 해제는 취소된다. 그들은 탈출할 수 없다. 상황은 통제를 넘어선다. 사람들이 일제히 흥분하고 난장판이 벌어지자 오기는 세트장을 탈출해 무대 바깥으로 나간다. 그는 수염 분장을 뜯고 '오기'라는 역할을 연기하는 배우 존스로 걸어나온다. 백스테이지로 향한 존스는 연출자 슈베르트에게 말한다. 연극의 상황을 이해할 수 없고, 자신의 해석이 맞는지도 모르겠다는 존스는 이야기의 의미를 구한다. 하지만 슈베르트는 이렇다 할 대답을 주지 않는다. 연극무대의 연출자도, 그 뒤에서 타자기로 희곡을 쓴 극작가도, 액자 형식을 설명하고 인물들의 심리를 부연하는 화자도 혼란스럽게 뒤얽힌 픽션의 상태에 대답하지 않는다.

존스는 한 번 더 바깥으로 나간다. 극장 밖의 난간에서 존스는 '오기'의 죽은 아내를 연기한 배우와 만난다. 인공적인 눈이 내리고, 연출된 바람 소리가 들리는 난간에서 두 사람은 연극에서 삭제된 부부의 대화를 연기한다. 그 장면의 대화는 알 수 없는 행동을 벌이는 인물들의 심리를 설명하는 대목이지만, 설명되지 않는 이유로 편집되었다. 그들은 '애스터로이드 시티' 바깥에서, 연극을 제작하는 백스테이지 문밖에서, 인물이 붙잡고 있던 삶의 의미를 기억해낸다. 연기한 배우들의 기억에서 잊히고, 연극 대본에서 삭제된 무대 '바깥의' 장면을 빌려 〈애스터로이드 시티〉는 영화가 만들어질 수 있는 외화면과 조우한다. 하지만 규칙을 초과하는 허구의 무대인 그곳은 이 영화의 이야기를 수용하는 장소가 아니다. 카메라는 다시 '애스터로이드 시티'의 사막으로 되돌아올 것이다. 기호들이 중첩된 사막의 표면에서 웨스 앤더슨이 창안한 영화적 장소가 일으키는 파열음이 새어 나온다. 외계인을 촬영한 오기는 사진에 남겨진 그의 표정에서 "너흰 다 끝났다"라는 의미를 읽어낸다. 그와 대화하던 밋지는 어쩌면 끝났을 수 있다고 화답한다. 종말은 그들에게도 익숙하다. 종말은 픽션의 약속이다. 사건이 나타났다면 해결되거나 해결되지 않은 채로 끝나는 지점이 있어야 한다. 하지만 '애스터 로이드 시티'는 종말조차 도래하지 않는, '끝'을 가리키는 표상을 마련할 수도 없는 모형적 세계다. 시작에서 끝으로 향하는 변화의 여정이 사라진 투명한 세계, 서사의 부식이 없는 곳이다. 웨스 앤더슨의 허구적 인물들은 서서히 사라질 수 있는 권리마저 박탈된 세계에 던져진다.

아벨 페라라의 〈4:44 지구 최후의 날4:44 Last Day on Earth〉(2011)에서 세계가 끝나는 종말의 형식은 정확하고 구체적인 시간에 맞춰 예고되어 있다. 인류는 그 시간을 피해갈 수 없다. 클로즈업된 두 사람의 얼굴을 백색으로 물들이는 마지막 장면은 이 영화가 가리키는 투명하고 평등한 종말의 자리를 시각화한다. 우리는 이렇게 소멸한다. 다른 이들도 마찬가지일 것이다. 종말은 잠드는 것처럼 우리가 머무는 세계에 엄습한다. '지구 최후의 날'로부터 10여 년이 지난 시점에서 웨스 앤더슨은 다른 종말의 형식을 상상한다. 그것은 소멸의 가능성마저 백색으로 사라진 눈뜬 세계의 출현이다. 조명은 계속해서 태양 빛을 방출하고, 영화의 모든 장면에 빛이 물든다. 거듭해서 문을 열고 나가지 않는다면 그 빛에서 벗어날 수 없다.

〈애스터로이드 시티〉는 콘래드가 죽은 뒤 사막의 마을로 돌아오는 에필로그를 덧붙인다. 이 세계에 결말을 내릴 수 있는 창작자라는 최상단의 근거는 사라졌다. 웨스 앤더슨은 도입부와 마찬가지로 사막에 세워진 도시의 외관을 수평 트래킹으로 관측하는 에필로그를 묘사한다. 오기는 밋지가 사라진 숙소를 바라보며 묻는다. "다 어디 갔죠?" 하루 사이에 격리가 해제되고 모두 집으로 돌아갔다. 첫 장면에서 본 것처럼, 마을엔 아무것도 남지 않는다. 이곳은 외계인이 출현하고 마을 전체가 격리되는 초유의 사태에도 불구하고, 모든 것이 한순간에 사라지고 예전으로 돌아가는 세계다. 사막에 세워진 건물들의 외관만 남겨진 〈애스터로이드 시티〉는 사멸하는 것들의 흔적이 감춰진, 영원한 평면적 기호의 세계다. 스크린은 어떤 맥락의 이해도 없이 순식간에 나타나고 사라지는 기호들의 난입에 무방비 상태로 노출되어 있다.

## 아이들은 사막에 도착한다

웨스 앤더슨은 이 끝나지 않는 시공간을 바라본다. 1950년대의 흔적에 붙잡혀 썩지 않는 영화의 물질성을 들여다본다. 웨스 앤더슨이 시도하던 모험과 여행의 방법론은 20세기의 사막에서 유효하지 않다. 출발점과 도착점을 설정하고, 그 사이를 잇는 여정을 노정하던 영화의 환경은 존재하지 않는다. 수많은 이미지의 흔적과 기호들로 가득하지만, 이곳은 영화와 불화하는 장소다. 모든 것을 격리하고 소멸시키는 세계는 이미지의 흔적을, 지표로 남겨져 지속되는 미래의 시간을 삭제한다. 끝없이 이어진 사막 한가운데서 웨스 앤더슨은 바깥이 없는 영화의 부재를 직면한다.

하지만 웨스 앤더슨의 사막은 폭발하거나(미켈란젤로 안

토니오니의 〈자브리스키 포인트Zabriskie Point〉, 1970), 지평선 너머로 사라지는 뒷모습(빔 벤더스의 〈파리, 텍사스〉, 1984)에 사로잡히지 않는다. 한 가지 다른 비전이 있다. '애스터로이드 시티' 안쪽의 이야기와 무대 뒤편에서 연극을 제작하는 극작가와 배우들의 이야기는 형식적으로 긴밀히 연결되어 있지만, 세부적인 구성에서 한 가지 차이를 드러낸다. 웨스 앤더슨은 브로드웨이 극장에 어린아이들을 놔두지 않았다. 그 대신 아이들은 사막에 도착한다.

앤더슨의 아이들은 수평으로 배열된 모형 도시에 예기치 못한 행위를 불러온다. 그들은 단단한 땅을 파서 어머니의 유골을 묻어두고, 높은 곳에서 굴러떨어져 물건을 부순다. 바닥에 납작하게 들러붙은 동물의 사체를 발견하는 것도 아이들의 몫이다. 그들은 견고한 사막의 표면을 깨뜨리고 무너뜨린다. 과거의 기호들이 눌어붙은 무대에 변형의 감각을 도입한다. 그리고 비로소 죽음 이후의 시간을 모색한다. 무덤을 만들고 장례식을 치르며 과거의 시간을 품고 미래로 향하는 것은 아이들의 실천에서 온다. 오기는 그런 아이들을 받아들임으로써 밋지가 남긴 주소를 받는다. 그는 미래로 움직일 것이다. 유년기의 충동은 멈춰버린 영화의 시간을 재생하는 유일한 단서가 될 것이다. 공교롭게도 1950년대의 아이들이란 1969년생인 웨스 앤더슨에게 부모 세대에 속한다. 앤더슨은 1950년대라는 시제에 진입해 아버지와 어머니의 시대가 남긴 이야기를 만난다. 그 시대는 앤더슨에게 이해할 수 없는 이야기로 다가오지만, 단절이 비극적이거나 절망적인 것은 아니다. 앤더슨은 끝나지 않는 이야기를 안고 미래로 향한다. 불투명한 미래로 향하는 여정에 앤더슨의 데뷔작 〈바틀 로켓Bottle Rocket〉(1996)의 주인공 앤소니가 여동생에게 전해주던 말이 덧입혀진다. "그레이스, 오빠는 어른이야. 돌아갈 집이 없는 거야."

# 미치광이들의 영화

리코리쉬 피자 Licorice Pizza ㅣ 폴 토머스 앤더슨 ㅣ 2021
더 배트맨 The Batman ㅣ 맷 리브스 ㅣ 2022


이 나라에서 사람들은 스물한 살에 죽는다.

그들은 스물한 살에, 어쩌면 더 어린 나이에 정서적으로 죽는다.

_ 존 카사베츠, *The Films of John Cassavetes*


## '홈 무비'의 소실

1970년생인 폴 토머스 앤더슨은 〈리코리쉬 피자〉에서 자신이 어린 시절을 보낸 1973년의 산페르난도 밸리로 되돌아간다. 그의 아홉 번째 장편영화는 십대 소년과 스물다섯 살의 성인 여성이 커플로 결합하는 1970년대의 이야기를 다룬다. 유년기의 흔적에 관한 개인적 기록이 반영된 배경이지만, 영화사의 관점에서 본다면 균질한 스튜디오시스템이 붕괴하고 1960년대를 관통하던 정치적 이상이 사라진 뒤의 시기다. 텔레비전에서는 전쟁을 알리는 뉴스와 소비 상품을 광고하는 문구가 동시에 송출되고, 포르노그래피와 마약이 대중문화에 침범하던 때다. 폴 토머스 앤더슨이 다시 한번 선택한 1970년대 할리우드 변방의 작은 도시(산페르난도 밸리는 그의 초기작의 배경이다)는 좌절된 유토피아를 표상한다. 그곳은 할리우드의 꿈이 조각난 파편으로 버려져 있다.

〈리코리쉬 피자〉는 불안정한 물리적 상태에 휘말려 있다. 영화의 첫 장면은 거울을 보는 주인공 개리(쿠퍼 호프만)의 뒤로 화장실 변기가 폭발해 물줄기가 솟구치는 모습을 보여준다. 견고한 물체의 폭발은 화면을 난폭하게 변형하는 영화의 무질서한 운동을 예고한다. 〈리코리쉬 피자〉에 나오는 건축적 공간과 사물들은 소비 상품이 약속하는 안정적인 내구성과 영구적인 시간을 갖추지 않는다. 언제든 부서지고 파괴될지 모르는 잠정적인 시간이 그 자리를 대체하고 있다. 다시 말하지만, 화장실 변기는 이유 없이 폭발한다. 쏟아지는 물줄기는 카메라가 야외로 나간 다음 장면에서 공원 잔디를 적시는 스프링클러로 연결된다. 이러한 사물의 불안정성과 자유로운 결합이 〈리코리쉬 피자〉의 연인들을 움직이게 한다. 많은 이가 이 영화를 폴 토머스 앤더슨이 만든 부드럽고 사랑스러운 영화라고 말하지만, 여기엔 이야기를 파열시키는 폭발과 구멍이 여전히 스크린에 드리워져 있다.

예를 들면 이런 장면이 있다. 청소년 박람회 현장에 들이닥친 경찰이 갑작스럽게 개리를 체포한다. 그들은 총기를 소지한 열여섯 살 백인 남성의 살인 혐의를 고지하는데, 정작 경찰서에서 개리는 용의자가 아닌 것으로 밝혀진다. 허무하게 끝나는 에피소드다. 실없는 코미디처럼 보이지만 이 장면에는 다른 흥미로운 측면이 있다. 개리가 아역배우로 성공하고, 사업가로 부피를 키워가는 동안 그와 비슷한 나이에 같은 색깔의 옷을 입은 소년은 총기 살인사건에 가담하고 있다는 사실이다. 1970년대의 산페르난도 밸리는 두 사건이 같이 벌어지는 곳이다. 소년과 성인 여성의 로맨스가 펼쳐지는 이 영화의 배경은 소년의 살인사건과 성인 여성의 포르노그래피—알라나(알라나 헤임)와 미팅하는 배우 에이전시는 그녀에게 가슴 노출이 가능하냐고 묻는다—가 만들어질 수도 있는 세계다. 이 영화에서 주의 깊게 반복되는 거울의 이미지는 벌어진 것과 벌어지지 않은 것이 한 몸을 이루는 두 세계의 이중적 가능성을 표시한다. 커플의 격렬한 감정적 충동은 영화에 언급되는 살인과 마약, 베트남전의 상흔과 더불어 발생한 결과다. 우리는 그들만큼 정신이상적인 행동을 보이고, 그들은 우리만큼 충동적이다. 서사를 잠시 진동하고는 아무것도 아니라는 듯 사라지는 이런 미세한 파열은 세계의 감춰진 긴장을 영화에 덧붙인다. 이 작은 충돌에서 영화 속 인물들에게 불가피한 균열이 적힌다.

개리와 알라나는 연인처럼 동행하면서도 끊임없이 다른 이성에게 눈을 돌리고 질투하기를 반복한다. 그들의 이해하기 힘든 행동처럼, 이 영화는 하나의 인물과 공간에 안정적으로 머무르는 대신 계속해서 다른 사물과 사람들을 보여주는 것으로 전개된다. 수많은 인물이 개리와 알라나의 시선에 스쳐 지나가고 화면에 돌아오지 않은 채로 사라져버린다. 영화의 마지막 순간에 서로를 찾는 개리와 알라나는 함께 머물렀던 장소들을 찾아가는데, 그곳에서 그들과 마주쳤던 인물들은 이미 사라지고 없다. 폴 토머스 앤더슨의 대표적인 장면인 〈매그놀리아〉(1999)

의 개구리 비처럼 도시를 점유하는 서로 다른 유형의 인물들을 하나로 묶는 픽션적 장치는 여기에 없다. 〈리코리쉬 피자〉는 경계를 넘어선 공통의 매개를 제공하지 않는다.

그런 의미에서 〈리코리쉬 피자〉가 강박적으로 회피하는 것이 있다면 그건 영화의 장소들이다. 구체적으로 어느 공간을 짚어서 특별한 영화의 장소라고 주장하려는 것은 아니다. 다만 영화가 만들어지거나 상영되거나 영화 자체를 지시하는 통속적인 장소들이 이 영화에서는 이상하리만큼 배제되어 있다. 개리가 아역배우로 활동하고, 영화 문화와 비즈니스의 단면들이 끊임없이 나오는데도 영화와 그 형상이 머무는 장소를 직접 비추는 것만큼은 허락되지 않는다. 이 영화가 보여주는 것은 개리가 등장하는 영화가 아니라 그가 나오는 텔레비전 쇼이고, 잭 홀든의 출연작이 아니라 그가 술에 취해 영화의 한 장면을 우스꽝스럽게 재연하는 순간이다. 영화를 촬영하는 도구들(필름 카메라와 마이크)은 영화제작에 쓰이는 대신 왝스의 선거용 홍보 영상을 찍는 장비로 기능이 바뀌어 있다. 〈리코리쉬 피자〉는 20세기의 자취를 돌아보면서 영화 문화의 영광스러운 순간을 되짚기보다 텔레비전 쇼와 프로파간다 뉴스라는 인접 매체와 경합하고 장소를 내어주던 영화의 쇠락하는 역사를 비춘다.

개리가 포르노 영화를 선전하는 신문 기사를 들여다보는 동안, 알라나는 석유파동을 보도하는 텔레비전 뉴스를 본다. 기름값이 폭등해 LA의 거리에 늘어선 자동차들이 멈춰 있는 장면이 나온다. 장 보드리야르가 관찰한 대로 사막과 사막을 잇는 미국의 도시에서 문화를 일으키는 두 요소가 자동차와 영화라면, 폴 토머스 앤더슨은 미국의 두 가지 문화적 상징이 총체적인 중단에 이르는 최초의 순간에 도착한다. 앤더슨이 보여주는 세계는 영화의 장소가 지워지고 자동차 시동이 꺼져버린 곳이다. 비유적인 표현이 아니라 문자 그대로 기계장치를 작동시키는 연료가 고갈되어버린 시대가 스크린에 전시되고 있다. 미국의 자동차를 멈추게 한 석유파동이 벌어진 1973년은 존 포드가 사망한 해이자 니컬러스 레이의 마지막 영화인 〈우린 집에 돌아갈 수 없어 We Can't Go Home Again〉가 공개된 연도이다. 시력을 잃은 한쪽 눈에 안대를 끼고, 나머지 한쪽 눈으로 허구적 공동체의 역량을 관객의 삶에 기입하던 작가들의 시간이 끝났다. 도시의 인간 공동체를 관통하던 영화의 시대가 끝났다. 소비 상품과 정치의 이해관계가 앞서는 팻 버니의 사업장과 왝스의 선거사무소는 도덕적 인간 공동체를 구획하는 장소가 아니다. 이제 영화는 인간이 어떻게 행동해야 되고, 작은 행동으로부터 어떤 의미를 발견해야 하는지 말하지 않는다. 영화는 세계를 통합하는 장치가 될 수 없다. 레이의 영화 제목처럼 그들은 이전과 같은 집으로 돌아갈 수 없다. 연료가 떨어진 채 LA의 밤거리를 거꾸로 주행하는 알라나와 개리의 대형트럭은 귀환할 수 없어진 시대의 한 표식이다.

개리와 알라나는 이름이 비어 있는 자들이다. 소속될 수 있는 정체성이 존재하지 않는 세계에서 알라나는 개리를 당대의 위대한 스타들인 '로버트 굴렛'과 '딘 마틴'이라는 이름으로

20세기, 미국영화의 마지막 꿈

부르고, 잭 홀든과의 오디션을 끝내고 나서 "그레이스 켈리"처럼 보인다는 말을 듣고 기뻐한다(그러나 정작 알라나가 본명을 말하려고 하자 홀든은 그녀를 땅에 처박고 질주한다). 그들은 원래의 이름이 지워진 자리에 스크린 속 스타들의 이름을 대입한다. 하지만 반복건대, 〈리코리쉬 피자〉에는 영화의 장소가 손실되어 있다. 그들은 스크린에 출연하는 대신 거울과 유리창 너머로 보이는 것들에 붙잡힌다. 개리는 쇼윈도를 통해 바라본 물침대에 매혹되고, 팻 버니 가게에 구경 온 여자친구를 유리창 너머로 보고 시선을 빼앗긴다. 알라나를 처음 마주할 때도 화면에는 현실의 얼굴과 더불어 나타난 거울 속의 얼굴이 보인다. 영화가 없는 세계에서 그들이 꿈꿀 수 있는 이미지는 거울과 유리창의 표면에 시선을 던지는 것뿐이다.

〈리코리쉬 피자〉는 폴 토머스 앤더슨이 만든 유년기의 '홈 무비'이다(실제로 알라나 하임의 가족이 모두 출연하고 그들의 집 내부 공간이 나온다). 이제는 아벨 페라라 같은 소수의 언더그라운드만이 고수하는 홈 무비의 속성을 산업과 시스템의 영역에서 보여주는 것은 무척 대담한 일이다. 이야기가 불균질하다거나 인물들의 행동을 이해할 수 없다는 것은 이 영화의 홈 무비적 성질을 고려한다면 부자연스러운 문제가 아니다. 영화는 홈 무비의 형식과 리듬을 따라 어린 시절의 친밀한 장소들을 비추고 그 장소를 오가는 작은 공동체를 관측하는데 이는 차츰 영화가 진행되면서 소멸하기 직전의 기록으로 변모한다. 시간은 멈춰버린 것처럼 조금도 흘러가지 않으며, 눈앞에 나타났던 모든 것은 사라지고 만다. 〈리코리쉬 피자〉의 불균질한 화면은 영화에 나오는 모든 장소와 인물에 변형을 일으킨다. 세계는 미세한 단위로 쪼개지고 군중을 묶는 공동의 표식은 부재한다. 그러니 정확히 고쳐 말하면, 〈리코리쉬 피자〉는 집에 돌아갈 수 없는 자들의 곧 붕괴할 '(노) 홈 무비'이다.

    이 영화가 보여주는 것은 1970년대의 유토피아적 매혹이면서, 그 시대의 끝이다. 신원을 모르는 상대에게 걸려온 전화벨 소리가 전하는 궁금증과 흥분을 담아낼 수 있는 마지막 시기가 사라져가고 있다. 서로 알지 못하는 익명의 군중들을 무작위로 배치하는 영화의 장소 또한 사라지고 있다. 개리와 알라나는 마침내 도시의 밤거리에서 재회하고 끌어안는다. 〈리코리쉬 피자〉는 갑작스러운 재회와 해피 엔딩으로 끝나는데, 스탠리 카벨의 용어를 빌려 말한다면 이 엔딩은 위기에 놓인 커플의 재결합을 추구하는 할리우드 재혼 코미디에 속한다. 거리를 달려오는 두 사람의 발걸음으로 재회하는 마지막 순간은 돌이킬 수 없이 멀어져버린 것들을, 더 이상 마주치지 않던 연인을 다시 결합하는 매혹적인 영화의 순간이다. 그러나 그들은 포옹하는 두 사람의 배경으로 자리 잡은 영화관에 시선을 두지 않는다. 그들은 영화가 머무는 시간에 속하지 않는다. 이 영화의 '해피 엔딩'은 영화의 주변부를 맴도는 연인들의 행복한 시간을 끝내는 역설적인 의미의 '엔딩'이기도 하다.

**패닉**

　흥분과 도취가 지나간 자리에 파괴된 잔해가 남겨진다. 배트맨 시리즈의 새로운 책임자인 맷 리브스는 다시 만들어진 〈더 배트맨〉이 1970년대 아메리칸 시네마를 적극적으로 참조한 결과물이라는 것을 숨기지 않는다. 윌리엄 프리드킨의 〈프렌치 커넥션〉(1971), 로만 폴란스키의 〈차이나타운Chinatown〉(1974), 마틴 스코세이지의 〈택시 드라이버〉(1976)가 주로 언급되는데, 시대를 관통하는 정신적 공허와 편집증적 증상이 뒤섞여 분출되는 폭력의 세계를 그린 필름누아르의 대표적인 사례들이다. 개인의 병리적 증상이 국가의 환부이자 시대의 얼룩으로 치환되는 남성 서사의 거대한 삼위일체를 이루던(혹은 그렇다고 여겨지던) 마지막 시기의 영화들. 리브스는 개인과 국가 간의 밀접한 접속이 끊어진 시대에 여전히 국가의 붕괴를 꿈꾸는 시대착오적 기획을 〈더 배트맨〉의 고담시에 투영한다.

　영화에서 리들러(폴 다노)는 말한다. 토머스 웨인이 약속한 재개발 기금은 거짓이다. 그럴듯하게 들리는 자본가의 공약과 정치 언어는 실천되지 않았고, 눈먼 기금은 정치인들과 결탁한 도시의 지하 세계로 흘러들어 갔다. 그는 도시 기획의 원죄를 자본의 상속자인 브루스 웨인(로버트 패틴슨)에게 덧씌운다. 리들러의 계획을 가속하는 것은 브루스 웨인과의 계급 차다. 그들은 같은 장소에서 희망의 언어를 듣지만, 약속은 지켜지지 않았고 살아남아 주목받은 것은 버림받고 자라난 수많은 고아가 아니라 브루스 웨인 단 한 사람이다. 리들러는 공동의 약속이 실현되지 않은 도시 공간을 범죄적 폐허로 전환하려 한다.

리브스의 〈더 배트맨〉이 주의 깊게 묘사하는 부분은 도시를 구성하는 서로 다른 조직들이 하나의 몸을 이루는 기관처럼 작동하는 면모다. 도시 공간의 규칙을 실행하는 감춰진 논리가 기계적으로 유통되는 범죄의 절차를 통해 긴 시간에 걸쳐 드러난다. 실마리를 아는 자들은 진실이 밝혀지면 그들을 지탱하는 도시 전체가 무너질 것을 두려워하며 입을 닫는다. 이 과정에서 '날개 달린 쥐'를 찾는 탐정의 추론은 '펭귄'에서 '박쥐'로, 종래에는 '매'로 그 정체를 옮겨 간다. 불확실한 판단과 추론의 혼동이 배트맨의 시야에 비친 고담시의 표상에 새겨진다. 마찬가지로 배트맨과 리들러는 망원경으로 사람들을 바라보고, 벽에 영사되는 영상을 마주한다는 공통점을 갖는다. 이러한 시각의 등치성이 최종적으로 불러오는 것은 그들이 머무는 공동의 지반을 무너뜨리는 자기파괴적 집단행동이다.

배트맨이 자처하는 탐정의 역할은 이중적이다. 그는 리들러가 꾸며놓은 퍼즐에 접근하면서, 서로 다른 트라우마의 기원이 되는 아버지(들)의 흔적에 가까이 다가선다. 도시에서 벌어진 살인사건을 추적하면서 탐정과 가해자를 결부 짓는 공통된 과거와 연결되는 것이다. 브루스 웨인은 아버지의 행적에 고통받고, '캣우먼' 셀리나(조 크라비츠)는 아버지를 죽이려 한다. 아버지 세대의 거짓말을 발견하는 허구적 서사에서 비참한 삶의 의미를 찾은 리들러의 편집증은 도시를 수몰시키려는 과대망상으로 번진다. 원인 없는 도시의 밑바닥에서 분노와 증오의 행위만이 연쇄적으로 나타난다. 영화의 마지막에 배트맨은 희망을 말하지만, 개인의 역량으로 통제할 수 없는 파괴에의 열망과 그 원인을 해소하지 못하는 공동체의 무기력이 또한 감지된다. 리브스는 이름 없는 자들의 요구에 제대로 응답하지 못한 도시공동체의 뒤늦은 반응을, 1970년대 미국영화가 발산한 시대적 불안과 과잉된 행동을 뒤늦게 빌려오는 영화의 형식과 연결한다. 〈더 배트맨〉은 이 모든 의미에서 후발 주자를 자처하는 영화다.

LA와 뉴욕. 헤어지고 만나기를 반복하는 망상적 연인들과 오랜 증오 끝에 서로를 마주하는 영웅과 악당. 아버지가 부재한 소년은 덧없이 사라져가는 유년기의 충동에 사로잡히고, 박쥐 복장을 두른 남자는 죽은 아버지가 남긴 유년기의 고통스러운 유산에 접근한다. 두 편의 영화는 상반된 장르와 분위기로 차이를 드러내지만, 적지 않은 요소들을 공유하면서 비대칭적으로 접합해 있다. 1970년대의 병리적인 충동을 빌려오는 두 영화에서 미국은 꿈과 미래를 약속하는 신화 속의 아메리카가 아니다. 그곳은 연료가 고갈되어버린 차들이 방치되고, 거짓으로 파산한 도시의 잔해로 부서져 있다. 모든 것이 소진된 지대에 1970년대적 미치광이들의 기획이 접속하는 〈리코리쉬 피자〉와 〈더 배트맨〉은 유사한 열망을 분출하는 서로 다른 비전이다. 아버지의 압력에서 벗어나 유년기적 열망을 찾으려는 충동은 아름다운 스크루볼코미디로 한 번, 어둡고 경직된 블록버스터 탐정 서사로 다시 한번 반복된다.

　　서두에 인용한 문장에 덧붙여 존 카사베츠는 이 나라의 사람들이 스물한 살을 넘도록 돕는 것에 영화의 책임이 있다고 말한다. 그의 표현에 따르면, 영화는 고통을 줄이는 방법을 제공하는 감성적이고 지적인 로드맵이다. 그렇다면 연료 없는 자동차를 주행하는 운전자와 도시 전체를 보지 못하는 눈먼 탐정에게 필요한 지도는 어디에 있을까. 극장의 어둠 속에서, 이미지는 사라지지 않고 되돌아왔다. 불균질한 질서와 비전이 허용되던 마지막 시기인 1970년대 아메리칸 시네마의 흔적은 오늘날의 미국영화에 주어진 육중한 족쇄를 푸는 단서일까? 아니면 동시대 영화가 직면한 또 다른 막다른 길일까?

# 이미지의 죽음

탑건: 매버릭 Top Gun: Maverick | 조셉 코신스키 | 2022

나는 폭탄에 반대하지 않지만 군대에는 반대한다.

_ 장뤽 고다르

매버릭(톰 크루즈)은 어떻게 살아난 걸까? 〈탑건: 매버릭〉의 도입부. 신형 전투기 개발 프로그램이 중단될 위기에 처하자, 매버릭은 아직 성능이 검증되지 않은 전투기를 몰고 목표 속도인 마하 10을 돌파하는 초음속비행에 성공한다. 그러나 동료가 염려한 대로 목표 지점에 도달한 뒤에도 그는 가속을 멈추지 않는다. 과열된 기체는 끝내 사고를 일으킨다. 순식간에 통신이 끊어져 비행을 지켜보던 관제소의 스크린이 꺼지고, 초음속으로 질주하다 추락하는 전투기의 포물선이 카메라에 붙잡힌다. 매버릭을 연기한 배우가 톰 크루즈가 아니었다면 즉각적으로 조종사의 죽음을 예감할 만한 장면이다. 가늠할 수 없는 속도로 비행하면서도 극도의 긴박감을 제공하는 대신 창밖을 바라보는 매버릭의 표정과 덧입혀진 서정적 음악이 화면을 불안하게 감싼다. 물론 매버릭은 살아남는다. 하지만 영화는 그가 조종석에서 탈출하는 구체적인 과정을 숨긴다. 전투기에 부착된 비상 낙하산으로 탈출했다고 말하면 쉽지만, 확신할 수 없다. 벌어진 사고를 둘러싸고 있는 탈출 가능성과 현실적 고증을 따지자는 말은 아니다. 하지만 인물과 기계가 구사하는 동작과 그것이 전달하는 아날로그적 감각을 중요하게 다루는 이 영화에서 매버릭의 탈출 경과를 생략한 데는 특기할 만한 부분이 있다.

### 기억으로의 회귀

　　머리카락이 조금 헝클어지고 옷매무새가 엉망이 되었을 뿐, 몸에 상처 하나 없이 살아남은 매버릭은 인근 식당에 들어와 "여기가 어디인가요"라고 묻는다. 여기가 어디인지 추락한 매버릭은 알지 못한다. 긴박한 사고를 허무하게 마무리 짓는 이 장면을 실없는 유머로 받아들여도 무방하지만, 조금 다른 인상을 선사하기도 한다. 매버릭은 공중에서 추락했으며, 위치를 알 수 없는 외딴곳에 불시착했다. 마치 낯선 외계의 침입자를 마주한 것처럼 어린아이는 그에게 이곳이 지구라고 답해준다. 지구에 불시착한 그는 폭발과 추락이라는 사태를 매개로 다른 세계에 진입한 것처럼 보인다.

　　추락은 필연적인 결과다. 매버릭은 프로그램이 설정한 목표에 도달하는 것 이상을 바라본다. 한계를 초과한 속도에 사로잡힌 그를 멈출 수 있는 유일한 수단은 기계가 오류를 일으키고 작동을 멈추는 것이다. 공교롭게도 이 추락 사고를 통과하자마자 매버릭의 주변으로 모든 것이 되돌아온다. 그는 전투기 조종사 학교로 돌아갈 기회를 얻고, 그곳에서 오랜 친구인 아이스맨(발 킬머)과 옛 연인 페니 벤자민(제니퍼 코넬리)을 만나게 되며, 구스의 아들 루스터(마일스 텔러)와 마주한다. 이 영화의 가장 아름다운 장면이라 할 만한 페니의 술집 시퀀스는 정합적인 현실이라기보다는 매버릭이 떠올리는 여러 시간대의 기억이 응축된 결정체 이미지crystal-image에 가깝다. 아이스맨과 문자를 나누고, 페니와 재회하고, 루스터를 맞닥뜨리는 상황이 한 공간에서 연쇄적으로 펼쳐지면서 과거의 지층이 만화경처럼 일거에 쏟아진다. 무엇보다 이는 전편인 〈탑건〉(1986)으로의 귀환을 가능하게 한다. 매버릭의 사적인 기억 저편으로 되돌아가면서 또한 관객이 공유하는 공통의 기억으로 접근하는 것이다.

　　이 영화의 서사를 추동하는 도입부의 사고에 대한 한 가지 가설은 이것이다. 매버릭은 그 거대한 폭발에 휘말려 죽었을지도 모른다. 혹은 적어도 추락하는 전투기에서 아직 탈출하지 못한 건지도 모른다. 영화는 전투기에서 탈출하는 매버릭을 보여주지 않았고, 이어지는 장면에서 그는 초음속의 속도로 비행하던 전투기 폭발에 휘말린 사람이라고는 생각하기 어려울 만큼 말끔한 모습으로 나타난다. 그런데 이 비현실적으로 말끔한 모습이 문자 그대로 비현실이라면 어떨까? 매버릭이 전투기가 폭발하는 순간에 죽음에 이르렀다면 그가 추구하던 신념은 수정되어야 할 것이고, 파일럿으로서의 열망은 무산될 것이며, 막무가내로 비행을 감행한 대가로 명예로운 장례 절차도 주어지지 않았을지 모른다. 〈탑건: 매버릭〉이 전개하는 서사는 폭발 사고 이후로 매버릭에게 가해질 수도 있는 바로 이 징벌을 복구하는 절차이다. 매버릭은 전투기의 폭발과 더불어 손상된 정체성을 회복하기 위한 가상의 장소를 마련한다. 기억 속의 친구가 그를 소환하고 과거의 연인이 머물러 있는, 그리하여 그의 믿음이 틀리지 않았음을 증명하고 보상하는 장소가 스크린에 펼쳐진다. 그 가상의 장소에서 오래된 '미국영화'의 신호들이 되살아난다. 집단적 춤과 노래, 군인의 죽음에 대한 애도와 제의, 연인과의 재결합, 아버지와 아들의 화해, 불가능해 보이는 전투를 승리로 이끄는 위대한 전쟁 영웅을 환대하는 한 편의 '미국영화'가 제공되는 것이다.

### 군대와 영화

미국영화를 둘러싼 몇 가지 전형적인 진술이 있다. 한편으로 할리우드 블록버스터는 오락영화일 뿐이라는(그 영화에 찬사를 보낼 때조차 작동하는) 냉소적 판단이 주를 이루고, 그 반대지점에 영화에 숨겨진 정치적 시각을 발견하려는 관점이 있다. 너무 많은 미국영화가 단순한 오락영화로 축소되거나, 범용한 의미에서의 정치적 영화로 뭉뚱그려진다. 트럼프 시대의 미국영화는 손쉽게 받아들여지지만, 시진핑 시대의 중국영화, 푸틴 시대의 러시아영화는 좀처럼 담론화되지 않는다. 다른 한편, 미국영화는 역사와 시대의 반영적 기록으로 거론되며, 때로는 지극히 모호한 용법으로서 '영화적인 것'의 정수를 수호하는 보루가 되기도 한다. 아시아 영화나 유럽 영화를 말할 때는 특별히 거론되지 않는 수사적 표현들이 미국영화를 가리킬 땐 거리낌

20세기, 미국영화의 마지막 꿈

없이 나타나곤 한다. 미국영화가 역사와 문화와 공동체의 역량을 끌어안고 그 모든 것에 속하면서 그중 어떤 하나로 환원되지 않는 교묘한 복합체이기 때문이라고 말하면 간단할 테지만, 이는 무엇도 구체적으로 해명하지 않는다.

〈탑건: 매버릭〉에 관한 깊은 환대에도 그런 전형적 진술들이 뒤섞여 있다. 톰 크루즈라는 대체할 수 없는 슈퍼스타, CGI를 최소화하고 아날로그적 장면을 고집하는 영화의 매혹, 오랜 시간을 뛰어넘어 과거의 향수와 접속하는 시리즈의 성취, 탁월한 기술적 완성도로 구현된 전투 시퀀스에 대한 감탄과 찬사가 늘어서 있다. 이런 반응들은 그 자체로도 미심쩍은 구석이 존재하지만, 또한 한 가지 명백한 이미지를 회피한다. 상술한 요소들과 더불어 이 영화의 표면에 되돌아온 군대와 무기의 이미지들을 말이다. 〈탑건: 매버릭〉은 매력적인 블록버스터 오락영화이면서 동시에 한동안 박스오피스에서 자취를 감췄던 전쟁영화이자 군대영화다. 미사일을 피하는 전투기의 화려한 움직임과 불꽃놀이 같은 폭발의 형상이 화면을 가득 채우는 영화의 한 장면에서 문득 '블록버스터'가 원래 제2차 세계대전에 영국 공군이 사용한 초대형 폭탄의 이름이라는 사실을 떠올리게 된다.

변모하는 전쟁의 테크놀로지는 영화가 생산하는 이미지와 불가피하게 연결되어 있다. 이미지의 역사는 전쟁과 군사적 지각의 시간과 겹쳐 있다. 카메라와 무기는 대상을 포착하고 정해진 시야에 붙잡는 사물들이다. 우연의 산물이라 하더라도 팬데믹 이후에 유효한 산업적 성공을 거둔 첫 번째 전쟁영화가

〈탑건〉 시리즈의 속편, 즉 전투기 조종사들의 시점을 담고 있다는 것은 주의 깊게 고려할 만하다. 매버릭에게 주어진 임무는 산악지대에 설치된 지하 우라늄 농축 시설을 파괴하는 것이다. 그런데 그 시설을 구축한 세력의 지리적 정치적 조건은 드러나지 않는다. 영화는 상의를 벗고 럭비를 즐기는 한여름의 해변에서 눈으로 뒤덮인 설원의 무대로 순식간에 이동하는 초연결적 전환의 스펙터클을 제공할 뿐이다. 전편이 그랬듯이 군대라는 체제와 인간, 그리고 그들이 운용하는 전투기가 맺는 단단한 결속을 공동체의 가치로 미화하는 동안 그들이 상대해야 할 적들의 이미지는 구체적으로 표상되지 않는다. 이 영화에서 군대는 외부의 어떠한 이해관계와도 차단되어 있다. 매버릭을 포함한 군인들은 얼굴 없는 적들, 실현되지 않은 위협에 대항한다. 그들이 벌이는 맹목적인 전투는 외부 세계를 전제해두지 않는다. 모든 것은 파일럿들의 시선 내부로 수렴한다.

〈탑건: 매버릭〉은 조종사의 시선과 시점을 적극적으로 활용한다. 그 자리에서 관측되는 것은 공중에서 실시간으로 바깥과 아래를 바라보는 '플라이 비전'이다. 영화는 전투기가 점유하는 위치와 속도를 긴장감 있는 액션 시퀀스로 강조한다. 이 속도와 높이는 필연적으로 외부의 소멸을 동반한다. 파일럿들의 시선에 지면의 대상들은 결부되지 않는다. 그들의 시선과 접속하는 사물이 있다면, 지대공미사일과 적군의 또 다른 전투기가 전부이다. 사물은 추상적인 표적으로 전환되고 무전과 전투로 연결되는 파일럿 외에 창밖에 있는 대상은 개별적인 존재로 인식되지 않는다. 외부는 존재하지 않는다. 전투기 내부에서 바깥은 평면으로 다듬어진 이미지의 한 단면으로 수용된다.

### 추락하는 자의 망상

〈탑건: 매버릭〉에 추락에 대한 불안과 두려움은 없다. 이 상한 일이다. 분명히 영화의 첫 시퀀스에서 초음속의 속도로 질주하던 전투기가 추락하는 사고를 당했음에도, 매버릭은 전투기 조종에 대한 확신을 품고 변하지 않는 교훈을 전달한다. 가속을 멈추지 않다가 추락 사고를 일으킨 도입부의 매버릭과 끊임없이 한계를 넘어설 것을 주문하는 매버릭 사이에는 모종의 단절이 있다. 도입부를 제외한 영화의 나머지 전체를 점유하는 매버릭은 너무나 빠르게 도입부의 경험을 잊어버린 것처럼 보인다. 전편과 속편을 관통하며 지속적으로 반복되는 "생각하지 말라"는 경구를 따르듯이 매버릭은 실패의 기록을 말끔히 생각에서 지워버린 듯이 보인다.

그 결과로 〈탑건: 매버릭〉의 화면에는 모든 임무를 극복해내는 명랑함이 지배적으로 감돈다. 한계를 초과하고 역경을 넘어서는 주인공의 궤적은 톰 크루즈라는 스타 페르소나의 필모그래피 전반에 새겨진 원형적인 기록이기도 하다. 과거의 실수와 오해, 죽음의 위기마저도 순식간에 극복된다. 그것은 타인의 얼굴, 구체적 대상, 시각적 딜레마를 배제한 전투기의 시선과 속도로부터 기인한다. 전편의 구조를 고스란히 빌려온 이 속편은 그래서 구체적 현실을 그려낸 결과라기보다는 매버릭의 기억과 뇌 속에서 재구성되는 시뮬레이션에 가깝다. 그곳에서 36년 전의 승리담이 한층 더 매끄럽고 은밀한 형태로 재생되고 있다. 수많은 무기와 전투가 전면에 묘사되고 있지만, 〈탑건: 매버릭〉에는 상처도 혈흔도 고통도 심지어는 격추되는 자의 신체도 관측되지 않는다. 전투기 바깥에 있는 자들은 피부를 가진 존재가 아니다. 그래서 표적에 미사일과 플레어를 겨누는 이들은 모든 심리적 혼란으로부터 안전하다. 그리고 그것은 전투기에 몸을 실은 조종사의 시선을 구축하는 데서 완결된다. 전투기에 탑승한 자는 압도적인 속도와 높이를 획득한다. 그들의 시선은 시야에 포착되는 것들을 조망한다. 순식간에 지나가는 속도와 고도의 높이 속에서 외부는 실존하는 물리적 세계가 아니라 전투기가 통과하고 넘어서야 할 지형적 조건으로 탈바꿈한다. 매버릭은 한 치의 의심과 망설임 없이 그 지형을 2분 15초 안에 저공비행으로 통과하고, 그가 운행하는 전투기의 기록은 실시간 시뮬레이션 이미지로 다른 이들에게 전달된다.

　　〈탑건: 매버릭〉은 추락하는 자의 망상이다. 매버릭은 여전히 폭발한 전투기에서 추락하고 있다. 그는 초음속의 속도를 넘겨 한계를 초과하는 자신의 판단이 틀리지 않았다는 믿음을 간직한 채로 소멸에 다다르고 있다. 전투기 파일럿들은 결국 사라질 수밖에 없다는 제독의 말에 "그럴지도 모르죠. 하지만 오늘은 아닙니다"라고 받아치는 매버릭의 대답은 그럴듯하게 들리지만, 다른 한편으로 이는 매버릭의 믿음과 신념이 파산하는 순간을 끝없이 유예하는 지연의 언어이기도 하다. 그의 대체적

　　　　　　　20세기, 미국영화의 마지막 꿈

망상 속에서 한 편의 유려한 액션영화가 상영된다. 그것은 매버릭의 죽음을 지연하기 위해 소요되는 기나긴 주마등의 시간이다. 그 시간 속에서 도입부의 추락하는 전투기에 대항해 마침내 임무를 완수하고 고공으로 떠오르는 매버릭의 카운터 이미지counter-image가 펼쳐진다.

두 명의 매버릭이 있다. 독단적인 판단과 이해할 수 없는 선택으로 전투기 폭발 사고를 일으킨 도입부의 매버릭, 그리고 독단적인 판단과 이해할 수 없는 선택으로 작전에 성공하고 모든 동료를 구해내는 나머지 부분의 매버릭. 같은 의미에서 〈탑건: 매버릭〉에는 상이한 속성을 지니는 두 편의 영화가 상영된다. 폭발과 추락, 죽음의 위협에 노출되어 언제든지 스크린이 꺼질 수 있는 불안정한 영화, 그리고 죽음의 위협이 제거되어 그어떤 폭발과 추락에도 스크린에 되돌아오는 자들의 영화. 전자는 사라지고 후자는 살아남는다. 이 지점에서 공동체의 파괴된 정체성을 회복하고 집단적 승리를 제공하는 임무를 수행하는 미국영화의 승리가 선언된다. 〈탑건: 매버릭〉은 추락과 폭발을 통해 시리즈가 형성된 기원의 장소로 되돌아가 손상된 채로 남겨진 과거를 낙관적인 형태로 재건한다. 전편에서 바다 한가운데서 죽은 구스가 끝내 그의 아들 루스터로 대체되어 매버릭의 뒷자리에 되돌아오는 것처럼 말이다.

코로나19 팬데믹이 거미줄처럼 연결된 국가공동체와 세계사회의 파산 가능성을 드러낸 분기점이라면, 〈탑건: 매버릭〉은 세계가 이룩한 초연결적 사회의 허약함이 폭로된 시기에 스크린에 도착한 군대영화다. 군대영화는 이미지를 파괴하면서 또 다른 이미지를 생산한다. 〈탑건: 매버릭〉은 세계의 이미지를 말소하고 대규모 살상 무기와 전후의 표상만을 화면에 남겨두고 있다. 여기엔 매혹적인 전투의 스펙터클과 그 스펙터클에 필연적으로 수반되는 죽음의 위협을 제거하려는 도착적인 열망이 공존한다. 이것은 이미지의 죽음이기도 하다.

20세기, 미국영화의 마지막 꿈

# 망상적 엘리트주의자의 초상

오펜하이머 Oppenheimer ｜ 크리스토퍼 놀런 ｜ 2023

〈오펜하이머〉는 수면에 떨어지는 물방울을 바라보는 한 남자의 시선으로 시작하고 끝난다. 그는 무언가를 바라본다. 그런데 무엇을 바라보는가. 오랜 친구인 라비는 그를 두고 "우리가 보는 세상 너머를 보는 사람"이라고 말한다. 반면 그를 음해하는 스트로스 제독(로버트 다우니 주니어)은 "모든 천재가 지혜로운 건 아니다. 그는 똑똑했지만 앞을 볼 줄 몰랐다"라고 평가한다. 서로 다른 지점을 가리키는 진술이다. 그는 앞을 볼 모르는 사람이지만, 눈앞에 보이는 것 너머를 보려는 사람이다. 영화 속에서 오펜하이머(킬리언 머피)에게 주어지는 이 상반된 견해는 크리스토퍼 놀런이 구축하려는 영화적 야심의 형태와 겹치는 것 같다. 우주의 실체를 눈에 담으려는 오펜하이머의 열망이 그러하듯 놀런은 〈오펜하이머〉에서 눈에 보이는 것만을 비추는 영화라는 장치를 매개로 표면 너머의 이상을 바라보려고 한다.

크리스토퍼 놀런은 두 손으로 현실의 시공간을 왜곡하고 조각내는 소년적 유희에 몰두하면서, 심각한 고뇌와 트라우마에 사로잡힌 남자의 얼굴을 탐닉한다. 오펜하이머의 '파괴'는 유희와 고뇌를 오가는 놀런의 복합적 비전에 그럴듯하게 들어맞는 사례일 것이다. 오펜하이머의 손은 나치 독일보다 먼저 원자폭탄을 개발해야 하는 성찰 없는 속도전에 뛰어들지만, 그의 얼굴은 폭탄의 개발과 투하가 불러오는 여파를 직시한다. 그는 세계의 원리를 통제하려 드는, 그러나 세계가 자신의 통제 바깥에 있다는 것을 뒤늦게 깨닫는 전형적인 크리스토퍼 놀런 영화의 주인공이자 필름누아르 무대의 눈먼 탐정이다.

〈오펜하이머〉가 나열하는 이미지는 일반적인 숏의 규칙을 따르지 않는다. 이 영화에서는 사건의 전후 과정이 삭제된 피상적인 장면들이 계속해서 이어지고, 트리니티 핵실험 시퀀스를 제외하면 상황이 점진적으로 고조되는 과정은 거의 묘사되지 않는다. 이 영화의 숏은 오펜하이머가 바라보는 물방울, 혹은 서로 부딪치고 쪼개지며 핵분열을 일으키는 원자들처럼 다뤄진다. 놀런에게 영화의 장면은 하나하나에 개별적인 의미와 자율성이 부여되는 요소가 아니다. 그것은 차라리 거대한 목적을 향해 움직이는 기계장치의 한 부분으로 '구획화'된 도구들이다. 역설적이지만 이 영화는 오펜하이머라는 중대한 인물의 연대기적 삶에도, 제2차 세계대전 앞뒤로 펼쳐지는 역사의 궤적에도 별관심이 없는 것처럼 보인다. 〈오펜하이머〉는 인물과 서사가 정합적으로 연결된 영화라기보다 거대한 정념으로 뭉쳐진 이미지와 사운드의 덩어리다. 맨해튼 계획의 목표를 위해 모든 원료가 효율적으로 도달할 수 있게끔 하나의 점을 설정하는 오펜하이머의 설계도처럼 이 영화는 폭발의 발화점을 향해 수렴하는 속도의 경험이다.

실제로 재래식 폭약을 터뜨려 촬영한 것으로 알려진 트리니티 실험 시퀀스는 〈오펜하이머〉가 전제하는 미학적 자만심과 자의식을 응축해 문자 그대로 폭발시키는 구간이다. 크리스토퍼 놀런이 고집하는 아이맥스 촬영과 실사 재현이 그 자체로 특별한 영화적 감각을 제공하는 물리적 기반이라고 말하는 건 대응할 가치가 없는 헛소리이자 이제는 특권을 점유한 극소수만이 누릴 수 있는 낭비를 신비화하는 반동적인 옹호일 것이다. 이 시퀀스에서 폭발보다 중요하게 고려되어야 할 대상은 폭발을 바라보는 시선이다. 놀런은 원자폭탄 실험을 지켜보는 군중을 특별한 장면에 반응하는 영화 관객처럼 비춘다. 그들은 폭발을 맨눈으로 바라볼 수 없으므로, 고개를 돌려 반사되는 잔상을 목격하거나 선글라스와 창틀에 매개된 이미지를 마주한다. 오펜하이머 역시 먼발치에서 선글라스를 끼고 창문 사이로 폭발을 바라본다. 폭탄이 터지고 모든 소리가 암전되는 잠깐에도 돌아가는 기록용 필름 릴 소리가 암시하듯, 이 경험은 그의 눈동자에 흉터처럼 새겨질 것이다. 모든 것을 계획한 한 남자의 얼굴이 있고, 창밖에는 폭발이 그의 계획보다 큰 결과물로 실현된다. 그리고 영화라는 시청각 장치가 둘 사이를 매개하고 있다. 이것이 〈오펜하이머〉와 크리스토퍼 놀런이 조직하는 영화의 삼위일체다. 어쩌면 바로 이 순간에 도달하기 위해 놀런은 〈오펜하이머〉를 만들었을지도 모른다.

하지만 이 과감한 파동이 이끄는 영화의 목적지는 대단

히 미심쩍은 곳이다. 트리니티 실험의 핵심적인 장면이 보여주는 것처럼, 〈오펜하이머〉에서 원자폭탄 폭발은 현실 속의 수많은 윤리적 논쟁과 정치적 이해관계가 뒤얽힌 사건이라기보다는 한 명의 거대한 인간이 일으킨 신화적 징벌처럼 묘사된다. 그것은 이 영화가 전제하는 계급성과 무관하지 않다. 놀런에게 있어, 인류는 물론 지구라는 행성의 운명까지 좌우할지 모르는 폭발의 연쇄반응은 오직 엘리트주의적 영웅의 섣부른 실천과 정책을 결정하는 관료주의 집단의 판단으로 정해지는 것이다. 트리니티 실험이 성공했을 때, 실험에 참여한 수많은 이가 현실에서 보였다는 서로 다른 복잡한 반응은 놀런의 시선에 들어올 수 없다. 오펜하이머가 관심을 두는 좌파 사상과 공산주의 집단 사이의 긴장은 그저 청문회 과정에서 그를 발목 잡는 경력의 흠집으로 치부될 뿐이다. 오펜하이머가 로스앨러모스의 사막에 모든 구성원이 거주할 만한 크기의 연구소를 설립해야 한다고 주장하고, 책임자인 그로보스 대령(맷 데이먼)이 이를 수락하면 그 자리에 거대한 마을이 생겨나는 것처럼 이 영화는 유능한 책임자의 계획과 관료주의의 실행력을 유사 종교적인 권능으로 취급할 뿐, 집단의 경험과 충동은 다루지 않는다. 그가 우주에 탐닉하고 행동하면, 그것이 세계를 바꾸는 절대적인 원인이 된다. 〈오펜하이머〉는 폐쇄된 엘리트주의자의 초상화이며 은근히 그 관점에 동조하는 영화이기도 하다.

　　〈오펜하이머〉는 아이맥스 스크린을 가득 채운 오펜하이머의 얼굴 뒤로 분열하는 원자의 추상적 이미지와 장엄한 우주의 기록을 보여주곤 한다. 이 과대망상적인 장면 연결은 신의 시점에서 영화적 우주의 논리를 재구성하려는 의지의 표상일 것이다. 특정한 대상을 카메라 앞에 제시하고 연결하는 것만으로 의미를 획득할 수 있다고 믿는 편집은 감각을 확장하는 영화적 몽타주가 아니라 그 안으로 모든 맥락을 끌어당기는 개념적 착상에 불과하다. 그 이미지의 연쇄가 스크린을 뒤덮을 때 기능을 멈추는 것은 오펜하이머의 얼굴과 우주의 원리가 결합하면서 생겨난 결과물인 원자폭탄에 대한 현실 윤리적 질문이다. 〈오펜하이머〉는 원자폭탄의 모순을 향한 질문을 멈추고 심오한 목적지가 존재하는 것처럼 속임수를 쓴다. 스트로스 제독의 청문회와 오펜하이머의 비공식 청문회를 교차하는 이 영화의 법정영화 구조는 인물을 둘러싸고 있는 모호함과 논쟁적 사태의 판단 불가능성을 덧입히는 형식으로 성립하는 대신, 스트로스의 시원찮은 악행을 고발하면서 반대편에 있는 오펜하이머에게 도덕적 알리바이를 부여하는 소심한 옹호로 축소된다. 이 영화는 한 인간의 실천과 그의 통제를 벗어난 결과물이 빚어내는 딜레마를 파고들지 않는다. 다만 오펜하이머에게 비극적이면서도 초월적인 선지자의 면모를 부여하면서 끝날 뿐이다. 영화가 건네는 오펜하이머의 미학적 승리는 그를 사로잡은 도덕적 죄의식과 딜레마를 압도한다. 〈오펜하이머〉는 강렬한 경험의 폭탄이지만, 폭발물이 남긴 잔해까지 시선에 담아내지 않는다. 나는 그 외면에 비겁함이 있다고 느낀다.

# 지워진 장소(들)

아마겟돈 타임 Armageddon Time | 제임스 그레이 | 2022

요나스 메카스의 〈리투아니아 여행의 추억Reminiscences of a Journey to Lithuania〉(1972)은 한밤중에 불길에 휩싸인 오스트리아 빈 도심의 광경으로 끝난다. 세 부분으로 구성된 이 영화의 마지막 파트는 함부르크의 교외 지역에서 시작해(이곳은 메카스가 제2차 세계대전 당시에 갇혀 있던 강제수용소가 위치한 지역이다) 그가 수감을 피하고자 떠나려던 빈으로 향한다. 그러나 뜻밖에도 영화의 마지막에 카메라가 포착하는 것은 빈에서 가장 아름다운 곳이라 불리는 오래된 청과 시장이 불타는 순간이다.

영화에서 가장 큰 비중을 차지하는 것은 리투아니아에서 촬영된 영상들이다. 리투아니아 시골 마을의 오래된 집을 배경으로, 메카스와 그의 동생이 25년 만에 고향에 돌아와 가족들과 만나는 순간을 기록하고 있다. 하지만 "천국으로 돌아가는 기쁨을 보여주는 작품"[*]이라는 감상에도 불구하고, 이 영화는 메카스의 고향에서 끝맺지 못한다. 전쟁의 기억을 떠올리게 하는 함

---

[*] 율리우스 지즈, 「요나스 메카스의 고향은 영화였다」, 시네마테크 서울아트시네마 소식지, 180호.

부르크와 빈에서, 끝내 오래된 장소가 소실돼버리는 순간을 마주한다. 건물이 불타는 장면에서 영화가 끝난다는 것은 반대로 말하면 불타버린 장소가 영화를 끝내는 조건이라는 뜻이다. 메카스는 이 영화에서 고향의 기억과 유년기를 말하는 자신을 '망명자'라고 부른다. 수십 년 만에 고향을 방문하는 작업에서도 장소에 정착하지 못하는 영화의 비애감이 〈리투아니아 여행의 추억〉에 새겨져 있다.

## 〈아마겟돈 타임〉이라는 결정체

장소에 정착하지 못하는 영화의 운명은 제임스 그레이의 〈아마겟돈 타임〉이 환기하는 주제이다. 이 영화의 초반부에는 가족이 전부 모인 식사 장면이 나온다. 아이들이 장난스럽게 떠드는 동안, 친척 할머니는 프라하의 중고 상점에서 강제수용소에 끌려간 유대인들에게서 훔친 컵을 발견했다고 화를 낸다. 두 형제의 아버지인 어빙(제레미 스트롱)은 그들의 소란을 듣다가 사레가 들려 콧물을 흘리고 씹고 있던 음식을 뱉는다. 폴(뱅크스레페타)과 그의 형 테드(라이언 셀)는 그런 아버지의 모습에 크게 웃고 그릇에 담긴 음식을 바닥에 쏟는다. 그레이는 식사 장면을 빌미로 삼아, 소란스럽게 충돌하는 원초적인 감정과 행동을 영화의 표면에 끌어들인다.

폴의 외할아버지 아론(앤서니 홉킨스)은 스파게티 면을 덜어주며 "피범벅인 벌레"를 먹으라고 농담을 건넨다. 잠들기 직전의 침실에서 아론은 그 농담의 기원을 설명해준다. 그의 어머니는 아일랜드 난민수용소에서 배급받은 스파게티를 피 묻은 벌레로 오해했다. 별 뜻 없이 들려오는 사소한 농담은 우스꽝스러운 표면 아래 잔혹한 역사와 비참한 기억을 전제하고 있다. 아론은 우크라이나에서 온 난민의 후손이고, 그의 어머니는 영국으로 이주해 남편을 만나 자식을 낳고 미국으로 건너왔다. 아론은 상점을 운영하던 그의 조부모가 그들의 딸 앞에서 살해당한 순간을 말해주면서 "과거를 절대 잊지 마라, 그들이 언제 찾아올지 모른다"라는 말을 덧붙인다. 그가 전하는 말은 주문처럼 영화의 화면 내부를 붙잡는다. 이때부터 폴은 가족들의 모습을 지켜보며 웃지 못한다. 폴에게 있어 가족은 웃음을 터뜨리고 화를 내는 개개인의 집합이 아니라 집단의 끈질긴 기록이자 구속이 된다.

영화의 중반부, 폴은 어머니인 에스더(앤 해서웨이)와 함께 할아버지를 만나기 위해 공원으로 간다. 자동차 유리창 너머로 벤치에 앉은 아론의 모습이 폴의 시선에 스쳐 지나간다. 두 사람은 약속한 장난감 로켓을 발사하기 위해 공원 벤치에 앉는다. 후경에는 우주선을 닮은 기하학적 건축물이 보인다. 로켓이 발사되면 폴은 본체에서 떨어져 나온 낙하산을 향해 달려간다. 늙은 할아버지는 화면 끄트머리에 놓인 벤치에 앉아 아이를 바라본다. 운전석에 혼자 남은 어머니가 그들을 지켜본다. 아론이 말기암을 진단받았고, 어머니는 그것을 폴에게 알리지 못했다는 사실을 알게 되는 건 얼마 뒤의 일이다. 순간 숨이 멎을 만큼 아름다운 장면이다.

20세기, 미국영화의 마지막 꿈

아이는 서서히 작아지고 할아버지는 멈춰 있다. 순식간에 하늘로 솟구쳐 오른 로켓은 낙하산으로 바뀌어 천천히 추락한다. 차창 밖으로 보이는 두 사람의 모습을 보며 어머니는 말하기 힘든 비애와 슬픔을 느낀다. 그것은 단지 아론의 삶이 얼마 남지 않았기 때문이 아니다. 그것은 그들이 더는 같은 자리에 머물 수 없으며 어머니가 체감하는 슬픔이 창문 바깥에 전달될 수도 없기 때문이다. 아이는 후경으로 달려가고, 할아버지는 돌아보지 않을 것이다. 그들은 너무 멀리에 있다. 그렇게 풍경은 인물들에게서 멀어지고, 그들이 머무는 위치를 분리한다. 하지만 이 슬픔은 이중적이다. 제임스 그레이는 사라지는 시간을 이토록 탁월한 이미지로 담아내고 있기 때문이다. 이 장면은 영화를 보고 집에 돌아오던 가족이 차 안에서 바깥을 바라보며 대화를 나누던 순간을 떠올리게 한다. 이 영화의 인물들이 집에 돌아오는 것은 언제나 밤이다. 니콜라스 레이의 영화 제목을 빌리면, 그들은 밤에 산다. 자동차 내부에서 그들은 유리창 너머로 지나치는 광경을 지켜본다. 무심코 사라지는 도시 공간이 밤의 부드러운 감촉으로 스크린에 담긴다. 세르주 다네는 사라져가는 시간을 선명하게 비추는 이미지를 가리켜 '백미러 이미지'라고 말한다. 자동차에 탑승한 영화는 백미러를 통해 소실점으로 멀어지는 이미지의 시간을 스크린에 담는다.

그러나 또한 그 감촉은 지워지고 있다. 카메라는 균질한 세계로부터 멀어지고 있다. 밤늦게 귀가한 폴을 기다리던 에스더는 아직 잠에서 깨지 못한 목소리로 말한다. "너희가 내 희망

이야. (…) 우리가 다 같이 여기 있잖아." 이 말은 정확히 반대의 결과로 영화를 이끈다. 아론의 죽음으로 가족을 지탱하던 구심점이 흔들리면서 희망이 훼손되고, 가족은 서서히 흩어질 것이다. 폴의 유년기는 아론이 속삭여준 과거를 돌아보면서, 급격하게 변모하는 현재의 풍경에 몸을 담그는 시간이다. 그 자리에서 그들의 밤은 퇴색하고 있다.

### 미국인의 방에는 거울이 걸려 있다

〈아마겟돈 타임〉은 과거로부터 내려온 기억과 유산이 현실의 삶에서 쉽게 해소될 수 없다는 것을 역설한다. 유년기의 내면적 체험과 과거의 기록은 프레임의 표면과 배후에 공존하며 하나의 이미지에 육중한 압력을 가한다. 가족의 끝나지 않은 역사와 폴의 충동적인 반응은 분리되지 않는다. 죽은 할아버지의 목소리를 들은 폴이 흑인 친구 죠니(제일린 웹)에게 컴퓨터를 훔치자고 제안하는 장면이 대표적이다. 물론 이 제안은 치명적인 결과를 불러온다. 초반부의 식사 장면에서 어빙은 도시에 새로 지어진 다리를 설명하면서 "무게중심이 완벽해서 어떤 압력에도 버틴다"라고 말한다. 때마침 카메라는 식탁에 모인 가족들을 강박적인 대칭구도로 배치해 화면의 중심을 이룬다. 하지만 가족에게 주어진 역사의 흔적과 급격히 변형되는 현재의 압력은 이 안전한 구도에 내파를 일으킨다. 완벽한 무게중심은 이제 무너질 것이다.

제임스 그레이는 결코 갚을 수 없는 부채를 남겨둔다. 컴퓨터를 훔쳐 팔다가 체포된 폴과 죠니에게 경찰관이 말을 건넨다. "여기선 모두가 친구란다." 죠니는 대답한다. "아저씨가 내 친구라면 왜 날 도와주지 않죠? 여기서 내 편은 나밖에 없어요." 그의 대답은 경찰관의 신소리를 받아치는 것이지만, 그 말의 리액션으로 연결되는 것은 폴의 얼굴을 담은 정면 숏이다. 죠니의 대답을 듣는 것은 폴의 무표정한 얼굴이다. 죽은 할아버지의 목소리가 계속해서 들려오는 것처럼, 그 대답은 유치장의 문이 닫힌 뒤에도, 자동차를 타고 집에 돌아온 뒤에도 남겨진 장소에 맴돌 것이다.

　　제임스 그레이의 다른 영화도 그렇지만 특히 〈아마겟돈 타임〉에서 프란시스 포드 코폴라와 마틴 스코세이지의 흔적은 특별하게 거론된다. 이민자 가족의 역사와 변형되는 국가의 풍경을 겹쳐두는 구조적 유사성에서 오는 연상이지만, 〈아마겟돈 타임〉이 보다 내밀하게 불러내는 스코세이지의 흔적은 〈성난 황소Raging Bull〉(1980)에 있다. 복싱 챔피언에서 허접한 코미디언으로 전락한 제이크 라모타가 공연장 대기실 거울 앞에서 반복적으로 주먹을 휘두르는 순간이다. 스코세이지의 남자들에게 거울은 해소되지 않는 불안과 상흔을 가둬두는 장소다. 그들의 신체가 거울의 테두리를 벗어난다면 그 불안과 상흔에 잠식당할 것이다. 그래서 스코세이지의 남자들은 끊임없이 거울에 모습을 비추고 같은 동작을 반복한다.

　　그레이는 스코세이지의 '거울 앞에 선 남자'라는 초상을 은밀하게 변주한다. 학교를 마치고 집에 돌아온 폴은 세 개로 분리된 거울에 얼굴을 비추고 무하마드 알리를 흉내 내며 주먹을 휘두른다. 이 장면 이후로도 〈아마겟돈 타임〉의 인물들은 몇 번이고 거울 혹은 유리창 앞에 선다. 거울 앞에서 주체의 불안과 상흔은 극복되지 않지만, 거울을 넘어서면 그것들은 걷잡을 수 없이 심화된다. 하지만 거울에 아무것도 보이지 않는다면 우리는 무엇을 바라볼 수 있을까? 제임스 그레이는 프레임 내부로 불분명한 형상들을 도입한다. 유치장에서 풀려난 폴이 책상에 앉아 할아버지와 재회하는 순간이 그러하다. 폴은 환영처럼 나타난 아론의 목소리에 반응하지만, 유리 액자에 비친 반영을 통해 그의 뒤편에 아무도 없다는 것을 확인한다. 그들은 거울에 갇혀 불안과 상흔을 호소하는 데도 실패한 존재들이다. 〈아마겟돈 타임〉에서 거울은 지워진 장소다. 우리는 그곳에 모습을 드리우는 것조차 허용되지 않는다.

### 지워진 장소들

마틴 스코세이지는 프리츠 랑의 후기작에서 실험실의 작업을 지켜보듯, 영화가 작동하는 방식으로 세계가 작동한다는 것을 관측할 수 있었다고 말한다. 자동차 유리창 너머로 보이는 밤거리의 아름다움을 지나쳐 가듯, 아이의 시각에서 변모하는 가족의 시간을 주시하는 〈아마겟돈 타임〉은 스코세이지의 언급과 유사한 느낌을 전한다. 온 가족이 극장에 들러 영화를 보고 돌아오는 모습은 이제 지켜보기 어려울 것이다. 가족들이 차를 타고 가면서 마을의 주택가를 바라보는 광경도 어쩌면 마찬가지일 것이다. 그것들은 영화의 아름다움과 향수를 전하는 지극히 단순한 장면들이지만, 더는 우리의 것이 아니다. 학교 컴퓨터를 훔치다 체포된 폴은 죠니를 두고 경찰서에서 빠져나온다. 그 경험이 남긴 패배의 기억이 밖으로 나온 폴의 시야를 더럽힌다. 비어 있는 교실과 집이 트랙아웃으로 멀어지는 결말의 장면은 친밀한 유년기의 장소들이 희미하게 사라지면서 폴의 현실이 분해되는 것을 보여준다. 다만 그것은 단순히 영화가 거주할 장소를 잃어버렸다는 피상적인 진단이 아니다. 스크린의 역량은 현실의 파열을 감지하고 대체하는 것에 있다. 카메라는 부서진 세계를 숏에 담아내고, 숏은 다시 하나의 통합된 세계로 스크린에 새겨진다.

　　2022년 5월 서울아트시네마에서 열린 강연에서 요나스 메카스의 아들인 세바스찬 메카스는 〈리투아니아 여행의 추억〉이 사적으로 중요한 영화라고 언급하면서, 한 번도 만나본 적 없는 할머니와 할아버지의 흔적을 볼 수 있으며, 아버지가 강제로 떠나야 했던 낙원 같은 고향에서 가족들이 어떻게 지내는지 볼 수 있는 작품이기 때문이라고 말한다. 그곳은 현실에서 사라지고 없는 낙원이다. 〈리투아니아 여행의 추억〉은 그러므로 천국을 만나는 기쁨의 영화이지만, 더는 작동하지 않는 세계의 세부에 감춰진 비애감을 응시하는 영화이기도 하다. 제임스 그레이가 작은 농담의 기원에서 역사의 깊은 어둠을 발견하고 아이의 방에 퍼뜨리는 것처럼 말이다. 〈아마겟돈 타임〉에서 그레이는 그의 자전적 기록을 영화사의 한 부분에 기입하고 나아가

1980년대라는 시기의 집단적 기억으로 전경화한다. 어쩌면 제임스 그레이는 폴 토머스 앤더슨과 더불어 영화에 담긴 풍경의 변화를 관측함으로써 영화가 작동하는 형식을 드러내고 국가에 새겨진 거대한 모순과 타협을 되새기는 미국영화의 마지막 작가인지도 모른다.

# 빈손의 영화

리차드 쥬얼 Richard Jewell | 클린트 이스트우드 | 2019

스티븐 스필버그의 인물이 눈에 비치는 세계에 반응한다면, 클린트 이스트우드의 인물은 손에 쥔 도구로 세계에 대응한다. 비슷한 시기에 톰 행크스라는 배우를 공유하더라도, 스필버그는 창문 바깥과 다리 너머를 응시하는 변호사의 눈빛을 바라보고(〈스파이 브릿지〉, 2015) 이스트우드는 허드슨강에 비행기를 불시착시키는 기장의 손짓을 포착한다(〈설리: 허드슨강의 기적〉, 2016). 도식적인 구분일 테지만 그만큼 이스트우드 영화에서 손의 활동은 특별한 문제다. 그의 주인공들에게 손은 개인의 전문가적 선택으로 세계와 매개하는 물리적 접촉면이면서, 또한 너무 많은 사람을 죽인 총잡이의 기억과 성흔stigmata이 새겨진 장소다. 그들이 더 이상 총을 겨눌 수 없는 조건에 놓였을 때 수없이 변주되는 대체물들로 세계와 (재)매개하는 방법을 모색하는 문제야말로 이스트우드가 구축한 픽션의 사라지지 않는 핵심이라 말할 수 있다. 〈매디슨 카운티의 다리〉(1995)의 카메라를 든 손, 〈밀리언 달러 베이비〉(2004)의 글러브를 낀 주먹이 그러하듯 이스트우드는 손에 붙들린 도구를 통해 한 인물을 다른 인물과 마주 보게 하고, 나아가 세계의 표면에 접속한다. 거의 모든 픽션적 기능을 결여한 것처럼 보이는 〈라스트 미션〉(2018)의 주인공 얼조차 꽃과 운전대를 손에서 놓지 않는다.

행위의 당위성이 명확하게 드러나지 않은 순간에 자신의 손으로 무언가를 행하는 이들의 손짓에서 이스트우드적인 테마가 발견된다. 그들의 '영웅적인 결단'은 인과적이고 논리적인 판단으로 해명되지 않는다. 손의 결정은 상황에 대한 인식에 앞선다. 최근의 예로 〈설리: 허드슨강의 기적〉의 설렌버거는 비상착륙을 선택한 직관의 근거를 스스로도 확증하지 못한다. 〈15시 17분 파리행 열차The 15:17 to Paris〉(2018)에서 열차 테러범을 향해 달려드는 세 친구의 비약적인 몸짓은 드라마와 캐릭터의 자연스러운 흐름으로 설명되지 않는 난감한 문제로 남겨진다. 행위의 충동은 때로 동기를 잊어버리고, 인물의 심리적 기제마저 넘어선다. 이런 의미에서 이스트우드는 '빈손의 기적'(〈누벨바그〉)을 말하는 장뤽 고다르와 더불어 오늘날에도 여전히 사물을 다루는 손의 물리적 감각을 중요시하는 드문 작가일 것이다. 손에 쥐어진 사물의 역량을 잃어버린 채로 배회하는 이스트우드의 유령들과 찢어질 듯한 목소리를 내뱉으며 두 손으로 타자기를 두드리는 고다르의 신체는 희미하게 잔존하는 손짓의 중첩으로 상응의 몽타주를 이룬다.

애틀랜타올림픽이 열리던 1996년, 폭탄이 담긴 배낭을 발견해 수많은 사람의 목숨을 구한 영웅에서 FBI와 언론에 의해 테러범으로 지목되는 안전요원 '리처드 쥬얼'의 실화를 각색한 〈리차드 쥬얼〉은 미묘한 도입부로 시작한다. 비품실에서 카트를 끌고 나오던 리차드 쥬얼(폴 월터 하우저)은 변호사 왓슨(샘 록웰)의 통화 내용을 엿듣는다. 인기척을 느낀 왓슨이 그에게 주의를 주며 테이프가 필요하다고 말하자 리차드는 이미 서랍에 테이프와 펜을 채워두었다고 답한다. 그러고는 짐짓 여유롭게 아래 칸 서랍도 확인해보라고 덧붙이는데, 서랍을 열면 왓슨이 즐겨 먹는 초콜릿 바들이 구비되어 있다.

내러티브의 논리로 이해하자면 이 오프닝은 집요한 관찰과 대응을 고집하는 리차드의 유별난 면모를 보여주면서, 그가 왓슨과 맺게 될 우정을 예고하는 장면이다. 하지만 표상적 논리와 무관한 제스처의 불균형 또한 제기되고 있다. 이 장면에서 관객은 리차드의 대답을 들으면서, 그의 손이 선제적으로 행해둔 결과를 확인한다. 손짓은 일찌감치 발생했으며 영화가 시작하고 화면에 도착하는 건 뒤늦은 지각이다. 행동이 발생한 시간 배치에 변주를 가하는 단순한 작법으로 받아들여도 무방하지만, 이스트우드는 하나의 원인과 결과를 즉각적인 결합으로 제시하는 대신 행위와 지각 사이에 놓인 거리감에 주목한다. 리차드의 손은 주어진 의무와 요구를 수행했으면서도 현재 시퀀스에서 비가시적으로 물러나 있다. 다시 말하자면 〈리차드 쥬얼〉의 도입은 행동과 반응의 결과가 빚어내는 미세한 차이를 전제한다.

실화에 기반한 이스트우드의 근작들을 부자연스럽게 뒤트는 건 이런 장면에서 감지되는 것처럼, 개별적인 제스처와 그러한 제스처의 집합으로 구성되는 전체가 미세하게 불화하는 순간에 있다. 이는 이스트우드가 실화 자체에 주목하는 만큼 현실의 사건과 재연된 이미지/퍼포먼스 간의 어긋나는 질감을 의식한다는 측면을 환기한다. 이스트우드는 여전히 실화를 다루지만 실존 인물의 연대기적 서술에 관심을 두지 않는다. 그는 실제로 벌어진 사건, 더 구체적으로는 그 사건이 벌어지던 찰나에 행해진 인물의 선택에 초점을 맞춘다. 이건 특별한 결정이다. 이스트우드는 장편영화로 성립되기엔 턱없이 부족한 물리적 시간이자, 카메라로 관측할 수 없는 내면의 영역에 주목하는 것이기 때문이다.

사건 현장을 디지털 스크린의 이미지로 재연하는 〈설리: 허드슨강의 기적〉의 시뮬레이션 시퀀스, 혹은 실제 사건의 당사자들을 출연시켜 그들이 경험한 사건을 재구성한 〈15시 17분 파리행 열차〉의 결말부에서 픽션의 이미지와 실제 뉴스릴 영상을 교차시키는 편집이 동원되는 것은 이런 맥락에서다. 현실을 재현하는 통합된 이미지가 아니라 현실과 다른 현실, 이미지와 또 다른 이미지가 나란히 배치되는 것이다. 세계는 한 가지 이미지로 해명되지 않는다. 이스트우드는 우리가 이미 알고 있고, 픽션의 일부로 다시 목격하게 된 '사건'을 서로 다른 질감의 세부로 재연하고 반복 재생한다. 일차적으로 이는 한 사건을 둘러싼 집단들의 갈등을 드라마의 동력으로 삼기 위함이지만, 다른 한편으로 이런 과정을 통해 한 편의 영화는 고전적 형식에서 이탈해 비정합적인 구체로 변모한다.

그 가운데서도 〈리차드 쥬얼〉은 유독 분열적인 결과물이다. 시작한 지 30분 만에 폭탄이 터지는 긴박한 위기 상황과 사태 해결에 곧장 도달해버리는 이 영화는, 도입부에서 드러난 것처럼 곳곳에 있는 행위의 균열과 빈틈으로 나머지 한 시간 30분을 구성한다. 균열은 사건 이후에 찾아온다. FBI가 리차드를 조사한다는 정보를 알아챈 지역신문 기자 캐시(올리비아 와일드)가 모든 상황을 폭로하고, 이에 FBI는 리차드를 붙잡기 위해 부리나케 그의 집에 당도한다. 미국의 언론과 법이 파괴적인 속도로 개인의 집 앞에 도달할 동안, 리차드는 아무런 정보도 듣지 못한 것처럼 반갑게 FBI를 맞이한다. 한쪽은 너무 빠르고 다른 한쪽은 너무 느리다. 두 집단의 조우라는 결과의 단면은 자연스러워 보이지만 그것을 이루는 조건과 과정은 터무니없는 부자연스러움을 수반하고 있다. 과연 한 공간에 마주한 숏과 리버스숏이 같은 세계의 표면 아래 공존한다고 말할 수 있을까? 〈리차드 쥬얼〉의 질문은 이러한 세부의 부정교합으로 조직된 미국이라는 전체를 향한다. 리차드가 취조를 받고 집에 돌아올 때, 그의 뒷모습을 찍은 픽션 카메라의 숏과 그가 차에서 내리는 모습을 포착하는 뉴스 화면의 리액션숏은 단단히 연결되어 있는 걸까? 왓슨과 비서의 걸음을 애틀란타올림픽 200미터 결승전의 실제 경기 영상과 교차편집하는 장면은 동일한 현실의 질감으로 수용되는가? 실제 리차드 쥬얼의 뉴스 인터뷰 영상 위로 그를 연기한 배우 폴 월터 하우저의 목소리를 삽입한 '한 장면'은 이물감 없이 매끄럽게 받아들여질 수 있을까?

분리된 질감을 통합적으로 식별하는 자리는 존재하지 않는다. 〈리차드 쥬얼〉은 미국이라는 가상의 영상-국가의 표면에 드러난 균열을 그려낸다. 전체와 전체를 형성하는 부분들은 일관된 집합으로 구성되기보다는 형식적인 (비)대칭을 구축한다. 미디어의 카메라와 마이크가 발작적으로 리차드를 겨누고 있을 때, 리차드의 몸 안에서 심장질환이 그를 고통스럽게 하는 장면이 대표적이다. 질병으로서의 미국, 혹은 미국이라는 병리학적 이미지는 리차드의 안과 밖에 퍼져 있다. 그러므로 이 병적인 땅은 두 개의 지대로 분할된다. 리차드를 조력하는 소박한 공동체(리차드의 어머니, 왓슨과 그의 파트너 나디아, 리차드의 오랜 친구 데이비드)가 머무는 그의 집 내부와 그 바깥. 바깥에선 모든 시선이 리차드를 향하고, 법의 명제로 무분별한 침입과 도청이 행해진다. 역설적인 것은 FBI를 조롱하는 왓슨의 말처럼 그러는 동안 테러범의 표상은 얼굴조차 확인되지 않는다는 것이다. 수많은 시각 장치의 범람에도 불구하고 〈리차드 쥬얼〉의 미국은 불가시의 눈먼 세계다.

그런데 정확히 보지 못한 것은 법과 언론의 편협한 시각만이 아니다. 이스트우드는 리차드가 폭탄을 발견하던 시간에 미완의 이미지를 드리운다. 리차드는 사건이 발생했던 긴박한 순간을 꿈으로 재생하면서, 이름 모를 흑인 모녀의 얼굴에 시선을 맞춘다. 우리는 이 순간 리차드의 눈에 들어온 흑인 어머니가 두 명으로 집계된 폭발 사고 희생자 가운데 한 명이라는 사실을 뒤늦게 떠올리게 된다. 그녀는 사고 당시에 리차드가 명확히 바라보지 못한 얼굴이다. 리차드는 목숨을 구한 수백 명의 사람들이 아니라, 폭발을 피하지 못한 한 사람의 이미지에 사로잡힌다. 어쩌면 다른 기회가 있었을까? 리차드가 복통을 호소하면서도 병가를 내지 않고, 교대하고 쉬라는 동료의 배려를 거부한 뒤, 소란 피우는 학생들에게 제재를 가하기 위해 주변을 움직이다 폭탄이 든 가방을 발견한 것처럼, 다른 우연과 행위였다면 다른 운명을 만들어낼 수 있었을까? 확신할 수 없는 일이다. 어느 쪽도 확신할 수 없기 때문에, 트라우마로 귀환하는 죽은 흑인 여성의 얼굴은 지워지지 않는 불안을 불러일으킨다. 폭발이 일어나기 직전의 소란스러운 어둠 속에서 이 불안은 끝내 기각되지 않는다.

장 콕토는 오슨 웰스를 어린아이의 모습을 두른 거인이라 묘사한 바 있는데, 오히려 웰스는 배우로 출연하며 '노년의 거인'이 되려는 열망을 표출하던 것처럼 보인다. 과도하게 덩치를 부풀리고 압도적인 몸집을 드러내는 데 몰두했으며, 데뷔작인 〈시민 케인〉에서부터 이십대의 신체로 말년의 노인을 연기하기도 했다. 유년의 기억과 노년의 몸, 어린아이의 상태와 거인의 크기라는 상이한 질료들로 그의 신체는 교란과 모순을 형성한다. 〈리차드 쥬얼〉에서 이스트우드는 리차드의 뚱뚱한 몸과 어눌한 말투를 주시하면서 콕토가 거론한 웰스적 '유년기의 영화'에 근접한다. 리차드는 느린 속도로 걷고 반응하는 이스트우드의 전형적인 인물 유형과 다른 리듬을 갖는다. 그는 둔중하지만 부지런히 움직이고, 질서에 순종적이면서 동시에 저항한다. 가령, 아무 말도 하지 말라는 왓슨의 당부에도 리차드는 압수수색을 진행하는 FBI에게 끊임없이 신소리를 건다. 왓슨은 리차드의 이런 행동을 타박하는데, 그의 말을 들으며 팔뚝으로 입을 가린 채 웅얼거리는 리차드의 모습은 영락없는 어린아이의 모습이다.

그런데 이 유년적 남성의 정보는 오늘날 미국 사회의 테러범의 유형과 유사하다. 총기 사냥을 즐기고, 정의를 앞세워 관심받길 원하며, 몇 차례의 범죄 경력이 있는 백인 남성. 이러한 추론은 물론 FBI의 억측으로 판명되지만, 불투명한 세계의 표상적 질서 내부에서 영웅과 범죄자의 두 얼굴이 카메라의 눈으로 식별되지 않는다는 것 또한 사실이다. 이 지점에서 〈리차드 쥬얼〉은 〈독일 영년〉의 추락하는 어린아이의 신체 이미지, 〈엘리펀트〉(2003)의 총을 든 소년의 이미지를 인용하면서 이 같은 영화의 형상을 ISIS의 모병 프로파간다 영상에 담긴 소년의 이미지와 대응시키는 고다르의 〈이미지 북〉을 다시 마주한다(고다르는 이 영화를 '다섯 손가락으로 이루어진 한 손'의 영화로 규정한다). 소년들의 학살과 어린아이의 구원은 무엇으로 구분되는가? 그 행위들이 교차하는 손을 영화는 어떻게 포착할 수 있는가?

〈리차드 쥬얼〉은 학습된 매뉴얼을 철저히 따르고, 국가의 가치와 신념을 맹목적으로 신뢰하던 유아적 인물의 내면 체계가 무너지는 과정이기도 하다. 그러므로 영상의 표면 위에서 여러 층의 질감으로 분리되는 리차드의 형상은 내부적 신념이 파괴된 분열하는 개인의 몸이면서, 자신의 믿음과 국가의 가치를 연결할 상징적 매개를 찾지 못한 텅 빈 몸이다. 영화평론가 크리스 후지와라는 '파열: 고전영화의 붕괴'라는 프로그램을 기획하면서 할리우드 장르에 내재한 붕괴의 조짐을 "카메라와 세계, 의식과 세계 사이의 틈을 더욱 강박적으로 표현"하는 방식에서 발견한다. 그의 분석처럼 리차드의 몸은 내면과 세계 사이에 걸쳐 있는 불안에 강박적으로 노출되어 있다.

유년기의 끝은 성장을 보장하지도, 잃어버린 신념을 대체할 다른 가치를 제공하지도 않는다. 영화의 마지막에 우리는 염원대로 경찰이 된 리차드를 마주하지만, 숏의 표면에 당혹스럽게 솟아오르는 건 그의 멍한 표정과 몇 년 뒤 그가 심장질환으로 사망했다는 자막이다. 어느 시점에서부터 〈리차드 쥬얼〉은 리차드와 나란히 앉은 작은 공동체의 집단 숏에서, 리차드와 왓슨의 투 숏으로, 그리고 리차드의 단독 숏으로, 최종적으로는 그의 죽음을 알리는 공백의 자막으로 무심히 이행한다. 이야기의 전개와는 무관하게 프레임 내부의 활동성은 서서히 희미해져간다. 의심받던 영웅이 믿음을 확인하고 도덕적 승리에 이르는데, 세계는 불투명한 암흑으로 전이되는 것이다.

하지만 〈리차드 쥬얼〉은 세계의 어둠과 무게에 짓눌리는 영화가 아니다. 이 영화를 지탱하는 건 반복하건대 세계의 불투명한 접촉면에 대항하는 물리적 제스처들이다. 결말 직전에 배치된 감정적 클라이맥스는 이 사실을 증명한다. 식당에 마주 앉은 리차드와 왓슨에게 FBI 요원 톰(존 햄)이 찾아와 수사 대상에서 리차드를 제외한다는 결론이 명시된 서류를 건네준다. 서류에 적힌 내용을 읽는 왓슨의 목소리가 멈추면 상대방의 손을 맞잡는 두 사람의 동작이 순간적으로 화면에 붙잡혔다 사라진다.

두 손의 조우, 구체적으로 말하면 빈손의 조우다. 리차드와 왓슨이 나누는 이러한 손짓은 눈에 띄지 않게 스쳐 지나간 한 장면을 돌아보게 한다. 두 사람이 처음으로 테이블에 앉아 사건을 논의하던 때에 자신은 테러와 무관하다는 리차드의 진술을 확인하고는, 하지만 확실한 신뢰를 담보하지 않은 채로, 서로의 손에 든 맥주병을 부딪치던 장면이다. 리차드가 모든 혐의에서 벗어나는 순간에 두 사람은 무엇도 지니지 않은 맨손으로 서로의 손을 맞댄다. 손짓을 교환하는 제스처는 이제 맥주병과 같은 물리적 매개를 요구하지 않는다. 영화의 도입부에서 비가시적으로 밀려난 손의 현존을 프레임에 붙잡는 순간이다. 그들은 서로 다른 위치에서, 맞부딪친 두 손으로 영화에 새겨진 좁힐 수 없는 간격에 맞선다.

〈그랜 토리노〉(2008)의 월트 코왈스키가 실행하는 마지막 선택에서 눈여겨보아야 할 것은 그의 죽음이라는 결과가 아니라 그의 빈손이라는 제스처의 형식이다. 평생 라이플총과 운전대를 잡아왔던 노인은 주머니에서 빈손을 꺼내 들어 스스로의 희생을 연출한다. 자신의 손에 아무것도 남지 않았다는 시인과 퇴장의 형상이 그 자리에 그려진다. 〈리차드 쥬얼〉은 〈그랜 토리노〉와 마찬가지로 이스트우드가 만들어낸 또 하나의 제스처의 영화, 무엇보다 빈손이라는 제스처의 영화다. 물질로서의 영화가 어떤 형태로든 물리적인 매개를 거쳐 성립되는 것이라면, 이스트우드는 이 장면에서 문자 그대로 영화라는 육체의 빈손을 직시하려는 것처럼 느껴진다. 아무것도 지니지 않은 두 개의 빈손을 마주 잡게 하면서, 이스트우드는 그가 창조한 인물들의 손에 깃든 오랜 영화적 역학을 발견한다. 이것이야말로 그의 영화를 증언하는 하나의 이미지일 것이다.

# 줍는다는 것

배심원 #2 Juror #2 | 클린트 이스트우드 | 2024

물건이 바닥에 떨어진다. 영화의 초반부, 차에서 내리던 검사 페이스(토니 콜렛)가 스마트폰을 떨어뜨린다. 때마침 재판의 배심원으로 참여하게 될 저스틴(니콜라스 홀트)이 떨어진 스마트폰을 주워 건넨다. 두 사람의 우연한 만남을 기록하는 평범한 장면이지만, 이 순간의 의식적인 제스처를 거치지 않고 〈배심원 #2〉에 대해 말하기는 어렵다. 이 장면은 영화 전체의 내러티브나 사건의 진행과는 관련이 없다. 하지만 클린트 이스트우드는 물건을 떨어뜨리고 그것을 바닥에서 주워 손으로 돌려주는 몸짓을 부드럽고 특징적인 숏의 연쇄로 묘사한다. 약간 과장하자면 이 영화를 말한다는 것은 떨어뜨리고, 줍고, 되돌려주는 행위를 말한다는 뜻이다. 그 행위는 거대한 불신과 자기 회의로 어긋나는 두 사람을 소박한 신뢰의 손짓으로 연결한다. 언젠가 이스트우드는 〈미드나잇 가든Midnight in the Garden of Good and Evil〉(1997)을 남부 도시의 작은 사회에 모인 사람들의 의례적 절차를 관찰하고 기록하는 영화라고 말하며 "나는 이따금 세밀한 면에 관심 있는 사람들만을 위해 영화를 만든다"라고 강조한 바 있다. 그의 견해에 빗대어 말하면 〈배심원 #2〉는 법정에 모이는 사람들

20세기, 미국영화의 마지막 꿈

의 세밀한 동작에 관심을 두고 만들어진 영화이다.

### 떨어뜨린다는 것

떨어지는 것은 다른 곳에도 있다. 배심원들이 모인 자리에서 누군가 살인사건의 전모가 뺑소니일지도 모른다는 가설을 말할 때, 저스틴은 탁자에 올려둔 컵을 떨어뜨린다. 그의 과민한 반응은 살인 용의자로 법정에 기소된 제임스가 술집에서 여자친구 켄달과 다투던 순간에 술잔을 떨어뜨리는 모습을 떠올리게 한다. 비가 내리는 밤. 서로 알지 못했지만 저스틴은 두 연인이 싸우고 있던 술집에 있었고, 다음 날 켄달은 강 아래에서 시신으로 발견된다. 제임스의 재판에 배심원으로 참석한 저스틴은 그날 밤 자동차를 운전하다가 무언가와 부딪쳤던 것을 떠올린다. 그리고 의심이 생겨난다. 어쩌면 내가 켄달을 강 아래로 떨어뜨렸을지도 모른다는 의심. 이스트우드는 어떤 긴장이나 흥분도 없이 제임스의 재판이 진행되는 표층적 과정과 저스틴의 의심이 심화되는 내면적 과정을 나란히 겹쳐두고 지켜본다.

법이 규정하는 진실은 취약하다. 법정은 순식간에 제임스를 범인으로 지목하지만, 범죄를 입증할 명확한 증거나 도구는 제시되지 않는다. 이 과정에서 떨어진 물건을 줍는 손짓이 진실을 감싸는 민감한 자국으로 화면에 남는다. 저스틴의 손은 계속해서 사물을 붙잡지 못하고 떨어뜨린다. 그는 배심원으로 참여한 전직 형사 해롤드가 조사한 서류를 떨어뜨린다. 증인으로 나온 노인이 목격한 범인을 지목할 때 동전을 떨어뜨린다. 그리고 무엇보다, 사고가 일어나기 직전의 차 안에서 (페이스가 그랬던 것처럼) 휴대폰을 떨어뜨린다. 이 사건의 진실은 법정에서 진행되는 절차와 무관하게 물건을 떨어뜨리는 몸짓을 매개로 저스틴에게 물리적으로 다가온다.

　　물건이 바닥에 떨어지는 것은 단순한 실수가 아니다. 배심원 가운데 한 명은 저스틴에게 묻는다. "바닥에 떨어뜨렸잖아요. 모두가 봤어요." 떨어지는 것은 모두가 본다. 〈배심원 #2〉에서 클린트 이스트우드는 마치 불가피한 의식을 집행하듯이 반복해서 물건을 떨어뜨리고, 떨어지는 사물을 매개로 그것을 지켜보는 시선을 화면에 퍼뜨린다. 이 행위는 영화가 건네는 서사와 완벽할 정도로 투명하게 결부되어 있음에도 불구하고, 서사 바깥에서 생각지 못한 효과를 자아낸다. 영화 속의 배심원들은 화면 밖으로 이탈하는 사물의 운동을 반복적으로 바라보면서 그들이 마주한 사건의 진실이 영화의 프레임 바깥에 있을지도 모른다는 감각에 사로잡힌다. 그들의 손은 물건을 놓칠 것이다. 바닥으로 낙하하는 물체의 수직 운동은 영화에 담긴 세계를 불안정하게 뒤튼다. 영화는 추락하는 사물의 운명에 귀속되어 있다. 이 영화는 진실을 둘러싸고 판단을 내리는 배심원들의 논리적인 설득 과정을 비추는 대신 물건을 떨어뜨리는 공통의 행위를 남겨둔다. 떨어지는 물건은 〈배심원 #2〉가 들려주는 복화술의 목소리다. 이스트우드의 복화술은 그 자체로 의미를 결정하는 단일한 음성이 아니라 하나의 촉각적 이미지에 깃드는 복수형의 목소리를 불러들인다. 그것은 떨어지는 물건을 지켜보는 시선의 공동체 모두에게 열린 창구가 된다.

떨어지는 물건의 운명은 영화 후반부에 강조된 한 장면과 연결된다. 오랜 토론과 논의에도 판결을 내리지 못한 배심원들은 시신이 발견된 현장을 찾는다. 제임스의 유죄를 고수하던 한 배심원은 자신의 어린 동생이 제임스와 같은 갱단에 소속되어 있다가 조직의 영역 보복 탓에 죽었다는 사연을 말해준다. 사건 현장에서 그는 저스틴에게 다가와 바닥에 떨어진 돌멩이를 주워 들고 말한다. "그날 밤 무슨 일이 일어났는지 내가 정확히 알까요? 아니죠. 근데 당신도 모르잖아요. 제임스가 무죄라는 당신의 주장은 그 사람이 유죄라는 내 주장만큼 확실하지 않아요." 그가 다가왔을 때 저스틴은 한 손에 든 동전을 떨어뜨리고 다시 줍는다. 어린 동생의 죽음을 안고 살아가는 남자와 아이를 유산하고 알코올의존증으로 고통받은 남자에게는 과거의 어둠이 있다. 영화는 그들이 간직한 어둠을 세세하게 소묘하지 않는다. 단지 동전을 떨어뜨리고, 돌멩이를 줍는 행위의 공유로 임시적 집단을 형성할 뿐이다. 이 집단의 규칙 아래서 범죄자와 배심원의 구분은 희미하다.

### 운명적 비애의 자리

떨어지는 물건과 그것을 줍는 동작에 왜 주목해야 하는가? 무언가를 떨어뜨리는 것은 '나'의 의지에 귀속된 행위가 아니기 때문이다. 영화 속의 인물들이 의도치 않게 물건을 떨어뜨리듯이, 인간은 불가피하게 죄를 짓는다. 이것이 〈배심원 #2〉에서 인간과 행위가 맺고 있는 관계의 진실이다. 하지만 법적 진실은 다른 곳에 있다. 검사와 변호사는 피고인으로 법정에 선 제임스를 두고 각각 "악한 사람"과 "무고한 사람"이라고 말한다. 하지만 그는 악한 사람도, 무결한 사람도 아니다. 이스트우드의 관점에서 그는 연인과 다툼 끝에 술잔을 떨어뜨린 사람일 뿐이다.

이 영화엔 자신의 의지와 무관하게 법적 판단의 장소에 불려 나간 자들을 감싸는 운명적인 비애와 멜랑콜리가 있다. 그 우울한 정서는 인물이 처해 있는 상황, 혹은 그들의 개별적인 신체나 표정에 귀속되지 않는다. 멜랑콜리는 이 영화를 채우는 장소와 사물, 각기 다른 증언자들의 기억에 사후적으로 새겨져 있다. 이것이 〈배심원 #2〉라는 영화의 거역할 수 없는 대기를 만들어낸다. 사건의 유일한 목격자인 노인이 범인의 얼굴을 정확히 알아보지 못하는 것처럼, 진실은 너무 멀고 어두운 대기에 감춰져 있다. 번쩍이는 번개와 빗줄기 속에 숨어 있다. 이 영화에서 법정에 선 인간의 말과 행동은 대개 진실과 일치하지 않는다. 진실을 판별하는 근거는 어둠 속에 있다. 켄달이 추락하는 순간에 멜랑콜리의 잔상은 영화 전체를 덮쳐버린다. 그 잔상의 흐릿한 질감 속에서 이스트우드가 주시하는 것은 배심원으로 선택된 평범한 인간의 운명적인 불안과 고독이다. 저스틴은 어둠 속에서 걸어 나온다. 존재론적 위협이 찾아온 자리에서 이 작은 남자가 실천하는 것은 얼굴을 감추고 고개를 숙여 물건을 줍는 것이다.

저스틴은 떨어진 것을 줍는 남자다. 그리고 〈배심원 #2〉

에서 인간은 단지 물건을 떨어뜨리는 존재다. 어둠에 묻혀 고독하게 자기 자신을 되돌아보고 의심하는 그가 유일하게 실행하는 행동이 있다면, 이는 바닥에 떨어진 사물을 줍는 일이다. 이 영화의 카메라는 연신 불안해하고 두려움에 떠는 한 남자를 때로는 압박하고 때로는 위로하면서 그가 수행하는 모든 동작을 기록한다. 그는 떨어지는 물건을 줍는 몸짓으로 영화가 창조한 허구의 세계와 특별한 관계를 맺는다.

### 링컨과 저스틴

오래 미뤄두었지만 결국 이 이야기를 꺼내고 싶다. 〈배심원 #2〉는 미국영화를 지탱하는 오랜 전통 가운데 하나인 법정영화의 믿음을 심문하는 영화다. 그 믿음의 원형은 존 포드의 〈젊은 날의 링컨Young Mr. Lincoln〉(1939)에 있다. 이 영화에서 헨리 폰다가 연기한 링컨은 한 가지 특별한 손짓을 반복한다. 그것은 바닥에 떨어진 돌멩이와 나뭇가지를 줍는 동작이다. 영화의 초반부에 링컨은 연인 앤과 대화를 마치고 난 뒤 돌멩이를 주워 강에 던진다. 그리고 바로 다음 장면에 같은 자리에 만들어진 앤의 무덤 앞에서 그는 나뭇가지를 주워 법을 공부하겠다고 결심한다. 이 작은 손짓은 뜻밖의 자리에서 되돌아온다. 살인 혐의를 뒤집어쓴 가난한 두 형제의 변호를 맡은 링컨은 형제의 어머니를 바라보며 자신의 죽은 어머니를 떠올린다. 그는 형제의 어머니가 마차를 타고 떠나가는 순간에 고개를 숙여 돌멩이를 줍는다.

떨어진 사물을 줍는 링컨의 동작은 법적 믿음과 도덕적

공동체를 형성하는 물리적 기반이다. 태그 갤러거의 표현을 빌리면 이 영화에서 "법은 자연이고 나무이고 강이고 대기이다. 법은 아름답고 그것은 영혼에 가닿는다."◆ 〈젊은 날의 링컨〉에게 법은 대기이며 아름다움이고 영혼이자 마침내 기적이다. 포드는 시공간을 뛰어넘어 무언가를 줍는 소박한 행위를 느닷없이 반복함으로써 기적을 솟아오르게 한다. 줄곧 두 다리를 난간에 올려둔 채로 나오는 헨리 폰다의 링컨에게 지면에 떨어진 물건을 줍는다는 것은 자세를 옮기는 일이고 타인과 연결되는 일이며 이상적인 도덕과 세계의 불확실한 실체를 결합하는 일이다. 이런 터무니없는 약속 위에서 "모든 가능한 균열"◆◆을 안고 있는 존 포드의 공동체가 생겨난다.

　　법을 매개로 진실이 정의를 대변한다는 믿음은 이스트우드의 영화에서 소실되어 있다. 이스트우드는 옳고 그름을 확신하는 링컨의 위대한 승리담을 비틀어 의심하는 자들(배심원, 검사)의 불투명한 패배의 이야기로 뒤바꾼다. 그들은 법적으로 승리하지만 어떤 도덕적 성취도 얻지 못한다. 하지만 여전히 떨어진 물건을 줍고 되돌려주는 행위가 남아 있다. 포드의 링컨이 한 발 느리게 움직이기 때문에 다른 사람과 속도를 맞춰 춤출 수 없는 인물이라면, 이스트우드의 배심원은 정확한 타이밍에 도착해 몸을 숙여 떨어진 것을 손에 쥐는 인물이다. 그런데 정확

◆　　태그 갤러거, 『존 포드』, 안건형 · 신범식 옮김, 이모션북스, 2018, 225쪽.

◆◆　　위의 책, 231쪽.

한 타이밍에 현장에 있다는 인물의 특징은 저스틴이 교통사고를 일으킨 원인이기도 하다. 저스틴의 비극은 바로 그 자리에 있었다는 데서 생겨난다. 저스틴은 문신처럼 새겨진 비극의 원체험을 되돌리기 위해, 몸을 숙여 바닥에 떨어진 물건을 줍는 같은 동작을 끝없이 반복한다. 이 반복되는 행위는 진실을 둘러싸고 있는 영화적 공간을 이중화한다. 재판의 진행과 법적 판단이 실행되는 법정 공간이 있고, 떨어지는 물건을 통해 사물의 진실을 프레임에 새기는 허구의 공간이 그곳에 담긴다. 표면적으로는 아무것도 바뀌지 않지만 모든 것이 달라진다. 이스트우드의 영화는 이토록 작은 몸짓과 제스처로 세계의 규율과 질서를 흐트러뜨린다.

### 닫힌 문이 열릴 때까지

〈배심원 #2〉는 문턱을 넘어서는 발걸음으로 시작하고 끝난다. 영화의 첫 장면에서 저스틴은 임신한 아내의 눈을 안대로 가리고 곧 태어날 아이의 방으로 안내한다. 두 사람은 안대를 풀고 함께 문턱을 넘어선다. 문은 구역을 나눈다. 사람들이 머무는 공간을 나눈다. 이 영화의 첫 장면에서 아이 방의 문은 일찌감치 열려 있다. 두 사람은 눈을 뜨고 그 안으로 진입한다. 이미 열려 있는 문은 미래로 향하는 기다림의 시간을 간직한다. 열려 있는 문과 안대를 벗은 눈. 실체와 은유의 두 가지 차원에서 열린 두 개의 문이 영화의 시작점에 존재한다.

〈배심원 #2〉에서 문은 차례로 닫힌다. 법정과 회의실의 문, 집과 구치소의 문이 닫히면서 진실은 차단되고 모호하게 흐트러진다. 마침내 법정에서 제임스에게 무기징역을 선고하며 마지막 문이 닫힌다. 법은 하나의 진실을 선고한다. 제임스는 연인인 켄달을 살해한 범죄자다. 아무도 그 진실을 의심하지 않으며 무기징역을 선고받은 그를 누구도 돌아보지 않는다. 하지만 이스트우드의 카메라는 선고된 진실을 의심하고 회의하는 유이한 두 사람의 표정을 마지막까지 응시한다. 영화는 다른 문을 열어야 한다. 저스틴이 죽은 켄달의 묘비 앞에서 떨어진 물건을 줍는 대신 애도의 꽃을 내려놓을 때, 영화는 다른 국면을 맞닥뜨리게 된다. 무덤이라는 영원히 닫힌 문 앞에 선 남자는 결심한다.

영화의 마지막은 첫 장면과 대칭을 이룬다. 저스틴의 아이가 태어났고 그는 첫 장면이 약속한 행복한 미래에 도착해 있다. 하지만 다시 누군가 문턱을 넘는다. 도입부의 저스틴과 아내가 눈을 뜨고 불투명한 미래에 발을 디딘 것처럼, 페이스가 그들의 문을 두드린다. 이 결말에서 그들은 자신에게 주어진 의지를 벗어나 타인의 영역에 들어서고 있다. 문을 넘어 타인과 만나는 것은 해소되지 않는 불안정한 내면으로 인간을 이끌지만, 결국 법과 제도가 강제하는 공간의 규칙을 넘어서는 해방의 몸짓을 선사한다. 닫힌 문을 넘어선다면 무엇이든 받아들일 수 있을 것이다. 페이스는 문턱 앞에 서서 저스틴을 바라본다. 그녀는 문을 넘는다. 페이스의 시선은 그녀가 고수하던 법적 믿음을 무너뜨리고 진실 너머의 진실을 보려고 한다. 우리는 이 순간에 도착했을 때, 스마트폰을 떨어뜨리고 그것을 주워 건네던 몸짓의 교환이 각자 다른 진실을 바라보던 두 사람의 눈먼 시선을 접속하기 위한 매개였다는 사실을 깨닫는다.

### 결국, 교환의 이미지

〈배심원 #2〉는 교환과 이행의 영화다. 누군가 일으킨 우발적 사고는 다른 사람의 범죄와 교환되고, 은폐된 진실은 법적 정의로 이행한다. 불투명한 지각은 확고한 판단으로, 보잘것없는 현실은 그럴듯한 허구로 교환되고 이행한다. 영화에서 교환과 이행은 이미지를 둘러싸고 있는 공통의 믿음을 무너뜨린다. 그러나 이스트우드는 또 다른 교환과 이행을 남겨둔다. 그것이 떨어뜨린 물건을 손으로 줍는 몸짓의 교환, 혹은 이행이다. 저스틴과 페이스가 물건을 떨어뜨리고 줍는 과정에서 교환되는 두 사람의 행위는 법정이 선고한 표면적 진실 아래 감춰진 다른 차원의 진실로 향하게 한다. 이스트우드가 가리키는 교환과 이행의 영화적 이미지들은 스크린의 표면에 진실을 지목하는 이미지가 아니다. 이스트우드는 진실을 하나의 이미지로 결정하는 대신 끝없이 의심하고 불안해하는 두 얼굴을 나란히 비춘다. 이 영화가 지시하는 '정의'는 그것의 정체를 밝혀내는 결정적인 순간이 아니라 정의를 둘러싸고 있는 서로 다른 행위의 가능성을 모색하고 검토하는 무수한 탐문을 통해 도래하기 때문이다. 문턱을 경계에 두고 마주 선 두 사람의 얼굴이 우리에게 건네주는 마지막 교훈이다.

4

# 유예된 몸짓

## 1980년, 촬영소 시대 이후 일본영화의 도주

# 벌거벗은 신체

소마이 신지 相米慎二

- 태풍클럽 台風クラブ | 1985
- 러브 호텔 ラブホテル | 1985

1972년 요나스 메카스는 『영화 저널: 뉴 아메리칸 시네마의 부상, 1959~1971 Movie Journal: The Rise of a New American Cinema, 1959~1971』이라는 제목의 비평집을 출간한다. 비평가로 활동하면서 기고한 평론과 칼럼을 묶은 이 책에서 메카스는 미국영화의 판도가 뒤바뀐 분기점으로 1971년을 가리킨다. 스튜디오시스템이 지탱하던 고전영화의 질서가 붕괴하고 미국영화의 표면에 커다란 구멍이 뚫린다. 현실에 특별한 규범과 도덕을 부여하던 영화 속 세계는 1970년대의 시작과 함께 걷잡을 수 없이 축소되고 위태롭게 흐트러진다. 로버트 올트먼이 눈 덮인 산맥에 파묻혀 죽어가는 인물들의 최후를 담은 반反서부극 〈맥케이브와 밀러 부인 McCabe & Mrs. Miller〉(1971)으로 서부극의 위상을 난폭하게 훼손하던 바로 그해, 이 우화적 장르의 위엄과 명예를 지키던 최후의 영화감독인 하워드 호크스는 〈리오 브라보〉를 11년 만에 다시 만든 〈리오 로보 Rio Lobo〉(1970)로 커다란 실패를 겪고 〈프렌치 커넥션〉의 공동 각본가로 크레디트에 마지막 이름을 남기며 할리우드에서 초라하게 퇴장한다. 그리고 같은 해 재정 문제로 부도 위기에 처해 있던 일본 최초의 영화 촬영소 닛카쓰 스튜디오는 적은 예산과 짧은 촬영 기간으로 많은 영화를 제작할 수 있는 B급 에로영화 장르인 로망포르노를 제작하기 시작한다.

　　1980년 앨프리드 히치콕이 사망하고 한 달 뒤에 〈할 수 있는 자가 구하라Sauve qui peut (la vie)〉를 들고 칸영화제를 찾은 장뤽 고다르는 히치콕의 죽음이 영화 역사에서 한 시대의 끝과 다음 시대로의 이행을 표시하는 전환점이라고 말한다. 1970년대의 정치적 매체적 실험을 끝내고 극영화로 복귀한 고다르의 말에 따르면 히치콕의 죽음은 영화가 시각적 역량과 믿음을 상실한 시대로 들어섰다는 사태를 뜻한다. 도래한 것은 영화의 시각성을 억압하고 분해하는 시대다. 고다르의 언급은 이렇게 끝난다. "나는 우리가 더 이상 영화를 만들 수 있다고 생각하지 않는다." 어쩌면 20세기 영화사는 이 시점에 이른 끝을 맞는다. 그리고 영화의 역사가 하나의 질서에서 다른 질서로 이행하던 두 시기에 걸쳐 있는 영화감독이 있다. 1972년 닛카쓰 촬영소에 입사해 로망포르노 영화 스물세 편의 연출부 생활을 거친 소마이 신지는 1980년에 '비릿한 인간관계'를 다루는 성인용 장편영화를 만들고 싶다는 의지와 무관하게 우연히 같은 집에 동거하게 되는 고등학생들을 주인공으로 한 〈꿈꾸는 열다섯翔んだカップル〉(1980)을 데뷔작으로 내놓는다.

　　고다르의 구분을 빌리면 소마이 신지는 영화사의 한 시대가 끝난 뒤에 불시착한 영화감독이다. 스튜디오의 장인적 규범과 관행을 계승받은 마지막 세대인 소마이가 본격적으로 연출을 시작하던 시기에 일본영화는 스튜디오시스템에 파산 선고를 내리고 있었다. 1980년대 일본영화 산업은 일본영화계의 태양으로 군림하던 구로사와 아키라에게도 충분한 자본을 허락하지 않았다. 1970년대를 격렬하게 물들였던 로망포르노와 자주적 아방가르드의 우회적 실천도 지속할 수 없던 시기였다. 투명한 계승도 격렬한 저항도 가능하지 않았다. 소마이 신지는 스튜디오의 감독이었지만 스튜디오의 전통을 물려받지 못했고, 자주적이고 현대적인 감독이었지만 스튜디오의 흔적에 물들어 있었다. 소마이와 더불어 1980년대 일본영화를 대표하는 연출자인 오바야시 노부히코의 표현을 빌리면 이 시기는 영화를 만드는 이들에게 "필사적인 변화를 요구하는 시대"였다. 소마이 신지는 오시마 나기사와 요시다 기주가 실천한 1960년대 쇼치쿠 누벨바그가 강력한 아버지의 체제에 저항해 자신들의 위치를 발견하는 작업이었다고 말한다. 반면에 그가 영화를 만들기 시작한 1980년대엔 저항의 구도 자체가 증발한다. 대항할 수 있는 영화와 만나는 대신 영화 자체의 붕괴를 마주하는 것. 이것이 소마이에게 주어진 영화의 시대다.

소마이 신지의 영화에 진입하는 두 가지 전형적인 입구가 있다. 하나는 끝날 것 같지 않을 것처럼 공간과 다른 공간 사이를 분주히 이동하며 커트 없이 지속되는 롱테이크를 그의 확고한 스타일로 받아들이는 것이고, 다른 하나는 흔들리고 넘어지고 돌진하는 몸짓으로 롱테이크의 공간을 누비는 어린아이들의 운동성을 원형적인 동력으로 이해하는 것이다. 틀린 말은 아니다. 아이들의 신체를 포착하는 롱테이크는 소마이의 영화

에서 분명 눈에 띄게 두드러진다. 소마이의 이름을 알린 대표작 〈숀벤 라이더ションベン・ライダー〉(1983)의 도입부가 강력하게 발산하는 특징이라는 측면에서 그렇지만 당연하게도 그것이 전부는 아니다. 이는 소마이에 대한 부분적인 이해에 지나지 않을 뿐만 아니라, 아이들의 영화를 소마이의 필모그래피 중심에 두고 거기서 벗어난 영화들을 주변부에 배치하는 범주화를 초래한다는 점에서 폐기되어야 마땅한 도식이다.

소마이는 이처럼 단순한 도식으로 자신의 영화를 이해하려는 경향에 부정적인 반응을 표시한 바 있다. 〈도쿄 하늘 반갑습니다東京上空いらっしゃいませ〉(1990)를 만든 직후에 이루어진 마스터클래스에서 그는 자신이 80년대에 채택한 롱테이크를 '과장된 방법론'이라 표현하면서 "롱테이크라는 기법이 올바른 기술이라고는 생각지 않는다"라고 단언한다. 그의 말에 따르면 롱테이크는 단지 "어떤 시기에 영화를 근본적으로 재인식하기 위한 방법"으로 도입된 스타일이다. 소마이의 롱테이크는 일관된 형식이라기보다 영화의 익숙한 외형을 낯선 조건으로 변형하기 위한 임의적 장치이자 스튜디오시스템의 끝자락에서 영화의 탈출구를 모색하는 실천이다. 더불어 이 마스터클래스에서는 고등학생을 주연으로 삼은 〈도쿄 하늘 반갑습니다〉에 대한 당시의 평가도 언급되는데, 소마이는 이 영화에 80년대에 마무리 지은 아이들 영화로 되돌아간다는 비판적 견해가 제기되었다고 밝힌다. 이는 소마이라는 작가를 둘러싼 당시의 인식을 환기하는 것으로, 역설적으로 그가 '롱테이크'와 '아이들'이라는 피상

1980년, 촬영소 시대 이후 일본영화의 도주

적 조건에만 머물러 있지 않았다는 것을 예증한다. 이 간단한 키워드로 소마이 신지의 세계에 접근하는 것은 무척 제한적인 탐구의 방식, 소마이의 규정에 따르면 '1980년대의 소마이'만을 이해하는 입구에 지나지 않는다는 것을 파악할 수 있다.

주목할 것은 그가 롱테이크를 1980년대라는 시대적 조건과 나란히 두고 고려한다는 점이다. 소마이는 롱테이크를 특정한 시기의 영화제작 환경에서 사용한 잠정적인 방법으로 이해할 뿐 영화가 요구하는 근원적인 스타일로 인식하지 않는다. 영화평론가 후지이 진시는 일본영화의 제도적 맥락을 빌려 유사하게 지적한다. 그는 소마이가 데뷔작인 〈꿈꾸는 열다섯〉에서부터 롱테이크를 중심으로 한 스타일을 정립할 수 있었던 것은 "소네 주세이의 〈천사의 창자: 붉은 교실天使のはらわた 赤い教室〉(1979)에서 이미 강렬한 롱테이크 화면을 선보인 바 있는 미즈노오 노부마사를 촬영감독으로 얻은 게 결정적"이라고 말한다. 소마이는 단순히 어린아이의 움직임과 롱테이크의 외형에 집착한 연출자가 아니라 일본 스튜디오시스템의 붕괴 이후로 급격하게 변모하던 일본영화의 표면에 생겨난 진동을 증언하는 예민한 지진계다.

1985년에 소마이 신지는 세 편의 장편영화(〈태풍클럽〉〈러브 호텔〉〈눈의 노래雪の断章〉)를 완성한다. 이 중에서 한 달 간격을 두고 개봉한 〈태풍클럽〉과 〈러브 호텔〉은 정반대의 영화처럼 보인다. 한 편은 태풍이 불어닥치는 여름의 학교에서 춤과 노래를 펼치는 중학생 어린아이들의 영화다. 다른 한 편은 겨울의 호텔방

에서 무겁게 침묵하는 어른들의 영화다. 하지만 두 영화는 공통적으로 여름과 겨울이 끝나고 다음 계절로 이행하는 무심한 시간에 관한 기록이자 벌거벗은 신체의 몸짓에 관한 집요한 기록이다. 변화하는 시간에 대항하는 그들의 벌거벗은 몸은 모두 중학교 교실의 유리창과 호텔방의 거울에 일시적으로 붙잡혀 있다. 그 장소에서 폐쇄된 공간 내부에 거주지를 찾지 못한 신체의 발작적인 반응이 출현한다.

〈태풍클럽〉의 첫 장면과 마지막 장면은 물로 가득 채워져 있다. 영화의 첫 장면은 학교 수영장에서 노래를 부르는 여학생들과 그들을 훔쳐보기 위해 물속에 숨어 있는 아키라(마츠나가 도시유키)를 비춘다. 영화의 마지막 장면, 영원히 계속될 것 같던 태풍은 순식간에 사라지고 없다. 도쿄에서 돌아온 리에(구도 유키)는 학교 수영장으로 간다는 아키라를 만나 어쩐지 키가 자란 것 같다는 말을 건넨다. 그들이 도착한 학교엔 태풍이 만들어낸 물웅덩이가 생겨나 있다. 고작 며칠이 지났을 뿐이지만 모든 것이 달라져 있다. 〈태풍클럽〉은 태풍이 부는 동안 한 번도 만난 적 없는 두 학생을 전과 달라진 세계로 불시착시킨다. 하지만 반대로 아무것도 달라지지 않은 건지도 모른다. 물속에 있는 학생들로 시작한 영화는 물웅덩이를 통과하는 학생들의 모습으로 끝난다. 아키라가 수영장 물속에 가라앉은 것처럼 자살을 선택한 미카미는 물웅덩이에 우스꽝스럽게 처박힌다. 태풍이 지나가고 두 학생은 우여곡절 끝에 마지막 장면에 도착했지만, 영

1980년, 촬영소 시대 이후 일본영화의 도주

화는 거꾸로 첫 장면에 되돌아온 것처럼 보인다. 영화의 처음과 마지막은 탈출할 수 없는 순환의 시간으로 접속한다. 영화는 어디로도 벗어날 수 없는 봉쇄된 시간에 있다.

그 중간 지대에 갑작스럽게 불어닥치는 태풍이 있다. 소마이 신지는 분해돼버린 영화의 조건을 다시 결합하는 인력으로 태풍을 선택한다. 태풍은 흩어진 사람들을 한 장소에 불러들이고, 인물 각각의 행동과 표정을 포착하고, 그들을 동등한 집단으로 묶어내는 유일한 수단이다. 소마이는 프레임 안으로 태풍을 침투시킨다. 통제 불가능한 태풍의 물질성이 영화 내부의 질서 정연한 세계를 무너뜨릴지도 모르지만, 이는 스튜디오시스템이 붕괴한 이후의 영화를 움직이게 하기 위한 불가피한 선택이다. 스튜디오는 그 자체로 수많은 사람을 흡수하는 거대한 인력이었다. 시스템의 인력이 사라졌다면 공동체를 창출하는 새로운 게임의 규칙을 모색해야 한다. 태풍에 노출된 학생들은 닫혀 있는 학교 공간 안에서 비일상적이고 충동적인 몸짓을 폭발시킨다. 벌거벗고 춤을 추던 아이들은 교실 밖으로 나와 쏟아지는 비를 맞으며 노래를 부른다. 그들은 비바람이 불어닥치는 날씨에 노출됨으로써 외부로 열린 다른 세계와 대면한다. 대면의 과정에서 신체는 변형된다. 물에 젖고 바람에 흔들리면서 아이들의 몸은 다가오는 변화에 휩싸인다.

소마이 신지의 태풍은 양립할 수 없는 형식을 학교 안팎에 나란히 배치한다. 밖으로 나갈 수 없는 폐쇄 공간과 통제되지 않는 자유로운 몸짓, 무방비하게 젖은 채로 휘청이는 학생들의 몸과 술에 취해 비틀거리는 어른들의 몸, 학교로 되돌아오는 리에와 학교 창문 아래로 뛰어내리는 미카미(미카미 유이치). 태풍이 불어닥치던 밤은, 소마이가 형성한 모순이 뒤섞이는 시간이자 변화를 지나친 삶과 종결된 죽음 사이의 모호한 경험을 한자리에서 마주 보게 하는 일회적 시간이다.

〈태풍클럽〉에 새겨진 이와 같은 모순은 영화사의 특정한 구간에 있는 소마이의 투쟁을 노출하는 매개로 확장된다. 집으로 돌아가는 기차를 놓친 리에는 폭우를 맞으며 길거리를 갈팡질팡 오간다. 돌아가야 할까? 다른 곳으로 이동해야 할까? 소마이에게 주어진 영화(스튜디오의 영화)는 너무 일찍 끝났고, 그가 추구하던 영화(자주적 실천의 영화)는 너무 늦게 도착했다. "개체가 종족을 넘어설 수 있을까?"라는 문제를 고민하던 미카미의 질문은 언제나 붕괴 전야에 놓여 있는 일본영화라는 종족 앞에 놓인 개체의 열망과 접속한다. 이 장면은 이미 지나가버린 시간과 아직 도착하지 않은 시간 사이에 놓인 투쟁을 필름에 새긴다. 태풍과 폭우라는 물질에 접촉한 인간의 몸은 이처럼 불확실한 것이 된다.

비에 젖어 헐벗은 중학생들의 몸은 그들의 보호자여야 할 수학 선생 우메미야(미우라 도모카즈)가 술에 취해 목격하는 약혼자 삼촌의 벌거벗은 상반신과 대비된다. 우메미야가 삼촌의 몸을 바라보는 순간, 문신으로 뒤덮인 야쿠자영화의 신체가 십대 학생영화에 불쑥 침범한다. 소마이는 1970년대 촬영소를 유지하던 로망포르노와 야쿠자영화의 저열한 흔적을 학생영화의 환경에 이식한다. 우메미야는 아이들의 벗은 몸을 외면한 채로 문신으로 뒤덮인 약혼자 삼촌의 벗은 몸에 굴복해야 한다. 한쪽은 자유롭고 순수하며, 한쪽은 억압적이고 추하다. 하지만 두 종류의 몸은 모두 충동적이고 폭력적이다. 미카미에게 "15년 뒤엔 너도 나처럼 될 거야"라고 말하는 우메미야의 불길한 예언처럼, 벌거벗은 어른들의 억압과 추함은 아이 같은 자유로움과 순수함에서 온 것이고, 벌거벗은 아이들의 자유와 순수는 언제든 어른의 억압으로 채워질 수 있다. 어른과 아이는 서로를 바라보며 뒤섞인다. 그들의 불확실한 몸은 소마이의 영화를 영원한 경계면의 상태로 유예한다.

미카미는 어른이라는 종족에 흡수되지 않기 위해 창밖으로 탈출한다. 하지만 개체로서의 자살을 선택하는 그 순간에 미카미는 술에 취해 베란다 창문 바깥으로 탈출하는 우메미야와 같은 행위로 경멸스러운 종족성을 흡수한다. 그들은 창문에 비친 자아를 외면하고 탈출을 선택하는 자들이다. 하지만 소마이가 실천하는 영화의 의무는 주어진 모순을 간직한 채로 답습을 거부하는 것이다. 아직 한 번도 나타나지 않았고 결코 반복할 수 없는 저항의 이미지를 생산하는 것이다.

〈태풍클럽〉의 학생들은 자유로운 몸짓으로 화면 안팎을 오가지만 영화가 규정한 프레임을 완벽하게 이탈하지 못한다. 태풍이 지나간 마지막 장면에서 학교에 갇혀 있던 아이들의 모습은 보이지 않는다. 소마이의 아이들은 미래로 향할 수 없다. 그들은 아직도 닫힌 학교에 봉쇄된 것처럼 보인다. 영화의 마지막 장면은 학교로 걸어가는 두 친구의 뒷모습을 비좁은 틀 안에 가두고 정지시키며 끝난다. 창밖으로 뛰어내리는 미카미의 자살은 문틈과 창문의 경계 사이를 오가며 프레임에서 탈출하려던 몸짓의 행렬을 끝낸다. 〈태풍클럽〉은 성장영화다. 하지만 소마이에게 성장은 개체의 성숙을 의미하는 긍정적인 변화도, 미성숙한 인간이 새로운 자아를 획득하는 선형적인 전진도 아니다. 우메미야의 불길한 예언처럼 성장은 단지 프레임을 벗어나는 일탈적 몸짓이 중단되는 것을 의미한다.

〈태풍클럽〉의 태풍은 인간을 분리하고 고립시킨다. 하지만 역설적으로 고립된 장소에서 인간은 서로 무관하게 떨어져 있던 다른 인간과 하나의 집단을 만들어낸다. 이미 말했듯이 스튜디오시스템이 형성하는 집단적 결속이 20세기 영화를 지탱한 기반이었다면, 그 결속이 붕괴하고 난 뒤의 영화는 태풍이 만들어낸 임의적 집단을 스크린에 불러들일 수밖에 없다. 이 영화에서 태풍이 가하는 결속의 힘은 실로 가혹한 것이어서 바로 직전까지 끔찍한 폭력의 가해자와 피해자로 위치하던 남학생 켄과 여학생 미치코는 어느새 같은 무대 위에서 나란히 옷을 벗고 춤을 추기도 한다. 그 가혹함은 개별적인 인물의 심리와는 무관하게 세계를 촬영하고 장면을 전환하는 비인간적 영화 장치가 초래하는 것이다. 결말 직전의 장면에서 미카미는 자살을 앞두고 어린아이처럼 눈물을 흘리지만 장면이 바뀌면 갑작스럽게 비장한 표정을 짓고 곧장 창문 밖으로 뛰어내린다. 컷의 전환은 인물의 심리가 설명되는 속도보다 빠르다. 영화는 인간을 변형하고 학대하고 종결짓는다.

하지만 소마이 신지의 영화를 본다는 것은 삶의 겉모습을 변형하는 일회성의 모험에 동참하는 일이고, 그 경험을 몸에 새긴 채로 불가피하게 다가오는 미래를 살아가는 일이다. 소마이는 몇 번이고 영화를 다시 태어나게 한다. 그는 텔레비전과 영화의 속성을 비교하면서 텔레비전의 오락성은 인간 내면에 경험을 축적하지 않는 것에 있다고 말한다. 반대로 영화는 무엇보다 관객석에 앉아 스크린을 바라보는 인간 신체에 특정한 흔적을 축적한다. 스크린에 떠오른 이미지를 매개로 생겨난 그 흔적은 현실을 순간마다 다시 바라보게 한다. 〈태풍클럽〉에서 이는 터무니없는 거짓을 매개로 출현하는 하나의 진실이며 태풍이 부는 시간에 일시적으로 나타나고 사라지는 재난의 리얼리티다.

〈러브 호텔〉은 소마이 신지가 유일하게 연출한 로망포르노이자 그의 영화들을 수식하던 특징이 거의 나타나지 않는 예외적인 사례다. 끈질기게 이어지는 롱테이크가 사용되고는 있지만 한 장면 안에서 배경이 되는 공간과 상황이 몇 차례씩 변화하는 다면적인 숏은 드물게 나온다. 카메라는 자동차 내부, 호텔과 오피스텔의 단칸방처럼 닫혀 있는 폐쇄적인 공간을 주시한다. 어린아이들의 몸짓도 보이지 않는다. 마지막 장면을 제외하면 아이들의 존재는 화면 바깥에서 들려오는 소란으로만 주어진다. 생명력의 과잉으로 넘쳐흐르는 계절의 활력 또한 배제되어 있다. 〈태풍클럽〉을 포함해 줄곧 여름을 배경으로 삼은 전작들과 달리 〈러브 호텔〉은 겨울의 건조한 풍경을 비추고 있으며, 여름에 만들어진 소마이의 영화들처럼 불꽃놀이가 터지는 축제의 시간이나 태풍이 불어닥쳐 춤과 노래가 펼쳐지는 무대 공간이 개입할 여지도 없다. 인물은 무표정한 얼굴로 거리를 걷고 우울을 삼킨다. 우울을 견딜 수 없을 때 자살을 시도하거나 몸서리쳐지는 섹스를 치른다. 소마이의 영화는 현실을 넘어서는 허구적 무대 위의 인간, 프레임의 범위를 이탈하는 몸짓, 외형을 뒤바꾸는 피사체의 몸을 매개로 변형되는 이미지를 생산해왔다. 〈러브 호텔〉은 소마이의 세계에서 변형을 만들어내는 조건이 사라졌을 때, 그의 인물이 직면하게 되는 신체의 뒤틀림과 어긋남을 포착하려는 실천이다.

〈러브 호텔〉은 거울의 영화다. 도입부에서 빚을 갚지 못한 무라키(데라다 미노리)가 사무실에 들어서면 사채업자가 아내를 강간하는 모습이 거울에 비친 채로 화면 가장자리에 큼지막하게 나타나고 있다. 단편적인 조각으로 숏의 일부분을 차지하는 거울의 형상은 화면을 이중으로 분리한다. 이 장면은 현재형의 시간으로 전개되는 〈러브 호텔〉에서 유일하게 과거시제로 주어지는 장면이다. 절망적인 과거가 마치 영화의 이미지를 보는 것처럼 카메라 앞에 나타나고 있다. 〈러브 호텔〉은 거울로 분리된 스크린을 마주하면서 촉발되는 영화다.

스크린 위에 조각난 거울은 무라키와 유미(하야미 노리코)가 만나는 호텔방 침대 위에 걸린 네 면의 거울로 확장된다.

유리창에 비친 자신의 얼굴을 바라보고 자살을 결심하는 〈태풍 클럽〉의 미카미처럼, 소마이 신지의 영화에서 거울 앞에 선다는 것은 현실 속의 위태로운 자아를 직시하는 고통스러운 행위다. 〈러브 호텔〉의 비극은 화면에 거울이 너무 많다는 것이다. 어느 곳을 둘러봐도 내 모습은 거울에 붙잡혀 있다. 여러 면으로 호텔방 거울이 지목하는 것은 현실의 단면이 그처럼 조각나버렸다는 사태다. 〈러브 호텔〉은 곳곳의 거울에서 세계의 규칙과 인물의 몸짓이 빚어내는 불화의 흔적들로 교전을 벌인다.

현실에 미묘한 위화감을 덧씌우는 현상은 유미의 집에서 발견할 수 있다. 유미의 방이 등장할 때마다 영화는 뜬금없는 소품을 하나씩 늘려둔다. 전에 없던 커다란 화분이 탁자 위에 놓여 있거나, 절망에 사로잡힌 유미의 뒤로 어린아이 모습의 관절 인형이 보인다. 유미가 물건을 사 오는 장면이 있는 것은 아니다. 그 소품이 등장하는 당위성이 제시되는 것도 아니다. 그 집에서 유미와 섹스를 나누던 남자들이 사라질 때마다 느닷없는 소품이 채워진다. 유미의 집은 인간의 퇴장과 소품의 출현이라는 기묘한 규칙으로 변주된다.

하지만 그 규칙은 순식간에 파괴된다. 불륜 상대에게 버림받은 유미는 남자와 통화하는 상황을 연기하면서 전달되지 못한 말을 집 안에 퍼뜨린다. 카메라는 방에 놓인 화분과 인형을 앞질러 수화기를 붙잡은 유미의 얼굴만을 프레임에 남겨둔다. 그 얼굴에서 유미는 더 이상 연기를 이어가지 못한다. 규칙으로 실행되는 우회와 변형의 가능성을 차단해버리는 순간, 현실의 상처를 외면하는 허구의 퍼포먼스가 끝나는 것을 주시하는 가혹한 응시의 순간이다. 〈러브 호텔〉의 인물은 소마이의 어린아이처럼 이따금 노래를 부르고 연기를 한다. 유미의 침대에 홀로 앉아 독백하고, 무라키의 아내는 그네를 타고 노래를 부른다. 그러나 이곳에선 그 음성과 몸짓을 노래와 연기의 형식으로 번안하는 무대가 존재하지 않는다.

현실의 리얼리티와 대립하는 사소한 불화의 징후들이 〈러브 호텔〉의 화면에 부조리한 공백을 기입한다. 그 불화를 자연스럽게 받아들이는 유일한 장소는 몇 개로 분리된 거울 앞에 분열된 몸을 의탁할 수 있는 호텔방일 것이다. 하지만 호텔방에서 만나는 두 사람의 관계는 지속될 수 없다. 파국을 예감한 듯한 유미는 섹스를 나누며 무라키에게 내일 다시 만나달라고 말한다. 그러나 그들은 약속된 시간에 함께 도착할 수 없다. 그때 유미는 감기약 기운이 돌아 몽롱하다고 말한다. 그런데 유미가 감기약을 먹은 것은 전날 밤의 일이다. 굴절된 시간이 유미의 신체에 갑작스럽게 기입된다. 그들은 세계의 균질한 시간에서 이탈해 호텔방의 멈춘 시간에서만 만나고 재회할 수 있다. 약기운으로 유미는 움직임을 멈춘다. 잠깐이지만 그는 마치 시체처럼 경직되어버린다.

움직임을 멈추는 인간의 몸을 묘사하는 문제에 소마이만큼 몰두한 연출자도 없을 것이다. 〈세일러복과 기관총セーラー服と機関銃〉(1981)에서 본의 아니게 야쿠자의 세계에 진입한 고등학생 이즈미는 총격전으로 살해당한 수많은 시체를 바라보며 "왜 이렇게 많은 사람이 죽어야 할까……"라고 중얼거리는데, 마치 연출자가 스스로에게 제기하는 질문처럼 들린다. 소마이는 끊임없이 시체를 관찰한다. 각도를 바꾸고 크기를 달리하면서 몇 번이고 반복해서 카메라에 시신 이미지를 담아낸다. 〈물고기 떼魚影の群れ〉(1983)에서는 단순히 시체를 보여주는 것에 그치지 않고 살아 숨 쉬던 인간의 몸이 호흡을 멈추고 죽음에 이르는 과정을 고스란히 드러낸다. 시체를 묘사하는 게 어렵다면 프리즈프레임을 통해 어떻게든 몸의 움직임을 멈춰버리는 것으로 영화를 끝낸다(〈태풍 클럽〉〈빛나는 여자光る女〉(1987) 〈도쿄 하늘 반갑습니다〉). 그는 숏의 표면을 숨 가쁘게 내달리는 육체에 매혹된 만큼 움직임을 중단한 시체에 중독되어 있다. 삶에서 죽음으로 향하는 이미지는 결코 돌이킬 수 없는 절대적 변형의 이미지이기 때문이다.

부동 상태에 놓인 유미의 몸은 〈러브 호텔〉의 문제를 응축한 장소다. 그것은 신체와 시체, 뒤틀리는 몸짓과 마비 상태의 몸, 생명과 죽음의 경계에 자리 잡은 픽션의 서로 다른 단면에 이중적으로 접속하는 장소이기 때문이다. 유미는 그녀의 삶을 집요하게 포획하던 다면 거울 앞에서 움직임을 멈춘다. 거울에 대한 신체의 저항, 프레임에 대한 피사체의 저항, 현실적 시간에 대한 허구적 시간의 저항이 한 곳에서 격돌한다. 불화는 종결되지 않는다. 정지한 피사체의 침묵은 마침내 섹스를 포함한 영화 속 모든 신체의 움직임이 필름의 표면 위에 잠시 나타났다 사라지는 임시적 흔적이라는 것을 폭로한다. 격렬한 섹스를 치르던 무라키는 고개를 들고 네 면의 거울을 바라본다. 화면을 강렬한 자극으로 채우는 그들의 섹스조차 스크린의 한 조각을 이루는 잠정적인 부분에 불과할 뿐이다. 남자는 떠나고, 여자는 다시 도시를 배회할 것이다. 그 규칙이 호텔방 거울에 스치는 순간 섹스는 끝나고 두 사람의 재회도 끝난다. 스크린을 떠도는 유령처럼 그들은 거울 앞에 잠시 머무른 뒤 순간적으로 사라지는 운명을 직시한다. 어쩌면 소마이 신지는 가장 세속적인 로망포르노 장르 안에서 자신의 영화에 관한 가장 개인적이고 성찰적인 숏을 성취한 건지도 모른다.

그러고 나면 잊을 수 없는 결말이 기다리고 있다. 유미는 재회의 기대를 안고 무라키의 집을 찾아가지만 집에는 아무도 없다. 실망한 채로 발걸음을 돌리면 계단을 내려가는 무라키의 아내가 보인다. 반대 방향으로 걸어가는 두 여자는 불현듯 서로를 돌아보고 다시 가던 길로 향한다. 그 순간 터무니없을 만큼 과도한 벚꽃이 쏟아지고 소란스럽게 환호하는 어린아이들의 모습이 화면 가득 채워진다. 벚꽃이 쏟아지고 아이들이 환호하는 순간에 유미는 화면에서 추방당하고 없다. 이것은 필연적인 집행이다. 겨울이 지나고 봄이 오면 영화는 끝날 수밖에 없다. 아이들이 포착되면 어른의 몸짓은 퇴장할 수밖에 없다. 무라키와 유미를 담아내던 영화는 시간이 선형적으로 흘러가는 세계의 균일한 질서와 화해할 수 없다. 이것이 〈러브 호텔〉이 도달한 영화적 역학의 실행이다.

벚꽃이 무수히 떨어진다. 봄이었던가? 시간의 이탈이라

1980년, 촬영소 시대 이후 일본영화의 도주

는 조건 속에서 재회한 무라키와 유미의 관계가 끝나자마자, 기다렸다는 듯이 겨울에서 봄으로 향하는 계절의 변화가 다급하게 실현되고 있다. 이 결말에서는 단지 언제나 인간을 무심하게 앞서가는 세계의 속도가, 피사체의 좌절에 조금도 신경 쓰지 않는 세계의 아름다움이 아이들의 환희와 함께 과시되고 있다. 카메라는 계단을 올라가는 유미와 내려오는 무라키의 아내의 짧은 마주침을 비춘다. 거울에 비친 자신의 벌거벗은 몸을 목격하던 두 인물은 아마도 유사한 궤적과 동선으로 이 자리에서 마주쳤을 것이다. 영화는 마지막을 장식하는 모든 요소가 화면에서 완벽하게 사라질 때까지 숏을 지속한다. 두 인물은 프레임의 바깥으로 퇴장하고, 소란스럽게 화면을 채우던 어린아이들도 어느새 사라지고 없다. 이제 영화 속엔 어른도 어린아이도 보이지 않는다. 벚꽃은 곧 그칠 것이다. 봄이 도착한 시기에 소마이의 영화를 채우고 있던 몸의 기록이 소멸한다.

소마이 신지가 필름에 붙잡아둔 피사체의 벌거벗은 몸은 관절을 뒤틀고 바닥에서 미끄러지고 탈진해서 쓰러진다. 과격한 섹스와 폭력은 단지 그 몸짓을 출현시키기 위한 불가피한 매개일 것이다. 닫힌 창문과 거울에 갇혀 있는 그들의 몸짓은 단지 한 가지 질문을 공유한다. 어떻게 빠져나갈 수 있을까? 그들의 흐트러지는 몸은 벗어날 수 없는 세계에 속박된 신체가 실행하는 저항의 한 방식이다. 소마이 신지의 카메라가 커팅 없이 공간 안팎을 오가며 지속되는 롱테이크로 그들을 보여줄 때, 그것은 출구를 찾지 못한 주체들의 변형을 기록한 하나의 증언이 된다. 적어도 화면과 신체가 불안정하게 변형하고 있다면 거울과 창문이라는 투명한 표면에 붙잡히진 않을 것이다. 이것이 소마이 신지 영화의 고통스러운 활력이고 영화사의 끝자락에서 다시 영화를 흔들어 깨우려는 필사적인 몸짓이다.

# 하늘을 바라보는 영화의 곤경

아오야마 신지 靑山真治

아오야마 신지의 장편 데뷔작 〈헬프리스ヘルプレス〉(1996)
의 도입부는 하늘에 떠오른 카메라의 공중촬영으로 시작한다.
카메라는 하늘 위에서 심하게 흔들리며 현기증이 일 듯한 위태
로운 움직임으로 기타큐슈의 풍경을 내려다본다. 이 매혹적인
장면은 단순히 한 편의 영화를 여는 근사한 시작에 그치지 않는
다. 하늘에서 시작된 연출자의 여정이 〈구름 위에 살다空に住む〉
(2020)라는 또 다른 하늘의 영화를 끝으로 이르게 종결됐다는
사실을 받아들여야 하는 관객이라면 아오야마의 영화에 나타나
는 구름과 하늘에 시선을 뺏길 수밖에 없기 때문이다.

하늘은 아오야마의 영화에서 주의 깊게 관측되는 대상이
지만, 그것을 바라보는 행위에는 생각보다 복잡한 문제가 얽혀
있다. 〈헬프리스〉의 초반부에서 집 안에 누워 있던 겐지(아사노
다다노부)가 창밖을 바라보는 장면 뒤에 이어 붙는 컷은 그의 시
선으로 보이는 텅 빈 하늘이 아니라 어느 공장의 외관을 비추는
무인의 삽입 숏이다. 시선의 물리적 연결을 고려한다면 프레임
에 하늘을 가득 담아낸 장면이 나올 법하지만, 공장 주변의 수직
적 건축물을 포착한 숏이 그것을 가로막는다. 〈헬프리스〉의 초

반부에 반복적으로 나타나며 특권적인 밀도를 갖는 공장의 무인 숏은 광활한 하늘과 구름의 자리를 대체해 손쉽게 화면을 내어주지 않는 존재감을 의미심장하게 드러낸다. 〈유레카ユリイカ〉(2000)에서 사와이(야쿠쇼 고지)가 이혼한 아내를 만나 대화하던 도중 카메라가 왼쪽으로 이동해 창밖의 하늘을 보여줄 때도, 〈도쿄 공원東京公園〉(2011)에서 코지(미우라 하루마)가 미행 중인 여자의 시선을 따라 하늘을 올려다볼 때도 하늘과 구름으로 스크린을 가득 채우는 사태만큼은 철저히 회피된다. 그들이 바라본 하늘에는 어김없이 도심의 고층 건물과 탑이 관측되고 있어, 완벽하게 하늘로만 이루어진 화면이 구성되는 것을 끝내 방해한다. 아오야마의 영화에서 아무런 장해물 없이 온전히 하늘과 대면하는 순간을 상상하기란 무척 까다로운 일이다.

　　드넓은 하늘을 카메라 렌즈에 담아 보여주는 것은 영화가 제공할 수 있는 치명적인 매혹이자 백색 스크린을 바라보는 데서 성립하는 영화 체험의 필연적 조건을 상기시키는 형상이다. 그러나 아오야마 신지는 프레임에 하늘이 가득 채워지는 순간마다 일본에 지어진 현대적 건축물의 수직선을 불러들인다. 그는 화면 내부에 현실을 환기하는 범용한 선들을 틈입시켜 무정형의 하늘 자체가 카메라에 포착되는 것을 강박적으로 저지한다.

### 서부극의 하늘

거대한 표면으로서의 하늘을 비추는 최적의 조건을 갖

춘 무대는 물론 서부극일 것이다. 신화적 구조를 배면에 두고 황무지를 배회하는 웨스턴의 풍경 상단에는 장대한 하늘과 평온한 구름이 언제나 모습을 드리우고 있다. 서부극의 하늘이 전하는 아름다운 감촉을 아오야마 신지가 의식하지 않았을 리는 없다. 잘 알려졌다시피, 아오야마는 웨스턴의 법칙이 영화를 지배하는 원리라고 말하는 작가다. 알 수 없는 과거로부터 마을에 도착한 서부극의 주인공은 외부의 적을 방어하고 공동체를 수호한 뒤 그곳을 떠난다. 서부극을 향한 동경과 무의식은 그의 영화를 관류하는 강력한 기제다. 하지만 현대 일본을 배경으로 서부극의 형상을 구축하는 작업은 다른 차원의 문제다. 이는 범용한 도심 공간 속에서 서부극의 거대한 풍경에 접근할 수 있는가, 일본을 무대로 삼은 영화가 서부의 신화적 공간을 이루는 황무지와 암석을 묘사할 수 있는가, 라는 불가피한 질문을 불러온다.

아오야마의 영화는 사건 이후의 영화다. 〈헬프리스〉는 출소한 야쿠자 야스오(미쓰이시 겐)가 고향에 돌아오는 플랫폼 장면에서 〈말 없는 사나이The Quiet Man〉(1952)의 존 웨인이 이니스프리로 돌아오는 첫 장면의 구도를 그대로 가져와 묘사한다. 하지만 뒤늦게 돌아온 자에게 안식은 마련되어 있지 않다. 야스오가 찾는 조직 두목은 일찌감치 죽어버렸고, 그는 두목이 죽었다는 사실을 믿지 못한 채로 두목의 죽음을 주장하는 동료들을 연쇄적으로 살해한다. 마침내 두목이 죽었음을 알게 되자 그는 잘린 팔과 마약을 남기고 자살한다. 영화의 주인공이 사건으로 처리해야 할 두목의 죽음은 이미 해결되어버렸다. 웨스턴이 쇠락해버린 영화사의 시간에 연출자로 불시착한 아오야마 신지처럼, 야스오는 제시간에 도착하지 못한 자다.

존 포드의 인물이 원거리의 하늘을 바라보며 고독하지만 분명한 몸짓으로 돌멩이를 던진다면, 아오야마의 인물들에게 하늘 위의 구름을 올려다보며 명확한 행위를 취하는 것은 허용되지 않는다. 대신 그들은 애매한 몸짓으로 손에 쥐고 있던 물건을 놓치고 주변을 두리번거린다. 〈차가운 피冷たい血〉(1997)의 형사 사가(이시바시 료)는 터널에서 도주하는 범인이 쏜 총탄에 맞아 총을 도난당하고, 〈헬프리스〉에서 오른쪽 팔이 잘린 야스오는 손에서 굴러떨어진 술병을 줍는 모습으로 등장한다. 〈호숫가 살인사건レイクサイド マーダーケース〉(2004)에서 슌스케(야쿠쇼 고지)는 시체의 지문을 지우는 데 사용한 라이터를 잃어버린다. 그들은 어긋난 시간과 분실된 표상이 교차하는 무대에서 끝없이 머뭇거린다.

일반적으로 영화에서 인물의 손에 쥐어진 사물은 그 손의 주인이 갖는 정체를 규정한다. 로베르 브레송에 빗대어 말한다면, 어느 남자가 소매치기라는 것을 알기 위해선 그의 손이 다른 사람의 물건을 훔치는 것을 봐야 한다. 영화적 논리로는 소매치기라서 물건을 훔치는 것이 아니라 남의 물건을 훔치는 동작에서 소매치기라는 정체성이 각인되는 것이다. 서부극에서라면 주인공은 손에 든 권총으로 적을 해결해야 한다. 순식간에 상대방을 제거하지 않는다면 주인공의 목숨과 공동체의 운명이 위험하다. 웨스턴의 법칙은 행동을 고민할 시간이 없다는 것이다.

1980년, 촬영소 시대 이후 일본영화의 도주

서부극의 손은 순식간에 판단하고 결정한다. 영화는 그 짧은 손짓에서 개인과 국가와 공동체를 가로지르는 선명한 의미를 획득한다.

아오야마는 반대로 행동하지 못하는 시간을 도입한다. 〈헬프리스〉의 서사에는 행동하는 인물인 야스오가 있지만, 다른 축에 행동하지 않는 겐지가 있다. 아오야마의 영화가 전하는 특별함은 행위를 규정하는 사물로부터 인물의 손을 분리하는 데 있다. 사물이 손에서 빠져나가고, 심지어 인물의 잘린 팔이 드러날 때, 영화의 표상은 그들을 규정하는 체계를 상실한다. 총을 들고 범인을 쫓는 사가는 형사다. 그러나 총을 분실하고 한쪽 폐에 손상을 입은 사가는 형사가 아닌 무엇이 된다. 버스를 운전하는 사와이는 운전기사다. 그러나 끔찍한 버스 납치사건을 겪고 살아난 사와이는 운전기사가 아닌 무엇이 된다. 아오야마의 영화에서 인물은 능동적으로 사건에 개입한다기보다는 수동적으로 노출된다. 그들이 영화적 무대에 도착하기 전에 일찌감치 누군가 죽어 있거나 살인이 벌어진다. 그러므로 카메라 렌즈에 남겨지는 것은 범용한 의미와 맥락으로 규정할 수 없는 세계다. 그곳을 화면에 담아내면서 영화는 표상할 수 없는 타인에게 접근하는 문제를 마주하게 된다. 〈헬프리스〉의 야스오는 조직원과 경찰의 말로 전달되는 두목의 죽음을 믿지 않는다. 〈차가운 피〉에서 형사는 '사랑을 증명할 수 있는가'라는 질문에 사로잡힌다. 영화는 이제 서부극적 손짓의 선명한 의미를 붙잡을 수 없다. 그러므로 질문은 이러하다. 카메라는 규정할 수 없고 보이지 않는 세계를 증명할 수 있는가.

아오야마 신지는 서부극의 구조를 빌려 오지만, 서부극적 영웅이 따르는 규칙으로 포획되지 않는 자들을 향해 시선을 건넨다. 그는 웨스턴이 붕괴한 자리에서 서부의 흔적을 주시하는 관찰자다. 서부극의 인물이라면 손을 꺼내 행동하고, 지평선으로 멀어지며, 하늘을 바라볼 것이다. 아오야마의 인물들은 그럴 수 없다. 그들은 손을 잃었거나, 화면 내부의 중력에 붙잡혀 있다. 그들은 서부극이라는 기원적 이미지에 도달할 수 없는 얼룩을 간직한다. 그들의 시선이 하늘이라는 추상적 원경을 향할 때마다 그들 앞에 놓인 현실을 가리키는 구조물이 침입하는 것은 그런 이유에서다. 아오야마의 인물은 그토록 간단하게 신화적 배경과 결합할 수 없다. 터무니없는 크기의 버스를 몰고 세상의 바깥으로 이동하기를 멈추지 않는 〈유레카〉의 작은 공동체만이 좌표를 알 수 없는 경유지에서 거대한 암석을 발견할 뿐이다. 하지만 그 희박한 순간에조차 영화는 하늘이 화면을 차지하기 전에 장소를 이동해버린다.

### 태양과 원

서부극에 근접하려는 강박적 한계뿐만 아니라 아오야마가 담아내는 하늘에는 또 다른 곤경이 주어져 있다. 일본에서 하늘을 비추는 것은 태양이라는 원의 모양을 목격하는 일과 직결되기 때문이다. 아오야마는 이렇게 말한다. "구체 또는 원은 떠오르는 태양(일장기)으로 시작하는 안정된 눈이자 권력의 상징

1980년, 촬영소 시대 이후 일본영화의 도주

이며 오늘날 후지 텔레비전과 기타 텔레비전 네트워크의 상표로 부끄럽게 재현되고 있다."♦ 하늘에 떠오른 구체 또는 원은 국가권력의 상징이자 민족을 통합하는 표상이며 그들을 지켜보는 눈이다. 아오야마는 그 표상을 두고 '부끄러운 재현'이라는 표현을 쓴다. 일본의 현실을 찍을 수밖에 없는 그의 영화는 부끄러움, 수치, 고통을 포함하는 추한 경험과 더불어 공존한다. 아오야마의 영화를 전후의 영화이자 사건 이후의 영화라고 말하는 것은 이런 맥락에서 통렬하게 다가오는 표현이다. 그는 과거로부터 덧대어진 일본의 '부끄러운 재현'을 외면할 수 없다.

아오야마는 오시마 나기사가 그랬던 것처럼 일본 국기의 태양 부분을 검게 물들이거나(〈소년少年〉, 1969) "검은 태양이 떠오르네"라는 가사를 노래할 만큼(〈일본춘가고日本春歌考〉, 1967) 국가의 표상에 단호하게 파산선고를 내리는 작가가 아니다. 혹은 아오야마가 영화를 만들기 시작한 시기에 일본이라는 국가는 이런 공격을 받아낼 만큼 강력한 존재감을 발휘하지 못한다. 아오야마는 단지 웨스턴과 미국영화를 동경하면서도 일본이라는 낡은 태양 아래서 영상을 제작할 수밖에 없다는 자각을 철저하게 따를 뿐이다. 그것은 동시대 일본을 배경으로 일본 지역의 로케이션 촬영에 의존할 수밖에 없는 '일본영화'를 만드는 연출자의 조건에 대한 자각이다. 영화평론가 후지이 진시의 표현을 빌

---

♦ Aoyama Shinji, "Nouvelle Vague Manifesto; or, How I Became a Disciple of Philippe Garrel", trans. Aaron Gerow, *LOLA*, Issue 6, 2015.

린다면 아오야마의 독창적인 관점은 "천황제나 국가권력이라고 하는 것을, 부정할 수 없이 자신의 육체를 흐르는 피의 문제로 여긴 점"◆에서 비롯된다. 〈호숫가 살인사건〉의 시체를 은닉하는 부모들이 말하듯이 아오야마가 이끌리는 인물은 스스로 자신들의 추함을 시인하고 떠안을 수밖에 없는 자들이다.

그러므로 아오야마의 영화에서 구체의 형상은 무정형의 하늘이 아니라 추한 기억을 품은 지면에 있다. 〈새드 배케이션サッド ヴァケイション〉(2007)에서 공중에 떠오른 비눗방울은 금세 터져 지상에 있는 자들을 적신다. 〈헬프리스〉와 〈차가운 피〉에 나오는 어두운 터널, 〈호숫가 살인사건〉의 시신을 빠뜨리는 거대한 호수, 〈도쿄 공원〉에서 손가락을 들어 도쿄의 지도 위로 그려지는 소용돌이 모양이 아오야마가 가리키는 지상의 구체 또는 원이다. 무엇보다 특별한 원형은 〈유레카〉의 사와이가 나오키를 자전거 뒷자리에 태우고 공터를 도는 장면에 있다. 아오야마는 탈것이 나오는 장면을 많이 찍었지만, 이 순간에 사와이는 오토바이를 타고 터널을 가로지르거나, 거대한 버스에 올라타 지평선 너머로 향하지 않는다. 그는 다섯 명을 살해한 나오키를 태우고 아무도 없는 공터를 돌면서 하나의 원을 그릴 뿐이다. 그것은 도입부의 버스 납치사건에서 공터로 나온 사와이와 버스 테러범 주변을 돌던 카메라 움직임과 정확히 조응하는 움직임이다.

◆　후지이 진시, 「아오야마 신지, 미완의 사가」, 《한국영화데이터베이스 KMDb》, 박진회 옮김, 한국영상자료원, 2022년 9월 29일.

돌이킬 수 없는 폭력과 상실의 순간을 비추던 움직임은 큰 원을 돌아 폭력을 저지른 타인을 받아들이는 구제의 몸짓으로 되돌아온다. 이해할 수 없는 공포를 가져오던 원 운동은 마찬가지로 결코 이해할 수 없는 살인자인 나오키를 포용하는 동작으로, 기묘한 유사성을 안고 반복된다.

'하나님, 어찌하여 나를 버리시나이까'라는 예수의 외침에서 제목을 빌려온 〈엘리 엘리 라마 사박다니エリ・エリ・レマ・サバクタニ〉(2005)에도 한 인물 주변에서 원을 그리며 도는 카메라워크가 나온다. 자살 충동 바이러스가 만연한 근미래에 병에 걸린 소녀는 어느 마을로 찾아온다. 그곳에 사는 무명 음악가는 그녀를 치료하기 위해 구름과 지평선이 보이는 초원에서 기타를 연주한다. 눈을 가린 소녀의 귀에 소리가 닿는다면 기적 같은 회복이 발생할 수 있을까? 확신할 수 없다. 그러나 그 희미한 가능성을 향해 카메라는 눈을 가린 소녀의 주변에서 원을 그린다. 이때 화면의 배경인 서부극풍의 신화적 지형은 영화의 불투명한 믿음이 투영된 무대가 된다.

〈유레카〉에서 사와이는 나오키에게 "꼭 죽지 말고 살아라. 살아서 돌아와야 한다"라고 당부했지만, 영화는 그 말의 근거를 찾지 못했다. 단지 아오야마는 카메라 앞에 놓인 하늘과 지면, 그 사이를 잇는 지평선에 인물의 몸짓과 소리가 남겨지는 것을 비춘다. 원으로 회전하는 움직임의 여백에서 그들의 몸짓과 소리는 나타나고 사라진다. 세계의 파국에 즉각적으로 반응하는 대신, 우회하고 변형되기를 반복하는 구체의 형상은 태양 아래 놓인 세계의 현실적 기록을 넘어선 잠재적 세계의 가능성을 환기한다. "패배할지도 모르겠지만 언젠가 미래에 이길지도 모른다는 믿음"◆에 관한 아오야마의 말처럼 그의 영화는 패배에도 불구하고 언젠가 도래할 미래를 예감케 한다. 그 미래의 가능성이란 반복건대, 지상에서 만들어지는 구체와 원형의 표상으로부터 나오는 것이다. 이것이 규정되지 않는 표상 앞에 선 영화의 저항이다.

### 터널을 통과하기

〈헬프리스〉의 후반부에 겐지는 장애가 있는 야스오의 여동생 유리를 태우고 터널을 통과한다. 터널은 어둠으로 막힌 벽이 아니라 마치 비어 있는 공간처럼 바깥으로 열린 투명한 통과지점이 된다. 시선은 끝까지 열려 있고, 어둠을 통과하면 세계의 빛이 나타난다. 아오야마는 일본의 '부끄러운 재현'이 새겨져 있던 시기를 터널의 어둠 속에서 통과해나간다. 이 장면을 조명하는 어둠과 빛의 짧은 교차에서 기나긴 흑백의 시간을 마치고 색채를 회복하는 〈유레카〉의 여정이 암시되는 것을 확인할 수 있다.

하지만 여전히 터널의 어둠을 통과하지 못한 것들이 있다. 〈도쿄 공원〉에서 의뢰를 받고 어느 여인의 사진을 찍는 코지는 정작 자신을 사랑하는 이복남매 누나를 똑바로 바라본 적 없

◆   이다혜, 「아오야마 신지를 만나다」, 《씨네21》, 533호, 2005.

다는 것을 깨닫는다. 이미지를 끝없이 생산하면서도 정작 타인을 바라본 적 없는 코지는 현실과 이미지의 경계에서 회전하는 소용돌이에 갇혀 있다. 여전히 하늘을 바라보는 것에 실패하고 타인을 이미지로 포착하는 데 붙들린 자들이 있다. 하지만 그것은 이미지에서 아무것도 읽어낼 수 없다는 무력한 결론을 의미하지 않는다. 아오야마 신지는 '~을 할 수 없다'는 수동적 자각과 그런데도, 혹은 그러므로 '~을 할 수밖에 없다'는 의지적 개입을 오가며 일상의 공간과 서부극의 무대를 끝없이 배회해왔기 때문이다. 또 다른 이미지의 터널을 통과하고 하늘을 바라보기 위한 위치를 조정하는 〈구름 위에 살다〉의 계단과 고층아파트는 새로운 질문의 실마리를 제공한다. 질문의 답을 내놓기 전에 아오야마 신지는 여정을 멈췄다. 하지만 중단되어버린 터널의 여정을 되짚는 것은 아직 나타나지 않은 미래를 가늠하는 희망의 진술이다.

# 영화는 외계의 것

구로사와 기요시 黒沢清

■ 산책하는 침략자 散歩する侵略者 | 2017
■ 스파이의 아내 スパイの妻 | 2020

행방불명되었다 돌아온 뒤로 신지(마쓰다 류헤이)는 자꾸만 중심을 잃고 쓰러진다. 누가 밀치거나 무언가 날아든 것도 아닌데 버틸 수 없다는 듯 휘청이더니 넘어져버린다. 산책한다고 집을 나가서는 풀숲에 쓰러진 채 발견되기도 한다. 구로사와 기요시의 〈산책하는 침략자〉에서 '쓰러짐'이라는 사태는 신지와 그의 아내 나루미(나가사와 마사미) 주변에서 몇 번씩 반복된다. 영화는 신지가 겪는 이런 이상한 증상에 대해 이렇다 할 원인을 설명하지 않는다. 신지와 마찬가지로 지구를 침략하러 온 다른 두 외계인은 이유 없이 쓰러지지 않는다는 것을 생각해보면, 이는 인간의 신체를 강탈한 외계인들이 겪는 보편적인 증상도 아니다. 오히려 중심을 잃고 넘어지는 모습은 외계인들에게 '개념'을 빼앗긴 사람들이 보이는 현상이다. 드라마의 논리와는 무관하게 작동하는 이 어색한 움직임을 어떻게 받아들여야 할까.

신지의 부자연스러운 몸짓을 단순한 유머로 볼 수도 있지만, 그보다 그 행동이 유발하는 특정한 상황, 한쪽이 넘어지면 다른 한쪽이 일으키는 부축의 순간을 촉발하는 신호라는 점에 주목하고 싶다. 신지의 외도로 인해 그에 대한 신뢰를 잃어버린 나루미가 돌아온 신지에게 처음 제대로 된 대화를 시도하는 것도 바닥에 쓰러진 신지를 부축하기 위해 가까이 오면서다. 부축은 혼자 앞서가던 발걸음을 멈춰 세우고 상대방과의 동행을 추동한다. 그러고 보면 구로사와의 영화에서 부축하는 연인들의 모습을 발견하는 건 어렵지 않다. 〈해안가로의 여행〉(2015)에서 아내는 우주의 기원에 대한 강의를 마친 뒤 고통을 호소하는 남편을 부축하고, 〈크리피: 일가족 연쇄 실종 사건〉에서 남편은 정체 모를 주삿바늘에 노출되어 정신을 잃고 절규하는 아내를 끌어안는다. 그의 필모그래피를 거슬러 올라가면, 〈도쿄 소나타〉(2008)에서 혼자 소파에 누워 기이한 자세로 손을 치켜든 채 일으켜달라고 말하던 아내 메구미(고이즈미 쿄코), 연인의 집 앞에서 "만약 우리가 혼자 살아간다면, 우리는 균형을 잃어버리고 말 거야"라고 외치던 〈회로回路〉(2001)의 료스케(가토 하루히코)가 떠오르기도 한다.

혼자 살아간다면 균형을 잃어버릴 것이라는 료스케의 진단은 정작 〈회로〉의 서사적 맥락으로는 조리 있게 설명되지 않지만, 구로사와 영화에 나오는 커플들의 자리를 들여다보는 데 있어 꽤 주요한 첨언으로 들린다. 구로사와는 물리적으로든 심리적으로든 서로 멀리 떨어져 있음을 자각하는 연인들의 위기를 다루기 때문이다. 〈해안가로의 여행〉에서 남편은 실종된 지 3년 만에 유령의 모습으로 집에 돌아온다. 〈크리피: 일가족 연쇄 실종 사건〉에서 남편은 아내가 옆집의 연쇄 살인마에게 무방비로 노출되어 있다는 사실도 파악하지 못한다. 떨어져 있기에 그들은 균형을 잃는다. 구로사와의 첫 외국어 영화인 〈은판 위의 여인〉에서 기형적인 구조물에 피사체의 몸을 귀속하는 은판사진 촬영술이 등장하는 까닭은 이와 같은 눈에 보이지 않는 균형의 역학을 시각적인 장치로 전경화하는 시도이기 때문이다. 아내를 잃은 스테판—영화는 스테판이 약물을 투여해 아내를 죽음에 이르게 했음을 암시한다—은 소실된 균형의 대체제로 딸 마리의 신체를 붙들어둔다. 그런 헛된 욕망을 강요받는 장소인 마리의 신체에서는 부작용이 일어나, 그녀의 동공은 초점 없이 기이하게 흔들린다. 구로사와의 카메라는 고정장치에 속박되어 움직임을 멈춘 마리의 전신과 멈추지 않고 흔들리는 마리의 동공이 일으키는 어긋남을 본다.

두 사람의 관계에서 발생하는 균형의 상실을 카메라로 관측하기란 불가능한 일이다. 시각적으로 포착하기 힘든 추상적 사건 앞에서 영상은 어떻게 대응할 수 있을까. 〈산책하는 침략자〉는 리얼리티가 훼손될지 모르는 사태를 무릅쓰고서라도 세계를 지각하는 다른 방식, 또는 다른 경로를 모색한다. 물리적인 힘과는 무관하게 쓰러지는 신지의 '부자연스러운' 동작은 균일하고 일관된 흐름으로 유지되는 '자연스러운' 일상에 파문을 일으킨다. 신지가 넘어지고 나루미가 부축하면서, 그들은 자신들의 내적인 곤경에 관심을 기울이지 않는 세계의 균일한 속도로부터 이탈하여 동행자로서 고유한 속도를 공유한다.

개의 공격을 받고 다리 밑에 엎어져 있던 신지를 발견한 나루미는 그의 상처를 치료하고 함께 거리를 산책한다. 이곳을

1980년, 촬영소 시대 이후 일본영화의 도주

걸었던 적이 있느냐는 신지의 질문에 그녀는 오래전에 함께 슈퍼에 갔었다고 답한다. 구로사와 기요시는 〈해안가로의 여행〉에 이어 다시 한번 동행과 여정에 관한 영화를 만들었지만, 전작과 달리 〈산책하는 침략자〉의 여정에는 물리적인 목적지가 마련되어 있지 않다. 부부는 빈번히 집을 나서지만 도착하는 곳은 매번 우연하고 우발적인 경로로 정해진다. 오히려 그들은 일상적 공간에 누적된 기억을 떠올리고 흔적을 탐색하는 데 집중하며, 이 과정에서 일시적으로 지각을 회복한다. "이 거리를 우리가 함께 걸었구나" "이렇게 맛있는 반찬을 왜 먹지 않았을까?" 부부의 산책을 구성하는 것은 단순히 눈에 비친 풍경만이 아니다. 그들은 잊고 있던 동행의 리듬을 되찾는다. 그들의 몸에서 풍경과 미각의 느낌이 되살아난다. 산책의 발걸음은 현재를 주시하면서 동시에 과거의 행적을 향해 개방된다. 방향성을 상실한 여행을 감각의 (재)활성화로 복권하려는 시도야말로 부부의 걸음에 담긴 유일한 목적일 것이다.

　　〈산책하는 침략자〉에는 눈으로 확증할 수 없는 또 하나의 규칙이 있다. 외계인들의 일차적인 목적은 인간이 지닌 개념의 수집이다. 외계인이 지구에 존재하는 무언가를 수집한다는 설정은 달리 특별한 구석이 없다. 특기할 만한 것은 그들이 인간의 개념을 빼앗는 방식이다. 외계인이 손가락을 들어 인간의 얼굴에 가져다 대면 그 사람이 떠올린 이미지의 개념이 이식되는 식이다. 이런 설정은 SF라기보다는 뱀파이어 영화의 규범, 흡혈을 통해 타인의 피를 자신의 신체로 흡수하는 뱀파이어의 행위를 연상시킨다. 그런데 〈산책하는 침략자〉에는 날카로운 송곳니도, 흐르는 핏방울도 없다. 인간과 외계인이 동행하는 세계는 온/오프 스위치의 기능이 뒤바뀐 GPS 발신기처럼 시각적인 표상의 믿음을 상실한 무대다. 나루미는 자신이 외계인이라고 말하는 신지에게 광선이라도 쏴보라고 반응하지만 〈산책하는 침략자〉에서 이는 불가능하다. 〈산책하는 침략자〉는 레이저를 쏘는 트라이포드가 없는 〈우주전쟁〉(2005)이기 때문이다. 표상이 부재한 무대에서 장르영화의 기호는 무기력할 수밖에 없다. 거리를 활보하는 군인들이나 비행기에서 발사되는 미사일은 그럴듯하게 보이지만 정작 별다른 기능을 드러내지 않는다. 외부의 텅 빈 액션에 과도한 리액션으로 맞서는 건 무용하기 짝이 없는 일이다. 영화는 대신 생활의 안쪽에서 원인을 살핀다.

　　외계인이 인간에게 다가올 때, 카메라 앞으로 근접해오는 외계인의 얼굴 위로 돌연 짙은 어둠이 드리운다. 그 사이로 광원이 모호한 빛이 출몰하면서 화면에 과도한 섬광을 불어넣는다. 갑자기 날이 어두워졌다거나 불현듯 창문을 통해 빛이 흘러들어 왔다는 정보도 없이 실내는 기묘한 어둠에 잠기고 출처를 알 수 없는 광채가 번쩍인다. 장면을 나누지 않고 카메라와 조명과 배우의 동선을 미세하게 조절하는 것만으로 대기의 흐름을 전환하고 실내에 스며든 외계인의 '분위기'를 환기하는 절묘한 연출이다. 어둠이 깃든 외계인의 윤곽을 마주 보고 선 인물들은 짐짓 놀란 표정을 짓는데, 이는 외계인의 행동과 외양이 자아내는 꺼림칙한 느낌 때문은 아니다. 그보다는 우리가 발을 디디고 선 공간에 내재한 비가시적인 원리가 외계인이라는 표면을 매개하여 발각되고 있음을 그 순간 확인하기 때문이다. 눈에 관측되지 않다가 불쑥 드러나는 어둠과 빛의 양태는 피사체들이 거주하는 프레임 내부에 잠복한 이질성의 틈새를 환기한다. 외계인은 외부로부터 침입하는 존재가 아니다. 잃어버린 균형의 간극, 벌어져버린 관계의 구멍으로 무심코 스며드는 내부의 공백이다.

　집에 돌아온 신지는 날씨 예보를 보며 기상캐스터의 동작을 따라 한다. 외계인들이 다니는 거리 곳곳에는 거대한 풍력 발전기나 바람개비가 보인다. 이런 장면들의 연쇄는 단순히 시각적인 효과를 낸다기보다는, 촉각을 건드리며 기후를 감지하도록 인도하는 경로가 된다. 인물의 몸과 대기의 흐름은 그렇게 조응하고 있다. 이러한 환경 속에서 영화의 여정을 촉발하는 감각이 몸과 몸의 부딪침으로 탄생한다. 어두운 방, 잠든 나루미의 침대로 누군가 접근해 그녀의 발을 붙잡는다. 컷이 바뀌고 나루미가 놀라서 일어나면 침실엔 아무도 없다. 직전 장면까지만 해도 나루미의 발을 붙잡고 있던 손이 사라져버리는 간단한 트릭이다. 유령이나 외계인과 같은, 근본적인 분리를 잠재하는 타자가 인간과 함께 거주하는 구로사와의 실내 공간에서라면 프레임 안팎을 가로지르는 갑작스러운 사라짐은 결코 부자연스러운 현상이 아니다. 매혹적인 것은 상대가 눈앞에서 사라지고도 발끝에 남는 촉감의 잔상이다. 구로사와는 타인의 손이 피부에 닿을 때 생기는 낯설고도 예민한 반응을 화면에 도입한다. 나루미는 마치 공기를 느끼는 것처럼 신지의 손짓을 체감한다.

부부는 노동성의 추적을 받는 바람에 잠시 떨어졌다가 재회하게 된다. 신지를 발견한 나루미는 자신을 혼자 두지 말라며 다급히 타박부터 하고는 이내 거리를 두고 물러난다. 신지는 몸을 돌려 나루미의 뒤에서 부드럽게 포옹한다. 나루미는 갑작스러운 접촉에 놀라지만 자신을 감싸는 손길을 받아들인다. 평범하지만 기습적인, 친밀하고도 낯선 자극이 서로를 껴안는 아름다운 장면이다. 그러나 감각의 회복은 오래 지속되지 않는다. 같은 방향을 바라보며 포옹하기를 마친 부부를 영화는 다시 그들 각각의 얼굴을 담은 숏-리버스숏으로 나눠버린다. 구로사와의 컷은 마주 보기를 멈추고 상대의 촉감을 몸으로 지각하는 시도는 그토록 짧게 끝날 수밖에 없다는 듯이, 촉각의 공유란 일시적인 체험에 지나지 않는다는 듯 단호하다.

이 찰나의 포옹은 시선과 동선의 미묘한 역학을 드러낸다. 당신을 바라보는 일과 당신과 동행하는 일은 양립할 수 없다. 멈춰 서서 서로를 보는 두 사람의 시선이 성립하기 위해선 산책이 중단되어야 한다. 당돌한 개방성으로 내부와 외부를 교란하는 발걸음이 중단되어야 한다. 영화를 가동하는 움직임의 연쇄 또한 활동을 멈춘다. 그리고 보면 〈산책하는 침략자〉에서 두 사람이 마주 보는 자세는 외계인이 개념을 강탈하는 순간의 구도와 같다. 외계인이 개념을 빼앗으면 인간은 개념을 잃는다. 빼앗긴 개념은 되돌려받거나 새로 배울 수 없다. 거스를 수 없는 파국의 양태가 마주 선 두 사람의 얼굴에 불길하게 응축되어

　　1980년, 촬영소 시대 이후 일본영화의 도주

있다.

　구로사와의 커플들은 너무 멀리 떨어져선 안 되지만, 너무 가까이 근접할 수도 없는 이중구속의 경계선을 걷는다. 그러므로 그의 영화는 사람과 사람 사이의 적절한 좌표를 모색하는 과정으로 거듭난다. 고정된 좌표란 존재하지 않으며 나와 당신의 자리는 매번 변할 것이므로 그 좌표를 탐색하는 여정은 몇 번이고 다시 시작되어야만 한다. 신지가 외계인의 형체를 빌려서라도 전과 다른 모습으로 새로 태어나고자 하는 것은 그 때문이다.

　그러나 세계의 속도는 너무 빠르다. 변모하는 풍경은 변해버린 인물의 정체성보다 신속히 진행된다. 곧 침략이 시작된다는 신지의 말에 나루미가 너무 빠르다고 대답하는 데서 드러나듯, 인물들은 자신의 삶을 좌우하는 속도를 따라잡지 못한다. 병원에 간 부부는 기이한 증세를 보이는 시민과 군복을 입은 자위대가 뒤섞여 다니는 혼란스러운 모습을 목격한다. 카메라는 중단 없이 공간 사이를 가로지르며 파편적인 요소로 범람하는 실내 광경을 하나의 숏 안에 담아낸다. 이 숏에서 카메라는 끊임없이 움직이며 부부를 지나치거나 앞질러 간다. 우리를 구성하는 환경의 속도는 이처럼 우리를 곤경으로 이끈다.

　임박한 종말의 시간을 앞두고 도주를 선택한 부부가 향하는 곳은 닫힌 호텔방이다. 침략은 시작되고 부부는 그곳에서 최후를 준비한다. 이 폐쇄적 공간에서 대기의 감각은 반투명한 창문 바깥에서 펼쳐지는, 우리의 피부로는 닿을 수 없는 아득한 풍경으로 처리되어 있다. 나루미는 창문을 등지고 앉아 빛으로 번쩍이는 창밖의 침략을 외면한다. 커튼은 흔들리지 않고 풍경과 인물은 더 이상 동행하지 않는다. 바깥은 산책의 발걸음으로 도착할 수 있는 개방된 공간이 아니다. 사랑의 개념을 이식하는 부부의 마지막 선택은 출구가 보이지 않는, 그러므로 바깥으로 향하는 걸음이 차단된 공간에서 이뤄진다.

사랑을 건네받은 신지는 바다를 바라보며 모든 것이 달라 보인다고 말한다. 그의 옆에서 개념을 빼앗긴 나루미가 아무것도 달라진 것이 없다고 덧붙인다. 아무것도 변하지 않았지만 모든 것이 변했다. 같은 곳을 바라보지만, 또는 같은 프레임 안에 거주하지만 두 사람은 같은 체험을 공유할 수 없다. 단지 부부의 눈앞에 조악한 그래픽으로 그려진 유성이 쏟아진다.

그리고 '끝'에 다다른다. 연인은 다시 거리를 두고 떨어진다. 신지는 침략이 끝난 뒤에도 일상으로 돌아오지 못한 나루미를 찾아간다. 같은 공간에 살면서 회복할 수도 있지만 연인은 대피소와 집에 떨어져 있다. 나루미는 침대에 앉아 호텔방의 유리창처럼 투명한 유리 벽을 쳐다본다. 영화는 나란히 앉아 서로 다른 곳을 바라보는 부부를 보여준 뒤, 초점을 잃은 나루미의 얼굴을 정면에서 포착한다. 이것이 〈산책하는 침략자〉의 마지막이다. 한 사람의 무표정한 얼굴을 담은 단순한 장면이지만 여기엔 불안하기 짝이 없는 위태로움이 전시되고 있다. 그러나 균형의 상실로부터 기인하는 눈에 보이는 위태로움이 반복되는 것은 아니다. 마지막 장면이 우리를 두렵게 하는 것은 오히려 영화의 여정을 추동하는 위태로운 균형의 상실이 기능하지 않기 때문이다.

텅 빈 나루미의 눈에서 카메라는 무엇을 보는 걸까. 이 장면을 주재하는 건 물론 나루미의 얼굴이다. 나루미의 눈빛이고, 시선이다. 그러나 숏의 연쇄가 불러일으키는 위화감은 이 마지막 장면에 쉽게 해소되지 않는 껄끄러움을 남긴다. 나루미의 얼굴은 어떻게 마지막 숏으로 주어지는 걸까. 신지의 시선에 나루미가 반응한 것도, 그들이 서로를 바라보는 것도 아니다. 더군다나 나루미와 신지는 지금 안정적인 자세로 앉아 있다. 누군가가 누군가를 부축해 관계를 재구축하는 증상으로서의 '쓰러짐'을 수행하는 기색도 없다. 직전 장면에서 익명의 환자가 휠체어에서 미끄러져 넘어지면서 역설적으로 회복과 재건의 가능성을 내비치던 것과 달리 부부는 넘어질 기색 없이 안정적으로 멈춰 있다. 마지막 장면에 담긴 나루미의 얼굴은 숏을 주재할 수 있는 영화적 형상의 부재를 알리는 스크린의 빈 표면이다. 그곳은 인물의 얼굴이지만 차라리 무언가 결여하고 있다. "인류는 지구의 세입자일 뿐"이라고 말하던 외계인의 어법을 빌려, 이 장면을 세입자의 숏이라 말해야 할지도 모르겠다. 나루미의 얼굴은 숏을 점유하고는 있으나, 숏에 대한 지배력은 보이지 않는다. 여기에서는 단지 픽션의 침묵이 움직임을 멈춘 인간의 두 눈에서 반사되고 있을 뿐이다.

〈산책하는 침략자〉의 무대는 눈에 비치는 시각적 표상의 무력함을 호소하는 세계다. 영화의 마지막 숏은 정확히 이 원리로 되돌아온다. 눈에 보이는 것은 나루미의 얼굴이지만, 전과 달라진 나루미의 존재를, 일상으로 돌아오지 못하고 대피소에 머물러 있는 자의 속도를, 정자세로 앉아 넘어짐도 부축도 수행할 수 없는 사물화된 신체를, 신지는 받아들일 수 있을까. 카메라에 담기는 것은 인간의 얼굴이지만 이는 부재하는 자의 흔적에 가깝다. 영화에 나오는 외계인이 물고기의 몸에서 노인의 몸으로, 노인의 몸에서 여고생의 몸으로 이행하다 이동을 멈추고 죽음을 받아들인 것처럼, 결말에 이르러 카메라는 컷의 이동을 중단하는 부동의 화면을 마주한다. 영원히 곁에 있겠다는 신지의 내레이션에도 불구하고, 이 마지막 장면은 영화의 영속적인 거주지란 존재하지 않는다는 것을 강렬하게 환기한다. 움직임을 정지하고 다음을 보증하지 않는 고립의 감각이 나루미의 얼굴을 포착한 숏에 감돈다. 더는 영화의 장소로 존립하지 않는 인간의 얼굴을 지켜보는 잔혹한 체험이다.

〈스파이의 아내〉의 초반부에 사토코(아오이 유)는 남편 유사쿠(다카하시 잇세이)에게 말한다. "당신은 언제나 나보다 멀리 보고 있어요." 일상적인 표현이지만, 무척 의미심장한 말이다. 이야기 내부의 단서들로 이 말의 표면적인 의미를 유추해보는 건 어렵지 않다. 유사쿠는 사토코보다 더 많은 것을 보고, 눈앞에 보이는 세계 바깥을 향해 시선을 둔다. '코즈모폴리턴'을 자처하는 사업가인 그는 만주에서 일본군의 생체실험 일지와 기록 필름을 목격했으며, 그 거대한 전쟁범죄의 증거가 담긴 필름을 밀반입한 뒤 미국으로 떠나 폭로할 계획을 세운다.

영화 절반이 지나갈 동안, 정확히 말하면 영화가 끝나는 순간에 도달할 때까지 사토코는 유사쿠의 심리적 궤적에 대해, '자신보다 멀리' 보는 그의 시선이 정확히 무엇을 바라보고 있었는지 파악하지 못한다. 이런 미묘한 시선의 불일치는 영화가 진행되면서 필름에 새겨진 영상을 본 사토코가 급격한 심리적 변화와 결단을 감행해 유사쿠의 계획에 적극적으로 동조하게 되는 상황에 이르러서도 지워지지 않는다. 두 사람은 같은 자리에서 같은 대상을 바라볼 때조차, 조금씩 다른 열망에 초점을 맞추고 다른 경로로 움직인다.

극히 드물게 나오는 소수의 야외장면을 제외한다면 거의 모든 대목을 실내에서 전개하는 〈스파이의 아내〉가 강조하는 것은 영화의 내부 공간을 점유하는 인물들 사이를 진동하는 감정과 움직임이다. 하지만 인물들의 정념이 드라마의 논리로 해명되는 건 아니다. 이야기는 명확한 도식으로 짜여 있지만, 동시에 여러모로 불투명한 면모를 수반하고 있다. 끔찍한 학살의 증거를 밀반입해 폭로하려는 유사쿠, 유사쿠에 대한 의심을 거두고 그의 계획에 동조하는 아내 사토코, 부부를 의심하고 압박하는 헌병대 대장 야스하루(히가시데 마사히로)를 중심에 두고 길항 관계에 놓인 세 사람의 (거짓)말과 믿음이 혼선을 일으키며 미묘한 극적 관계가 형성된다. 하마구치 류스케와 노하라 다다시의 협업으로 완성된 시나리오는 사소한 감정의 충동에서 출발한 드라마가 개인의 삶과 국가 공동체가 부서지는 자리에 이르기까지를 놀라울 만큼 능숙한 솜씨로 집요하게 포착한다.

구로사와 기요시의 탁월한 영화들이 대개 그런 것처럼 〈스파이의 아내〉 또한 세 인물의 욕망과 정념을 서사적 개연성으로 설명하지 않는다. 가령, 유사쿠의 외도를 의심하던 사토코가 국가가 자행한 범죄의 기록을 마주하고 목숨의 위험을 감수하는 '스파이의 아내'로 이행하는 동안 영화는 그녀가 겪는 딜레마를 감지할 만한 당위적인 숏을 보여주지 않는다. 기요시에게 영화는 내면의 혼란을 비추는 매체가 아님을 철저할 정도로 자각한 것처럼 말이다.

우리가 목격한 사토코의 변화의 근거는 빛이 차단된 어두운 방에서 영사되는 필름의 빛을 목격했다는 사실이 전부다. 암실과 은밀한 빛의 기록. 그것을 마주하는 여인의 얼굴에서 통상적인 이야기의 용법으로는 추론할 수 없는 단호한 정념이 솟아오른다. 이미지의 열병에 사로잡힌 것처럼, 섬광처럼 나타난 형상을 마주하며 사토코의 얼굴은 백색의 빛으로 물든다. 부부의 방은 그렇게 거대한 세계를 현상하는 필름의 형체로 인해 불안으로 부풀어 오른다.

구로사와 기요시는 1940년대 고베를 재현해 보이는 그럴듯한 시대극적 풍경을 배제한 뒤 모든 정념의 밀도를 실내 공간 내부에 응축시키는 방법을 택한다. 그 이유를 역사적 시대 배경을 구현할 만큼의 많은 예산을 확보하지 못한 제작 환경의 한계에서 찾거나(물론 구로사와는 실내극 구성을 취한 이유에 대해 예산이 부족했기 때문에 어쩔 수 없는 선택이었다는 답변으로 일관하고 있다), 그러한 제약에도 불구하고 이토록 강렬한 밀도의 실내극을 완성해낸 영화의 형식적 장악력에 공허한 감탄을 늘어놓을 필요는 없을 것이다.

첫 번째 역사극이자 전례 없는 강도의 실내극을 만들면서 구로사와 기요시가 무엇보다 강렬하게 의식한 대상은, 카메라의 시야에 비치지 않는 화면 바깥 외화면hors-champ의 영역이다. 외화면, 외부, 보이지 않는 바깥이라고 지칭할 법한 그 영역은 구로사와의 영화에서라면 우리가 머무는 내부와 무관하게 분리되어 있기는커녕 자꾸만 내부를 자극하고 긴밀한 연루를 일으키는 장소다. 〈스파이의 아내〉에서 구로사와 기요시가 비로소 선택한 20세기의 전쟁이라는 소재는 내부와 외부의 비가시적인 긴장을 가장 극단적인 대비로 표현하기 위한 필수적인 전제처럼 느껴진다. 거기엔 외부와 내부로 나뉜 두 세계가 존재하고 있고, 바깥에 끔찍한 폭력이 펼쳐져 있으며, 그것을 목격하게 된 자들의 응시가 발생할 것이기 때문이다.

구로사와 기요시의 필모그래피에서 외부로 열린 개방적인 움직임과 충동을 보여주는 것이 새로운 시도는 아니다. 〈도쿄 소나타〉와 〈해안가로의 여행〉에서는 기묘한 낯선 자 또는 친밀한 유령과의 동행이 펼쳐지고, 〈산책하는 침략자〉에서도 익숙한 공간에서 벗어나 불가피하게 바깥으로 향하는 물리적인 여정이 잇따르곤 했다. 그런데 〈스파이의 아내〉에서 바깥은 전적으로 카메라가 볼 수 없는 비가시적 영역에 한정되어 있으며, 그곳에서 (간접적으로) 발견되는 것은 구로사와의 영화에서 그려지는 여정처럼 삶에 잠재된 또 다른 리듬이 아니라 참혹한 죽음의 기록이다. 영상의 형태로 침입하는 외부의 사건들은 구로사와 기요시의 어느 영화에서보다 과격하고 불안정하게 내부를 두드리고 있다.

거리의 군인들은 시야에 들어오지 않는 바깥을 향해 행군을 이어간다. 그들이 도달할 만한 목적지에는 또한 밝혀지지 않은 기밀과 폭력이 도사리고 있다. 그렇게 보이지 않는 외부는 역설적으로 저택, 사무실, 창고, 극장과 같은 지극히 일상적인 세계의 표면에 광원이 불분명한 빛을 투과해 화면 안쪽을 백색의 불안으로 물들인다. 부부가 영화를 보러 간 극장에서 국가에서 제작한 전쟁의 프로파간다 필름과 더불어 실제로 중일전쟁 시기에 징집되어 중국에서 사망한 야마나카 사다오의 〈고치야마 소슌河内山宗俊〉(1936)이 나란히 상영되는 장면은 그런 비가시적인 긴장의 한 예시다. 프레임의 한계로 가려진 외부와 인물들의 서로 다른 열망으로 들끓는 내부는 그렇게 하나의 벽 위에서 고요하게, 그러나 격렬히 충돌하고 있다.

구로사와 기요시는 순수한 매혹과 충격을 간직한 20세기의 이미지를 픽션 내부에 밀반입하는 영화적 기억의 밀수꾼으로서의 면모를 드러낸다. 명확한 전모를 알 수 없고, 누구에게도 전달되지 않은, 그렇기에 아직 눈에 보이지 않은 끔찍한 폭력이 바깥에 존재한다. 그것을 목격한 자들이 하나둘씩 안으로 들어오기 시작한다. 창문과 문틈의 틀을 넘어서 윤곽을 희미하게 만드는 빛이 그러하듯 실내와 바깥을 구분 짓는 경계는 허물어진

1980년, 촬영소 시대 이후 일본영화의 도주

다. 이제 실내 공간은 가시적인 일상의 세계, 보편적인 삶의 규범으로 허용될 수 없는 체험이 새겨진 필름의 표상적인 세계로 분열한다.

이 분열을 드러내는 인상적인 한 장면을 떠올려보고 싶다. 사토코가 귀국한 유사쿠에게 한걸음에 달려들어 포옹하던 때에, 유사쿠는 눈길을 돌려 함께 고베로 되돌아온 생체실험의 증인 후미코를 바라본다. 하나의 시선에서 또 다른 시선이 발생하는 것. 아내와 재회하는 다정한 시선과 후미코를 주시하는 결단의 표정이 뒤엉키는 것이다. 유사쿠의 표정이 보여주는 것처럼 세계는 이중성의 형태로 변형된다. 내부와 외부라는 두 가지 영화의 장소, 잔혹한 실험의 증거인 기록 영상과 유사쿠와 사토코가 만드는 아마추어 스파이영화로 나뉜 두 개의 필름, 상반된 표정을 짓는 두 개의 얼굴이 주어진다. 바깥을 바라본 자는 두 세계의 분열을 오간다. 이는 〈스파이의 아내〉의 인물들이 투명한 하나의 얼굴, 단 하나의 맹목적인 시선으로는 존재할 수 없는 세계에 속해 있음을 드러낸다.

〈스파이의 아내〉가 구축하는 긴장은 부부가 꾸미는 비밀스러운 공모가 발각되는지, 혹은 누가 누구를 밀고했는지 밝혀내는 극적인 서스펜스에 달린 문제가 아니다. 구로사와 기요시가 몰두하는 건 내부의 일상적인 공간 위로 외부의 자극을 점진적으로 도입하는 것이다. 살아남은 증인, 번역된 증거들, 그리고 무엇보다 영사된 필름이 프레임의 경계면을 틈입해 들어오면서 돌이킬 수 없는 변화를 불러온다. 구로사와의 영화에서 줄곧 매혹적으로 흩날리던 커튼을 닫고 닫힌 벽 위에 필름을 틀면 부부의 작은 방은 순식간에 다른 시공간이 된다. 영화는 외계의 것이며 인간의 눈을 부술 만큼 과도한 입력을 가하는 체험이다.

〈큐어〉에서 구로사와 기요시는 미스터리한 연쇄살인의 기원을 19세기 말에 촬영된 최면 치료 기록 필름에서 찾는다. 영화 속 설명에 따르면 일본에 남아 있는 영상 가운데 가장 오래된 자료인 이 필름에 등장하는 여성은 1898년에 아들을 살해하고 체포되었다. 살인자의 기록은 일본 최초의 영화가 만들어진 시기와 겹친다. 필름은 죽은 자들의 것이며 또한 잔혹한 범죄와 더불어 태어난 기록물이다. 〈스파이의 아내〉에서 필름은 죽음과 폭력의 실상이 담긴 비가시 세계의 기록을 어두운 방에 들여온다. 필름 카메라는 외계의 흔적을 흡수하고, 영사기의 빛은 그 흔적을 커다란 스크린에 퍼뜨린다. 불 꺼진 방의 한쪽 벽에 학살당한 시신의 기록과 카메라를 쳐다보는 희생자들의 눈빛이 '실물보다 큰' 형상으로 떠오를 때 내부는 더 이상 독립적인 내부로만 존재할 수 없다.

그러므로 〈스파이의 아내〉에서 형성되는 긴장은 내부에 위태롭게 균열을 내는 외부적 자극이 어느 정도까지 지속될 수 있는지 관측하는 역학적 관계에서 발생한다. 영화가 구축한 실내극의 형식은 그렇게 부풀어 오른 내부가 완전히 무너질 때까지 성립할 수 있기 때문이다. 이는 불투명한 정체성과 비밀을 간직한 인물들의 액션을 둘러싸고 빚어지는 긴장이 아니라 실내극이라는 특수한 형식이 외부의 계속되는 압력으로부터 형태를 유지하는 것이 가능한 일인지 가늠해보는 영화적 역학의 긴장이다.

〈스파이의 아내〉에서 묘사되는 실내 공간의 생김새는 그런 식으로 서서히 변형되고 있다. 이 영화는 인물이 진입하고 퇴장하는 공간의 출입구를 보여주지 않는다. 그 대신 외부의 압력이 강력하게 작용할수록 카메라는 더욱 깊숙한 내부 공간으로 잠입한다. 유사쿠의 회사 사무실은 대표적인 예시다. 여러 사람이 오가는 사무실에서 어두운 복도로, 복도를 건너 텅 비어 있는 창고로, 그 안에서 자물쇠가 잠긴 금고로 향하는 것이다. 영화적 공간은 그렇게 물리적으로 좁아지고 있다. 텅 빈 벽에 떠오른 영상이 일으키는 열병은 공간과 인물의 형체를 일그러뜨린다. 필름을 손에 쥐고 미국으로 건너가려던 사토코가 배 안에서 사람한 명이 들어갈 만한 크기의 상자 내부로 들어가는 장면에 이르면 내부 공간의 물리적 내구성은 한계에 이른다. 부서지고 일그러지던 내부는, 비좁은 넓이로 수축된 작은 암흑 상자camera obscura로 퇴화한다. 그 안에서 사토코는 움직임을 박탈당하고 작게 뚫린 구멍을 통해 바깥을 바라보는 것만이 허용되는 상황에 놓인다. 〈스파이의 아내〉는 이 불가피한 감금과 수동성의 체험을 영화의 근간에 두는 가혹한 리액션 시네마다.

정신병동에 갇힌 사토코는 말한다. "나는 미치지 않았어요. 하지만 바로 그 사실이 이 나라에서 내가 미쳤다는 증거입니다." 이 말은 외부의 압력이 모든 내부 공간의 가능성을 잠식해버린 곳에 남아 있는 인간의 형체를 각인한다. 주체인 '나'와 바깥의 세계를 구분 짓는 장소를 상실한 자의 자각이다. 사토코는 미치지 않았지만, 미친 것이나 다름없다. 안에 머물러 있지만, 그곳은 그가 거주하는 장소가 아니다. 바깥으로 나갈 수 있지만, 그건 갇혀 있는 것과 다르지 않다.

영사기가 쏟아내는 빛이 제거된 무심한 얼굴이 그곳에 있다. 사토코는 필름을 보는 강렬한 체험에 사로잡혀 이해하기 힘든 정념을 분출했지만, 이는 필름 릴이 뒤바뀌는 순간 진실을 증명할 수 없는 한계 위에 있는 체험이며, 더욱 선명하고 긴 분량의 증거를 확증할 수도 없는 불투명한 감각이다. 그 체험을 통과한 사토코의 두 눈에 무엇이 남아 있는가? 그녀는 아직 "아무것도 보지 못한" 것일지 모른다. 또 여전히 유사쿠와 다른 것을 본 것인지도 모른다.

병동에 놓인 물통과 접시가 요란스럽게 흔들린다. 바깥에서 거대한 폭파 소리가 들리고 곧이어 건물이 통째로 흔들린다. 외부에서 가해진 공습에 내부 공간은 이렇게 무기력하게 노출되어 있다. 정신병동의 사람들이 잠에서 깨어 닫힌 문을 열고 나간다. 이 결말 시퀀스는 내파內破되는 세계를 문자 그대로 물리적인 차원에서, 내부 공간을 흔들고 무너뜨리는 현상으로 보여주고 있다. 모든 사람이 빠져나간 뒤에도 사토코는 안쪽에서 멈춰 선 채로 망설인다. 굳건히 닫힌 문이 열리고 바깥의 빛이 사토코의 신체에 닿는다. 이 지점에서 구로사와 기요시는 로베르 브레송의 〈돈〉의 마지막 장면을 다시 연출한다. 사건이 종료되고 모든 사람이 화면을 빠져나간 뒤에도 잠시 화면 바깥을 주

1980년, 촬영소 시대 이후 일본영화의 도주

시하는 이들의 시선을 비추던 〈돈〉의 마지막 장면처럼, 〈스파이의 아내〉의 마지막은 기어이 사토코를 움직여 복도를 지나쳐 불빛이 새어드는 문밖으로, 전쟁의 폐허가 펼쳐진 세계의 바깥을 직시하는 자리로 데려간다. 그렇게 영화는 아무것도 남지 않은 자리로, 사토코에게 주어진 최종적인 좌표로 움직인다.

그리고 그 자리에서, 폐허가 펼쳐진 반대편에 화면 가득 차오른 사토코의 클로즈업이 떠오른다. 그것은 내부의 자리에서 역사적 시간을 통과한 한 여인이 영화 전체를 향해 마주 서는 유예된 리버스숏이자, 역설적으로 그녀가 비로소 유사쿠와 같은 풍경을 바라보는 순간이다. '코즈모폴리턴'을 자처하는 유사쿠의 정체성은 시간과 공간을 넘어서는 필름에 속한 것이며 그 유죄성에 물들어 있는 것이다. 20세기는 국가와 전쟁과 필름의 시대라는 것을, 그리고 그 모두는 전부 유죄라는 것을 〈스파이의 아내〉는 선포한다. 사토코의 클로즈업에서 구로사와 기요시는 모든 것을 소진해버린 한 인간의 눈동자에 폐허의 기록을 대면시킨다. 20세기를 목격하고 격렬하게 흔들리던 하나의 눈동자가 그곳에서 파열을 일으킨다. 시공간을 뛰어넘어 전달된 필름의 잔상이 남긴 거대한 파장을 마주하던 시선이 텅 비어버린다. 부서진 세계와 남겨진 인물은 그렇게 화해할 수 없는 상태로 남겨진다. 이런 압도적인 결말을 두고 덧붙일 말은 없을 것 같다. "이로써 일본은 패망하고 전쟁은 끝나겠지. 아주 훌륭합니다……."

# 감염과 면역의 몽타주

하마구치 류스케 濱口竜介

■악은 존재하지 않는다 悪は存在しない | 2023


쉽게 말하면 뭔가가 생겨나는 것을 지켜보는 게 제 일입니다.

_코헤이, 〈해피 아워〉


성행위 도중 트랜스 상태에 빠진 오토(기리시마 레이카)의 입 밖으로 자기도 모르는 이야기가 새어 나온다. 가후쿠(니시지마 히데토시)는 아내인 오토와 몸을 맞대며 최면에 걸린 듯한 그녀의 목소리로 전해지는, 그러나 오토가 일상으로 돌아오면 전혀 기억하지 못할 이야기를 듣는다. 〈드라이브 마이 카〉의 첫 장면은 하마구치 류스케가 다루는 영화적 신체의 성질을 예시한다. 피부가 맞닿는 지점에서 몸은 내 것이 아닌 외부의 자극에 노출된다. 무의식 상태에서 출처 모를 이야기를 구술하는 오토, 폭력적인 성향을 보인 다음 날이면 여덟 살 아이의 인격을 드러내곤 했다는 미사키(미우라 도코) 어머니의 몸이 증언하듯 하마구치는 한 사람의 몸에 타인의 흔적이 겹쳐지는 이중화된 형상을 주시한다. 〈천국은 아직 멀어〉에선 주인공 유조(오카베 나오)의 몸에 죽은 여고생 유령이 빙의되고, 〈우연과 상상〉의 3부에서 나츠코(우라베 후사코)는 에스컬레이터에서 처음 만난 상대를 고등학교 동창으로 오해한다. 하마구치의 영화에서―〈아사코〉(2018)의 두 주인공이 찾아가는 사진전 제목인―'자아와 타자Self and Others'가 만나는 장소란 아직 결정되지 않은 '나'의 고유성이 진동하고 희박해지는 몸(들)의 경계면이다.

　　　비유컨대 하마구치 류스케의 영화는 외부에서 침입하는 감염과 그 감염에 대항해 항체를 만들고 신체를 재구성하는 면역이라는 문제와 밀접하게 닿아 있다. 〈해피 아워〉에서 준(가와무라 리라)의 남편 코헤이는 자신이 하는 일을 설명하면서 "세포가 분열하는 과정에서 언제 어디서 세포의 역할이 결정되는지 규명하는 것"이 중요하다고 말한다. 세포는 경계를 넘어 분열한다. 하마구치는 숏을 하나의 세포처럼 다루고, 세포의 역할은 그 자체로 견고하게 규정되기보다 장면마다 다르게 엄습하는 위협에 맞춰 뒤바뀐다. 〈우연과 상상〉이 설정하는 근미래의 컴퓨터 바이러스가 그렇듯, 감염된 세계는 내부에 머무는 구성원들의 행동을 미세하게 변형한다. '나'의 자아를 이루는 신체는 작은 오류에도 치명적으로 흔들릴 만큼 연약하고 위태로운 것이다. 몸속에 무언가 침입한다. 카메라와 마이크는 신체 내부에 들어온 자극으로 인해 생겨난 변형을 기록한다. 이 과정을 통과하면서 스크린에 비친 몸은 완벽히 내 것이라고 확증할 수 없는 불안정한 정체성으로 재구성된다. 휴가지에서 처음 만난 상황을 가정해 서로 첫인사를 주고받던 〈해피 아워〉의 네 친구는 그들도 모르는 사이에 그 불안정한 표면에 적합한 몸짓을 실천하던 것이다.

**멀어지고 가까워지는 것**

　침입에 대응하는 면역의 방법론으로 하마구치가 활용하는 것은 인물들의 말, 그중에서도 거절과 부정의 언어다. 한창 대화가 흘러가다 불쑥 상대방의 의견을 자르고 거절과 부정의 말을 내뱉는 순간은 하마구치의 화면에 특별한 긴장을 부여한다. 주인공의 남편과 작가가 대화를 나누는 〈해피 아워〉의 낭독회 현장에서, 친구의 연기를 두고 누군가 혹평을 늘어놓는 〈아사코〉의 한 장면에서, 자신을 고등학교 친구라고 믿는 타인을 집에 데려온 〈우연과 상상〉의 한 장면에서, 글램핑장을 만들려는 회사 직원들과 마을 주민들이 모인 〈악은 존재하지 않는다〉의 공청회장에서 하마구치의 인물들은 조심스럽지만 단호한 말투로 입을 연다. 나는 네 생각과 달라, 나는 네가 생각하는 그 사람이 아니야. 거절과 부정은 '나'와 '타인'을 나누는 분기점을 형성할 뿐만 아니라 롱테이크로 이어지는 숏의 긴 지속을 끊어내고 불가피하게 다음 숏으로 전환하게 한다. 거절과 부정의 말은 숏에 새겨진 굳건한 자기 확신을 흔들리게 하고, 커팅 없이 이어지던 영화적 이미지의 표면에 불투명한 리버스숏을 덧붙인다.

　〈해피 아워〉와 〈아사코〉에선 자동차에 탑승한 카메라가 인물에게서 천천히 멀어지는 장면이 반복해서 나온다. 〈드라이브 마이 카〉에서 가후쿠는 자동차를 타고 딸과 아내의 죽음으로부터 최대한 멀어지려 한다. 그의 인물들은 어딘가로 떠나거나 헤어지는 순간에 얼굴을 맞대고 작별을 고하는 대신 자동차라는 이동 수단을 매개로 상대방과의 거리를 넓힌다. 하마구치 영화 속에서 갑작스럽게 나타나는 사라짐과 실종은 이 거리감의 커다란 확장이자 소멸이다. 반대로 예기치 않게 거리가 좁혀지는 순간도 있다. 〈아사코〉에서 처음 만난 아사코(가라타 에리카)와 바쿠(히가시데 마사히로)의 갑작스러운 키스, 〈드라이브 마이 카〉에서 언제나 거리를 두고 대화하던 가후쿠와 미사키가 서로의 트라우마를 끌어안으며 나누는 포옹은 두 사람이 유지하던 물리적 거리를 순식간에 좁혀버린다. 이 맥락에서 상대를 뒤쫓는 동시에 서로의 간격을 유지하는 아사코와 료헤이의 필사적인 달리기는 하마구치가 설정한 거리의 무대를 아슬아슬하게 지속시키면서 갱신하는 유일한 운동으로 떠오른다.

이처럼 하마구치는 인물들 사이에서 멀어지고 가까워지는 거리감의 변화를 주의 깊게 관측한다. 이 장면들에서 자동차/카메라는 떨어진 신체 사이의 거리감을 조정하는 기계적 장치로 나타난다. 자동차를 비롯한 여러 종류의 이동 수단은 거듭해서 달라지는 거리감을 스크린에 기록한다. 멀어지고 가까워지는 서로 다른 움직임을 조정하는 과정에서 하마구치의 영화는, 〈드라이브 마이 카〉에 나오는 대사처럼 '지금 무언가 벌어졌다'는 것을 지각한다. 〈천국은 아직 멀어〉에서 대화하는 두 사람 사이로 자리 잡는 유령의 몸짓이나 〈섬뜩함이 피부에 닿는다〉에서 막대기를 사이에 놓고 춤을 추는 두 소년의 모습은 두 사람 사이의 거리로 침입하는 보이지 않는 긴장을 예시한다.

집과 일터와 공공장소를 오고 가는 움직임으로 영화의 대부분이 채워진 〈악은 존재하지 않는다〉에서 도쿄와 시골 마을을 오가던 글램핑 회사 직원 타카하시(고사카 류지)는 나무를 토막 내고 물을 긷는 타쿠미(오미카 히토시)의 삶에 갑작스럽게 동화된다. 이렇다 할 근거는 없다. 두 인물 사이의 거리를 조정하는 단계에서 무언가 벌어진 것이다. 고다르의 견해를 빌려 "모든 극영화는 배우의 신체에 관한 다큐멘터리"라고 주장하는 하마구치 류스케의 영화가 인물을 바라보는 것은 바로 이런 순간에 가닿기 위함이다. 그의 영화에서 빙의, 트랜스, 연기의 절차는 인물의 정체성이 뒤바뀌는 순간을 지시한다. 인물의 신체가 다큐멘터리라면, 신체에서 벌어지는 비가시적인 변형은 극영화라는 픽션으로 관측된다.

### 영화 안의 타인

무언가 벌어졌다. 그런데 무슨 일이 벌어졌는가? 〈악은 존재하지 않는다〉는 전기톱으로 나무를 자르는 타쿠미의 모습으로 시작해 타카하시를 죽이는 타쿠미의 모습으로 끝난다. 지극히 다큐멘터리적인 상황으로 시작해 가장 픽션적인 사건으로 끝난다. 타쿠미는 왜 실종된 딸 하나(니시카와 료)를 같이 찾던 글램핑 회사 직원을 살해하는 건지, 왜 하나와 사슴이 같은 형체로 보이는 착시가 벌어지는지 명확한 근거는 존재하지 않는다. 도식적으로 해석한다면 타쿠미는 자연의 질서를 대리해 인위적으로 숲에 개입한 외부인을 처단하고 하나를 되찾은 것이다. 하지만 이런 접근은 흥미롭지 않다. 게다가 자연의 질서에 인위적으로 개입한 것은, 앙각촬영과 수평 이동을 적극적으로 활용하며 "물은 언제나 상류에서 하류로 흐른다"라는 자연 풍경의 원칙을 거스르는 하마구치 류스케의 카메라/시선 자체이기도 하다. 반복해서 말하지만 하마구치의 영화에서 침입은 두려움과 떨림을 동반하며 영화의 신체를 흔드는 관능적 활동이지 퇴치해야 할 대상이 아니다. 무의식 상태의 오토가 가후쿠에게 들려주던 것은 좋아하는 동급생의 집에 몰래 침입하는 여고생 이야기였다. 하마구치의 작업은 언제나 영화 안에 낯선 타인을 끌어들여 장면을 지탱하던 견고한 질서를 흐트러뜨린다. 하나가 사라지자 모든 마을 주민이 수색에 나서는 것처럼, 바깥에서의 침입으로 발생한 사건은 영화의 몸짓을 가장 활발하게 일으키는 단서다.

〈악은 존재하지 않는다〉의 첫 장면은 불안하다. 수직으로 뻗은 나무들로 채워진 숲속 풍경을 정교한 앙각촬영으로 비추는 긴 이동 숏은 보이지 않는 시선의 주인을 빈칸에 남겨둔다. 몇 분 동안 이어지는 첫 장면이 끝나면 눈 덮인 숲에서 하늘을 올려다보는 하나의 장면으로 전환된다. 두 번째 숏의 개입은 첫 숏이 안겨주는 불안을 강화한다. 두 장면이 연결된 것인지, 서로 무관한 것인지 영화는 확신할 수 없기 때문이다. 숲을 올려다보는 첫 숏의 시선은 인간의 시선이라기엔 너무 반듯하고 정교하다. 그런데 두 번째 숏은 그것이 마치 하나의 시선인 것처럼 가장한다. 시선의 주인이 누구인지도, 시선과 대상이 정확히 접속하는지도 알지 못한 채 우리는 카메라에 비친 풍경을 지켜볼 뿐이다. 하마구치 류스케는 이 영화의 카메라가 어떤 시선도 대리하지 않는다고 말한다. 아직 처음 두 장면이 지나갔을 뿐이지만, 우리는 일찌감치 이 영화가 구축한 모호한 시선의 구조에 붙잡혀 있다.

하마구치는 낯선 설원에 도착해 드라마의 문맥으로 설명되지 않는 불투명한 결말을 세공한다. 설원의 범람하는 자연은 지극히 역사적이면서 영화적인 장소다. 이는 한편으로 오시마 나기사와 아다치 마사오가 제기하던 일본영화의 '풍경론風景論'을 비틀어 계승하고 수직과 수평의 움직임을 오가는 불균질한 단면으로 자연을 관측하던 고다르적 풍경을 상기시킨다는 점에서 역사적이고, 다른 한편으로는 하마구치가 천착하던 감염과 면역의 몽타주, 다시 말해 영화의 이중화된 감각을 실행하는 무대라는 점에서 영화적이다. 결말에서 벌어진 것은 무엇인가? 느닷없는 하나의 실종과 타카하시의 목을 졸라 죽이는 타쿠미의 살인이다. 즉 신체를 가장 멀리 떨어뜨리는 사건(실종)과 가장 가까이 밀착시키는 사건(살인)이 거리감을 조정하는 영화의 역학 아래 접속한다.

그 접속은 픽션적 무대 안에서 두 가지 이중화 형상을 불러온다. 첫 번째는 목수라는 한 가지 정체성이 두 남자(타쿠미와 타카하시)로 나뉘는 것이고, 두 번째는 하나와 사슴이라는 서로 다른 존재가 통합된 형상으로 겹치는 것이다. 그 형상들이 중첩되는 자리에서 살인과 재회라는 결과가 산출된다. 이는 이야기를 이끌고 온 서사의 역량도 아니고, 이미지 자체의 역량도 아니며, 자연 속에서 동물과 인간이 결합한 상징적 의미의 역량도 아니다. 하마구치 류스케는 이 장면에서 그가 영화 내부에서 구축한 감염과 면역의 이중적 형상을 나란히 배치한 뒤, 그 사이를 관통하는 몽타주의 역량을 폭발시킨다. 둘 이상의 이미지가 충돌한다면 드라마의 개연성이 존재하지 않더라도 사건은 발생해야 한다. 영화와 신체와 픽션의 관계를 가로지르는 하마구치의 야심이 이 결말에 응축되어 있다. 스크린에 떠오른 불투명한 시각적 사건 말고는 어떤 것도 확신할 수 없는 〈악은 존재하지 않는다〉의 결말은 우리에게 영화를 향한 절대적인 믿음을 요구한다.

# 영화를 (다시) 만든다는 것

미야케 쇼 三宅唱

■ 와일드 투어 ワイルドツアー | 2019

〈와일드 투어〉는 야마구치정보예술센터YCAM에서 주관하는 영화제작 워크숍 프로그램을 통해 만들어진 영화다. 미야케 쇼는 워크숍의 구성원들을 모집했고, 소수의 참가자와 영화를 만드는 기초적인 방법을 공유하며 단편영화 제작 실습을 진행했다. 이 임시적인 공동체는 고스란히 〈와일드 투어〉의 공모자들이 되었다. 미야케는 워크숍에 참여한 학생들을 배우로 삼고 YCAM의 아마추어 스태프들과 협업하며 야마구치시에서 실제로 진행했던 DNA 도감 제작 워크숍을 소재로 장편영화를 구상한다. 그렇게 만들어진 한 시간 남짓한 짧은 영화엔 워크숍이 진행되는 자율적인 과정과 식물을 채집하는 다큐멘터리의 흔적이 뒤얽혀 있다. 그 위로 워크숍에 참여한 두 명의 중학생 남자아이 타케(야스미쓰 류타로)와 슌(구리바야시 다이스케), 그들의 조력자인 대학생 우메(이토 호노카)가 나누는 감정적 교환의 픽션이 생겨난다.

영화가 시작되면 일상의 평범한 모습을 관찰한 장면들이 나온다. 날아가는 새, 얼어붙은 땅, 강물 위의 오리 떼, 바다에 떨어진 낙엽과 벽에 걸린 풀잎이 연달아 제시된다. 뒤이어 곧바로

스마트폰 카메라로 주변을 촬영하는 우메의 모습이 보인다. 그녀는 일상의 이미지를 포착한다. 영화의 시작점에 주어지는 것은 특별할 것 없는 일상의 광경과 그것을 바라보고 촬영하는 행위다. 하지만 그것만으로 영화가 시작되는 것은 아니다. 카메라는 DNA 도감 제작 워크숍 참여를 위해 사람들이 모인 현장으로 향한다. 담당자는 사람들에게 조력자들을 소개하고 워크숍의 목적과 규칙을 설명한다. 참여자들은 마을에 있는 식물과 미생물을 수집해 DNA를 조사하고 도감을 만들어야 한다. 대상을 관찰하고, 채집하고, 기록하고, 의미를 교정하는 것. 〈와일드 투어〉는 바로 이 약속된 규칙을 매개로 카메라에 새겨지는 이미지를 다시 바라본다.

워크숍이 제공하는 규칙은 현장에 모인 참여자들, 그리고 그곳에 입회한 영화에게 두 가지 충동을 일으킨다. 하나는 세계에 대한 호기심을 발산하는 것이다. 미야케 쇼는 〈와일드 투어〉를 촬영하는 과정에 일상의 흥밋거리를 재발견하는 기쁨이 있었다고 말한다. 워크숍의 일원들은 주어진 규칙 아래서 서로의 이름과 관심사를 확인하고 식물을 찾아다니는 여정을 스마트폰 영상으로 남긴다. 영화의 첫 장면에서 지켜본 풀잎과 워크숍 현장에서 관측한 식물은 서로 다른 위상으로 프레임에 적힌다. 무작위적으로 수집되는 일상의 이미지와 달리 워크숍의 규칙은 관찰자의 선별적인 눈으로 주변을 바라보도록 유도하기 때문이다. 이 요구는 규칙을 수행한 이들의 현실에 깊은 자국을 남기는데, 대상을 낯설게 바라보는 관찰자의 시각은 세계를 어떤 식으로든 변형하기 때문이다. 타케와 슌은 촬영된 이미지의 매혹에 사로잡히면서, 여정에 동행한 우메에게 사랑에 빠지고 만다. 호기심에서 촉발된 여정은 그들이 현실과 영상이라는 두 영역에서 이중의 열병을 겪게 한다.

다른 하나는 역설적이게도 규칙을 위반하는 충동이다. 워크숍은 거기 모인 일원들이 받아들이는 규칙을 형성한다. 그런데 그 임의적인 규칙은 일상에서 공유되는 규칙과 충돌하곤 한다. 타케와 슌과 우메가 식물을 채집하기 위해 관계자 외 출입이 금지된 구역으로 발을 내디딜 때처럼, 일상 속 워크숍은 기존의 규칙과 새로운 규칙이 대립하는 순간을 연출한다. 미야케 쇼의 인물들은 워크숍의 규칙을 빌미로 현실의 규범을 은밀하게 위반하고 회피한다. 그들은 관계에 속해 있으면서 자유로움을 추구하고, 한 가지 규칙을 따르면서 또 다른 규칙을 어긴다. 이것이 현실을 관측하는 영화와, 영화 속에서 또 다른 원리와 질감을 가진 현실을 창조하려는 워크숍이 맺는 중층적인 긴장이다.

이런 맥락에서 워크숍의 실천은 뜻밖의 효과를 가져온다. 〈와일드 투어〉는 픽션과 다큐멘터리가 뒤얽히는 영화의 현대적 속성을 노출하면서 동시에 영화사의 복잡한 기억들을 환기한다. 그 기억은 SF, 서부극, 그리고 영화사 초기 기록 필름의 단면에서 온다. 식물 채집을 위해 마을 곳곳으로 움직이는 인물들의 모습은 영화 역사에 누적된 세 가지 기억으로 흩어진다. 그들은 실제로 워크숍에 참여한 학생들이자 비전문 배우들이다. 하지만 동시에 그들은 아직 발견되지 않은 자연의 DNA를 조사하는 SF영화의 탐험가들이고, 출입 금지 구역에 진입해 지리적 경계를 탐색하고 새로운 공동체의 규칙을 실천하는 서부극의 개척자들이며—미야케 쇼는 영화를 만드는 과정에서 식물의 DNA를 채집하는 소재가 SF영화의 설정 같다는 점에서 흥미를 느꼈다고 말하는가 하면 제작에 참고하기 위해 학생들과 함께 본 작품으로 클린트 이스트우드의 〈용서받지 못한 자〉(1992)를 언급하기도 한다—, 더 나아가 민족지적 열망으로 낯설고 생경한 대상과 체험을 카메라에 기록하는 초기 영화의 촬영자이기도 하다. 이 영화는 그렇게 표면적으로 거리가 멀어 보이는 영화사의 기억들을 아마추어 워크숍의 환경 안으로 끌어들여 재생한다.

식물 채집 워크숍의 또 다른 조력자인 야마자키가 학생들을 데리고 숲속과 산맥을 탐사하는 장면을 떠올려보자. 이 대목에서 소박하고 어색한 학생들의 연기와 과도하리만큼 웅장한 자연 풍경은 이질적으로 한 장면에 공존한다. 미야케 쇼는 마치 일상적 다큐멘터리의 진실성과 서부극의 신화적인 위엄을 하나의 현장 속에 나란히 배열하는 것처럼 보인다. 학생들은 산길을 걸으며 원주민을 따라 인류의 수수께끼를 찾겠다는 농담을 내뱉고, 도중에 포기하려는 친구를 설득해 서로 가방을 던지며 함께 올라간다. 지극히 웨스턴적인 말과 제스처를 거쳐 도착한 곳엔 사방이 트인 수평선과 암벽으로 채워진 위압적인 풍광이 있다. 아이들은 그곳에서 바람에 흔들리는 나무를 관찰하고 기록한다. 영화가 잃어버린 것은 나무를 흔드는 바람의 아름다움이

라고 말한 D. W. 그리피스의 주장을 돌아본다면, 〈와일드 투어〉
는 워크숍의 규칙으로 영화 이미지의 지워진 아름다움을 회복
할 수 있는지 탐색하는 유희적 시도로 다가온다.

　　워크숍 현장과 결부된 영화가 이처럼 장르영화의 고전적
규범과 초기 영화적인 열망을 환기하는 것은 언급한 세 종류의
픽션이 모두 공동체의 시작점을 설정하기 때문이다. 영화사 초
기의 민족지적 기록 필름, 고전기 서부극, 서부극의 전통을 이어
받은 SF는 언제나 이질적인 공동체 집단의 충돌과 예측할 수 없
는 타자를 마주하고 받아들이는 문제를 다룬다. 그들은 세계의
낯선 얼굴과 만나고, 예기치 못한 만남은 공동체의 테두리에 교
정된 질서를 요구한다. 〈와일드 투어〉에서 워크숍 담당자는 식
물을 채집하는 과정에서 어쩌면 새로운 종을 발견할지도 모른
다고 말한다. 워크숍에 참여하는 것은 아직 만나지 못한 것들과
마주할 수 있다는 호기심, 그리고 그 만남이 실현되었을 때 직면
하게 될 관계의 시작점을 가리킨다.

　　이런 차원에서 워크숍이 동시대 영화의 주요한 실천적
현장으로 떠오른 것은 더욱 복잡한 문제를 포함하게 된다. 그 현
장은 이중으로 열린 장소이기 때문이다. 워크숍은 고전영화의
서사처럼 명확한 규칙으로 인물의 행위를 강제하는 허구의 무
대가 아니다. 그렇다고 서사의 도착지가 부재하거나 중간에 사
라져버리는 모던 시네마의 여정처럼 인물이 별다른 목적 없이
배회하는 장소도 아니다. 워크숍은 서사가 요구한 목적을 전적
으로 따르는 것도 아니고, 예정된 목적지 없이 그저 배회하는 것

도 아닌 비결정의 영화적 상태를 산출하는 기반이다. 워크숍 현장은 일시적으로 촉발되고 사라지는 시선과 몸짓과 화면을 영화에 도입한다. 워크숍에서 생겨나는 장면은 연출자가 조율하는 허구적 질서와 피사체 고유의 자율성을 간직하는 다큐멘터리적 질서 가운데 어디에도 정박하지 않는다. 혹은 고전영화의 견고한 미장센과 모던 시네마의 불투명한 화면 가운데서 위계 없는 범용함으로 그것들의 외양을 혼란스럽게 뒤섞고 교란한다. 이것은 언제나 현재형인 시작점에서 출발하는 불확실한 모험이면서, 지나간 영화사의 흔적을 삽입하고 아직 도착하지 않은 미래의 결과를 향해 움직이는 영화 매체의 새로운 장난감이다. 서로 다른 시제로 향하는 충동은 진행 중인 워크숍의 표면에 무심코 뒤엉켜 있다.

미야케 쇼, 하마구치 류스케, 기욤 브락, 호나스 트루에바, 마티아스 피녜이로와 같은 연출자들은 영화 만들기에 관한 유사한 감각을 공유한다. 1970년대 후반에서 1980년대 초반 태생인 그들은 필름 시대의 끝자락에 영화를 만들기 시작해 디지털 환경에 정착한 연출자이자 워크숍 현장을 장난감처럼 활용하는 대표적인 감독들이며 그곳에서 다큐멘터리와 픽션의 윤곽을 흐트러뜨리고, 장면이 바뀔 때마다 출현하는 존재론적인 변형과 마모의 가능성에 영화를 노출한다. 〈와일드 투어〉의 한 장면에서 우메는 선물받은 광물을 현미경으로 관측한다. 우메는 돌의 질감을 들여다보며, 관찰되는 부분마다 다른 반응을 보인다. 반짝거리는 돌은 경이로우면서도 징그럽고, 타버린 떡처럼 보이는 단면과 코끼리를 닮은 단면이 같이 존재한다. 〈와일드 투어〉에서 포착된 현실은 한 가지로 고정된 의미와 형상에 귀속되지 않는다. 이 영화를 본다는 것은 끊임없이 뒤바뀌는 시청각적 자극에 동참하는 일이다.

워크숍을 매개로 삼아 통일된 영화문법을 거부하는 연출자들은 이따금 고전영화의 아름다움과 모던 시네마의 형식적 유산과 장르영화의 흥분을 위계 없이 습득하고 흡수했다고 고백하곤 한다. 미야케 쇼를 예로 들면 그는 장 르누아르와 존 포드에 매혹된 시네필이면서 존 카사베츠의 작업 방식에 깊은 친밀감을 느끼는 동시에 미국 장르영화의 상상력을 창작의 동력으로 삼는 연출자다. 앞서 말했듯 그는 식물을 조사하는 행위에서 SF영화의 흔적을 발견하고 "새로운 SF영화를 만드는 것"[◆]이 〈와일드 투어〉의 출발점이었다고 말한다. 하지만 〈와일드 투어〉는 나도 모르게 "고열과 같은 강력한 감정"[◆◆]에 사로잡히는 카사베츠적인 정념에 충실한 영화이기도 하면서 그 감정을 웨스턴스러운 제스처와 풍경에 녹여낸 작업이기도 하다. 이 과정에서 워크숍은 영화의 수많은 기호와 속성을 한 가지 평면에 늘어놓고 탄력적인 경우의 수로 조합하는 재배치의 장소가 된다.

우메에게 마음을 고백하려 했지만, 그녀가 이미 미국으

---

◆ 미야케 쇼, 「인간의 마음을 동하는 장치의 비밀」, 《필로》, 36호, 2024.

◆◆ 三宅唱, "ジョン・カサヴェテス レトロスペクティヴ リプリーズ", https://zaziefilms.com/cassavetes2023/, 2025년 6월 접속.

로 떠난 것을 확인한 슌은 우메에게서 문자로 받은 영상을 재생한다. 건네받은 영상엔 플랫폼에 들어오는 열차의 모습이 담겨 있다. 그 장면은 어설프지만 분명하게 뤼미에르의 구도를 흉내 내고 있다. 기차가 스마트폰 영상으로 재생되는 순간 〈와일드 투어〉가 자극하는 영화사의 또 다른 기억이 도래한다. 그것은 매체의 시작에 대한 기억이다. 열차의 도착을 매체의 신화적 기원으로 삼는 영화에서 도착과 끝은 언제나 시작되는 순간과 겹쳐 있다. 미야케 쇼는 한 편의 작은 영화가 끝나는 자리에서 과거의 거대한 시작이 톱니바퀴처럼 맞물리도록 설정한다. 그는 스마트폰 화면에 도착한 기차의 표상으로 영화사의 시작점을 다시 움직이게 한다.

영화를 만든다는 것은 결국 '둘'의 관계를 조직하는 행위다. 영화는 카메라에 채집된 현실의 이미지에 픽션의 의미를 더하고, 한 장면을 다른 장면과 붙이며, 과거에 촬영된 영상을 현재에 투사한다. 그리고 무엇보다 시작과 끝의 관계가 있다. 하나가 끝나면 다른 하나가 시작된다. 〈와일드 투어〉의 세 인물도 둘이 되고 싶은 마음을 고백하지만 거절당한다. 하지만 이 영화에는 겨울이 봄으로, 세 남녀가 두 친구로, 거절의 경험이 우정의 기록으로 뒤바뀌는 또 다른 '둘'의 관계가 있다. 그리고 이 영화에서 둘의 관계를 인식할 수 있는 것은 그것들이 워크숍이 시작하고 끝나는 시간에 위치하기 때문이다. 워크숍은 영화를 일으키는 물리적 기반이자 불투명한 통로이고 마침내 영화적 실천을 종결짓는 장소가 된다. 그렇게 워크숍은 영화의 근본적인 원리와 위상을 재확인하는 현장으로 스쳐 지나간다.

　　영화학자 토머스 샤츠가 주장한 대로 20세기 영화의 위대함이 스튜디오시스템의 천재성에 있었다면, 그 역량이 소실되어버린 21세기 영화의 돌파구는 스튜디오 바깥의 스튜디오, 다시 말해 임시적인 규칙을 내세워 공동체를 조직하고 그로부터 이탈하는 위반까지도 포착할 수 있는 '워크숍 현장의 천재성'에서 모색해야 할지도 모른다. 〈와일드 투어〉는 호기심 어린 눈빛과 금기를 넘어서는 몸짓으로 눈앞에 있던 세계를 다시 만난다. 이것은 영화를 (다시) 만든다는 것의 의미를 되돌려주는 아름다운 영화다. 마을 곳곳을 돌아다니며 서로의 모습을 촬영하던 세 사람의 영상이 서로 다른 모니터 화면에서 빛난다. 미야케 쇼는 영화에 여전히 친밀함과 놀라움이 간직되어 있다는 증거를 그 화면에 남겨둔다.

# 5

# 망각의 연대기

## 2020년대, 한국영화라는 잿더미

# 폐허와 상속인

한국영화의 100년과 도래한 2020년대

 

영화 탄생 100주년을 기념해 만들어진 다큐멘터리 〈프랑스영화의 2×50년Deux fois cinquante ans de cinéma français〉(1995)에서 장뤽 고다르는 프랑스영화 100년 기념사업회 회장을 맡은 미셸 피콜리를 만나 난데없는 질문을 던진다. "대체 무엇을 축하하자는 것이냐?" "무슨 기준으로 100주년을 말하는 건가?" 영화(사)를 둘러싼 명확한 인식의 옆자리에 불확정적인 논제를 병치하곤 하는 고다르답게 이 질문은 단순하지만 중층적인 문제를 제기한다. 영화가 100년을 맞이했다고 말할 때 그건 정확히 '무엇'의 100주년인가? 그것은 정말 '100년'을 맞이한 것인가? 그 무엇의 100주년은 왜 축하받아야 하는가? 이와 같은 문제의식을 동반한 반문은 모두가 명확하게 알고 있다고 믿는 매체의 보편적 조건 저편에서 탐구되지 않은 채로 남겨진 가능성을 환기한다. 뤼미에르 형제의 장치와 그것의 상영 형태를 최초의 영화로 간주할 때, 우리가 '영화'로 부르기 시작한 대상은 영화가 품었던 다수의 조건 가운데 하나를 채택한 것에 지나지 않는다. 그러니 영화는 누락된 역사, 아직 만들어지지 않은 역사, 기억에서 잊혔거나 미완으로 남은 역사를 포괄하는 '실물보다 큰' 서사이자 관념이다. 그 잠정적 가능성을 잊어선 안 된다는 인식이 고다르의 문제 제기에 담겨 있다.

한국영화 탄생 100주년이 되는 해인 2019년을 돌아보면서 고다르의 질문을 떠올린 건 명확하고 투명한 한 해의 기념비적 사건들 뒤에 여전히 불분명한 채로 누락되거나 생략된 풍경이 있다고 느껴지기 때문이다. 고다르가 제기한 반문의 구조를 따르자면, 극단 대표 김도산이 연쇄극의 용도로 연출한 〈의리적 구토〉(1919)에서 시작된 한국영화가 100주년을 맞이했다고 말할 때, 이 짧은 표제적 문장을 이루고 있는 요소('한국' '영화' '100주년')는 불확실한 문제로 남아 있다. 그리고 이 가시적인 역사는 한국영화가 100년을 통과하는 동안 지워진 적 없는 유실과 사라짐, 금지와 삭제라는 또 다른 역사의 흔적과 함께 논의되어야 한다. 눈에 비치는 영화의 표면과 더불어 다른 반쪽the other half에 보이지 않는 이면이 공존하고 있음을 고려해야 한다는 뜻이다. 이는 정확히 고다르가 F. W. 무르나우의 〈선라이즈〉를 보았던 경험을 두고 "부재의 빛"을 보았다고 말한 것과 같은 의미다. 우리는 하나의 빛을 보면서 다른 하나의 빛을 누락하거나 상실했다는 것을 깨닫는다.

이런 의문은 지금의 한국영화에서도 유효하다. 물론 주요하다고 여겨지는 사태를 중심으로 2019년을 정리하는 건 어렵지 않다. 〈기생충〉(2019)은 마침내 한국영화 최초로 황금종려상을 받아 봉준호라는 작가의 이름을 널리 알렸고, 독립영화계에선 김보라의 〈벌새〉(2018)를 필두로 많은 여성 감독의 다양한

2020년대, 한국영화라는 잿더미

시도가 약진을 보였으며, 그럼에도 날이 갈수록 한국영화의 서사와 이미지가 나쁜 의미로 평준화되고 있다는 염려를 덧붙이는 것은 비평적 제스처라고 말할 수 없는 범용한 조망에 지나지 않는다. 그런 조망에서 거론되는 개별적인 사례들은 서로 격돌하거나 교통하지 않은 채 각자의 밀실에서 자족적인 찬사와 옹호를 재생산할 뿐이다. 영화의 역사는 언제나 보이는 것과 보이지 않는 것이 한 몸을 이루는 것이었다. 그런데 2019년 한국영화의 지형에서 그 질문은 정당하게 수용되고 있는가?

'황금종려상' '독립·여성 영화' '천만 관객'과 같은 명료한 담론이 아무짝에도 쓸모없다거나 다른 소외된 것으로 대체되어야 한다는 뜻이 아니다. 다만 그것들을 우리가 빠뜨린 영화의 다른 역량들과 교통시키는 접속의 자리를 마련해야 할 의무는 있다. 의미심장하게도 〈의리적 구토〉는 연극과 영화의 불균질한 공존, 일본영화와 조선영화를 결정짓는 국가적 정체성의 문제, 상징적 기원이라는 지위와 유실된 필름 사이에서 애매한 정체성을 산출하며 서로 다른 담론을 교차시키는 원점으로 남아 있다. 마틴 스코세이지는 동시대 영화에 관해 "한쪽에 세계적인 시청각 오락이 있고, 다른 곳에 시네마가 있다. 그것들은 이따금 겹치기도 하지만 그런 일은 드물어지고 있다. 상황은 이제 두 분야가 분리되어 있다는 것"◆이라고 적는다. 그가 거론하

---

◆ Martin Scorsese, "I Said Marvel Movies Aren't Cinema. Let Me Explain.", *The New York Times*, Nov 4, 2019.

는 시급한 논제가 시네마의 정의에 관한 개별적 진단이 아니라 더는 교통과 교환을 시도하지 않는 영화를 둘러싼 환경을 향해 있다. '시네마란 무엇인가'라는 질문은 그 자체로 더 이상 유효하지 않다. 영화는 어느 때보다 파편적으로 조각나 있고, 단일한 이상으로서의 시네마는 존립하지 않는다.

　　2019년의 한국영화를 되돌아보는 하나의 방법으로 돌과 벽, 그리고 그것들이 남긴 잔해와 구멍의 형상을 떠올리게 된다. 〈기생충〉에서 기택(송강호)의 가족은 폭우가 쏟아지는 한밤중에 박 사장(이선균)의 저택을 벗어나 역류한 물에 잠긴 반지하방으로 향한다. 아수라장이 된 집에서 기우(최우식)는 민혁에게 받은 산수경석이 스스로 떠오르는 것을 본다. 중력을 거스르는 부력의 힘은 무엇으로 작동한 걸까. 거기서 기우는 무엇을 보는 걸까. 그는 그 돌을 들고 "더 밑으로", 부잣집 지하실의 어두운 구멍 아래로 내려간다. 〈마더〉(2009)의 골목길 어둠 속에서 여고생이 던지는 돌이 그러하듯, 지하실 어둠 저편에서 돌은 불가피한 파국의 형태로 되돌아온다. 혹은 김보라의 〈벌새〉에서 은희(박지후)는 영지 선생님(김새벽)을 만난 뒤로 재개발구역의 잔해를 바라보기 시작하고 이듬해 성수대교 붕괴를 위태롭게 마주한다. 이옥섭의 〈메기〉(2019)에서는 깊이를 가늠할 수 없는 싱크홀이 도심 여기저기에 출현하며, 구멍을 메우고 주변을 치우는 작업에 직업 없는 청년들이 동원된다. 사라지고 비어버린 장소와 대상, 그곳의 테두리를 맴도는 사람들. 이강현의 〈얼굴들〉(2019)에서 혜진(김새벽)과 주영은 행궁 외곽을 산책하면서 오래된 벽

돌과 새로 지어진 벽돌이 맞물려 있는 건축물을 바라본다. 강상우의 〈김군〉(2018)에서 '넝마주이'라 불린 이들의 이야기를 경청하던 카메라는 그들이 살고 있었던 다리 밑의 폐허를 주시한다. 두 영화엔 극장의 어둠 속에 앉아 스크린이라는 거대한 벽에 떠오른 타인의 얼굴을 바라보는 장면이 등장하기도 한다. 돌과 벽, 잔해와 구멍들의 위태로운 진동을 가로지르며 2019년의 한국영화는 홍상수의 〈강변호텔〉에서 검은 옷을 입은 두 사람이 백색의 설원 위를 걷는 장면과 접속한다. 이야기 내부의 상황을 형식적인 분석으로 전환하려는 것은 아니지만, 이러한 형상들이 지질학적 지형을 흔드는 폐허의 감각과 맞닿아 있음은 무시할 수 없다.

　　이미지가 맺는 피상적 유사성을 재구성하고 싶은 생각은 없다. 그보다 이런 이미지들은 오늘날의 한국영화에서 불규칙적으로 출현하는 형상과 몸짓의 선을 그어보도록 이끈다. 서로 다른 시공간에 놓인 이미지의 접속을 통해 눈앞에 나타난 장면의 조건을 탐색하는 작업은 교차하는 영화들의 탈선적인 교감을 상상하는 유일한 방식이다. 앞서 언급한 영화들의 표면에 감도는 돌과 벽, 잔해와 구멍은 영화에 주어진 제도적 조건에서 이탈하거나 그 조건을 흐트러뜨리는 사례들과 기묘하게 조응하며 유령처럼 그들을 불러들이기 때문이다.

　　폐허의 벽돌과 잔해는 김응수의 〈나르시스의 죽음〉(2019)에서 포지티브와 네거티브 이미지로 번갈아 제시되는 어느 군인의 석상, 안건형의 〈한국인을 관두는 법〉(2019)에서 느린 속도로 움직이는 프레임의 조작된 시간 위로 굳건히 멈춰 선 한국의 '위인'들을 기리는 동상, 오민욱의 〈해협〉(2019)에서 아시아의 역사를 간직한 징후적 이미지로 조직되는 묘비와 불상의 질감과 어떤 접점을 이루는 것일까? 혹은 암실의 어둠에서 스크린이라는 벽에 떠오른 타인의 얼굴을 응시하는 장면들은 임철민의 〈야광〉(2018)이 조명하는 낡고 오래된 폐극장의 단면과 어떻게 결부되는 걸까? 정재훈의 〈도돌이 언덕에 난기류〉(2017)에서 상영되는 그래픽이미지의 왜곡된 시청각적 감각과는 어떻게 접속하고 있을까? 이런 배치는 불확실하기 그지없는 가상의 지형에 속한 것이지만 오직 가상의 지형에서만 우리는 동시대 영화의 장소를 교통시키고 조각난 형상의 잠정적인 연결을 모색할 수 있을 것이다. 폐허가 남긴 구멍은 장면의 유사성이 아니라 내밀한 감각적 교감으로, 그를 통해 우리는 서로 다른 질서에 속하는 영화를 교환할 수 있다.

이는 과시적인 열거를 위해 영화의 이름을 중얼거리는 시네필을 위한 목록이 아니다. 대신 서로 다른 범주의 영화들이 공유하는 기묘한 접속으로 영화의 불가능한 시공을 재구축하는 수동적인 몽타주의 제스처라고 말하고 싶다. 벽과 돌, 잔해와 구멍의 형상은 우리가 범주화하지 않은 다른 층위와 맥락의 영화들을 끌어들여 통상적인 범주 내부의 영화적 풍경과 나란히 배치한다. 그것은 2019년의 한국영화를 돌아보는 타당한 방법은 아니지만 가능한 하나의 대안으로 영화라는 통합성 없는 폐허의 주변부를 맴돌고 있다. 서로 가닿을 수 없는 영화들의 성좌에서 평등한 교직交織은 의심과 불안을 동반한 채로 반짝인다.

적잖은 시간 동안 한국영화가 위기에 직면했다는 진단이 되풀이되고 있다. 다시 말하지만, 한국영화는 위기라기보다 이미 폐허다. 그리고 한국영화가 위기에 다다랐다는 진단이 나돌기 시작한 즈음부터, 동시대 한국영화의 유의미한 시도는 폐허의 가장자리를 맴돌고 있음을 통렬히 자각한 사례거나 잔해 더미 속에서 무언가 기록하고 수집하고 재배열한 이들이 이뤄낸 성과라는 것도 분명한 일이다. 동시대 한국영화의 좌표에 관한 고찰은 해체와 재조립을 선제하는 자리에서 오직 가능하다.

눈앞에 비치는 영화의 풍경과 가시적 풍경 이면에 새겨진 또 다른 영화의 역량이 분리된 채로 각자의 영역에 머무는 것이 아니라 공통적인 장scene 위에서 격렬한 모순으로 충돌할 수 있을까? 확신할 수 없는 미래다. 다만 한 가지 말할 수 있는 건 균질하게 소화되지 않는 혼돈의 소란 속에서만이, 한국영화의 좌표를 가늠하고 총체적인 비전을 예견할 수 있을 것이라는 사실이다. 그러므로 폐허의 감각은 양가적이다. 우리는 영화 속에서 공터의 잔해, 구멍 난 함몰점을 보며 중심적인 세계가 끝에 다다랐다는 사태를 감지하지만 동시에 그것이 서로 다른 영화 사이의 시공간적 불일치와 시대착오를 넘어선 연결을 모색하는 근거라는 것을 또한 확인한다. 이는 우리가 영화라고 부른 대상에 부여된 순혈주의를 뛰어넘어 문란하고 혼종적인 계보의 흐름을 수용하고 이에 동참하는 작업이다.

폐허의 한가운데서 취할 수 있는 태도는 향수에 젖은 추억을 되새기거나 지나간 역사를 잊지 않겠다는 다짐에 사로잡히는 것이 아니라 아직 실현되지 않은, 그러나 언젠가 도래할 영화의 잠재성을 향해 몸을 던지는 것이다. 사라진 기억을 붙들어 역사를 다시 쓰는 것만으로는 충분치 않다. 고정된 장소를 떠난 영화를 멀리서 응시하면서 가능한 다른 방식의 연결과 결합을 시도하는 것. 다시 말해 영화를 이루는 기존의 조건이 사라지고 난 뒤에도 영화를 지속시키는 방법에 대해 자문해보아야 한다.

〈기생충〉과 〈벌새〉로 상징되는 2019년의 기념비적 사건들이 한국영화의 당대적 공기를 긴밀히 호출하며 특별한 전환을 가져온 것은 분명하다. 그러나 다른 한편으로는 그 긴밀한 시의성과 평행을 이루며 역사적 시대착오, 시차의 감각, 차이와 간격을 제공하는 영화 안팎의 시도들이 '한국영화'를 이루는 일부로 자리 잡고 있다는 것을 잊어선 안 된다. 이처럼 영화는 다른 것들과 함께 촉발되었고, 그러므로 다른 어떤 것이 될 수도 있었으며, 언제든 다른 것으로 변형될 수 있다. 당도한 한국영화 100년의 시간을 되돌아보는 작업은 이 문제를 통과한 뒤에 이루어져야 할 것이다.

### 폐허와 상속인

이강현의 세 번째 장편영화이자 첫 번째 극영화인 〈얼굴들〉은 2019년 1월 27일에 개봉했다. 개봉 당시엔 누구도 생각할 수 없었지만, 이 영화는 2023년 3월에 사망한 이강현의 마지막 작업이 되었다. 2006년 〈파산의 기술〉이라는 첫 연출작을 발표한 이강현은 세 번째 장편영화를 끝으로 다음 작업을 이어가지 못했다. '지도를 만드는 사람'이라는 제목의 영화를 제작하고 있었지만, 결국 미완의 기획으로 남았다. 공교롭게도 〈얼굴들〉이 개봉한 이듬해 세계는 21세기에 전례 없는 대규모 전염병이 일으킨 팬데믹 시기를 통과하게 된다. 갑작스럽게 도래한 사회적 거리 두기와 전면 봉쇄, 흰 마스크가 표상하는 대면의 불가능성과 접촉의 금지는 우리를 불투명한 얼굴(들)과 비대면의 세계로 이끌었다. 텅 빈 영화관과 차단된 연결. 전염병의 유행은 수많은 얼굴을 차단하는 형태로 세계를 재구성했다. 전염병과 함께 시작된 2020년대의 한국영화는 말 그대로 얼굴 없는 폐허가 되었다.

2010년대 한국 영화산업에 결정적인 영향을 미친 한 장면을 고르라면 〈변호인〉(2013)의 마지막 숏을 말해야 할 것이다. 주인공 송우석(송강호)은 시위를 이끌다 구속되어 피고 신분으로 법정에 참석한다. 수의를 입은 송우석의 뒤로 그를 변호하기 위해 나선 변호인단이 차례로 일어선다. 송우석은 뜨거운 눈물을 흘리고, 장면이 바뀌면 "부산 지역 142명의 변호사 중 99명이 출석했다"는 자막으로 영화는 끝난다. 이 결말은 군사정권의 폭거에도 불구하고 주인공이 지키려는 정의는 훼손되지 않으며, 그의 믿음이 대다수 군중에 전파되고 있다는 인본주의적 가치를 찬미한다. 법정은 그러한 최소한의 상식과 믿음이 국가 시스템의 절차로 승인되는 곳으로, 때로 파렴치하고 불공정하지만 끝내 주인공의 도덕적 우월성을 각인하는 상징화된 공간으로 펼쳐진다.

　　법정엔 역사와 국가와 공동체의 삶을 명쾌하게 관통하는 대중 영화의 자질이 새겨져 있다. 거기서 전달되는 명제는 간단하다. 송우석이 웅변하는 대로 '국가란 국민'이라는 것. 모든 권리는 국민에게서 나온다는 것. 이런 대사를 통해 영화는 도덕적 합의점으로 관객을 이끈다. 이견이 제기될 리 없고, 반론은 악인들의 몫이다. 절대적인 통합의 자리가 도덕을 가장해 주어지는 것이다. 주지하다시피 천만 관객을 모은 〈변호인〉의 파급력은 '법정에 선 보편적 인간'이라는 한국영화의 원형적 이미지를 형성한다.

　　이는 〈암살〉(2015)과 〈밀정〉(2016)에서 모호한 정체성의 남성으로, 다른 한편으로는 〈아이 캔 스피크〉(2017)와 〈허스토리〉(2017)에서 목소리를 되찾은 역사적 질서 바깥의 여성들로, 연달아 천만 관객을 돌파한 〈신과함께: 죄와 벌〉(2017)과 〈신과함께: 인과 연〉(2018)에서는 사후 세계의 스펙터클을 조직하기 위한 도착적인 배경으로 확장된다. 오랜 시간 동안 한국영화의 지형에서 법정의 광경이 반복된 것은 〈변호인〉이 불러낸 깊은 환대와 집단적 감흥의 힘과 무관하지 않을 것이다.

　　2020년대를 여는 한국영화에서 발견되는 특징에 대해 말하기 전에, 한국영화에서 지워진 면모를 먼저 언급하자면 바로 이 법정이라는 공간의 기능이다. 2020년의 한국영화는 인물의 선악과 도덕적 승패를 판결하는 재판에 참석하는 대신, 폐허로 버려진 도시를 제멋대로 배회하거나(〈사냥의 시간〉〈반도〉), 법의 질서로부터 분리된 유토피아를 찾아 떠나거나(〈다만 악에서 구하소서〉), 임시적인 가상의 유토피아를 형성한다(〈소리도 없이〉). 〈사냥의 시간〉을 두고 안시환 평론가가 지적한 것처럼 오늘날 한국영화는 '법 바깥의 세계'가 전경화된 쓰레기장을 직면하고 있다.♦

　　쓰레기장이라는 비유는 개별 작품들의 완성도나 수준이 형편없다는 비아냥이 아니다. 오히려 문자 그대로 아무렇게나 버려진 세계, 무언가 존재했다가 시효를 잃고 사라진 지대를 통과하고 있다는 표현이다. 〈사냥의 시간〉과 〈반도〉가 그리는 버려진 도시와 탈출에의 열망, 〈사라진 시간〉과 〈콜〉의 불타버린 집, 〈다만 악에서 구하소서〉의 폭발을 떠올려보자. 이는 법과 규범의 외곽, 국가와 개인의 접속이 차단된 각자도생의 지대. 그리하여 동시대 한국이라는 나쁜 땅bad place을 스크린 위에 펼쳐낸다.

　　폐허를 배회하는 자들은 버려진 세계를 탈출하거나 세계를 전멸시키는 것 외에 다른 결론을 떠올리지 못한다. 그들은 물려받은 기억이 없고―〈사냥의 시간〉에서 고아인 준석(이제훈)과 장호(안재홍)는 '부모가 있는 느낌'을 궁금해한다―, 건네줄 유산이 없다. 이 기억 없이 가난한 세대는 과거에 종속된 새로움이라는 허황된 명제를 수행할 뿐인 걸까? 하지만 반대로 버

♦　　안시환, 「'사냥의 시간' '인간수업' '지푸라기라도 잡고 싶은 짐승들' 속 인물의 선택에 대하여」, 《씨네21》, 1257호, 2020.

려진 세계의 상속인을 주장하는 자들도 있다. 〈내언니전지현과 나〉(2020)라는 작은 규모의 다큐멘터리는 감독 자신을 포함해 '망겜' '일랜시아'를 벗어나지 못하는 사용자들에게 질문을 던진다. 왜 우리는 버려진 세계에 머물러 있는 걸까? 우리의 이야기는 그 방치된 세계에서만 가능한 것일까?

　　인터뷰이로 나오는 감독의 동생은 '일랜시아'의 캐릭터를 식물처럼 기르는 것 같다고 말한다. 이러한 공동체의 식물화된 유희는 한국영화가 세계를 파괴하면서 자행한 동물적 유희—물어뜯는 행위만을 반복하는 좀비의 동물성(〈반도〉), 정해진 목표를 향해 움직이는 킬러의 육식동물적 기능(〈다만 악에서 구하소서〉)—와 대비된다. 〈내언니전지현과 나〉에서 그려지는 공동체 또한 버려진 세계에 남아, 법과 규범의 바깥에서 매크로와 버그를 일삼는다. 하지만 이 세계의 공동체는 동물적 파국을 형성하는 대신 버려진 그래픽이미지를 자의적으로 조합하고, 플레이의 규칙을 재설정하며, 아무도 찾지 않는 게임의 이스터에그를 발견하곤 한다.

　　〈내언니전지현과 나〉의 결말엔 열기구를 타고 '일랜시아' 월드를 관광하는 장면과 더불어 "카오스가 지구를 통제하고 지구가 어둠의 별이 되었을 때, 살아남은 몇몇 고대인들이 영력을 모아 일랜시아를 만들고 이주해 왔다"라는 게임 세계관을 설명하는 자막이 삽입된다. 버려진 지구. 지구가 우리의 것이 아니라면, 우리는 어디에 머물고 어디로 향할 수 있을까. 두 가지 선택지가 있다. 하나는 지구를 폭파하거나 거기에서 탈출하는 장르영화의 선택지다. 다른 하나는 언제든 로그아웃하거나 서비스가 종료될지도 모르는 버려진 세계 안에서 미약한 결속의 신호를 주고받는 것이다. 그 세계는 버려졌지만 우리에게 주어진 단 하나밖에 없는 세계다. 이 공동체라면 새로운 세대의 영화를 기다리는 낡은 담론에 이렇게 받아칠지도 모른다. 새로운 영화는 오지 않지만, 그것은 우리의 끝이 아니다.

# '한국영화'의 원점

1995년 체제에 부쳐

      1995년 영화 탄생과 영화사 고몽Gaumont의 설립 100주년을 기념해 만들어진 〈JLG/JLG〉에서 고다르는 영화 매체의 탄생을 축제의 시간으로 받아들이는 대신 다분히 멜랑콜리한 태도로 죽음과 애도에 몰두한다. 영화의 도입부에선 "다른 사람이라면 죽음이 찾아오고 애도에 잠기지만, 나는 먼저 애도에 잠기는 것으로부터 삶을 시작했다"라는 고다르의 목소리가 들린다. 그는 애도를 영화의 근본적인 속성과 연결 짓는다. 영화의 역사는 수많은 필름의 유실과 부식, 사라지고 누락된 빈칸의 기록을 포함한다. 고다르는 영화의 100년이 무수한 소멸과 망각의 시간이었다는 것을 환기한다.

      그런가 하면 탄생 100주년 1년 뒤인 1996년에 수전 손택은 「영화의 쇠퇴The Decay of Cinema」라는 음울한 제목의 에세이를 《뉴욕 타임스》에 기고한다. 손택은 시네필리아의 믿음이 무너지고 영화와 관련된 모든 절차를 시장 논리가 결정하는 산업 구도를 근심하며 20세기의 놀라운 발명품이던 영화의 지위가 한 세기 만에 위태로워졌다고 비관적으로 진단한다. 동시대에 만들어지는 영화가 질적으로 하락했다는 것만이 아니다. 손택은 시네필리아가 사라진다면 영화 문화도 사라진다고 지적하며 "영화가 부활할 수 있다면 그것은 새로운 종류의 시네필리아가 탄생해야만 가능할 것"이라고 말한다. 1995년은 영화의 찬란한 100년을 회고하고 기념하는 시기가 아니라 20세기 영화 문화를 지탱한 요인들이 실은 대단히 위태롭고 취약한 상태에서 작동하고 있었으며 이제는 더 이상 실행되지 않을지도 모른다는 근심과 위기의식에 사로잡힌 시기다.

1995년, 영화를 발명하고 산업과 문화를 폭발시킨 서구의 영화 문화가 죽음과 쇠락을 근심하는 담론으로 채워지던 해에 한국영화는 문화적, 제도적, 담론적 원년이라고 할 만한 기념비적인 순간을 맞이한다. 한국영화에 있어 1995년은 단순한 한 해의 시간이 아니라 오늘날의 '한국영화'를 둘러싸고 있는 문화의 기반이 되는 표지를 가리킨다. 달리 말한다면 지금 시점에서 1995년은 실체로 인식되기보다는 상징적인 기억으로 다가온다. 이 해에 영화잡지 《씨네21》과 《키노》가 동시에 출간되었고, 한국예술종합학교 영상원이라는 영화학교가 탄생했으며, 부산국제영화제의 인적 조직이 형성되어 이듬해 첫 영화제를 개최한다. 그뿐만 아니라 국내 최초의 예술영화전용관을 표방한 동숭시네마텍이 개관했으며 코아아트홀에서는 안드레이 타르콥스키의 〈희생〉이 개봉해 관객 3만 명가량을 동원한다. 초기 시네마테크인 문화학교 서울에서 영화 탄생 100주년 기념 서적 『불타는 필름의 연대기』를 출간한 것도 이때의 일이다. 이 조건이 모두 갖춰진 다음 해 홍상수의 〈돼지가 우물에 빠진 날〉(1996)

이 나타났다.

1990년대 한국의 영화 문화를 실천하던 이들 가운데 누군가는 사라지고 누군가는 모습을 바꾸고 누군가는 선구자를 자임해 남은 유산의 지분을 요구하고 있다. 하지만 이해에 실현된 제도적 기반(영화학교, 영화제와 시네마테크, 영화잡지와 비평, 투자 배급사)은 지금까지도 한국영화의 생태를 장악하는 견고한 체제로 남아 있다. 1995년은 한국영화의 제도와 정책과 비평의 담론 체계가 구체적으로 정립된 시기이자 그 담론이 발화되는 장소가 결정된 분기점이다. 이를테면 1983년의 장선우는 한국영화의 재정립과 새로운 영화 형식의 추구를 공식화하기 위해 「열려진 영화를 위하여」라는 자주적 영화론을 발표해야 했지만, 1990년대의 대표적인 작가인 홍상수나 이창동이라면 그럴 필요를 느끼지 않는다. 그들의 영화는 국내외 영화제에서 호평을 얻고, 영화잡지가 적극적인 비평과 인터뷰의 대상으로 다루며, 영화학교에서 강력한 옹호자들을 낳는다. 1995년의 체제를 형성한 이들은 영화를 향한 제도적 결핍과 갈증을 극복하고 새로운 감각을 탑재한 창작자들과 함께 한국영화의 형질을 비약적으로 전환해 이른바 '한국영화의 르네상스'라 불리는 영광스러운 시기를 이끈다. 하지만 호주의 영화평론가 에이드리언 마틴이 말하는 것처럼 "영화 문화의 영광이자 함정은 그것이 언제나 주변부로 밀려날 운명에 처해 있다는 것"[*]이다. 영광의 시간은 길지 않았다. 혹은 특권적인 몇몇 이들에게 한정된 영광이었다. 1995년에 설립된 체제가 정립됨에 따라 새로운 세대의 영화감독들은 영화학교, 영화제, 예술영화관, 영화잡지와 비평이 자연스러워진 환경에서 영화를 만들고 유통했고 역설적이게도 한국영화는 급격히 지루해지기 시작했다.

　　1990년대의 한국영화는 세계 영화사의 흐름과 어긋난 시차를 빌미로 쇠락의 담론에서 이탈한 새로운 문화를 형성할 수 있었다. 그리고 지금까지도 한국영화를 둘러싸고 있는 문화는 1995년에 형성된 체제를 의심 없이 견고하게 유지하고 있다. 여전히 한국영화의 담론이 의존하는 이들은 홍상수, 박찬욱, 이창동, 봉준호와 같은 1995년 체제 직후에 이름을 알린 작가들이며 이들은 2000년에 〈플란다스의 개〉를 발표한 봉준호를 제외하면 모두 20세기에 첫 영화를 내놓은 감독이다. 냉소적으로 되묻자면 영화학교, 영화제, 예술영화관, 영화잡지와 비평의 결속으로 채워진 1995년의 체제는 2000년대 이후의 환경에 걸맞은 작가를 발명하는 데 실패한 체제인 것은 아닐까? 새로운 작가라는 수식어를 관습적으로 반복할 뿐 다음 세대의 연출자들이 제기한 방법론과 가능성을 유효하게 연장하려는 실천적 조력은 마련하지 않는 것 아닐까? 한국영화가 몇몇 결정권자의 취향에 복

---

[*]　　Adrian Martin, "Australian Film Culture: An Obscurely Desired Object", *Film Critic: Adrian Martin*, 2000, https://www.adrianmartinfilmcritic.com/essays/australian_film_culture.html, 2025년 6월 접속.

무하는 유희로 변하고 있을 때, 영화감독들은 한두 편의 장편을 발표한 뒤 제도의 시야에서 소멸하는 '요절의 종족성'에 직면하고 있다. 지난 30년 동안 한국영화를 감싸는 문화는 변화의 가능성에 열린 미결정적 변수를 차단하고 1995년에 세워진 규범적 상수를 견고하게 받아들였다. 망각으로부터 출발한 선구자들은 망각의 의무를 저버리고 말았다.

　　영화 문화를 구성하는 역량은 영화 안팎의 다양한 요인과 역사적 맥락에서 생성된다. 영화의 문화적 개념은 단순히 한 편의 상징적인 영화나 한두 사람의 연출자에게서 생겨나는 것이 아니라 영화를 둘러싸는 발화, 그 발화가 실행되는 장소와 공모하는 것이다. 이는 영화를 평가하는 기준과 관점마저 1995년의 시각에 기반한다는 것을 함의한다. 이를테면 영화비평은 여전히 주목해야 할 연출자를 '작가주의'의 언어로 논의한다. 영화관은 여전히 대안적 체계를 확립하려는 영화를 '예술영화'로 간주한다. 영화제는 끝없이 새로운 재능을 '발굴'하려 든다. 특정한 시기에 영화에 관한 담론의 장소를 마련하고자 했던 잠정적 용어들은 이제 절대적인 믿음의 언어로 모습을 뒤바꾼다.

　　망각을 실행하기 위해 무엇보다 필요한 것은 오히려 영화의 현행에 대한 지각이다. 적극적인 제스처로서의 망각은, 망각의 대상을 누구보다 명확하게 파악하는 자들이 실행할 수 있다. 지금 우리 눈앞에 놓인 영화를 누가 어떻게 만들고 있으며, 그것은 어디에서 상영되고 어떤 사람들이 보는지, 이 경험의 총합은 어떤 효과를 만들어내는지 파악하지 못한다면 고착된 영화 문화에서 무엇을 '망각'해야 하는지도 파악할 수 없다. 영화는 기억되기 위함이 아니라 사라지고 잊히기 위한 도구이며 망각은 단순한 무지가 아니라 과거를 단호하게 절연하는 시네필리아적 계승의 작업이다.

하지만 한국영화는 어느덧 세계 영화사의 담론적 흐름을 망각해 대안적 영화 제도를 제시하려던 장소가 아니라 완결된 형식의 자리를 차지하고 있다. 거칠게 말하면, 한국영화는 도달하거나 실행해야 할 과제가 존재하지 않는 문화가 되었다. 여기에 남은 것은 몇몇 향유자들이 해독할 수 있는 누적된 기호들이다. 이 증상은 단지 작동하는 제도에서만 드러나는 것이 아니라 제작되는 영화의 속성에서도 나타난다. 한국영화의 실천은 규칙을 형성하고 언어를 제시하지 않는다. 대신 각각의 영화학교나 영화제, 소수의 비평가나 산업의 결정자들이 옹호할 만한 단조로운 기예를 생산할 뿐이다. 규칙과 언어는 창작자의 바깥으로 분출되고 특정한 공동체를 형성한다. 기예는 그 기술을 수행한 소수의 개인에게 수축적으로 귀속된다. 기예의 영화는 비평을 요구하지도, 담론을 요구하지도 않는다.

한국영화를 감싸는 단단한 제도적 기반이 개별 영화에 건네는 효과는 두 가지다. 하나는 긴밀하게 연결된 절차로 한 편의 영화가 거주할 수 있는 장소와 생애주기를 결정하는 것이다. 우리 곁에서 만들어지는 '독립영화'를 상상해보자. 그 영화는 제작 지원제도를 통과하고 영화제가 채택한 구역(섹션)의 일부로 소개되며 배급사나 개봉 지원사업의 선택을 기다린다. 모든 절차는 완벽하게 결정되어 있다. 2024년 공개된 한국영화 가운데 가장 탁월한 사례로 꼽을 만한 정재훈의 〈에스퍼의 빛〉(2024)은 픽션의 구조를 빌린 다큐멘터리에 가깝고, 손구용의 〈공원에서〉(2024)는 다큐멘터리처럼 촬영된 픽션이다. 하지만 영화제의 분류체계로는 이 영화들의 면모를 수용하기 어렵다. 영화는 뜻밖의 장소에서 생각지 못한 맥락으로 관객을 만날 수 있는 권리를 잃어버린다. 또 다른 효과는 역설적이게도 제도가 일으키는 긴밀한 연결로 인해 영화 문화를 구성하는 퍼즐 조각이 흩어지는 것이다. 한국영화를 구성하는 단면들은 지극히 안정된 서식지를 구축하고 있으며 어느 때보다도 부족적인 성격을 나타내는 원인이 된다. 연출자와 제작자와 비평가와 관객은 낯선 관점으로 서로의 영역에 자극을 부여하는 대신 장벽을 세우고 정해진 장소에서 상투어를 주고받으며 잠시 마주칠 뿐이다.

　이와 같은 회로를 통과하면서 개별 영화들은 굳건한 제도의 질서에 패배한다. 지난 몇 년간 한국영화의 주요한 영화적 실천들은 이 제도의 끄트머리에 고독하게 머물고 있거나 정당한 권리조차 할당받지 못한 채 사라져버렸다. 비평가 역시 정해진 지면과 한정된 역할이라는 비평 제도에 패배하고 만다. 이런 종류의 영화를 향한 적극적인 옹호와 선동의 제스처는 희박해졌다. 산업과 관객의 요구에 부합하지 않는 영화를 발굴하기 위한 수단으로 발명되었던 제도는 이제 자율적인 질서 유지를 위해 영화적 실천을 흡수하는 관성으로 실행되고 있다. 이때 갱신되지 않는 확고함으로 통행자들을 마비시키는 제도는 명백한 망각의 대상이다.

　　영화 문화를 쾌락적으로 누리기 위해서라면 망각은 불가피하다. 우리가 극영화를 불편함 없이 즐기기 위해선 극영화의 언어를 발명한 D. W. 그리피스의 〈국가의 탄생The Birth of a Nation〉(1915)이 KKK단을 미화하는 영화라는 사실을 망각해야 한다. 훗날 할리우드의 위대한 이름이 될 존 포드가 KKK단의 일원으로 이 영화에 출연했다는 사실 역시 잊어야 한다. 다큐멘터리의 언어를 순수하게 고찰하기 위해 다큐멘터리 촬영과 편집 기법을 완벽하게 정립한 작업이 나치 전당대회를 촬영한 레니 리펜슈탈의 〈의지의 승리Triumph des Willens〉(1935)라는 것을 망각해야 한다. 영화제를 즐기기 위해선 최초의 영화제(1932년 베니스영화제)가 무솔리니의 파시즘을 홍보하기 위한 수단으로 쓰였다는 것을 망각해야 한다. 로베르토 로셀리니를 현대 영화의 진정한 출발점으로 기리기 위해선 그 역시 경력 초창기에 파시즘 홍보 영화를 찍었다는 사실을 망각해야 한다. 스탈린이 할리우드 서부극에 매혹되었으며 히틀러가 채플린과 디즈니 애니메이션을 동경했다는 사실 또한 망각해야 한다. 영화의 트래블링 숏을 매혹적으로 지켜보기 위해선 그 기계장치의 움직임이 아우슈비츠 강제수용소로 수용자들을 실어 나른 기차의 움직임과 흡사하다는 것을 망각해야 한다. 영화는 참혹하고 끔찍한 역사다. 영화를 매혹적인 눈으로 본다는 것은 그 참혹함과 끔찍함을 어느 정도 잊어버린다는 뜻이다. 우리는 망각의 (무)능력으로 역겨운 문화로서의 영화를 지켜왔다.

특정한 시기의 영화가 고정된 규범, 제도, 스타일로 정착되려 할 때마다 소수의 영화적 실천은 바로 이 망각의 (무)능력을 실행한다. 아직 실현되지 않은 영화적 표현 가능성을 제기하는 것이다. 이런 (무)능력은 규격화된 제도가 영화를 호평하는 양상을 망각하지 않는다면 결코 출현할 수 없고, 그것이 출현했다 하더라도 문화와 제도의 구성원들이 영화를 판단하는 기존의 규범을 망각하지 않는다면 결코 유효한 시도로 받아들여질 수 없다.

지금 1995년이라는 시간을 돌아본다는 것은 그 연도를 한국영화사의 주요한 분기점으로 수용하는 것만을 뜻하지 않는다. 이는 그것을 철저하게 비판하고 평가해 거기 달라붙은 오인된 신화를 걷어내는 작업이면서 한국영화가 건설한 '1995년 체제'를 망각하고 비로소 그 시간으로부터 결별하는 것을 뜻한다. 한국영화 100주년을 기념하는 해에 장선우는 〈그들은 태양을 쏘았다 2019〉(2019)라는 짧은 영화를 공개한다. 그는 한국영화 100년의 역사를 기쁨으로 축하하는 대신 검열과 삭제로 얼룩진 한국영화사를 공격한다. 이장호의 〈그들은 태양을 쏘았다〉(1982)는 장선우가 연출부로 참여한 영화이면서 총기를 든 테러리스트들의 영화이기도 하다. 새로운 시네필리아가 탄생하지 않는다면 영화의 부활은 없다는 손택의 용법을 빌려 질문해보자. 어떻게 망각할 것인가? 복잡한 기억과 제도의 이해관계에 사로잡힌 2024년의 한국영화는 망각을 실행할 수 있을까? 우리는 한국영화에 달라붙은 체제의 견고한 '연결'을 끊어낼 수 있을까? 가능하다면 제언은 단순해진다. 연결을 끊어라. 그리고 다시 (작은) 연결을 모색하라. 할 수 있는 자가 구하라. 이것은 미래에 실행될 망각을 기다리는 작은 구조 신호다.

# 발명된 한국인

패스트 라이브즈 Past Lives | 셀린 송 | 2023
파묘 | 장재현 | 2024


    장면 하나. 미국행 비행기에 탑승한 여자는 일본어로 안내하는 승무원에게 짧게 대답하고 "저는 한국 사람입니다"라는 말을 덧붙인다. 장면 둘. 유년기를 한국에서 보내고 미국에 이민 간 여자는 24년 만에 재회한 친구를 두고 "그 사람은 진짜 한국인korean-korean"이라는 표현을 쓴다. 한쪽에서는 일본어로, 다른 한쪽에선 영어로 한국인을 호명하는 목소리가 들린다. 한국 사람과 진짜 한국인. 서로 다른 영화에서 흘러나온 두 장면은 의미심장하게 굴절된 거울상을 형성한다. 누군가는 자신을 '한국인'이라 말하고 누군가는 '한국인'이라고 불린다. 어떤 연관성도 없는 두 영화의 인물들은 이렇게 뜻밖의 장면에서 같은 단어를 공유한다. 그런데 그들이 공유하는 단어가 같은 의미를 전하고 있는 걸까?

    '한국인'을 가리키는 두 편의 영화가 한국 안팎에서 나란히 도착했다. 한 영화는 극장가에서 대대적인 성공을 거두었고, 다른 한 영화는 여러 국제영화제에서 얻은 호의적인 평가를 거쳐 비영어권 영화로는 드물게 오스카 작품상 후보에 올랐다. 장재현의 〈파묘〉와 셀린 송의 〈패스트 라이브즈〉는 얼핏 별다른 접점이 없는 것 같지만, 한국이라는 매개를 내세워 각각 국내와 세계시장에서 기념비적인 성취를 만들어낸 사례다. 나는 두 영화가 조금도 훌륭하지 않다고 생각한다. 다만 이 영화들은 국제적으로 급격히 부상하는 한국영화와 그 안에서 재현되는 한국인이라는 영화적 모델에 대해 생각해볼 만한 문제를 드러낸다. 창작자의 의도와 무관하게 두 영화는, 내부적 질서를 유지하지 못해 어떤 식으로든 외부와 접합할 수밖에 없는 한국영화의 분열적 '증상'을 증언하기 때문이다.

### 〈패스트 라이브즈〉, 평범함과 특별함

한 사람의 개체이자 보편적 종족으로서의 한국인은 무엇으로 만들어지는가? 〈패스트 라이브즈〉가 묘사하는 '한국인'의 표상은 평범함과 특별함이 모순적으로 교차한다. 먼저 평범함. 〈패스트 라이브즈〉의 인물들은 평범하다는 말을 반복한다. 뉴욕에 온 해성(유태오)은 여자친구와 결혼을 망설이는 이유를 설명하다가 문득 "난 너무 평범하거든"이라고 읊조린다. 집에 돌아온 노라(그레타 리)는 그 말을 이어받아 해성이 "평범한 직업에 평범한 삶"을 산다고 전한다. 다채로운 선택지로 충만하던 우리 삶은 고작 눈앞에 주어진 단일한 세계에 도착해 있다. 눈앞에 있는 단 하나뿐인 삶이 평범해져버렸다는 자각은 이때부터 인물의 내면에 증식한다. 그날 밤 노라는 침대에 누워 자신을 "한국에서 온 평범한 여자"라고 규정한다. 그 말은 해성을 만나고 나서 전해진 증식의 결과물이다. 한국인의 내면은 평범하다.

너무나 평범한 나머지 그 어떤 시간의 축적도 느껴지지 않는 '인연'의 텅 빈 재료로 느껴질 만큼 평범하다.

그런데 옆자리에 누운 남편 아서(존 마가로)는 거꾸로 '평범한' 한국인들의 이야기에서 '특별함'을 발견한다. 유대인 극작가인 아서의 관점에서, 노라와 해성은 어린 시절 헤어진 연인이 24년 만에 재회해 운명적인 인연을 깨닫는 사람들이다. 그들이 오랜 시간에 걸쳐 주고받은 서사적 깊이에 비하면, 작가 레지던시에서 우연히 만나 월세를 아끼기 위해 동거를 선택하고 영주권 때문에 계획보다 일찍 결혼한 '미국인'들의 드라마야말로 평범하기 짝이 없다. 여기서 〈패스트 라이브즈〉의 주인공은 특별한 이야기의 당사자인 한국인 '나영'과 극작가로 활동하며 평범한 부부 생활을 보내는 한국계 미국인 '노라'로 갈라진다. 그런데 또 다른 관점에서 그녀는 한국에서 온 평범한 여자이면서, 두 차례나 이민을 선택한 특수한 이방인이기도 하다. 서로 다른 정체성과 관점의 두 남자(해성, 아서)가 개입하자 노라의 삶에 새겨진 모순적 조건이 드러난다. 삶을 서사의 단위로 변환하는 상상적인 힘은 전혀 다른 두 개의 시점으로 펼쳐진다. 침실에서 아서를 바라보는 노라의 눈동자가 불안하게 흔들린다. 거기서 흔들리는 것은 '평범한 여자'와 '특별한 이방인'을, 그리고 '특별한 한국인'과 '평범한 미국인' 사이를 혼란스럽게 오가는 노라의 정체다. 그 흔들리는 눈동자에 나란히 누운 아서와 인연으로 연결된 해성이 번갈아 비친다.

노라와 아서가 침대에서 나누는 대화는 국제적으로 유통

중인 '한국인'의 재현을 받아들이는 미국적 시각을 의도치 않게 폭로한다. 아서에게 미국의 서사는 지루하고 진부하다. 그와 노라가 공유하는 삶의 궤적은 '나'라는 개인의 특수성이 사라지더라도 성립할 수 있을 만큼 보편적이다. 지나치게 보편적인 이야기는 '나'를 덮치는 불안으로 다가온다. 내가 아니었어도 당신은 다른 누군가를 만나고 결혼하지 않았을까? 우연의 연속으로 형성된 우리의 관계는 언제든 쉽게 무너질 수 있지 않을까? 이는 한국인이라면 자연스럽게 체화하는 '인연'의 서사적 감수성을 온전히 받아들이지 못하는 자의 뒤집힌 열망이다.

미국인의 일상은 지루하고 한국인의 내러티브는 매혹적이다. 아서는 "진짜 한국인"의 멜로드라마에 접근한다. 구체적인 계기가 생략된 채 뉴욕에 찾아온 해성의 갑작스러운 방문은 24년에 걸친 인연을 결산하려는 나영의 백일몽처럼 보이기도 하지만(그러므로 두 사람이 나누는 한국어 대화는 그녀의 잠꼬대일 것이다), 다른 한편으로는 미국인의 내러티브에 지루함을 느끼고, 한국계 미국인 아내가 잠꼬대로 말하는 언어를 궁금해하며, 인연으로 연결되는 한국인들의 서사에 관심을 기울이는 아서를 영화가 구축한 '특별한 이야기' 안으로 끌어당기는 매개이기도 하다. 이때 "진짜 한국인"으로 그들 앞에 도착한 해성은 20여 년 만에 재회한 한국계 미국인 여성에게도, 그녀의 백인 남편에게도 흥미로운 자극을 전달하는 투명한 매개로 나타났다 사라진다. 이 기능을 전달하지 못했다면 해성은 〈패스트 라이브즈〉라는 '미국영화'에서 "진짜 한국인"으로 인식되지 않았을 것이다.

노라는 해성과 자신을 비교하며 스스로 '한국인 같지 않은 느낌'과 어떤 면에선 '더 한국인 같은 느낌'을 동시에 느꼈다고 말한다. 해성의 침입은 한국인, 이민자, 한국계 미국인의 범주를 모호하게 흩트려놓는다. 해성은 마침내 재회한 어린 시절의 친구에게 말한다. "너는 너이기 때문에 떠나야 했어." 이 동어반복의 규정은 '한국인'과 '이방인'이라는 두 개의 보편적 범주에서 나영/노라를 떼어낸다. 그녀는 정해진 범주에 속하는 대신, "떠나는 사람"이라는 특수한 개인으로 도착한다. 이 말의 반대편에서 노라는 해성에게 전생의 인연을 이야기한다. 혹은 '전생의 인연'이라는 말로 상징되는 한국인의 보편적 내러티브를 들려준다("전생에 우린 누구였을까?"). 해성은 노라에게 필요한 특수성의 서사를, 노라는 해성이 받아들일 만한 보편성의 서사를 건네준다. 그들의 단순한 대화는 특수성의 숏과 보편성의 역숏으로 찢어진다. 해성과 노라는 집에서부터 택시를 기다리는 건널목까지 영화를 통틀어 가장 긴 길이의 수평 트래킹숏을 걸어간다. 그들은 과거로부터 현재로 이어지는 수평 이동의 기나긴 시간에 들어온다. 오른쪽에서 왼쪽으로, 왼쪽에서 오른쪽으로. 두 사람은 과거와 현재를 오가는 '인연'이라는 영화적 알리바이에 복무하기 위해 정직하고 무기력하게 화면을 걷는다. 그들은 인연이라는 관념을 완수하기 위해 장면을 배회한다. 〈패스트 라이브즈〉는 한국인을 둘러싸고 있는 관념적 서사를 전달하는 데 성공했을지 모르지만, 그 대가로 영화적 표면을 구성하는 시청각적 자극의 활동성을 방치한다.

그들이 바라보는 '한국인'과 우리가 규정하는 '한국인' 사이에는 언제나 말끔히 해소되지 않는 간극이 존재한다. 〈패스트라이브즈〉가 구축하는 한국인의 정체성은 자율적으로 구성된 모델이 아니다. 이는 한국을 끌어들이려는 서구적 시선의 개입과 외부로 수출되고자 하는 한국적 서사의 욕망이 일으키는 협상으로 나타난다. "진짜 한국인"과 그 앞에서 '한국인 같지 않은 느낌'과 '더 한국인 같은 느낌'을 받는 이민자와 그들을 바라보며 "한국인"이 공유하는 내러티브에 매혹을 느끼는 백인이 결합된 〈패스트 라이브즈〉는 그 비정합적인 협상의 절차다.

### 〈파묘〉, 개인적인 것과 국가적인 것

산꼭대기에 있는 이름 없는 무덤. 휴전선으로 가로막힌 북한이 멀리 보이고, 땅 밑엔 일본 제국주의가 묻어둔 다이묘의 관이 있으며, 막대한 부를 축적한 뒤 미국 국적을 획득한 친일파 집안의 후손들이 파묘를 위해 그곳을 찾는다. 무덤은 한국적 지형에 새겨진 특수한 서사를 허구적으로 부풀린 위도와 경도에 자리 잡고 있다. 〈파묘〉는 바로 그 한반도의 지형, 일본과 미국이 차례로 개입하고 국토 한가운데 경계선이 그어진 역사적 결과로서의 공간을 조망한다.

장재현은 오컬트가 아니라 한반도를 다루는 영화감독이다. 오컬트는 한반도를 해석하기 위한 효과적 수단의 한 단면이다. 장재현이 천주교의 사제(〈검은 사제들〉, 2015)와 기독교와 불교의 교리(〈사바하〉, 2019)에 이어 무속신앙과 풍수지리(〈파묘〉)

로 자유롭게 소재를 변경할 수 있는 이유는 그의 영화가 구체적인 종교현상에 깊이 천착하기보다는 한국이라는 영토에 뿌리 깊게 새겨진 믿음과 두려움을 해석하는 작업이기 때문이다. 어떤 해석의 관점에서 돼지는 악마를 봉인하는 구마 의식의 상징이지만, 다른 해석의 관점에서 돼지는 깨어난 오니의 먹잇감이 될 뿐이다. 반복하자면 그는 오컬트가 아니라 한국인이 믿는 것, 한국인이 두려워하는 것을 관찰한다. 오컬트적 외형이 제시하는 믿음과 두려움이라는 문제는 상덕(최민식)의 표현을 빌리면 "한국에서 종교이자 과학"이다. 오컬트 장르가 요구하는 절차는 한반도에 새겨진 믿음과 두려움을 실물보다 크게 과장하는 돋보기다.

돋보기를 손에 쥔 장재현의 시선은 언제나 전체를 내려다보는 조감도의 관점을 취한다. 〈사바하〉에서 남한 중부를 마름모꼴의 네 구역으로 나누던 것처럼, 〈파묘〉는 한반도를 호랑이의 형상으로 간주하고 그 척추에 박힌 쇠 말뚝을 내려다본다. 이처럼 장재현의 영화는 한반도에 적힌 두려움의 겉면을 지도 위에서 조망하는 작업이며, 공동체의 병리적 공포를 깊숙이 파고들지 않는다. 그래서 그의 영화는 억압된 역사적 무의식을 건드리는 호러가 아니라 공동체의 보편적 도덕성에 의존하는 히어로 무비에 속한다.

〈파묘〉는 한국이라는 지형, 한국인에게 깃든 정신 체계, 한국(인)이라는 정체성을 통합하는 서사의 관념적 기원을 노출한다. 식민 지배에서 벗어난 뒤 냉전 질서의 이념대립에 휘말려 전쟁과 분단을 경험한 국가. 그 과정을 통과하면서 사면이 가로막힌 영토 위에 미국의 정체성과 자본을 동경하고, 켜켜이 쌓인 과거를 외면하거나 과거에 종속돼버린 보편적 '한국인'이 출현한다. 이 영화는 실체로 붙잡히지 않는 그 '한국인'이라는 관념을 구체화한다. 그들의 믿음은 견고하다. 지상에는 〈콘크리트 유토피아〉(2023)의 아파트가 부동산 자본의 기념비처럼 세워져 있고, 지면 아래엔 청산되지 않은 과거가 무덤에 덮여 있다─IMF와 더불어 〈돼지가 우물에 빠진 날〉(1996)과 〈초록 물고기〉(1997)가 제시한 한국영화의 공간적 지형학은 변하지 않았다. 그러나 상덕이 말하듯 이 땅에서 태어나고 자란 이들은 이제 국가의 "끝물"을 바라보고 있다. 영화 초반부에 그들은 일본과 미국이라는 바깥으로 향해 있다. 내부를 지탱하는 근간이 무너지는 단계에 다다랐다.

〈패스트 라이브즈〉에서 해성이 뉴욕으로 향하는 동기가 묘사되지 않는 것처럼, 〈파묘〉의 상덕에겐 한반도의 척추에 꽂힌 쇠 말뚝을 제거해야 할 내적동기가 없다. 속물적 지관인 상덕과 일제강점기에 박힌 쇠 말뚝은 픽션의 범주 안에서 너무 멀리 떨어져 있다. 하지만 그는 충동에 사로잡힌다. 내적동기의 부재가 밝혀진 자리에서 상덕은 무엇보다 손쉽게 '한국인'을 조직하는 서사에 호소한다. 절에서 발견한 자료와 풍수적 지식을 결합해 깨어난 다이묘를 무찌르자는 비장하고 음모론적인, 그러나 결코 외면할 수 없는 유혹적인 이야기를 들려준다('쇠 말뚝은 있을 것이다! 그것을 뽑아내면 모든 게 회복된다'). 〈파묘〉의 클라이맥스는 풍수지리적 지식으로 무장한 상덕의 이야기가 물리적으로 실행되는 광경을 비춘다. 〈파묘〉가 내려다보는 한반도의 지형은 그 안에 머무는 인물들의 심리에 깃들고, 이와 같은 심리 상태는 등장인물 개개인을 보편적 한국인으로 호명하며, 그 보편성이 화면 곳곳에 미시적으로 물든다(독립운동가에게서 빌린 주인공의 이름, 광복절과 삼일절에서 따온 차 번호, 동물에게 부여된 상징, 오행의 속성이 깃든 사물). 이런 장면들에서 〈패스트 라이브즈〉와 〈파묘〉는 스크린 바깥에 맴도는 '한국인'의 내러티브를 영화 내부의 논리로 끌어들인다. 상덕과 해성이라는 인격적 개체는, '항일'과 '인연'이라는 거대한 줄기에 복속된 보편적 종족으로 뒤바뀐다.

### 한국영화와 한국적인 것

두 영화의 첫 장면은 모두 화면 바깥에서 주인공을 관찰하는 시각을 전제한다. 〈패스트 라이브즈〉의 술집 손님들은 노라와 해성과 아서의 관계를 추측하고, 〈파묘〉의 비행기 승무원은 화림(김고은)을 일본인으로 착각한다. '한국인'으로 보이지 않던 그들은 천천히 '한국인'을 이루는 것들을 되찾는다. 그 과정에서 세공되는 '한국인'의 의미에는 보편적인 것과 특수한 것의 경합이 있다. 보편적인 종족과 특수한 개인. 대립하는 두 영역은 서로 충돌하고 겹치고 스쳐 지나가다 끝내 한쪽이 다른 한쪽을 잠식한다. 이처럼 오늘날의 한국영화는 우리에게 익숙하게 공유되던 보편적 내러티브와 이를 낯설게 바라보는 이질적 시각이 공존하면서 생기는 모순을 직면하고 있다. 이 불균질한 픽션의 무대에서 '한국인'이라는 종별 특수성을 호명하는 것은 '한국영화'라는 규정을 재정의하는 사태가 된다.

# 잘려 나간 몸(들)

밀수 | 류승완 | 2023

1960~70년대 한국, 홍콩, 일본의 영화를 일별하는 순간 드는 의문 하나.
왜 이토록 많은 신체장애인들이 등장하고 있는가?
 _ 이영재, 『아시아적 신체』

'한국' 액션영화들은 (이미 서구 액션이 일본의 문맥에 맞추어 번역된) 일
본 활극과 '제임스 본드' 시리즈, 홍콩 액션들로 붐비는 문화 횡단의 콘택트
존에서 태어난다. 그것은 식민, 반￢식민, 그리고 포스트 식민의 콘택트들
이 만들어낸 복합적 형상이다.
 _ 김소영, 『근대의 원초경』

류승완의 〈밀수〉는 불구가 된 몸으로 가득하다. 해녀들
을 이끄는 선장(최종원)의 한쪽 다리가 그물에 묶인 채 어선에
빨려 들어가 죽는 사고를 기점으로 이 영화의 화면에는 다양한
신체장애의 형상이 침입하기 시작한다. 오른팔에 갈고리를 의
수로 단 장도리의 졸개, 한쪽 눈에 안대를 쓴 권 상사의 부하, 한
쪽 팔과 한쪽 다리를 잃은 억척이 부부에 이르기까지⋯⋯. 〈밀
수〉가 그려낸 1970년대 군천이라는 가상의 공간은 외팔이와 외

다리와 애꾸눈으로 채워진다. 질문은 오랜 시차를 두고 반복된다. 왜 이토록 많은 신체장애의 도상이 등장하게 됐는가? 이 몸들이 비교적 현실적인 분위기로 이루어진 초반부를 끝내고 시네마스코프 비율로 넓어지면서 시작되는 장르적 과잉의 무대를 연다고 말할 수도 있을 테지만, 사정은 그렇게 간단하지 않은 것 같다. 영화의 전체 줄거리에서 큰 비중을 차지하지 않는 조연들이지만 류승완이 구체적으로 선별한 신체장애의 몸에 깊이 주목하고 싶다. 〈밀수〉가 주목하는 몸(들)은 순도 높은 장르적 활극으로서 영화가 실천하려는 것과 그 장르의 틀 안에 남아 있는 류승완적 캐릭터가 간직한 딜레마가 충돌하는 장소이기 때문이다.

### 액션영화의 신체

류승완의 액션영화는 인물의 몸이 날카로운 흉기에 찔려 피를 흘리거나 몸과 몸이 둔탁하게 부딪쳐 관절이 부러지는 묘사에 익숙하지만, 신체 한 부분이 잘리거나 절단되는 순간에 매혹된 적은 드물다. 〈죽거나 혹은 나쁘거나〉(2000) 속 최후의 결전을 벌이는 자리에서 두 눈이 뽑히고, 〈짝패〉(2006)에서 손가락이 잘려 나가는 형벌을 당하는 것은 공교롭게도 류승완 자신이 연기한 캐릭터들이다. 류승완은 신체가 잘려 나가는 표현 자체를 금기시하는 연출자는 아니다. 그런데 그는 자신이 연기한 배역의 눈과 손을 훼손할 뿐 다른 배우들의 절단된 신체를 묘사하는 데 일정한 부담을 느끼는 것 같다. 신체 일부분이 잘려 나가 장애를 안고 살아가는 것은 감독이자 배우로 출연하는 자신에게 주어져야 한다고 다짐하는 것처럼 말이다. 특정 시대가 배경인 역사물이라면 일본 군인의 목을 자르거나(〈군함도〉, 2017), 마적단 두목을 안대 낀 애꾸눈 캐릭터로 등장시키는 것(〈다찌마와 리: 악인이여 지옥행 급행열차를 타라〉, 2008)이 허용된다. 하지만 현대 한국 사회를 다루는 영화를 만들 때 류승완의 이 원칙은 더욱 견고해진다.

류승완이 배우에게 부여하는 몸은 부러지고 찢어지는 경험에도 불구하고 회복 가능성을 간직한다. 달리 말하면 붕대를 감은 몸이다. 〈다찌마와 리〉에서 기억상실증으로 정체성을 잃은 다찌마와 리(임원희)는 한쪽 손이 잘리는 대신 상처 입은 손에 붕대를 두르고 외팔이 액션을 선보이는 영웅으로 귀환한다. 누구나 죽었다고 생각할 만큼 치명적인 중상을 입은 〈베테랑〉(2015)의 배 기사(정웅인)와 〈밀수〉의 권 상사(조인성)는 그러나 다친 부위에 붕대를 두른 모습으로 기적처럼 살아난다. 그러므로 붕대를 감은 주먹을 상대의 몸에 작렬하며 존재를 각인하려 드는 〈주먹이 운다〉(2005)의 두 남자는 류승완이 구축한 남성 캐릭터 유형의 원점으로 고려할 만하다. 그들의 몸은 망가졌고 앞으로 더 망가질 일만 남았지만 서로를 향해 주먹을 뻗어 두 몸이 맞닿는 사각의 링 안에서 잠시나마 굴욕과 상처를 잊는다.

류승완은 가상의 1970년대를 창조하면서 붕대로 감싸 회복 가능성에 열려 있는 몸 대신 외팔이, 외다리, 애꾸눈 같은 불구의 몸을 가지고 온다. 그것은 류승완식 액션영화가 추구하던 신체, 현실의 중력을 견디며 삶을 이어나갈 수 있는 신체가 아니라 1970년대 한국 액션영화에 출몰하던 신체장애의 형식을 빌려 향수 섞인 장르적 무대로 진입하겠다는 의지의 표현이다. 그는 〈밀수〉의 배경에 관해 "영화를 만들면서 지금까지 배경을 가상의 도시로 설정한 것은 〈짝패〉와 이 영화(〈밀수〉), 두 개가 있다. '이것은 장르의 세계에서 벌어지는 이야기입니다'라는 일종의 안내"◆라고 말한다. 〈밀수〉가 꾸며낸 밀항 도시는 이야기가 설정한 시간대에 맞춰 1970년대 액션 활극의 신체장애를 불러들이는 장소가 된다. 홍콩 '독비도'와 일본 '자토이치' 시리즈의 아시아적 유행을 타고 무수히 생산되던 한국형 신체장애 활극의 기억이 그 안으로 밀수되는 것이다. 『아시아적 신체』에서 거론하는 이영재 평론가의 정교한 분류를 다시 '밀수'하자면, "외팔이 이대엽의 〈대검객〉(1968), 애꾸눈 박노식의 〈애꾸눈 박〉(1970), 외다리 한용철의 〈속 돌아온 외다리〉(1974)"의 기억이 그것에 열광을 바치던 다음 세대의 감독을 매개로 스크린에 돌아온다.

대부분의 신체장애 활극이 장애를 극복하고 전보다 강한 힘을 얻는 남성 영웅의 귀환으로 끝나는 것처럼, 1970년대적 기억의 귀환은 〈밀수〉와 류승완을 새로운 액션의 지대로 향하게 할까? 그러나 이 영화가 불러들이는 신체장애의 형상은 액션 활

---

◆　오경민, 「'밀수' 류승완 감독 "'김혜수·염정아' 투톱이라면 안 볼 이유가 없지 않나"」, 《경향신문》, 2023년 7월 30일.

극 장르의 규칙에 포개지지 않고 어긋난 균열을 드러낸다. 〈밀수〉에서 손상된 몸(들)의 기원과 무게감이 각자 다르다는 것은 이 균열을 증언한다. 장도리 졸개의 갈고리는 장르의 분위기를 강화하는 소품이자 액션 시퀀스의 변주를 위한 도구로 쓰인다. 월남전에서 한쪽 눈을 잃었다고 전해지는 권 상사 부하의 애꾸눈 또한 희미하게나마 장애의 역사적 기원을 환기하지만 역시 시각적 기호의 일부분이다. 그들에게는 신체의 결핍으로 고통받은 흔적이 없다. 하지만 생활고를 이기지 못하고 상어가 출몰하는 바다에서 해산물을 캐다 한쪽 다리가 잘리는 억척이(주보비)의 몸은 이와 다르다. 상어에 의해 다리가 잘린 해녀의 몸은 신파극의 사연(다리가 잘린 해녀)과 장르적으로 과장된 위협(사람을 잡아먹는 식인 상어)이 교차하는 이 영화의 독특한 부정교합을 예시한다.

　　〈밀수〉에서 류승완은 동시대 한국 사회를 지배하는 누추한 규율로부터 멀리 떨어진 활극의 시간에 진입하려 들지만, 역설적으로 그는 온전히 장르의 무대에 속할 수 없는 연출자다. 그가 창조한 이야기에는 언제나 액션 영웅의 호방한 몸짓으로 해결되지 않는 현실의 통증과 비루함이 있다. 이 영화에서 그 통증과 비루함을 전하는 것은 해녀들과 다방 주인 고옥분(고민시)의 몸이다. 류승완은 그녀들의 몸을 활극의 쾌감을 극대화하는 용도로 사용하는 대신 상처 입고 통증을 느끼고 장애가 새겨지는 장소로 다룬다. 사실적인 재현을 신경 쓰기보다는 장르의 세계가 표현할 수 있는 부분을 강조하는 〈밀수〉의 공간에서조차 현실의 통증은 기각되지 않는다. 영화의 마지막에 류승완은 권 상사가 입원한 병실에 찾아가는 조춘자(김혜수)의 모습을 통해 활극의 승리를 선언하지만, 억척이의 잘린 몸은 화면에 돌아오지 않는다. 여기에는 어떤 재건도 없다.

## 춘자는 어디에서 왔을까

〈밀수〉의 가장 커다란 승리자는 물론 조춘자일 것이다. 춘자는 능숙한 기지와 순발력을 발휘해 준비한 계획을 성공시키는 뛰어난 연출자이자 사람들의 이해관계를 조율하는 유능한 중재자다. 완벽한 계산과 세팅으로 사건을 진척하는 것은 물론 진숙(염정아)이 빼앗긴 아버지의 배를 되찾을 수 있도록 도와 묵은 오해를 청산하고 장도리(박정민)와 이 계장(김종수)이 결탁한 마을의 나쁜 질서를 응징하는 결말까지도 성취한다. 그는 대체 어디에서 온 인물일까? 모든 것을 계획하고 실행하는 춘자는 〈밀수〉에서 가장 많이 설명되는 인물이지만 동시에 가장 설명하기 까다로운 캐릭터다.

춘자와 진숙 일행이 금괴를 밀수하다 세관에 붙잡히는 사건 뒤로 2년의 세월을 뛰어넘는 이 영화에서 인물들에게 그 이전의 과거사를 부여하는 것은 불필요했을 것이다. 2년간 급격하게 바뀌는 인물들의 변화가 강력한 서사적 변주이기 때문이다. 춘자만이 유일한 예외다. 춘자의 과거는 자신과 다른 사람의 입을 빌려 세 차례나 전해진다. 그 이야기들을 종합해보면 다음과 같다. 그는 어린 나이에 군천에 굴러들어 열네 살부터 식모살이를 하다 강간당할 위기에서 가해자를 칼로 찌르고 도망쳐 해녀가 된 사람이다.

십대부터 시작된 식모살이와 강간당할 뻔한 상황에서 남자를 찌르고 도망쳤다는 춘자의 이야기는 단순히 한 인물에게 주어진 과거사를 초과해 1970년대 한국영화를 관통하는 또 다른 서사를 떠올리게 한다. 시골에서 상경해 어린 나이에 식모살이를 하다 강간당하고 거리에 내쫓기는 〈영자의 전성시대〉(1975)의 영자(염복순) 이야기다. 물질이 끝날 때마다 배에 올라타 "오라이!"를 외치는 춘자는 버스 계단에 위태롭게 서서 "출발!"을 외치는 영자의 다른 판본이다. 춘자가 술집에서 가발을 벗고 감상에 젖을 때, 영자는 술집에서 일하는 도중 손님에게 희롱당해 가발을 벗는다(춘자를 연기한 김혜수는 이런 역할의 뉘앙스를 재현할 수 있는 마지막 충무로 '스타'일 것이다). 만약 춘자가 군천에 굴러 들어오는 대신 서울로 향했다면 영자와 비슷한 삶을 따랐을 것이다. 류승완이 구축한 1970년대 군천은 외팔이, 외다리, 애꾸눈을 불러오기 위한 활극의 무대지만, 다른 한편으로 호스티스 멜로드라마의 비극적 주인공을 위해 설정된 다른 기회의 장소이기도 하다. 조춘자는 1970년대에 서울로 상경한 어린 식모들의 무덤에서 걸어 나온, 호스티스 멜로드라마의 실현되지 않은 꿈이다. 류승완은 1970년대를 배경으로 영화를 만들며 활극의 기억을 끌어들이는 데서 멈추지 않고 그 밑바닥에 호스티스 멜로드라마의 공통적 기억을 배양한다.

〈밀수〉와 〈영자의 전성시대〉를 연결 짓는 근거는 춘자와 영자가 공유하는 서사적 도상적 공통점에 한정되지 않는다. 영자는 더 넓은 차원에서 〈밀수〉에 접속한다. 영자 역시 한쪽 팔이 잘린 불구의 신체 캐릭터이기 때문이다. 식모로 일하다 쫓겨난 영자는 버스 안내양으로 근무하던 중에 교통사고로 한쪽 팔을 잃는다. '외팔이'가 되는 영자의 몸은 산업화에 휩쓸린 남한 사회의 가혹한 질서가 강요한 또 다른 신체장애의 형상이다. 한쪽 다리가 잘려 나간 억척이의 몸처럼, 위험에 무방비한 환경이 뱉어낸 노동자의 몸이다. 그러므로 〈밀수〉가 끌어들이는 신체장애의 형상은 조금 더 복잡한 함의를 갖는다. 이 영화엔 활극적 장르의 기호로 주어지는 잘린 몸과 여성적 노동의 증거로 주어지는 잘린 몸의 대립이 담긴다.

### 류승완과 류승완 바깥의 것들

권 상사는 춘자와 처음 대면하면서 대뜸 묻는다. "나 알지?" 반대로 군천에 돌아온 춘자는 진숙과 재회하면서 의미심장한 말을 건넨다. "나 모르냐?" 〈밀수〉의 인물들은 이미 무언가 알고 있거나, 아직 모르고 있다. 권 상사의 질문이 액션 활극을 예고하는 남성적 관습의 한 단면이라면 춘자의 대답은 두 여성의 끈질긴 멜로드라마를 불러온다. 그들의 서로 다른 문답은 서로 다른 몸(들)이 이접된 이 영화의 형식을 예고한다. 〈밀수〉에는 우리가 익숙하게 알던 류승완과 우리가 몰랐던 류승완이 대립적으로 공존하고 있다. 한쪽의 류승완은 장르의 규칙에 순응하고 그것을 충실히 따른다. 다른 한쪽의 류승완은 한국영화가 시도할 수 있는 액션과 한국의 캐릭터들에게 주어진 현실의 관계를 탐색한다.

〈군함도〉가 일으킨 영화 안팎의 커다란 논쟁을 겪은 후로 류승완은 연출가로서의 자의식을 배제하고 오락영화가 제공하는 쾌감에 몰두해야 한다는 뒤집힌 강박에 사로잡힌 것처럼 보인다. 하지만 감독이 숨겨둔 자의식은 언제나 완벽하게 감춰지는 대신 스크린의 표면 밑으로 새어 나오기 마련이다. 〈밀수〉는 특별할 것 없는 범작이지만 철저히 장르적인 활극의 무대와 이에 완벽하게 융화되지 않는 인물들의 감상주의적 정서가 불화를 이룬다는 측면에서 한국영화의 부정교합을 노출한다. 능숙하게 무기를 다루고 불한당을 마음껏 해치우는 1970년대 액션 아이콘들과 다르게 류승완이 창조하는 캐릭터는 연민과 염치라는 단단한 감정의 닻에 붙들려 있다. 가장 파렴치한 악당으로 나오는 장도리조차 세관 직원의 시신을 유기하면서 자신을 쳐다보는 옥분의 시선을 피하고, 바다에 빠지라고 협박하면서도 진숙의 눈을 똑바로 마주치지 못한다. 그는 활극의 악한도, 할리우드 장르의 악인도 될 수 없다. 적잖은 평자들이 〈밀수〉를 두고 쿠엔틴 타란티노의 이름을 거론하지만, 류승완은 타란티노처럼 '사슬 풀린' 응징의 쾌감을 제공하는 감독이 아니다. 그렇다면 무엇을 할 수 있는가?

상황이 뒤집혀 장도리가 바다에 빠진다. 하지만 진숙과 춘자 역시 그를 총으로 쏘지 않는다. 악인을 처치하는 것은 류승완의 주인공들이 수행해야 하는 관문이 아니며, 언급했다시

피 장도리는 해치워봤자 속 시원한 쾌감을 주는 대상도 아니다. 〈밀수〉는 이 문제를 내적 조건 안에서 해결하지 않는다. 이를 대신 해결하는 것은 한국영화가 창안한 이미지 바깥에 놓여 있는 식인 상어의 출현이다. 상어는 서사 안에서는 해녀들이 물질하는 영역 바깥에 머무는 대상이고, 이야기의 범주를 넘어서 본다면 '한국의 1970년대'라는 시공간적 배경 바깥에서 찾아온 낯선 대상이다. 스티븐 스필버그의 〈죠스〉(1977)를 단박에 떠올리게 하는 그 대상은 1970년대 미국이라는 장르적 이상향의 무대에서 '밀수'된 이질적인 존재다. 〈밀수〉의 바다는 1970년대 한국영화의 표면은 물론 국가를 넘나드는 영화사적 기억을 향해 열려 있지만, 그렇게 결합된 허구의 영화적 장소가 자아내는 곤경을 애매하게 회피한다. 1970년대 영화에 깊은 애정을 드러낸 바 있는 연출자가 최초로 그 시기를 시대적 배경으로 삼았음에도 〈밀수〉가 전제로 하는 시공간은 류승완을 위해 세워진 영화적 무대가 아니다. 〈밀수〉는 서로 다른 국가의 장르적 표상이 교차하는 그럴듯한 장르영화이고, 같은 의미에서 실패한 류승완의 영화다.

# 목소리의 변신술

헤어질 결심 | 박찬욱 | 2022

〈헤어질 결심〉의 한 장면에서 간호사인 송서래(탕웨이)는 불면증에 시달리는 형사 장해준(박해일)의 수면을 돕는다. 서래는 해준의 눈을 감긴 뒤 침대 옆에 놓인 전등을 끈다. 어두워진 침실에서 서래는 해준과 숨소리를 맞추며 낮은 목소리로 말한다. "이제 바다로 가요. 물로 들어가요. 당신은 해파리예요. 눈도, 코도 없어요. 생각도 없어요. 물을 밀어내면서 오늘 있었던 일을 밀어내요. 나한테……."

속삭이는 서래의 목소리가 끊기기 전에, 영화는 비 내리는 송광사에 찾아간 두 사람의 모습으로 화면을 전환한다. 장면이 바뀔 때 부서지는 파도 소리를 닮은 기묘한 빗소리가 서래를 놀라게 한다. 그 전까지 서로의 집과 경찰서에서만 마주치던 두 사람의 동선을 고려해본다면, 이 장면의 배경은 무척 이질적으로 다가온다. 그들은 왜 송광사로 향한 걸까. 그곳은 이 영화에서 유일하게 비가 내리는 곳이고, 살인 용의자와 형사가 공유하는 범죄의 경로를 드물게 벗어나는 장소다. 게다가 송광사 장면은 공간에 들어오고 나가는 동선이 삭제되어 있다. 두 사람은 출입구가 보이지 않는 무대에 순식간에 던져진다.

송광사는 서로에게 서서히 물들어가던 두 사람이 속세의 눈을 피해 선택한 임시적인 도피처일까? 그럴지도 모른다. 그래서인지 송광사 장면은 그들을 지켜보는 불상의 눈으로 시작한다. 해준과 서래는 그 시선으로부터 도망치기 위해 이곳에 왔다. 하지만 다른 가설이 있다. 송광사에서 벌어지는 두 사람의 데이트가 서래의 목소리를 들으며 눈을 감고 깊은 잠에 빠진 해준의 꿈처럼 보인다는 것이다. 송광사 장면은 해준이 잠들면서 시작하고 그곳에서 빠져나오면 해준은 다시 불면증에 시달린다. 이미 해준은 잠복근무를 핑계로 밤마다 서래를 훔쳐보면서 역설적으로 불면증을 극복하고 깊이 잠든 바 있다. 훔쳐보는 욕망과 잠드는 안식은 두 사람을 긴밀하게 접속하는 상반된 충동이다. 미행과 도청으로 전달되는 것보다 훨씬 강력한 질감으로 해준의 귀에 직접 속삭여지는 서래의 목소리는 단지 평온한 수면만을 충족하지 않는다. 그것은 잠든 자의 금기로 영화를 인도한다. 속삭임은 잠든 해준의 몽상을 넘치는 물로 가득 채운다.

서래가 전하는 수면법은 해준이 꾸는 꿈의 질감을 물들이는 데서 그치지 않는다. 서래의 목소리는 신화 속의 주문처럼 영화 전체의 운명을 휘감는다. 결말로 향하며 해준은 자기도 모르게 서래가 속삭여준 해파리의 궤적을 따라간다. 그는 이제 바다로 간다. 물로 들어간다. 그는 눈과 코가 없는 것처럼 앞에 주어진 서래의 행방을 볼 수 없고 냄새를 맡을 수 없다. 두 사람이 취조실에서 수많은 시각과 후각의 신호를 교환했다는 점을 떠올려보자. 그들은 사진으로 사건을 확인하고 상대방의 향수 냄새를 맡는 "같은 종족"이다. 해준에게 잔상과 냄새를 남긴 뒤 그의 눈과 코를 박탈하는 서래의 목소리는 그래서 해결되지 않는 사건의 암호가 된다. 해준은 밀려오는 파도를 몸으로 밀어내면서 서래를 찾고 또 찾는다. 서래는 비금봉 벼랑 끝에서 기도수(유승목)를 '밀어내면서' 해준에게 하나의 사건이 되고, 해준이 산과 계단과 옥상을 오르며 단서를 찾는 동안 물 밑으로 내려가 그에게 두 번째 사건을 건넨다. 마지막 장면에 이를 때까지 해준은 서래가 속삭여준 수면의 방법 속에 갇혀 있다.

서래가 해준을 잠재우는 장면을 기점으로 〈헤어질 결심〉이 거대한 꿈처럼 전개된다고 말하는 것은 물론 과장된 접근일 것이다. 하지만 서래가 사람들(해준, 서래의 어머니, 사철성의 어머니)에게 목소리를 속삭여 깊은 잠에 빠뜨릴 때마다 영화엔 숨겨진 비밀이 새겨진다. 〈헤어질 결심〉에서 잠들거나 누군가를 재우는 일은 타인과 접속하는 사랑의 행위이지만, 또한 사랑에 사로잡힌 인물의 지각을 불안정하게 흔들고 그들을 혼란 속에 빠뜨리는 계기이기도 하다. 수면은 휴식을 위한 평온한 몸짓이 아니다. 잠은 현실에 잠재된 또 다른 욕망과 무의식을 드러내는 무동무언無動無言의 행위다.

그 행위는 무엇보다 최면처럼 속삭여지는 서래의 목소리를 타고 실행된다. 〈헤어질 결심〉에서 서래의 목소리는 듣는 사람을 죽거나 잠들게 한다. 서래의 목소리는 인간 지각에 과부하를 가해 의식을 멈추게 한다. 박찬욱의 영화에서 서래라는 인물이 갖는 특별함은 여기에서 온다. 박찬욱 영화에서 벌어지는 어지러운 시각적 만화경은 그 자체로 매혹적인 현상이 아니라 목소리의 장력 아래서 벌어지는 오인의 현상이다. 그의 영화적 논리를 결정 짓는 것은 복잡하게 소용돌이치는 서사나 시각적 장치가 아니라 화면 안팎에서 들려오는 목소리이기 때문이다. 단편 〈믿거나 말거나 찬드라의 경우〉(2003)에서 자기 영화에 유일하게 모습을 드러낸 박찬욱의 역할은 찬드라의 이름을 부르는 '목소리'였다. 타국에서 이주노동자로 일하다 6년 동안 정신병원에 갇히게 된 찬드라의 비극은 그의 목소리를 알아듣지 못한 사소한 오인에서 발생한다.

박찬욱의 영화를 결정짓는 운명적 조건은 그의 영화 속 인물들이 서로의 얼굴을 못 알아보는 사람들이라는 것이다. 〈심판〉(1999)과 〈올드보이〉(2003)는 얼굴을 알아보지 못하는 자들의 비극이다. 눈으로 보는 얼굴의 표면은 진실을 보증하지 않는다. 눈먼 존재처럼 배회하는 자들에게 목소리를 듣고 소리의 기원을 찾아가는 행위는 대단히 민감한 자극으로 던져진다. 목소리의 관점에서 〈올드보이〉는 한마디 말로 상상임신을 하고 최면을 거는 목소리로 사랑에 빠지는 사람들의 영화다. 이우진(유지태)의 펜트하우스에 입성한 오대수(최민식)는 한 시퀀스 안에서 15년 동안 갇혀 산 남자의 부자연스러운 말투와 딸과 통화하는 아버지의 말투와 뒤늦게 고등학교 동창에게 잘못을 비는 친구의 말투로 대화하며 시시각각 정체성을 뒤바꾼다. 이 영화의 복잡한 서사를 증언하는 장소는 목소리에 있고, 오대수는 목소리로 변신술을 수행하는 픽션 속의 임시적 존재다. 〈복수는 나의 것〉(2002)의 첫 장면은 박찬욱 영화의 원점을 노출한다. 청각장애인 류는 장기이식을 결정한 라디오 뉴스를 누나와 함께 듣는다. 류가 보낸 사연 속 농담을 듣고 울고 있던 누나가 피식 웃자 소리가 들리지 않는 류도 따라서 웃는다. 목소리를 (잘)못 듣는다는 것. 그로 인해 불가피하게 사건에 휘말려 다른 존재가 되어가는 것. 이것이 박찬욱의 인물들을 붙잡고 있는 치명적인 강박이다.

지각의 오인에 노출된 박찬욱의 캐릭터들은 제대로 말하고 듣기 위해 수없이 변주되는 목소리(들)로 정체성의 표면을 치장하고 교란하는 또 다른 강박을 생산한다. 목소리는 고정되지 않고 흩어진다. 박찬욱의 인물들은 웅얼거리고 횡설수설하고 했던 말을 다시 하고 앞뒤가 다른 말을 한다. 그들은 화면 바깥에서 영화의 규칙을 조정하는 목소리의 엄격한 장력 앞에서 위태로워진다. 〈헤어질 결심〉에 중대한 과업이 있다면 이는 목소리에 달라붙은 박찬욱의 강박과 위태로움을 노골적으로 폭발시켜 영화에 최면을 거는 작업이다. 서래의 목소리는 문자 메시지 창과 자동번역기로 흩어지고, 텔레비전 드라마의 대사와 겹쳐지며, 빗소리와 파도 소리로 번진다. 말과 (목)소리로 표상되는 서래는 서로 다른 곳에 떨어져 있고, 매체 속에 분리되어 있으며, 자연에 잠들어 있다.

이 영화에서 박찬욱은 어느 때보다 잘못 들리는 수많은 목소리의 신호로 영화의 육체를 마비시킨다. 이는 작가의 강박을 폭발 직전으로 몰고 가는 위태로운 내기가 된다. 그 누군가의 목소리가 어디에서 들려오는 것인지 파악하기 위해 영화 전체를 둘러봐야 할 때 목소리의 강박은 영화를 움직이게 하는 게임의 규칙이 아니라 영화가 의존하는 명쾌한 혼란으로 스크린에 퍼진다. 박찬욱의 영화는 더 이상 목소리의 강박을 안고 움직일 수 없을 것이다. 〈헤어질 결심〉의 마지막 장면에서 해준이 수색을 멈추고 고개를 하늘로 올려다보는 제스처를 보일 때, 그것은 소리를 제대로 듣고 싶다는 집착이 영화를 지탱하는 강박으로 기능할 수 없음을 깨닫는 연출자의 자각처럼 느껴진다.

# 편지 쓰기의 몸짓

김덕중 감독의 〈컨버세이션〉(2021)에서 가장 인상적인 순간은 기차 칸에 앉은 승진(박종환)이 필재(곽민규)에게 보내는 편지를 쓰는 장면이다. 제목이 말해주듯 인물들이 서로 얼굴을 마주하고 이어지는 '대화'의 연쇄로 채워진 이 영화에서 혼자 남은 한 인물이 화면에 보이지 않는 다른 이에게 편지를 쓰는 장면은 무척 특별한 감각으로 각인된다. 그런데 승진은 '슬프고 나쁜 편지'라고 적은 편지를 공책에서 찢어 두 손으로 꼬깃꼬깃 접는다. 그 편지는 전달되지 않을 것만 같다. 어쩌면 편지를 쓰는 승진과 수신자인 필재가 다시는 만나지 못할 수도 있을 것이다. 〈컨버세이션〉은 그들의 전후 상황을 일일이 묘사하는 대신 도착하지 못한 편지를 매개로 작은 비밀을 공유한다.

2020년대 초반 한국영화의 이미지를 되돌아보면 편지를 쓰고 읽는 몸짓에 대해 생각하게 된다. 한국영화, 특히 꽤 많은 독립영화를 보는 내내 여러 종류의 비밀이 담긴 타인의 편지를 훔쳐본 듯한 기분에 사로잡힐 정도였다. 〈비밀의 언덕〉(2022)에서 명은(문승아)은 돌아가신 할머니에게 적은 긴 편지를 산속 깊이 숨겨둔다. 〈너와 나〉(2022)에서 세미(박혜수)는 하은(김시은)에게 말하지 못한 진심을 담은 편지를 전하려 한다. 〈어디로 가고 싶으신가요〉(2023)에서 명지(박하선)는 남편이 목숨을 걸고 구한 학생의 편지를 뒤늦게 읽는다. 〈희망의 요소〉(2022)에서 아내는 집을 떠난 남편에게 편지를 쓴다. 〈5시부터 7시까지의 주희〉(2022)에서 대학 교수인 주희(김주령)는 학생이 남겨두고 간 편지를 집어 든다. 편지 쓰기는 극영화 속 인물들의 행동 양식에만 한정되는 것도 아니다. 다큐멘터리 〈206: 사라지지 않는〉(2021)은 2019년 세상을 떠난 김말해 할머니에게 편지를 쓰는 감독의 내레이션으로 시작된다. 〈다섯 번째 흉추〉(2022)에서 매트리스에 피어난 곰팡이는 천 년의 시간을 뛰어넘어 병실에서 죽은 여자가 전하지 못한 편지를 낭독한다. 글로 쓰인 편지의 형태가 아니더라도 일정한 시차를 두고 타인에게 전달되는 목소리와 흔적을 비추는 〈절해고도〉(2021)와 〈다음 소희〉(2022)도 비슷한 정서를 공유한다고 말할 수 있을 것 같다. 한국영화는 편지를 쓰고 읽는 몸짓을 통해 내밀한 곳에 기록된, 그러나 누구에게나 쉽게 전할 수 없는 정서와 낱말을 스크린에 새겨둔다.

터무니없이 예스럽게 느껴지는 편지의 범람을 두고 몇 가지 단서를 거론할 수 있을 것이다. 편지는 〈윤희에게〉(2019)와 〈벌새〉가 큰 반향을 일으킨 이후로 어느덧 익숙한 하나의 계열을 형성한 독립영화적 감수성의 증거물이라 말할 수 있다. 혹은 대화의 시차라고 할 것이 사라져버린 동시대적 환경 안에서 시차를 두고 형성되는 영화적 대화의 형식을 모색하는 수단으로 언급할 수도 있다. 또 다른 단서가 있다. 편지를 주고받는 몸짓은 현실과 동떨어진 시대착오적 동작이라기보다 오히려 오늘날의 한국영화가 '현재형'의 장면을 의미 있게 구성하는 데 어려움을 겪거나 어색함을 느끼기 때문에 발생하는 증상이라는 의구심이 그것이다.

팬데믹 이후의 한국영화에서 상대방과 직접 대면해서 대화를 주고받는 것은 어딘가 낯설거나 회피되어야 할 상황으로 다뤄진다. 이는 전쟁에 가까운 긴박한 현장을 통과하며 실시간 통신을 주고받는 것이 아니라면 '현재형'의 장면을 구성하지 못하는 2023년의 몇몇 상업영화(〈서울의 봄〉 〈비공식작전〉 〈더 문〉)의 증상과 기묘한 비대칭을 형성한다. 한국영화의 화면에서 말은 너무 다급하거나, 너무 늦게 도착한다. 두 시간은 교통하지 않는다. 〈서울의 봄〉에서 이태신(정우성)은 멀리 떨어진 군인들과 전화를 주고받으며 쿠데타를 막아 세우지만, 정작 전두광(황정민)과 직접 마주했을 때 의미 있는 말을 전하지 못한다(대신 그는 "너는 대한민국 군인으로도, 인간으로도 자격이 없어"라고 스크린 바깥을 향해 연설한다). 여기에서 대면은 어색한 형식으로 남겨져 있다. 이런 장면들에서 한국영화는, 코로나19 팬데믹 시기를 지나쳤음에도 불구하고 여전히 '비대면'의 습관에 매몰된 것처럼 보인다.

# 홍상수의 영화

소설가의 영화 | 홍상수 | 2022

　　〈클레어의 카메라〉(2017)의 한 장면에서 서점에 들른 영화감독 소완수(정진영)는 동행한 클레어(이자벨 위페르)에게 책의 한 부분을 읽어달라고 요청한다. 프랑스어를 모르는 소완수는 클레어가 짚어주는 손을 주시하면서 그가 낭독하는 발음을 따라 한다. 소완수는 이해하지 못하는 생경한 단어를 한 음절씩 끊어 읽는다. 틀린 발음을 말하면 클레어가 정확한 어투로 교정해준다. 단어의 의미를 인지하고 문장을 발음하는 감각의 차이는 불가피하게 두 사람의 말과 몸짓에 시차를 생성하고 그들을 낯선 지각의 공간으로 데려다 놓는다. 마르그리트 뒤라스의 에세이집 『이게 다예요』를 읽는 이 장면을 매혹적으로 비치게 하는 것은 두 사람이 읽는 텍스트의 내용 때문이 아니다. 게다가 소완수가 에세이의 문장을 시의 구절로 오인할 만큼 텍스트의 위상과 성격은 숨은 의미를 지니지 않는다.

　　중요한 것은 누군가가 다른 누군가에게 특정한 규칙을 가르치는 과정에 있다. 카메라는 클레어가 단어를 말하고 발음을 교정하는 절차를 특별하게 포착한다. 홍상수의 영화 제목을 빌린다면, 감독 스스로 '한 사람을 다른 이에게 소개하는 행위'

이자, '한 사람이 뭔가를 처음으로 경험하게 되는 것'이라고 설명한 '인트로덕션'의 순간이라 말할 수 있다. 이런 이중적 의미의 '인트로덕션'은 낯선 이들에게 자신이 쓴 시를 소개하는 〈하하하〉(2010)의 문경(김상경)과 〈강변호텔〉의 영환(기주봉), 우연히 만난 영화감독에게 자신의 그림을 소개하는 〈지금은맞고그때는틀리다〉(2015)의 희정(김민희), 폴라로이드 카메라로 찍은 사진을 건네주며 "내가 당신을 찍고 난 뒤에는 당신은 더 이상 같은 사람이 아니에요"라고 말하는 클레어를 관통하는 제스처이기도 하다. 말과 사물에 부여된 상투적인 의미를 벗겨내 생경한 모습으로 재배치하는 홍상수의 영화는 우리가 간직한 인식의 틀을 넘어서는 세계의 다른 질감을 돌려준다는 점에서 주로 여행에 비견되곤 하지만, 이러한 효과는 탁월한 수업이 이루어지는 교육의 장소에서 산출되는 결과물이기도 하다.

**영화의 교육학**

누군가의 작업을 소개하거나, 처음 경험하는 것을 가르치는 상황은 〈소설가의 영화〉에서 반복되는 행위의 계열이다. 소설가인 준희는 책방 직원에게 수어를 배우고, 우연히 마주친 박 감독(권해효)에게 렌즈가 부착된 망원경의 사용법을 배운다. 그리고 배우 활동을 중단한 길수(김민희)와 그녀의 조카인 영화학교 학생을 만나 영화를 만들기로 약속한다. 학생과 선생이 공유하는 문답의 형식만으로 짧은 분량의 영화―〈옥희의 영화〉(2010)의 세 번째 에피소드인 '폭설 후'―를 만들어낸 연출자라는 것을 상기시키기라도 하듯, 이 영화에는 전에 알지 못했던 원리를 배우는 교육의 절차들로 가득하다. 이러한 장면들에 주목하는 것은 홍상수 영화에서 하나의 사물 혹은 한 가지 원리를 파악하고 공유하는 순간이란, 그 순간에만 나타났다 사라져 버리는 세계의 규칙에 접근하는 지표이기 때문이다. 〈옥희의 영화〉의 진구(이선균)가 눈앞에 놓인 우유 팩을 우주의 비밀과 연결 지은 것처럼, 홍상수에게 특정한 위치에 배치된 대상을 인지하는 방식은 세계의 변모하는 형태와 결부되어 있다.

〈소설가의 영화〉는 소설을 쓰지 못하는 소설가의 하루를 다룬다. 홍상수가 도입하는 것은 작가가 작업물을 만들어내는 생산적인 시간이 아니라 글쓰기를 멈춰버린 시간이다. 기존의 방법을 중단하고 그 방법이 유효하지 않다는 것을 자각한 자의 빈 시간이다. 그래서 준희는 새로운 소설을 쓰는 대신, 하루 동안 서로 다른 사람들을 마주치면서 그들에게서 무언가를 배우고 얻는다. 이 영화의 특징적인 아름다움은 예기치 않게 만들어지는 배움과 가르침의 예외적인 순간들에서 발견된다. "아름다운 책은 반드시 어떤 종류의 외국어로 쓰여 있다"라는 프루스트의 말처럼, 〈소설가의 영화〉에는 익숙지 않은 방법에 입문하는 몸짓의 아름다움이 있다.

준희가 책방 직원에게 수어를 배우는 장면을 떠올려본다. 준희는 몇 마디 문장을 말하고, 그것을 수어로 표현해달라고 요청한다. 직원이 수어로 준희가 말한 문장을 표현하자 준희는 말을 하지 않고 직원이 보여준 수어를 그대로 흉내 낸다. 몇 마디 말이 신체적 언어의 형태로 두 사람의 몸을 통과하고 미끄러진다. 고정된 장소 없이 교환되기를 거듭하는 영화적 언어의 한 사례를 예증한다는 점에서 이 장면의 호흡과 아름다움을 잊을 수 없을 것이다. 혹은 준희가 박 감독의 망원경으로 창밖을 보는 장면을 거론할 수 있다. 열악한 카메라를 사용한 탓에 노출을 과다하게 열어둔 이 영화의 화면은 창밖의 외부가 온통 흰색으로 가득해 보일 때가 많고, 인물들은 이따금 투명한 감옥에 고립된 수인囚人들처럼 보인다. 유폐된 무대에서 탈출하는 이미지를 가능케 하는 근거는 역시 사물의 원리를 발견하는 데서 찾을 수 있다. 준희가 렌즈가 부착된 망원경의 사용법을 배우고 창밖을 바라볼 때, 카메라는 그녀의 시선을 대리하듯 천천히 줌인하여 바깥을 비춘다. 영화의 한계점을 가늠해보려는 것처럼 지극히 제한적인 조건에서 영화제작을 지속하는 홍상수에게 필요한 것은 구조의 효과가 아니라 장소와 인물, 그리고 그들이 결합하는 이런 교육의 장면들이다. 고다르의 영화에 대해 세르주 다네가 사용한 표현을 빌려, 〈소설가의 영화〉를 홍상수의 교육학적 영화라고 말하고 싶다. 교육의 과정을 통과하면서 준희, 혹은 영화는 어느 때보다 예민하게 감각을 활성화한다. 몰랐던 언어를 배우고, 바깥의 소리를 듣고, 창밖의 풍경을 보고, 냄새를 맡고, 술을 마시는 순간들로 일상의 감각은 다르게 전해진다.

### 픽션의 원리

영화 속 인물의 입을 빌려 창작에 관한 언명이 나올 때 그것을 의심 없이 수용한다면 함정에 빠지기 쉽다. 예컨대 강박을 버리고 더욱 자유롭게 영화를 만들고 있다는 박 감독의 자평과 달라진 그의 영화가 '맑아졌다'는 아내의 말은 상투적인 예술가 모델에 기대고 있는 만큼 미심쩍은 구석이 있다. 그건 준희가 받아들이기에도 마찬가지인지 그녀는 두 사람의 말에 집중하지 못하고, 선을 긋고 반박한다. 이와 반대로 영화를 만들겠다는 준희의 계획에는 일정한 강박이 드러난다. 그녀는 영화를 만드는 데 필요한 조건으로, 특정한 장소를 결정해야 하고 친밀한 관계에 놓인 사람들이 편한 상황에서 보이는 행동을 포착해야 한다고 말한다(잘 알려진 것처럼 장소와 배우를 먼저 결정하는 원칙은 홍상수의 것이기도 하다).

만들려는 영화가 다큐멘터리 같은 것이냐고 묻는 조카의 질문에 준희는 단호하게 부정한다. 여기서 '~가 아니다'라는 부정형의 용법은 영화의 영토를 구분 짓는 윤곽을 제공한다. 준희가 만들려는 것은 다큐멘터리가 아니다. 그것은 픽션이다. 장면을 만드는 절차는 다큐멘터리에 가까울지 모르지만, 결코 다큐멘터리라고 말할 순 없다. 그러므로 홍상수가 구축한 픽션의 방법들을 떠올려본다. 〈자유의 언덕〉(2014)에서 날짜가 적히지 않은 편지 뭉치를 떨어뜨린 여자의 몸짓은 앞으로 영화가 나열하는 장면의 시제를 모호하게 처리하는 원인이 된다. 〈당신자신과 당신의 것〉(2016)에서 여자는 자신을 알아보는 남자에게 쌍둥이 동생과 헷갈린 것 같다고 말하며 혼란을 준다. 그들의 말과 몸짓은 일상의 표면에 픽션의 규칙을 투여한다.

홍상수는 특정한 규칙을 세우는 것만으로 한 편의 영화를 완성하기도 한다. 단편영화 〈리스트〉(2011)에서 빚 독촉을 피해 어머니와 함께 지방에 내려온 딸은 무료함을 달래기 위해 하고 싶은 일 열두 가지를 공책에 적는다. 영화는 다음 날 리스트에 적힌 내용을 실행에 옮기는 딸의 여정을 따라간다. 이 단순한 기록에서 픽션은 리스트에 적힌 문자와 실제로 수행하는 행동의 이미지 사이에 감도는 미세한 차이를 흔들며 스크린에 침입한다. 그녀가 작성한 목록과 직접 수행한 행동들의 간극에서 잠시 진동하다 사라지는 긴장이 홍상수가 창조한 픽션의 한 사례다. 바다를 구경하고 배드민턴을 치고 양치하는 단순한 장면들은 리스트에 쓰인 언어와 결부되어 다른 차원의 긴장을 일으킨다. 바다를 바라보는 순간은 '동네를 구경한다'라는 명제를 수행한 것일까? 양치질하는 장면은 '새로운 칫솔질법을 사용한다'는 다짐을 실행한 결과라고 말할 수 있을까? 홍상수의 영화는 시간 순서가 흐트러진 편지 뭉치와 앞뒤가 다른 거짓말과 내일 할 일의 목록을 적은 한 장의 종이만으로 평범하기 짝이 없는 장면들의 표층을 흔들리게 한다.

픽션을 산출한다는 것은 영화에 임의적인 장치를 도입한다는 뜻이다. 홍상수는 이처럼 극도로 단순한 규칙을 스크린에 가져오는 것만으로 영화를 긴장감 있게 운용하는 작가다. 어쩌면 그토록 단순한 장치만 남겨둔 채로 영화를 성립하려는 시도에 접근하는 건지도 모른다. 그가 다루는 픽션의 장치는 무척 연약하고 임의적이어서, 길수를 보며 떠올린 이야기를 금세 잊어버리는 시인의 말처럼 허무하게 사라져버리기 쉬운 것이다. 홍상수의 교육학은 이야기를 전달하고 주제와 지식을 건네는 유형의 교육이 아니다. 그는 서로 다른 요소들의 자율적인 결합으로 단 한 번만 만들어질 수 있는 영화의 픽션적 순간을 추출한다. 책방에 들러 수어를 배우고, 우연히 마주친 감독에게 망원경의 작동법을 배우는 순간처럼 반복해서 벌어질 수 없는 상황의 반응과 결과에 홍상수는 주목한다.

〈소설가의 영화〉는 생각지 못한 과감한 도약을 시도한다. 술자리에서 잠든 길수의 모습을 끝으로 영화는 시간을 뛰어넘는다. 장면이 바뀌면 길수는 극장에 도착한다. 그녀는 영화를 보기 위해 이곳에 왔다. 그들은 영화를 만들겠다는 약속을 지켰고, 영화는 완성되었다. 그런데 당혹스럽게도, 스크린에 떠오른 영화는 너무나 범상하고 어설퍼서 선뜻 '영화'라고 말하기 어려운 어떤 것이다. 길수가 산책하고 꽃을 바라보는 일상적 순간들과 그녀의 곁에 동행하는 중년 여인의 모습이 담겨 있는 영상이다. 만약 길수가 출연하지 않았다면, 우연히 발견된 버려진 영상의 한 부분이라고 느꼈을지도 모른다. 배우가 출연하고 전문적으로 영화를 배운 학생이 참여하지 않더라도 누구나 찍을 수 있을 법한 평이한 장면이기에 이 영상을 어떻게 받아들여야 할지 확신이 서지 않는다.

분명한 것은 지극히 일상적인 홈 비디오 같은 영상을 준희는 픽션으로 규정한다는 점이다. 하룬 파로키가 말한 것처럼, 픽션을 산출하는 규칙이 전제되지 않는다면 영상은 아무것도 지시하지 않는 이미지와 사운드의 결합일 뿐이다. 영상의 속성을 결정하는 건 이미지의 외형이 아니라 영화가 설정하는 이미지의 배열과 배치이며 그것이 설정하는 이미지들의 관계다. 홍상수는 〈소설가의 영화〉라는 한 편의 영화 옆에 준희가 만들어낸 또 다른 '소설가의 영화'를 배치함으로써, 예외적인 긴장을 유발하고 있다. 준희가 만든 영상은 이런 배치 속에서 픽션적 효과를 일으키는 장치로 자리매김한다. 이 영화 속 영화는 홍상수가 집요하게 추구한 영화적 형식에서 이탈해 있는 영상이라는 점에서 무척 의미심장한 픽션이기도 하다.

　　홍상수 영화에서 약속은 언제나 지연되거나 부정되었고, 약속을 나누는 인물들은 미래로 향하지 못한 채 현재형의 시제에 유폐된다. 언제나 같은 하루를 반복하는 〈북촌방향〉(2011)의 성준(유준상)이 멈춰 서서 여인의 카메라에 찍히듯, 홍상수의 영화는 미래로 향하는 시간이 차단된 폐쇄적 세계다. 어떤 근거도 확신도 없는 준희의 약속 또한 시인 만수의 말대로 "연기처럼 사라지는 것"같이 느껴진다. 하지만 그들의 영화는 완성되었다. 그것도 홍상수가 시도하지 않은 외양으로 완성되어 있다. 홍상수의 영화는 거듭해서 극장에 들어서고 나오지만, 이토록 이질적인 영상의 외형을 스크린에 보여준 적은 없었다. 한 편의 영화가 있고, 그 형식에 수렴되지 않는 다른 한 편의 영화가 극장에서 상영되고 있다. 길수는 극장에 들어와 영화를 보지만, 마치 영화 바깥을 꿈꾸는 듯한 비영화적 영상이 그곳에 있다. 이 장면은 놀라울 만큼 급진적인 배열의 평등성을 역설한다. 초심자가 완성한 영화를 빌려, 홍상수는 영화의 균일한 외형을 일그러뜨린다.

## 영화관을 나오면서

작가이자 영화감독인 조르주 페렉은 알파벳 모음 'e'가 들어가지 않은 단어들만 사용해 주인공의 실종을 다룬 『실종 La Disparition』이라는 소설을 쓴다. 그 후 몇 년 뒤에, 이번엔 반대로 모음 가운데 'e'가 포함된 단어만 사용해 써낸 『돌아오는 사람들 Les Revenentes』을 완성한다. 실종되었다 되돌아오는 것은 소설 속 인물들이면서 'e'라는 철자 자체다. 두 소설은 시차를 두고 결합하는 몽타주처럼 조각나 있다. 〈소설가의 영화〉는 페렉의 소설을 연상시키듯 일정한 시차를 두고 접혀 있는 두 편의 영화를 관통한다. 하나는 틀림없이 홍상수적인 규범과 외양으로 만들어진 영화고, 다른 하나는 홍상수의 흔적이 거의 보이지 않는 무분별한 꿈같은 영화다. 둘은 서로의 꼬리를 물고 하나의 스크린에서 같은 몸으로 결합해 있다. 〈당신얼굴 앞에서〉의 영화감독 재원이 배우인 상옥에게 영화를 촬영하고 편집하고 완성하는 절차를 일일이 설명하는 것처럼, 우리에게, 그리고 영화제작 과정을 잘 알고 있는 그들에게조차, 심지어는 영화 자체에게도 영화를 만드는 과정은 낯설고 생소한 것으로 취급된다. 그렇게 홍상수에게 영화는 세계의 감각을 진동하는 불안정한 사물이 된다.

조악한 화질의 영상이 스크린에 떠오를 때, 이는 영화를 이루는 표면적 조건을 의도적으로 훼손하는 자기 갱신적 진단처럼 여겨진다. 그 영상이 끝나고 나면 출연한 배우들과 감독 외에는 어떤 이의 이름도 없는 크레디트가 떠오른다. 영화가 끝난 걸까? 아무렇지도 않다는 듯 화면이 다시 열린다. 길수는 영화관을 나선다. 무슨 일인지 준희는 보이지 않는다. 두리번거리던 길수가 엘리베이터를 타고 사라지자 화면에는 무엇도 남지 않는다. 극장을 통과한 이미지는 그렇게 다시 한번 세계를 낯설게 비트는 장치가 된다. 길수가 스크린으로 바라본 영상이 픽션이라면, 그것은 그 이미지와 사운드를 보고 들은 자들의 세계에 필연적인 변형을 가져오기 때문이다. 길수가 영화관의 문을 열고 나오자 조금 전까지 스크린에 존재하던 세계가 보이지 않는다. 극장 직원은 사람들이 옥상에 담배를 피우러 갔을 거라고 말하지만, 끝나는 시간에 맞춰 알람까지 설정해둔 준희가 사라져버린 근거로는 확실치 않다. 두리번거리던 길수가 엘리베이터를 타고 사라지면 화면엔 무엇도 남지 않는다. 그러므로 추론은 끝내 불투명하게 남겨진다. 말하자면, 영화를 보고 난 뒤에는 어떤 일도 벌어질 수 있다. 그렇게 〈소설가의 영화〉는 아직 도착한 적 없는 변형된 영토를 향해 영화의 몸을 던진다.

# 도망치는 영화

도망친 여자 ｜ 홍상수 ｜ 2020
탑 ｜ 홍상수 ｜ 2022

### 〈도망친 여자〉, 침묵하는 평면

극장을 나선 감희(김민희)는 잠시 골목에 멈춰 휴대폰을 들여다본다. 그리고 고개를 돌려 걸어왔던 건물을 향해 다시 발걸음을 옮긴다. 다음 장면에서 아무도 없는 극장 안으로 들어서면 그녀가 바로 직전에 보고 있던 흑백영화의 한 장면과 음악이 고스란히 반복되고 있다. 기묘하게도 이번에는 흑백이 아니라 컬러로 상영되고 있다. 카메라는 영화를 보는 감희의 눈빛으로부터 천천히 움직여 파도가 이는 바다의 풍경으로 채워진 스크린을 들여다본다. 이것이 〈도망친 여자〉의 마지막 두 장면이다.

홍상수 영화의 결말에서 골목을 향해 걸어가는 인물의 뒷모습을 포착하거나, 극장에 앉아 스크린을 바라보는 눈짓을 담아내는 것은 그다지 낯선 모습이 아니다. 그런데 이 영화에서 감희는 익숙한 몸짓들 사이를 생경하게 오가며 어느 쪽으로도 결정되지 않는 특이한 행동을 취한다. 감희는 영화를 보러 돌아온 걸까, 아니면 극장 바깥으로부터 도망친 걸까. 감희가 보는 컬러 화면의 이 영화는, 조금 전에 보았던 흑백 화면의 그 영화와 같은 것일까. 그런데 왜 두 영화는 똑같은 장면이 끝없이 이어지고 있는 걸까. 영화는 이렇게 끝난다. 그런데 우리는 무슨 경로로 이곳에 도달한 것일까? 애당초 영화가 시작하긴 했던 걸까?

홍상수의 스물네 번째 장편영화인 〈도망친 여자〉는 일견 간결하고 단순한 결과물처럼 보인다. 더 엄밀히 말하면, 차라리 홍상수 영화를 지탱하는 요소들을 의도적으로 배제하거나 생략했을 때 남겨진 것들로 무엇이 성립하는지 가늠해보는 일종의 구조적 변조처럼 다가온다. 세부를 구체적으로 따져봐도 〈도망친 여자〉에는 홍상수의 영화를 이루던 많은 조건이 탈각되어 있다. 물리적인 의미에서든, 내러티브의 차원에서든 여행과 관련된 시간을 다루던 홍상수의 여느 영화들과 달리 〈도망친 여자〉는 남편이 출장을 떠나고 혼자 남은 감희의 일상적 시간을 느슨하게 비추고 있다. 주인공을 둘러싼 문제적 상황이나 이례적인 사건이랄 것은 없으며, 특별한 형식적 시도가 두드러지는 것 또한 아니다. 심지어 술과 담배 같은 사물들의 존재감마저 희미하다(따라서 만취한 이들도, 그런 이들이 보이는 충동적인 말과 행동도 나오지 않는다). 두 번의 예정된 만남과 한 번의 예정되지 않은 마주침이 세 단락으로 나뉘어 있는 구조 속에서 거의 모든 장면은 당황스러울 정도로 명확하고 투명하게 나열된다.

이토록 투명한 평면 위에서 무엇이 작용하고 있을까. 역설적으로 〈도망친 여자〉의 화면은 시각적 대상의 결핍으로 가득하다. 눈에 보이지 않는 것들의 범람이라는 모순적인 표현이 허락된다면 이 영화 속 숏의 생김새가 이에 해당한다. 영순(서영

414 2020년대, 한국영화라는 잿더미

화)과 영지(이은미)가 사는 집과 그 주변을 떠올려보자. 그곳은 닭을 키우는 옆집과 얼마 전 이사 온 부부가 사는 건너편의 이웃집과 엄마가 도망갔다는 젊은 여자가 사는 앞집을 주변에 두고 있지만, 정작 화면에 비치는 장소는 영순의 집 실내 일부와 마당으로 한정되어 있다. 이들이 대화를 나누고, 만남을 가지고, 시선과 동선을 주고받으며 상호작용하는 것은 이처럼 다른 장소와 몽타주를 형성하지 않는 단독적인 평면에서다. 그들은 바로 이곳에서 몇 마디 말을 통해 화면에 보이지 않는 인물과 장소를 끊임없이 불러들이지만(출장을 떠난 감희의 남편, 닭을 기르는 옆집 사람들, 고양이를 무서워한다는 이웃집 남자의 아내, 앞집 젊은 여자의 부모), 그들의 모습은 결코 카메라 앞에 가시적으로 드러나지 않는다. 주변에 존재하는 이들에 관한 말이 흘러넘치지만 화면은 말해진 것들의 부재를 지시하는 장소로 나타난다.

기묘하게도 〈도망친 여자〉가 머무는 공간은 하나의 영화적 장소로서 입체적 두께를 덧대려는 시도조차 허용되지 않는다. 거실 소파에서 자다 깨어난(이 영화에서 집은 오직 거실과 주방으로만 분할되어 있다. 감희는 시간의 경과를 망각한 몸으로 방이 없는 집을 떠돈다) 감희는 영순에게 느닷없이 '3층의 비밀'에 관해 묻는다. 관객인 우리로서는 맥락을 알 수 없는 황당한 말이다. 이 집에 3층이 있었던가?

게다가 그곳의 비밀에 대해 캐묻는 말을 어떤 의미로 받아들여야 할까? 여기서 공공연하게 언급되지만, 절대 드러나지 않는 집의 3층에 대해 속삭이는 감희의 언술은 〈지금은맞고그

때는틀리다〉의 1부에서 나타나지 않다가 2부에서야 등장하는 희정의 집 옥상, 〈클레어의 카메라〉에서 시제를 분간할 수 없는 파티가 열린 호텔 옥상을 떠올리게 하며 홍상수 영화의 '위층의 비밀(그의 영화의 위층은 아래층과 접합하는 것처럼 느껴지지 않는다)'에 접근하는 미묘한 질문이면서, 동시에 다른 영화들과는 다르게 이곳이 아닌 다른 장소로 이행하며 이야기에 변형을 가하는 힘이 억제된 〈도망친 여자〉의 평면에 대한 강박을 폭로하는 진술이 된다. 영순은 그저 3층이 정리되지 않아서 보여줄 수 없다고 대답하지만, 이는 이 영화에 드리운 몽타주의 불능이라는 근원적인 곤경과는 무관한 답변이다. 그들은 3층으로 향하지 못한다. 거기에 특별한 이유가 없다는 영순의 말과는 다르게 이는 영화를 이루는 치명적인 문제로 스크린에 돌아올 것이다.

세 개의 단락으로 나뉜 〈도망친 여자〉의 구성이 지시하는 것은 이러한 평면성의 동어반복이다. 숏은 평면이다. 그것은 일반적인 생각과 달리 여러 개의 다른 평면과 결부되어 부피를 획득할 수 있는 대상이 아니다. 〈도망친 여자〉는 일상의 공간을 영화적 장소로 변형하는 기본적인 용법에 의문을 제기한다. 감희는 위층으로 올라갈 수도, 아래로 내려갈 수도 없다. 심지어 걸음을 움직여 다른 곳으로 나가고 들어서는 일조차 쉽지 않은 구속에 붙들려 있다. 수영(송선미)이 근처에 재밌는 술집이 있다는 말을 꺼내고 집 위층에 만나는 남자가 산다고 이야기하지만, 카메라는 어떤 곳으로도 동행하지 않는다.

눈앞의 화면에서 바깥의 외화면으로 이동하는 것은 수영

의 집 내부의 거실에서 부엌으로 향하는 잠깐의 움직임으로 주어질 뿐이다. 수영이 사는 집 거실과 부엌은 가까운 위치에 있는데도, 도대체 얼마만큼의 거리를 두고 떨어져 있는 건지 분간할 수 없도록 나뉘어 찍혔다. 하나의 예시로 프라이팬에 올려둔 음식이 구워지는 소리는 부엌을 시끄럽게 뒤흔들지만, 수영과 감희가 대화를 나누는 거실에 가닿지 않는다. 홍상수의 영화가 장소들 사이에서 누군가를 마주치고, 외면하고, 기다리고, 재회하는 몸짓과 시선을 산출하는 것이었다면, 〈도망친 여자〉의 (과다한) 말과 (과소한) 몸짓들은 그러한 영화의 작동 원리를 불현듯 소진해버리는 강박적인 변주로 영화 전체에 번진다.

　〈도망친 여자〉는 이 복수의 평면을 수평적으로 배열하면서 영화적 깊이라는 규범을 지운다. 평면은 선형적인 시간의 구분으로 정리되지 않는다. 우리는 세 개의 에피소드가 연속적인지 독립적인지 확신할 수 없다. 감희는 영순의 집 마당에 걸려 있던 우산과 같은 종류의 우산을 들고 수영의 집에 찾아간다. 그런데 마당에 있는 우산과 감희의 손에 쥐어진 우산이 같은 사물인지, 그것이 시간상으로 연속된 상황인지 분명치 않다. 인물이 세계를 인식하는 일관된 맥락으로 수습되지도 않는다. 감희와 주변 인물들을 둘러싼 모든 이야기는 앞뒤가 다른 말의 반복으로만 전해지다 끝내 불명확한 사태로 남겨진다. 이제 스크린은 급진적으로 평면화될 것이다. 바깥이 없는 평면은 그 안에서 다수의 세계를 산출할 것이다. 영화에서 계속해서 반복되는, 화면의 세로축으로 마주 선 남자의 뒷모습과 여자의 얼굴은 자연스러운 대화라기보다는 추상적인 구도로 환원된다. 이따금 카메라에 포착되는 산과 나무의 풍경은 인물의 심리적 정서와 관련되거나 누군가 바라본 시선에 의해 나타난 대상이 아니다. 풍경은 단지 카메라 앞에 보일 뿐 다른 요소들과 아무런 연관성을 갖추지 않는, 깊이를 관측할 수 없는 표면적 대상으로 관측될 뿐이다. 평면과 또 다른 평면. 하나의 평면의 옆에 혹은 뒤에 그와 별개의 평면이 나란히 병치되고 있다. 그러므로 감희의 역할은 평면의 자리에서 또 하나의 평면을 바라보는 것이다. 창문 너머의 풍경과 폐쇄회로 화면의 모니터, 최종적으로는 영화관의 스크린이라는 평면의 벽을 말이다. 이때 감희의 눈빛은 모호하다. 내가 발을 디디고 선 이곳과 눈앞에 보이는 평면으로서의 저곳이 얼마나 같고 얼마나 다른지 분간할 수 없기 때문인 걸까? 스크린을 바라보는 눈빛은 몽타주가 실행되지 않는 영화의 장소에서 배회하는 폐쇄된 주체의 유일한 역량이기도 할 것이다.

프레임 내부와 외부의 공간은 존재론적으로 다르지 않다. 화면에 보이지 않는 대상은 아직 시각적으로 드러나지 않은 것일 뿐 잠재적으로 그곳에 있다. 영화의 인물들은 그렇게 프레임 안팎을 넘나들면서 동선을 만들어내고 영화적 장소를 형성하며 크고 작은 목적을 향해 움직인다. 〈도망친 여자〉의 감희는 그런 기능으로부터 멀리 떨어져 있다. 감희는 장면이 펼쳐지는 모든 곳에 입회하지만, 어느 방향으로도 자유롭게 움직이지 못한다. 반복해서 말한 것처럼 모든 장면마다 평면이라는 가시적인 틀에 갇혀 있다. 이런 맥락에서 〈도망친 여자〉에서 가장 기묘하게 각인되는 자세는 어딘가로 들어가거나 어딘가로부터 나올 때마다 감희가 반복하는 뒷모습이다. 골목을 향해 돌아서는 뒷모습은 영화가 시작하면서 영순의 집에 도착했을 때도, 수영의 집에서 나올 때도, 마지막으로 우진(김새벽)이 일하는 극장을 걸어 나오면서도 유사한 자세로 화면에 새겨진다.

감희의 뒷모습은 이중화된 의미를 구축한다. 영화의 포스터로도 사용된 그 자세를 본다면 우리는 감희의 몸짓이 안으로 들어서기 위한 걸음인지 밖으로 나가는 움직임인지 확신할 수 없다. 거의 모든 장면이 투명한 평면으로 수렴되는 이 영화에서 역설적으로 특별한 자극 없이 반복되는 찰나의 형상만이 평면적 장면으로 환원되지 않는 영화의 시간을 일시적으로 보존하고 있다. 서두에서 길게 묘사한 영화의 마지막 두 장면이 전해주는 놀라움은 이런 부분에 있을 것이다. 감희는 마지막으로 방문하는 영화관에서 친구 우진을 우연히 마주친다. 우진은 건물 지하에서 감희의 옛 연인이자 자신의 남편인 정 선생(권해효)의 행사가 예정되어 있다고 전해준다. 물론 감희는 그곳으로 내려가지 않는다. 정확히 말하면 그 아래까지 도달할 수 없을 것이다. 대신 감희는 "위층에 우진이랑 있다가" 내려오는 길에 뜻밖에 정 선생을 마주친다. 만나선 안 되는 사람을 본 것처럼, 감희는 함께 있는 것이 불편하다고 말하고 밖으로 나온다. 그리고 골목을 앞에 두고 예의 뒷모습으로 멈춰 선 뒤 걸음을 돌려 극장으로 향한다.

홍상수의 영화에서 카메라 혹은 정지된 사진적 이미지가

주요한 소품으로 출현한다는 점은 이미 많이 이야기된 바 있다. 〈북촌방향〉의 마지막 장면에서 끝없이 이어지는 하루에 도착한 성준을 냉담하게 붙들어놓는 이름 모를 여자의 카메라, 〈클레어의 카메라〉에서 인물과 세계의 동일성에 변형을 일으키는("내가 당신을 찍은 후에는, 당신은 더 이상 같은 사람이 아니거든요") 클레어가 든 폴라로이드 카메라. 또는 〈하하하〉의 도입부에 등장하는 두 남자의 정지된 흑백사진, 〈클레어의 카메라〉의 마지막 장면을 기록하는 정지 화면, 〈풀잎들〉(2018)의 결말에 나오는 카페 안팎의 정경을 담은 사진에 이르기까지 홍상수는 카메라와 사진(찍기)의 힘을 빌려 정지된 이미지를 영화의 육체에 기입한다. 그런 사진적 형상을 도입함으로써 홍상수는 영화 자체에 부여된 오랜 관습과 부자유를 직시하고, 사진과 영화 모두를 지탱하는 용법을 재구성한다.

　　그런가 하면 그의 영화에서 정지된 사진적 신체에 대항하는 하나의 형상을 또한 떠올려볼 수 있다. 그건 극장에 앉아 영화를 보는 김민희의 신체다. 홍상수의 영화에서 전례 없는 방식으로 출연을 이어오는 이 모델은 특별하게도 누군가 만든 영화를 보기 위해 극장에 도착하기를 반복한다. 영화를 보는 눈빛은 독립적인 두 개의 세계에서 발생한 사랑의 가능성과 불가능성을 무한히 열어둔 채로 영화를 매듭짓거나(〈지금은맞고그때는틀리다〉), 마치 잠에서 깨어난 것처럼 진행 중이던 영화를 시작점으로 되돌린다(〈밤의 해변에서 혼자〉, 2017). 이 놀라운 장면들은 영화의 육체를 일깨우는 낯선 자극으로 던져진다. 홍상수의 최근작들에서 사진, 카메라, 정지된 이미지가 나올 때마다 우리가 확인하는 것은 사진적 형상과 이러한 영화적 세계가 나누는 긴장과 협상이다.

그런데 〈도망친 여자〉의 스크린은 다른 사태를 지시한다. 이 영화는 극장을 나서는 감희의 뒷모습에서 끝나지 않고 그녀를 극장으로 되돌린다. 그곳에서 한 차례 보았던 영상과 몇 번이나 들렸던 음악이 감희를 사로잡는다. 그리고 앞서 밝혔듯이, 〈도망친 여자〉에서 감희가 바라보던 대상들은 영화적 세계로 활성화되지 않는 평면의 다른 모습들이다. 영화를 끊임없이 시작점으로 되돌리는 지연된 시간이 다시 스크린에 도래한다. 감희가 바라보는 스크린에 비친 영상을 주시하면서 카메라는 마침내 영화의 시간을 잠식한 사진적 정지를 직시한다. 이렇게 말할 수 있겠다. 영화는 극장에 들어선 감희와 함께 끝난다. 그런데 감희가 도착한 곳은 바깥과 다른 것을 증명할 수 없는, 스크린과 바다라는 극단적인 평면의 영역이다. 그녀는 안으로 회피한 것도, 밖으로 도망친 것도 아니다. 단지 프레임 바깥으로 이탈할 수 없는 평면이라는 자리에 몇 번이고 되돌아온 것이다. 영화는 이곳에서 끝난다. 하지만 우리는 시작한 곳과 끝나는 곳이 얼마나 다른지 말할 수 없다.

**〈탑〉, 바깥에 무언가 있다. 그런데 어디에 있는가?**

병수(권해효)와 해옥(이혜영)이 문을 열고 옥상으로 나온다. 병수는 옥상의 경관에 감탄하고, 해옥은 옥탑방에 사는 사람이 월세를 내지 않는다는 애기를 꺼내면서 병수에게 월세를 받지 않을 테니 방에 들어오라고 권유한다. 두 사람의 대화는 문을 열고 나온 뒤로 대략 2분 동안 한 테이크로 이어진다. 그런데 여기엔 다른 사람도 있다. 장면이 바뀌면 옥상 난간에 기대 밑을 내려다보는 병수의 딸 정수(박미소)의 뒷모습이 보인다. 화면 바깥에서 "안 무서워?"라고 물어보는 병수의 목소리가 들려오는데, 이상하게도 정수는 그 소리가 들리지 않는 듯 아무런 반응도 하지 않는다.

〈탑〉의 초반부에 나오는 이 장면의 생김새는 그들이 머무는 공간에 작은 위화감을 드리운다. 병수와 해옥이 들어온 뒤로 옥상의 문은 한 번도 열리지 않았다. 두 사람은 그들 말고는 그곳에 아무도 없는 것처럼 다른 데 시선을 뺏기지 않고 서로를 바라보며 대화를 이어갔다. 하지만 다음 장면에서 밝혀지는 바로는, 정수는 병수와 해옥이 들어오기도 전에 일찌감치 옥상에 있었고, 대화가 이어지는 시간 동안 인기척도 내지 않고 난간 주변을 둘러보고 있었다. 정수가 먼저 옥상에 있었다면 두 사람은 왜 문을 열고 나왔을 때 그녀를 쳐다보거나 말을 건네지 않았을까. 옥상에서 주변을 둘러보던 병수는 왜 정수를 바라보지 않은 걸까. 분명 같은 옥상을 점유하고 있음에도 불구하고 두 장면은 서로 교통할 수 없이 각자의 숏에 갇혀 있는 것처럼 보인다. 단순히 병수의 부름에 정수가 반응하지 않았기 때문에 두 사람이 분리된 것 같다는 단편적인 인상을 넘어서 이 장면의 공간적 면모는 훨씬 더 복잡한 맥락을 갖는다.

화면에 묘사되는 행동을 놓고 본다면, 이 장면에 특별한 요소를 찾아볼 수는 없다. 옥상에서 두 사람이 대화를 나누는 모습은 지극히 일상적이다. 정수가 혼자 난간에 기대어 아래를 바라보는 것도 유별난 모습은 아니다. 〈탑〉이 영화의 장소를 기묘하게 뒤트는 것은 두 장면이 같은 시간에 벌어지고 있다는 사실을 뒤늦게 드러내면서이다. 병수와 해옥이 대화를 나누는 장면 뒤에 옥상에 있던 정수의 장면이 접합하면서, 일상 공간의 표면은 이질적으로 뒤틀린다. 병수와 해옥이 대화하면서 주고받는 자연스러운 시선과 제스처는 바로 옆에 정수가 머물러 있다는 공간 전체의 면모가 밝혀지면서 지극히 부자연스러운 몸짓으로 전환된다. 대화를 나누는 두 사람의 근처에서 아무런 반응도 보이지 않고 밑을 내려다보기만 하는 정수의 행동 역시 그러하다. 두 숏의 결합으로 인해 옥상의 장면은 물리적으로 불가능하다고 말할 순 없지만, 묘사되는 상황의 총합을 상상해본다면 결코 일반적인 상황이라고 받아들이기 어려운 허구적 기록으로 거듭난다.

불현듯 각인되는 작은 위화감은 한 장면에서만 나타나고 사라지는 게 아니다. 그것은 한곳에서 다른 곳으로 이동하기 위해 필연적으로 계단을 오르내리고, 문을 여닫을 수밖에 없는 〈탑〉의 건축적 공간 전체를 휘감는 의문으로 번진다. 정수는 어떻게 두 사람보다 먼저 옥상에 나와 있던 걸까? 카메라가 옥상으로 나가기 직전에 방 내부를 보여주는 장면에서 해옥은 방이 참 좋다고 말하는 병수에게 "밖은 더 좋아요"라고 대답하고는 프레임 밖으로 걸어 나가 "나가볼래요?"라며 제안한다. 이 건물에 처음 방문한 병수는 해옥을 뒤따라 옥상으로 나가면서 "이런 공간이 있었네"라고 말한다. 그는 문이 열리기 전까지 방에서 연결된 옥상의 존재를 알지 못했다. 다시 말하자면, 관객이 그랬듯이 병수 또한 정수가 옥상에 있다는 정보를 몰랐다는 뜻이다. 그럼 정수는 대체 언제 옥상으로 나간 걸까. 그 좁은 옥탑방에서, 같이 있던 병수의 눈을 피해, 해옥의 안내도 받지 않고 어떻게 옥상에 들어온 것일까. 〈탑〉은 일견 별다른 조작 없이 층계를 따라 이동하는 것처럼 보이지만, 장면들의 세부를 들여다보면 홍상수가 공간을 연결하고 지탱하는 원칙에 서로 모순을 일으키는 균열이 나타나 있다는 것을 발견하게 된다. 4부로 나뉜 영화의 각 부분에 반복해서 나오는 인물들이 겹쳐지기도 하고, 차이를 드러내기도 하면서 절대 일관된 논리로 통합되지 않는 형상을 그리는 것처럼, 세 사람이 옥상으로 향하는 연속된 장면은 통일성 있는 행동과 동선으로 해명되지 않는 불균질한 숏의 연쇄를 보여준다.

　　이 장면들의 위상을 재고하는 또 다른 가능성이 있다. 병수와 해옥이 대화를 나누는 장면과 난간에 기대 있는 정수의 장면이 동시에 벌어진 상황이 아니라고 받아들이는 것이다. 그도 그럴 것이, 영화는 세 사람이 함께 옥상에 있는 모습만큼은 보여주지 않았기 때문이다. 옥상의 두 장면은 단지 나란히 이어 붙어 있을 뿐이다. 그들이 같은 시간에 그곳에 있었다는 확실한 근거는 존재하지 않는다. 지극히 부자연스럽게 어긋나 있는 두 장면을 연결한 것은 프레임 바깥에서 정수를 부르던 병수의 목소리가 만들어낸 착시효과일 것이다. 두 장면이 맞닿아 있다고 받아들이기 위해선, 정수를 부르는 그 목소리가 직전 장면에 옥상에 있던 병수가 외친 것이라고 믿는 지각이 전제되어야 한다. 하지만 〈탑〉에서 시각적 장면 위로 흐르는 목소리가 화면 내부와 같은 시공간에 존재한다고 확신하기는 어렵다.

후반부에 나오는, 이 영화의 가장 이질적이고 모호한 두 장면이 그 불확실한 면모를 불길하게 감싼다. 아내인 선희(송선미)가 친구를 만나러 밖으로 나간 뒤에, 집에 남은 병수는 선희에게 문자를 보낸다. 작성되는 문자가 병수의 목소리로 들려온다. 시간이 많이 지나 기다리고 있고, 늦어지면 전화해달라는 내용이다. 하지만 선희는 휴대폰을 집에 두고 나가, 병수가 보낸 문자는 그가 앉아 있는 자리 바로 뒤에 남겨진 휴대폰에 도착한다. 문자를 읽는 병수의 목소리도 바깥으로 나가지 못하고 실내 공간을 맴돈다. 멀리 떨어진 선희에게 보내기 위해 쓰인 문자가 터무니없이 가까이 있는 휴대폰에 도착하는 이 장면은 영화적 공간의 물리적 거리감을 위태롭게 흔든다. 바깥에 전달됐어야 할 목소리는 내부에 갇히고, 멀리 떨어진 두 사람의 거리는 근접해 있는 두 개의 휴대폰으로 뒤바뀐다. 물리적 거리를 기반으로 전달되는 목소리가 맞닥뜨리는 것은 그 거리를 완벽하게 좁혀버린 영화의 공간이다. 옥상의 두 장면이 가까이 있는 것들을 가늠할 수 없을 만큼 멀리 떨어뜨려 놓았다면, 이 장면은 멀리 떨어져 있어야 할 요소들의 거리를 삭제하고 건물 바깥과 교통할 수 없는 영화적 공간의 어색한 폐쇄성을 환기한다.

그러고 나면 병수는 침대에 누워 눈을 감는다. 얼마 지나지 않아 현관문을 열고 들어오는 소리가 들리고 병수가 눈을 뜬다. 여전히 침대에 누워 있는 병수를 비추는 화면 내부의 상태와 달리, 화면 바깥에서는 선희와 병수가 대화를 나누는 음성이 들린다. 편의적으로 화면 '바깥에서' 음성이 들린다고 말했지만, 대화하는 두 사람의 목소리가 어디에서 들리는 것인지 밝히는 것은 까다로운 문제다. 그것은 공간적으로 침실 밖 거실의 광경을 연상케 하지만, 물리적으로 병수가 없는 거실에서 병수의 목소리는 들려올 수 없기에, 그것이 '밖'에서 들리는 음성인지 병수의 머리 '속'에서 되뇌는 소리인지 끝내 불분명하게 남겨진다. 이것이 3부의 마지막 장면이다. 병수는, 또는 영화는 어디서 들리는지 알 수 없는 소리에 둘러싸여 닫힌 침실에서 움직임을 멈춘다. 〈탑〉에서 목소리는 신체를 남겨두고 공간을 떠나간다. 이런 층위에서 생각해보면, 옥상에서 느닷없이 들려온 "안 무서워?"라는 병수의 외침은, 목소리를 박탈당한 유령처럼 뒷모습으로 화면에 붙잡혀 있던 정수를 흔들어 깨우는 작은 신호였을 것이다. 다음 장면에서 정수는 비로소 말과 움직임을 되찾은 것처럼 건물 앞에서 남자 직원과 대화를 나눈다.

정수는 해옥과 와인을 마시면서, 영화사 대표를 만나기 위해 건물 밖으로 나간 뒤 몇 시간째 돌아오지 않는 병수에 대해 말한다. "밖에서는 유명한 사람이지만, 저한테는 전혀 다른 사람이죠. 원래는 가정적인 사람이었어요. 거의 여성적이시죠.

문단속을 얼마나 철저히 하는지 방금 닫은 문인데도, 또 확인하고, 또 확인하고……." 정수의 말을 빌리면, 병수는 안과 밖이 다른 사람이다. 그 근거 가운데 하나는 방금 닫은 문을 반복해서 확인하는 몸짓에서 찾을 수 있다. 지나가는 대사로 받아들여도 무방할 테지만, "방금 닫은 문인데도, 또 확인하고, 또 확인하고……"라는 진술 앞에 영화의 신체는 몇 번이고 멈춰 선다. 〈풀잎들〉에서 끊임없이 계단을 오르내리는 지영(김새벽)의 몸짓이나, 〈밤의 해변에서 혼자〉에서 계속해서 창문을 닦는 검은 옷 입은 남자의 행위를 떠올려볼 수도 있을 것이다. 그 반복된 몸짓은 변형을 일삼는 영화의 형상 앞에서 우리의 신체와 목소리가, 다시 말해 영화를 이루는 세부 조건들이 정말 그 자리에 남아 있는지 재확인하는 강박적인 제스처이다. 앞서 두 장면에서 묘사된 문(옥탑방에서 옥상으로 연결되는 문과 병수와 선희의 집 현관문)을 오가는 경계면에서 확인했다시피, 〈탑〉이 설계한 건축적 공간은 건물의 문을 통과하는 과정에서 인물을 변형하고 동선을 뒤틀고 신체와 목소리를 분리한다. 그 열린 문을 통해 시간이 굴절되고 피사체들은 화면 밖으로 사라진다. 그 앞에서 영화는 '방금 닫힌 문'을 확인하고 또 확인할 수밖에 없다.

영화의 마지막 장면, 인물들을 끊임없이 오르내리고 안과 밖을 넘나들게 하는 건물 앞에서 병수는 바람에 흔들리는 한 그루의 나무와 나란히 선다. 그는 몇 번이고 바깥으로 나가면서도 같은 자리에 되돌아온다. 누군가 떠나가고 누군가 돌아오지만, 그는 또다시 이곳에 멈춰 설 것이며, 나무는 언제나 옆에 있을 것이다. 병수가 말없이 담배를 피우며 건물 위를 올려다본다. 그는 무엇을 바라보는가. 옥상 난간에 기대어 있는 정수일까? 어쩌면 경계면으로서의 문이 사라진 자리에서 영화가 구축한 불가능한 시공간의 장력을 바라보는 것인지도 모른다.

# 도착하는 영화

인트로덕션 | 홍상수 | 2021
여행자의 필요 | 홍상수 | 2024

### 〈인트로덕션〉, 기다림의 규칙

    세 개의 단락으로 구성된 홍상수의 〈인트로덕션〉에서 가장 짧은 분량을 차지하는 1부에는 유독 '기다림'을 가리키는 대사와 상황이 자주 나온다. 첫 장면에 책상에 앉아 기도하는 영호 아버지(김영호)의 모습을 시작으로, 아버지가 불러 한의원을 찾은 영호(신석호)는 동행한 여자친구 주원(박미소)에게 밖에서 잠시 기다리라고 말한다. 한의원 안에서 영호는 오랜만에 재회한 간호사 누나(예지원)와 진료 중인 아버지에게 번갈아 가며 기다리라는 말을 듣는다. 그보다 더 안쪽의 진료실에선 먼저 치료를 받던 여자 손님과 이곳에 예기치 않게 방문한 연극배우(기주봉)가 커튼으로 가려진 침대에 누워 영호의 아버지를 기다린다. 그러는 동안 아버지는 계단을 올라와 다시 책상에 앉으며 영화의 첫 장면에서 보인 자세를 되풀이한다. 영화는 바깥에서 안으로, 문밖에서 진료실 내부로, 다시 그 안의 작은 침대로 크기를 좁혀 가며 인물들의 위치를 조정하고 붙잡아둔다. 하나의 공간 너머에 작은 공간이 있다. 그 안에 또 하나의 공간이 생겨난다. 그렇게 세계는 질식할 듯 줄어들고 있다. 그 자리를 지키는 인물들에게, 혹은 그들을 지켜보는 영화의 표면에 남겨지는 것은 수동적인 기다림의 시간이다.

## 기다림의 시간

〈인트로덕션〉을 관통하는 반복된 '기다림'은 평범한 극영화에서라면 생략하거나 제거되어야 마땅한 대상이지만, 정작 영화는 그 무언가를 기다리는 시간에 매체의 근본적인 속성을 기대고 있다. 기다림을 전제하지 않는 영화는 존재할 수 없다. 영화를 보는 체험은 장면이 전환되는 순간마다, 혹은 처음부터 끝까지 멈추지 않고 움직이는 영화의 시간을 지켜보면서 유지되는 관객의 기대와 기다림에 기초한 운동이기 때문이다. 그러나 〈인트로덕션〉에서 누군가를 기다린다는 상태가 영화를 구성하는 최소한의 원리로 작동한다거나 연출자가 고수하는 고유한 미학적 전술이라고 성급히 주장하려는 것은 아니다. 반대로 이 영화에서 강박적으로 구축하는 기다림, 수동성, 유예된 시간이라는 문제는 영상을 움직이게 하는 허구적 규범에 의문을 제기하는 또 다른 규범으로 작동한다.

열네 개의 숏으로 이루어진 1부에서 홍상수는 이야기를 생성하는 데 필요한 개별적인 상황을 진전하는 대신, 서로 다른 기다림에 붙들려 있는 여러 개의 상황을 병치한다. 예컨대, '아들이 아버지를 찾아온 상황'이 주어졌을 때 관객이 흔히 예측할 수 있는 결과는 둘 중 하나다. 성공적으로 아버지를 만나거나, 모종의 이유로 만남에 실패하거나. 조건에 따라 관객의 기대를 충족하거나 빗나가는 이 결과는 어느 쪽이든 이야기에 균질한 궤적을 덧입히고 다음 목적지로 움직이는 인물의 선택에 절대적인 근거가 된다. 〈인트로덕션〉에서 홍상수가 택한 방법은 이러한 내러티브의 일반적인 궤도에서 벗어나 있다. 이 영화가 보여주는 배열의 구성은 '아들이 아버지를 찾아온 상황'의 뒤로 '아들이 간호사와 재회한 상황'을 마련해두고, 그와 동시에 '배우가 아버지를 찾아온 상황'을 겹쳐두는 식이다. 새로 형성되는 화면의 목적은 앞서 형성된 상황의 목적과 결부되면서 영화의 방향성에 교란을 일으킨다. 무엇을 더 주의 깊게 주시해야 할까? 어떤 상황이 먼저 해소되어야 할까? 아들의 기다림인가, 배우의 기다림인가. 아버지는 계단을 내려와 누구에게 다가갈 것인가. 영화가 제공하는 제한적인 정황 안에서는 어느 쪽으로도 합당한 추론은 불가능하다. 이처럼 중첩된 서로 다른 상황들 사이에서 영화는 한 가지 상황을 중심적인 사건으로 구획하거나 위계를 만들어내지 않는다. 복수로 분화된 '기다림'의 효과로 인해 영화는 한 인물의 기다림이 발생할 때마다 시작점으로 회귀한다.

　　〈인트로덕션〉에서 반복된 기다림이 스크린에 도입하는 게임의 규칙이란 이런 것이다. 기다리는 인물의 모습을 설정해둘 것, 그리고 그 상태를 결코 해결에 이르게 하지 않을 것. 화면에서 일어나는 모든 상황은 눈앞에 도착하지 않은 누군가를 기다려야 한다는 전제로 인해 확실하게 끝맺음을 내는 법이 없고 언제나 유예되거나 부득이하게 중단되는 상태에 머물러 있다.

커튼에 가려진 침대를 비추는 장면에서 확인할 수 있듯이, 그 '기다림'이라는 사태는 카메라의 눈으로 식별하기 어려운 불확정적인 구역에 남겨진다.

### 게임의 규칙

이러한 규칙이 영화에 가하는 압력은 몽타주의 활동을 둔탁하게 가로막는다. 장면과 다른 장면이 결합하면서 일관된 의미를 산출하는, 혹은 한 장소와 다른 장소를 조직하면서 균일한 공간적 감각을 구현한다는 일반적인 몽타주의 논리는 이 영화에서 무조건적인 실현을 담보하지 못한다. 보통의 관습과는 무관하게 〈인트로덕션〉은 장면이 전환될 때마다 앞선 상황에서 주어진 인물들 간의 정보를 누락하고 비약적으로 생략한다. 영호를 기다리는 주원의 존재감이 지워지고, 아버지를 기다린다는 영호의 목적이 흐릿해질 즈음, 그 뒤에 우리가 목격하는 것은 현관 앞에서 서로를 끌어안는 영호와 간호사의 몸짓이다. 다정하지만 생경한 그들의 몸짓과 예전 기억을 되살려내며 다시 한번 간호사에게 사랑을 고백하는 영호의 말은 지금껏 지켜본 어떤 장면으로도 설명되지 않지만, 반대로 앞에 제시된 모든 장면이 사라지더라도 성립될 것 같은 터무니없는 장면을 만들어낸다. 이 장면은 1부의 마지막이다. 그런데 이 종점에 이르기까지 설계된 다른 장면들은 이 장면과 어떤 연관도 맺고 있지 않다. 영화는 서로 다른 '기다림'을 산출해내는 게임의 규칙에 따라 숏을 표층적으로 배열할 뿐이다. 〈인트로덕션〉의 숏은 기억상실에 노출되어 있다. 다음 장면은 이전 장면을 완전히 잊는다. 사건의 자기동일성과 연속성이 무너진 영화의 조각난 육체가 스크린에 떠오르고 흩어진다. 〈인트로덕션〉은 여러 겹으로 분화하는 세계를 지극히 부자연스러운 이물감을 간직한 하나의 평면 위에서 포착한다. 세계는 하나가 아니다. 하나의 장면에, 그리고 그 장면의 옆에 복수화된 세계가 동시적으로 거한다.

홍상수는 장면이 하나씩 덧붙여짐에 따라 이야기의 윤곽이 선명해지고, 숨겨진 의미가 드러나는 영화의 원리 따위는 깡그리 잊어버린 것처럼 연쇄적으로 화면을 구축한다. 그리고 그것이 정말 영화의 형태를 성립시키는 데 필수적인 조건인지 되묻는다. 그리하여 〈인트로덕션〉이 펼쳐내는 파편적인 전개는 '영화'라는 복합적인 장치의 요소와 속성을 따져 묻는 내밀한 절차로 변모한다. 입체적인 서사의 조직을 중단시키는 이 영화의 반복된 '기다림'이 겨냥하는 바는 바로 이것이다. 현실의 이미지를 찍는 영화가 영상이라는 움직임의 형태로 작동할 수밖에 없다면, 그것을 고정된 서사의 틀이 포획하는 것은 불가피한 결과다. 아무리 이야기의 질서에 저항하고 해체하는 시도라 할지라도 서사라는 규범 자체를 파기하는 건 불가능할 것이다. 홍상수는 그런 의미에서 움직임을 전제로 두는 영상의 서사를 부동 상태로 멈추게 하는 방법을 도입한다(그의 최근작들에서 운동이 제거된 사진적 이미지들이 빈번히 등장하는 것은 우연이 아니다). 그러한 방법을 실행한 결과물이 〈인트로덕션〉의 1부를 채우고 있는 '기다림'의 장면들이다. 상술한 대로, 이 장면들은 통합된 전체로 환원되기를 거부하며 서사를 끝없이 지연시키고 영상의 표면에 혼선을 일으킨다. 이는 선형적 서사를 해체하고 거부하는 모던 시네마의 전술에 속하지 않는다. 홍상수는 반대로 서로 다른 서사의 조각들을 같은 크기로 하나의 평면에 배열한다. 그렇게 균질한 서사로 조직되지 않는 하나의 기다림과 또 다른 하나의 기다림을 미완의 상태로 남겨두자 이야기는 그 어느 것으로도 성립되지 않는다. 이와 같은 과격한 게임의 규칙을 빌려, 이 영화의 장면들은 위계적 서사라는 영화의 두꺼운 껍질을 벗겨낸다.

〈인트로덕션〉은 카메라 렌즈에 포착되는 시각적 기호들을 모두 정지한 뒤, 픽션의 규칙을 전면에 내세워 작동시키는 것만으로도 영화가 움직이는지 탐색하는 모험적 사례다. 이런 모험은 영화라는 견고한 질서가 이질적인 작은 교란으로 흔들릴 때 실행된다. 이는 영상에 부여된 불가피한 규칙과 영화가 설정한 새로운 규칙 사이에서 벌어지는 긴장의 폭발이다.

### 영화의 '현재'

〈인트로덕션〉의 인물들은 이따금 잠정적인 미래시제를 가리키며 말한다. "우리가 같이 있으면 좋을 거야." "내가 고쳐줄게, 걱정하지 마." 하지만 그 말들은 대부분 실패한다. 영호와 주원은 헤어지게 되고 주원의 병은 낫지 않을 것이다. 생각해보면 이 영화의 '기다림'이라는 감각 또한 미완의 미래를 가리키고 있지만, 금방 부서질 수밖에 없는 상태에 노출되어 있다. 그런 의미에서 〈인트로덕션〉은 영화가 스크린에 비치는 '현재'라는 시간을 정확히 마주할 수 있는지 도발적으로 반문한다. 한발 더 나아가, 이 영화는 현재를 가리키는 영화라는 틀이 사라져버린 영화를 꿈꾸는 것처럼 보인다. 연극배우가 영호에게 큰 소리를 내지르며 일갈하는 장면에서 열악한 소형 카메라는 배우의 얼굴에 붙잡힌 포커스를 유지하지 못하고, 그의 얼굴을 흐릿한 형체로 노출한다. 화면의 '현재'를 바라보지 못하는 영화의 눈. 슬쩍 제기된 이 문제는 한쪽 눈이 멀었다고 말하는 주원의 질병과 연관되면서, 이례적으로 직접 촬영감독을 자처해 카메라를 잡은 연출자의 눈을 또한 연결한다. 고다르의 말처럼 인간이야말로 두 눈이 먼 존재라면, 시각이 억제된 영화는 어떻게 '현재'의 시간과 대면할 수 있을까. 마지막 장면에서 영호는 난데없이 바닷가에 몸을 던진다. 그것은 어쩌면 '현재'를 지탱하려는 영화의 마지막 몸짓인지도 모른다.

### 〈여행자의 필요〉, 흐릿함에 관하여

〈여행자의 필요〉에선 한 단락이 끝날 때마다 바람에 흔들리는 나무를 포착한 풍경 장면이 삽입된다. 한국에 거주하는 프랑스 여성 이리스(이자벨 위페르)가 하루 동안 서로 다른 사람들을 만나는 짧은 연대기를 따라가면서 영화는 인물들이 헤어지는 구간마다 자연을 담아낸 무인의 숏을 보여준다. 그런데 이 영화에 삽입된 풍경은 초점이 제대로 맞지 않아 미묘하게 윤곽이 뭉개진 형태로 나타난다. 이 영화의 풍경은 흐릿하고, 흐릿한 풍경의 삽입은 세 차례에 걸쳐 반복된다. 특정한 순간에 초점이 맞지 않는 장면을 활용하는 선택은 거의 모든 장면을 초점이 나간 화면으로 구성한 〈물안에서〉의 일관된 구성보다 세밀한 의 구심을 건넨다. 영화를 처음 보는 어린아이처럼 천진하게 되묻자면, 왜 하필 풍경을 담은 장면만 흐릿한 모양으로 나타나는 걸까?

　　흐릿한 풍경 숏은 영화의 전체 내러티브에 영향을 미친다거나 독립적으로 특별한 의미를 간직하지 않는다. 이 장면은 특정 인물의 시점을 대리하는 것도 아니고 앞뒤 장면과 접속하며 일정한 의미를 제공하는 것도 아니다. 영화가 건네는 시청각적 체험에 속한다고 말하기엔 너무나 사소한 장면이다. 풍경을 담은 흐릿한 화면은 문자 그대로 〈여행자의 필요〉라는 전체에 끼어 있는 이질적이고 불투명한 얼룩이다. 이 영화를 '봤다'는 경험을 전제로 하는 자리에서 세 차례 반복되는 흐릿한 장면을 말하는 것은 어쩌면 아무것도 말하지 않는 것인지 모른다. 시각적인 오류와 불확실한 질감을 품은 이 장면은 영화를 보는 시각을 스치듯 훼손하고 순식간에 사라지는 작은 흔들림에 불과할 것이다. 하지만 이는 역설적으로 명시적인 의미로 규정할 수 없는 숏의 물질성(흐릿함)이 영화에 속해 있고, 관객의 감각을 자극했다는 사실을 증명한다. 흐릿함은 영화의 한 부분이자 부서진 파편으로 스크린에 출현했다. 의미의 압력과 구성적 화면의 바깥에서 사물을 바라보게 만드는 이미지의 능력, 대상을 오직 외양으로 인지하게 만드는 시각화의 능력이 바로 홍상수 영화의 핵심적인 문제라고 말한 자크 오몽의 지적처럼, 〈여행자의 필요〉는 우리 눈에 흐릿함이라는 이미지의 외양을 직시하게 한다.

## 전면과 배경

세 번의 흐릿한 풍경은 무엇보다 이 영화의 가장 강렬한 얼굴과 접속하는 전제 조건이라는 측면에서 주목해야 한다. 영화의 후반부, 성국은 집에 돌아오지 않는 이리스를 찾아 나선다. 그의 발걸음 앞에 현실인지 꿈인지, 과거인지 상상인지 분간되지 않는 모호한 산책이 펼쳐진다. 그리고 마침내, 초점이 흐려진 클로즈업 숏 위로 숲속에서 잠든 이리스의 얼굴이 가득 담긴다. 홍상수는 범용하고 보편적인 사물의 세부를 관측해 특수한 시적 감각을 세공한다. 홍상수 영화의 이런 성질을 예리하게 간파한 관측자는 클레르 드니일 것이다. 〈생활의 발견〉(2002)의 오리 배를 두고 드니는 "호수에서 배를 탄다는 것은 하늘색 사과나무처럼 생긴 커다란 패들 보트에 갇혀 공간 전체를 가득 채우는 것을 의미한다"라고 말한다. 홍상수의 렌즈는 아무 데서나 보이는 오리 배를 호수를 가득 채우는 닫힌 사과나무로 변형한다. 드니의 용법을 빌리면 이리스의 클로즈업은 술에 취해 바위 위에서 잠든 여성의 얼굴이지만, 또한 풍경 장면의 흐릿한 빈칸에 채워져 비로소 영화가 직면하게 된 스크린의 얼굴이다. 단적으로 말하면 〈여행자의 필요〉는 이 얼굴에 도착하는 영화다.

초점이 나간 흐릿한 풍경과 흐릿한 얼굴. 풍경은 카메라에서 멀리 떨어진 배경에 있고 이리스의 얼굴은 카메라와 가장 가까운 전면에 있다. 이리스가 한국에 머문 지 오래된 정착자임에도 불구하고 이 영화를 '여행자'의 영화라고 말할 수 있다면, 이는 이 영화가 카메라의 초점에서 가장 멀리 떨어진 풍경에서부터 가장 가까이 근접한 얼굴에 이르는 과정을 주시하기 때문이다. 이 영화의 여행은 카메라와 피사체 사이의 거리를 통과하면서 발생한다.

〈여행자의 필요〉에서 홍상수는 화면의 전면과 후면을 잘라낸다. 이 시각적 구분을 아름다운 구도로 담아낸 장면은 이리스와 그녀의 수강생 원주(이혜영)와 해순(권해효)이 나란히 서서 윤동주의 「서시」가 적힌 비석을 바라보는 순간이다. 눈앞에 보이는 전경에 인물의 뒷모습이 보이고, 그들의 시선이 향하는 배경에는 시가 적힌 커다란 돌이 놓여 있다. 화면 중앙에 세 사람보다 큰 비석이 보인다. 한쪽에서 해순이 한국어로 시를 읽으면 다른 한쪽에서 이리스는 영어로 번역된 시를 낭독한다. 서로 다른 성질의 사물과 시선과 목소리와 시간이 하나의 구도를 감싸며 화면을 지속한다. 소리와 몸짓의 점묘법을 형성하는 이 장면은 놀라운 감각적 기쁨으로 채워져 있다. 뒷모습의, 사물의, 시선의, 목소리의 아름다움은 같은 구도에 담겨 있지만, 각각이 분리되어 있고 그 역도 마찬가지다. 〈여행자의 필요〉에서 평면적 화면은 서로 다른 높낮이와 각도로 분할된다. 홍상수는 분리된 두 눈의 시각으로 화면을 관측한다. 두 눈의 시각이 교차하는 자리에서, 상투적으로 보이던 사물은 보이지 않는 아름다움을 품는다. 내가 느끼는 감정은 내가 모르는 현상으로 뒤바뀐다. 윤곽이 흐트러진 불투명한 풍경은 하나의 명확한 얼굴과 맞물린다.

이리스는 일관된 평면처럼 보이는 세계(숏)에 새겨진 분리를 직시한다. "나는 이리스가 마녀나 요정같이 느껴진다. 인국은 물론, 만나는 모든 사람이 스스로에게 어떤 실험을 하도록 이끄는 존재니까"◆라는 이자벨 위페르의 인상적인 해석은 〈여행자의 필요〉가 형성하는 화면의 윤곽에도 새겨진다. 이리스는 만나는 사람들에게 질문한다. 악기를 연주하면서 어떤 마음이 들었나요? 비석과 기념비에 적힌 문장은 어떤 내용인가요? 이리스는 쉽게 떠올릴 수 있는 감정이 아니라 마음 깊숙한 곳에 숨겨진 기분을 끄집어낸다. 이리스는 불투명한 감정을 구체적인 언어로 전환하고, 이 과정에서 영화는 분리된 구역을 인지한다. 분리란 이런 것이다. 인물이 머무는 전경은 무지와 불확실로 채워져 있다. 그들이 바라보는 배경에는 언어의 진실과 시의 아름다움이 기록되어 있다. 전경은 의심하고, 배경은 견고하다. 현재는 모호하고, 과거의 표지는 선명하다. 하지만 홍상수의 관찰은 분리된 영역의 위계를 세우고 더 우월한 쪽을 선택하는 것이 아니다. 〈여행자의 필요〉는 그 사이를 탐색하는 지각의 형태를 가늠할 뿐이다.

---

◆     김소미, 「이자벨 위페르의 필요 - 〈여행자의 필요〉와 함께 돌아보는 홍상수 영화의 여행자, 이자벨 위페르 역할론과 인터뷰」, 《씨네21》, 1455호, 2024.

## 너무 빠른, 너무 느린

김예솔비 평론가가 지적한 것처럼 〈여행자의 필요〉에서 이리스는 너무 빨리 사라진다. 수강생들의 악기 연주가 시작하면 자리를 피하고, 과외비를 받자마자 시야에서 사라지며, 성국의 엄마가 집에 찾아왔을 때도 순식간에 문밖으로 나간다. 이리스가 사라진 자리에서 남은 사람들은 황당한 말투로 말한다. "벌써 간 거야?" 이리스는 터무니없을 만큼 빠르다. 과외비로 하루 만에 월세 절반을 벌고 해가 지기도 전에 수많은 사람을 만난다. 그 속도는 하루 동안의 시간을 기록한 〈여행자의 필요〉의 여정에 현기증이 일 듯한 리듬을 부여한다. 김예솔비 평론가의 분석을 빌리면, "이리스의 동선은 '하루'라는 연속성을 형성하는 것처럼 보이지만 갑작스러운 사라짐과 너무 이른 출현은 시간을 이상한 방식으로 압축시키거나 벌려놓으면서 시공간을 불균질하게 만들기도 한다."◆

하지만 동시에 이리스는 너무 늦게 나타난다. 성국은 아무리 기다려도 집에 돌아오지 않는 이리스를 찾아 나선다. 그녀를 찾아 나서면서 성국이 이리스를 처음 봤다고 설명한 상황("공원 의자에 앉아서 피리를 부는데 너무 못 부는 거예요")은 성국의 말보다 뒤늦게 화면에 도착한다. 옆모습과 뒷모습의 연쇄로 전개되는 이 영화에서 이리스의 클로즈업된 얼굴이 화면 정중앙

---

◆  김예솔비, 「같은 그림 찾기, 〈여행자의 필요〉가 보여주는 반복들」, 《씨네21》, 1453호, 2024.

에 주어지는 것은 영화의 마지막에 이르러서다. 그녀는 너무 빠르게 사라지고, 너무 느리게 도착한다. 비슷한 맥락에서 이리스는 눈앞에 보이는 것을 외면하면서 보이지 않는 것을 영화에 끌어들이기도 한다. 그녀는 첫 번째 수강생의 상처 난 손에 새로 돋아나는 살을 바라보지 않으려 하지만, 닫힌 성국의 문 너머로 끓고 있는 찌개를 상상한다. 이리스의 감각은 너무 빠르거나 너무 느리고, 보이는 것을 보지 않지만 보이지 않는 것을 본다. 게다가 이리스를 둘러싼 사람들은 그녀가 하루 동안 걸어 다니며 만날 만큼 가까이 있지만, 잠시 집을 나간 그녀를 찾는 데 한참 걸릴 만큼 멀리 있다. 너무 빠르면서 느리다. 눈에 보이지만 보이지 않는다. 가까우면서 멀다. 다시 말해, 이리스는 〈여행자의 필요〉의 화면이 설정하는 전경과 배경의 충돌을 몸의 감각적 신호로 증언하는 자다.

영화는 눈앞에 있는 대상을 관찰하면서 멀리 떨어진 배경을 포착할 수 있다. 무심한 기계장치로서 카메라는 얼굴을 바라보면서 풍경을 끌어들이는 이중의 역량을 갖춘다. 〈여행자의 필요〉가 제공한 영화의 마지막 장소에서 이리스의 얼굴은 화면 중앙을 차지한다. 그녀의 얼굴을 둘러싸는 프레임 가장자리에 비어 있는 풍경이 자리 잡고 있다. 텅 빈 하늘 위에 거대한 돌처럼 솟아오른 하나의 얼굴, 무엇도 지시하지 않으면서 프레임 전체를 채우는 얼굴. 초점이 맞지 않는 흐릿한 시각 아래서 전경과 배경이 일으킨 하나의 픽션이 서로의 윤곽을 흐트러뜨리며 끌어안는다.

## '0'의 얼굴

이리스는 성국과 접지매트를 밟으며 수치가 '0'에 근접하지만 도달하지 않는다고 말한다. 그녀의 말과 그 물건이 지시하는 상태가 영화에 깃드는 의미심장한 은유다. 〈여행자의 필요〉는 90분의 상영시간 동안 이리스가 말하는 상태의 긴장을 아슬아슬하게 유지하기 때문이다. 0에 근접하지만 도달하지 않는다. 우리는 이리스에 관한 수많은 정보를 습득하지만, 그녀를 둘러싸고 있는 그 어떤 명확한 진실도 알 수 없다. 카메라는 화면 안에 전경과 배경을 배치하지만, 초점이 나간 흐릿한 시각은 명확한 구분을 무너뜨릴 것이다. 그리고 마침내, 우리가 알고 있는 것과 알 수 없는 것, 눈앞에 보이는 것과 저 너머로 관측되는 것 사이의 긴장으로 채워진 이리스의 얼굴이 전경에 도착한다. 이 자리에 홍상수가 구축한 영화적 이미지의 영도零度가 마련되어 있다.

이리스는 마음속 내밀한 감정을 말하는 사람들의 이야기를 들으면서 수첩에 프랑스어 문장을 적는다. 돌과 벽에는 오래된 시들이 적혀 있다. 빈 종이나 돌 위에 글씨가 채워지는 것처럼, 이리스의 얼굴은 불투명한 얼룩으로 남겨져 있던 흐릿한 풍경 숏의 표면에 도착한다. 하나의 얼굴이 하나의 풍경에 도착하는 데 하루의 시간이 걸린다. 이것이 홍상수 영화의 물리적 규칙이다. 그러니 이제는 〈여행자의 필요〉가 세 차례 풍경 숏을 초점이 맞지 않는 흐릿한 화면으로 보여준 이유를 생각해볼 수 있을 것이다. 그것은 하나의 시각적 기호라기보다는 빈칸의 상태를 지시하는 화면이기 때문이다. 아직 글씨가 적히지 않은 수첩의 종이나 돌처럼 비워진 숏이기 때문이다. 따라서 세 번의 풍경 장면은 엄밀히 말하면 '풍경'을 찍었다고 규정할 수 없는 화면이다. 이는 특정한 대상을 포착해서 보여주는 화면이기도 하지만, 무엇보다 전경에 마련된 자리를 비워둔 화면이기 때문이다. 비워짐은 그러나 단순한 부재가 아니다. 이 불투명한 화면은 숏을 점유하게 될 임시적인 체류자를 기다린다. 보이지 않는 장면의 상태는 눈에 비치는 존재의 시간을 암시한다. 이런 의미에서 〈여행자의 필요〉의 흐릿한 화면은 하나의 스크린이 된다.

　　　세 차례 반복된 빈칸의 숏과 비로소 도착한 얼굴의 리버스 숏. 〈여행자의 필요〉는 바로 이 느슨한 몽타주를 실행하는 영화다. 카메라가 관측한 배경의 숏과 이리스의 얼굴로 채워진 흐릿한 전경의 숏은 가장 멀리 떨어져서 서로를 바라보는 영화의 원소다. 이 장면들의 몽타주가 성립하는 순간에 세계는 분리되지 않고 픽션은 종결된다. 하지만 그것은 투명한 끝이 아니다. 〈여행자의 필요〉가 비어 있는 불투명한 풍경을 지나쳐 도착한 곳은 초점이 맞지 않는 이리스의 흐릿한 얼굴이다. 숏에 깃든 물질성이 수행하는 역할은 이야기를 구체적으로 발전시키고 의미를 명확하게 정립하는 것만이 아니다. 화면의 물질성은 그 반대로 영화의 외형을 한없이 불투명하고 추상적으로 뒤틀기도 한다. 프레임 전경에 마련된 빈칸에 비로소 도착한 얼굴은 여전히 흐릿한 외형으로 주어진다. 영화는 프레임을 덫으로 삼아 카메라에 비친 피사체의 형체를 겉면에 새긴다. 그러나 〈여행자의 필요〉는 카메라 앞에 있는 피사체의 형체가 분명히 각인되는 것을 끝까지 지연한다. 영화는 무한히 잠재한 형상의 흐릿한 외형을 간직한다. 이미지라는 시각적 틀이 영화의 불가피한 조건이자 구속이라면, 이미지로 각인되지 않는 불투명한 외형으로 시작되고 끝나는 영화적 픽션은 가능할까? 〈여행자의 필요〉는 이 질문에 응답한다. 홍상수는 더욱 급진적으로 '영화'라는 물질적 덩어리와 접촉한다.